CB136099

Enciclopédia,
ou Dicionário razoado das ciências,
das artes e dos ofícios

FUNDAÇÃO EDITORA DA UNESP

Presidente do Conselho Curador
Mário Sérgio Vasconcelos

Diretor-Presidente
Jézio Hernani Bomfim Gutierre

Editor-Executivo
Tulio Y. Kawata

Superintendente Administrativo e Financeiro
William de Souza Agostinho

Conselho Editorial Acadêmico
Áureo Busetto
Carlos Magno Castelo Branco Fortaleza
Elisabete Maniglia
Henrique Nunes de Oliveira
João Francisco Galera Monico
José Leonardo do Nascimento
Lourenço Chacon Jurado Filho
Maria de Lourdes Ortiz Gandini Baldan
Paula da Cruz Landim
Rogério Rosenfeld

Editores-Assistentes
Anderson Nobara
Jorge Pereira Filho
Leandro Rodrigues

DENIS DIDEROT E JEAN LE ROND D'ALEMBERT

Enciclopédia, ou Dicionário razoado das ciências, das artes e dos ofícios

Volume 1

Discurso preliminar e outros textos

Organização

Pedro Paulo Pimenta e Maria das Graças de Souza

Tradução

Fúlvia Moretto e Maria das Graças de Souza

editora unesp

© 2015 Editora Unesp

Título original: *Encyclopédie, ou Dictionnaire raisonné des sciences, des arts et des métiers*

Direitos de publicação reservados à:
Fundação Editora da Unesp (FEU)
Praça da Sé, 108
01001-900 – São Paulo – SP
Tel.: (0xx11) 3242-7171
Fax: (0xx11) 3242-7172
www.editoraunesp.com.br
www.livrariaunesp.com.br
feu@editora.unesp.br

CIP – Brasil. Catalogação na publicação
Sindicato Nacional dos Editores de Livros, RJ

D552e

Diderot, Denis, 1713-1784

Enciclopédia, ou Dicionário razoado das ciências, das artes e dos ofícios. Volume 1: *Discurso preliminar* e outros textos / Denis Diderot, Jean le Rond d'Alembert; organização Pedro Paulo Pimenta, Maria das Graças de Souza; tradução Fúlvia Moretto, Maria das Graças de Souza. – 1.ed. – São Paulo: Editora Unesp, 2015.

Tradução de: *Encyclopédie, ou Dictionnaire raisonné des sciences, des arts et des métiers*
ISBN 978-85-393-0587-2

1. Diderot, Denis, 1713-1784. 2. Filosofia francesa – Século XVIII. 3. Filosofia moderna – Século XVIII. 4. Arte – Filosofia. 5. Ciência política – Filosofia. d'Alembert, Jean le Rond, 1717-1783. II. Título.

15-22240 CDD: 194
CDU: 1(44)

Editora afiliada:

Asociación de Editoriales Universitarias de América Latina y el Caribe

Associação Brasileira de Editoras Universitárias

Sumário

Plano da coleção

Volume 1: *Discurso preliminar* e outros textos
Volume 2: O sistema dos conhecimentos
Volume 3: Ciências da natureza
Volume 4: Política
Volume 5: Sociedade e artes

Apresentação geral

Uma tradução da *Encyclopédie* como esta, que reúne 298 verbetes, redigidos por pouco mais de trinta autores, não poderia se pretender exaustiva, diante dos mais de 70 mil verbetes e cerca de 140 autores do original. Todavia, em se tratando da primeira coletânea dessa natureza e envergadura a ser publicada fora da França, ela deve oferecer ao leitor alguns dos textos mais significativos dessa empreitada que marcou o século XVIII e que continua a ressoar em nossos dias, em que a ideia de uma reunião enciclopédica do saber se encontra degradada na forma da acumulação cega, sem qualquer inteligência, da mera informação. O que chamamos aqui de *inteligência*, Diderot, d'Alembert e seus colegas chamavam de *sistema*, e é uma ideia do sistema por eles entrevisto que se esboça nestes cinco volumes que a Editora Unesp ora oferece ao leitor de língua portuguesa.

A divisão temática aqui adotada desrespeita deliberadamente o formato original da obra, que é também um dicionário, onde o catálogo das coisas, humanas ou naturais, é constituído em simples ordem alfabética, os signos da fala e da escrita como fio condutor da inteligibilidade do mundo, ou antes da experiência. Nesta tradução, a ordem alfabética foi mantida, mas dentro de certos recortes, que visam orientar o leitor na redescoberta de um livro que tem valor para a posteridade sobretudo como obra de Filosofia e testemunho da História das Artes e das Ciências num período em que elas passam por transformações profundas.

São cinco volumes: Discurso preliminar *e outros textos*; *O sistema dos conhecimentos*; *Ciências da natureza*; *Política*; *Sociedade e artes*. Cada um deles abre-se com uma breve apresentação. Com poucas exceções, sempre assinaladas, os verbetes foram traduzidos integralmente, com a maior fidelidade e fluência que cada tradutor pôde dar a textos que, apesar de muitas vezes similares quanto à forma e à disposição, variam consideravelmente quanto ao estilo, conforme o autor ou o tema. Muito material de interesse teve que ser excluído, numa seleção necessariamente limitada ao extremo. Mas acreditamos que o que foi incluído não poderia ficar de fora, e que assim pelo menos pudemos dar uma ideia da qualidade, filosófica e literária, que marca a obra original. Além dos autores mais conhecidos – Diderot e d'Alembert, Voltaire e Montesquieu, Rousseau e Turgot –, encontram-se nestes volumes muitos outros, talvez não tão célebres mas certamente dignos de tão exaltada companhia, e que vale a pena redescobrir – como Beauzée, Daubenton, Dumarsais, d'Holbach, Jaucourt, Marmontel, Watelet e tantos outros.

Publicada em 17 volumes, surgidos entre 1751 e 1765, a *Enciclopédia* tem uma história própria, como livro, atrelada à sua época e ao perfil intelectual dos seus editores – num primeiro momento, Diderot e d'Alambert, a partir de 1759 Diderot, auxiliado por Jacourt e d'Holbach. Os textos introdutórios que abrem este primeiro volume oferecem ao leitor uma perspectiva crítica acerca dessas circunstâncias. Os demais volumes contam com introduções que chamam a atenção para os aspectos filosóficos dos textos.

As imagens que adornam essa seleção, escolhidas a partir das cerca de seiscentas pranchas publicadas entre 1765 e 1772, remetem de maneira mais ou menos direta ao conteúdo dos volumes, mas servem também como um testemunho do cuidado de Diderot e como uma amostra do esmero gráfico dos desenhistas por ele contratados, como se vê em imagens, belas e surpreendentes, que contribuíram para a exposição de práticas e saberes cuja ideia nem sempre é vinculada de modo adequado pelas palavras.

A remissão ao original é uma preocupação constante desta edição. O volume e as páginas de cada verbete na edição francesa são indicados entre parênteses. As remissões internas foram mantidas apenas para os verbetes que constam nesta coleção. As notas de rodapé, em conformidade com o

espírito do original, foram reduzidas a um mínimo necessário. O nome dos tradutores é anunciado na página de rosto de cada volume e indicado por sigla ao final de cada verbete. As passagens do latim foram traduzidas por Isadora Prévide Bernardo.

O intuito principal desta iniciativa editorial e acadêmica é oferecer ao público de língua portuguesa um clássico da Filosofia e da Literatura modernas e contribuir assim para recolocar em circulação um texto cuja importância para o advento da Modernidade, filosófica e política, é indiscutível. Não é preciso lembrar aqui a profunda influência que a *Enciclopédia* exerceu no ideário da Revolução Francesa e na ordem social que ela instaurou. Mas seria um erro limitar a importância do livro a esses domínios, em que ela tradicionalmente é dada como certa. Pois as páginas coligidas por Diderot e d'Alembert têm muito a oferecer além de ideias sólidas e raciocínios rigorosos. A inteligência afiada dos enciclopedistas, aliada a um senso crítico apurado e a uma sensibilidade vibrátil, dá aos seus textos um sabor único, uma qualidade raras vezes encontrada na história da filosofia. Que o leitor possa desfrutá-los com o mesmo prazer que tivemos ao reuni-los e traduzi-los.

Pedro Paulo Pimenta
Fevereiro de 2015

Círculo dos conhecimentos

Maria das Graças de Souza

Esta obra produzirá certamente, com o tempo,
uma revolução nos espíritos, e espero que os tiranos, os opressores,
os fanáticos e os intolerantes não ganhem nada com isto.
Diderot[1]

... pois a Enciclopédia deve tudo aos talentos, nada aos títulos,
ela é a história do espírito humano, e não da vaidade dos homens.
d'Alembert[2]

A ideia de expor, de forma ordenada, os conhecimentos de um dado domínio dos saberes pode ser identificada desde a Antiguidade, se pensarmos, por exemplo, nas histórias naturais de Aristóteles e Plínio.[3] Mas o plano de apresentar uma compilação dos conhecimentos humanos em todos os domínios, que receberá mais tarde o nome de enciclopédia ou dicionário enciclopédico, é uma ideia tipicamente moderna.

1 Carta a Sophie Volland de 26 de setembro de 1762, às vésperas da publicação do volume 8, in Diderot, *Oeuvres complètes.*

2 Advertência ao terceiro volume (1753).

3 Alguns historiadores se referem mesmo a um "enciclopedismo medieval", com destaque para a obra de Cassiodoro, *Institutiones divinarum et saecularium rerum litterarum*, de meados do século VI. Ver Nobre, Uma introdução à história da *Enciclopédia*, *Revista da SBHC*, v.5, n.1, 2007.

Como assinala Soboul, o termo "enciclopédia" parece ter sido usado pela primeira vez em francês por Rabelais.[4] Thaumasto, em seu elogio à sabedoria de Panurge, diz que ele, Panurge, "lhe abriu o verdadeiro poço e abismo da Enciclopédia".[5] Pantagruel, por sua vez, recebera de seu pai, Gargantua, uma espécie de plano de estudo, a ser seguido em Paris, que pode ser considerado um projeto enciclopédico: o pai recomenda ao filho que aprenda as línguas (grego, latim, hebreu, árabe), a Geometria, a Aritmética, a Música, a Astronomia, o Direito Civil, a Filosofia, a Filosofia da Natureza, a Medicina.[6]

Bacon é o primeiro moderno a erigir em objeto de reflexão o conjunto dos saberes humanos e sua história. Com efeito, no *Advancement of Learning*, de 1605, a perspectiva histórica é dada pelo caráter progressivo do saber, segundo o qual as ciências avançam por acumulação e cooperação de várias gerações. Isto supõe um balanço dos saberes do passado, um diagnóstico dos conhecimentos do presente para que se possa realizar a restauração das ciências. Para Bacon, ainda falta fazer "uma história exata do saber", e a utilidade deste trabalho não é tão somente satisfazer a curiosidade daqueles que apreciam o conhecimento, mas principalmente a de "dar aos homens instruídos sabedoria no uso e na administração do saber".[7] Uma das principais tarefas da *Instauratio Magna* baconiana, ou grande restauração das ciências, é fazer o balanço dos conhecimentos passados e presentes e ordená-los segundo critérios determinados. É assim que, no livro II do *Advancement*, Bacon divide os saberes em três partes: os que vêm da razão (a Filosofia), os que se devem à memória (a História) e aqueles que se originam na imaginação (a Poesia). O critério baconiano de divisão das ciências não é o objeto a ser conhecido, mas a faculdade que lhes dá origem. A partir daí, numa exposição que ocupa a maior parte do livro II, Bacon exibe detalhadamente os ramos do saber, seus objetos, seus métodos, num quadro bastante completo. Não se trata ainda de um dicionário ou de uma enciclopédia, mas o caminho para essa espécie de obra está aberto.

---

4 Soboul, L'*Encyclopédie* et le mouvement encyclopédiste. In: ______, *Textes choisis de l'*Encyclopédie, p.7.

5 Rabelais, *Pantagruel*, p.298.

6 Ibid., p.247-9.

7 Bacon, *Advancement of Learning*, v.VI, p.184.

De fato, mais para o final do século XVII e início do XVIII, várias obras dessa natureza vêm a público. Dentre elas, cabe ressaltar, na Holanda, *Dictionnaire historique et critique de Bayle*, de 1697, que será continuamente reeditado até o século XIX; na França, o *Dictionnaire de Trévoux*, dos jesuítas, editado pela primeira vez em 1704 e reeditado até 1771; na Inglaterra, o *Lexicon technologicum or an Universal Dictionary of the Arts and Sciences*, de John Harris, de 1704, com cinco edições até 1736, e a *Cyclopedia, or an Universal Dictionary of Arts and Sciences*, de Ephraim Chambers, de 1728, que teve cinco edições até 1742. Finalmente, entre 1751 e 1775, é publicada a *Encyclopédie, ou Dictionnaire raisonné des sciences, des arts et des métiers*, de Diderot e d'Alembert.

Esse movimento, que manifesta o interesse pela história dos saberes e seu progresso, está vinculado às transformações sociais, econômicas e políticas da Europa moderna, aos novos descobrimentos, ao fortalecimento do comércio, à invenção da imprensa. Nos historiadores das ideias e sociólogos do conhecimento, essa relação entre o enciclopedismo e as condições históricas nas quais ele emerge é sempre afirmada, apesar das diferenças de pontos de vista e de perspectivas. Para Soboul, a *Enciclopédia* "traduz bem as ousadias e hesitações da burguesia em matéria política";[8] ela é mesmo "conforme aos interesses da burguesia".[9] Jacques Proust, ao mesmo tempo em que reconhece a importância da interpretação de Soboul, alerta para o fato de que o que se chama de "burguesia" não é, na época da *Enciclopédia*, uma classe homogênea, e que o esquema clássico que considera os antagonismos sociais no Antigo Regime deve ser reavaliado. Aliás, ele mostra que o próprio Soboul havia assinalado a necessidade de análises mais minuciosas das riquezas e do poder econômico e sua distribuição entre as diversas classes sociais.[10] O caráter complexo e heterogêneo das classes sociais no século XVIII francês havia sido examinado também por Hubert em seu estudo sobre as ciências sociais na *Enciclopédia*.[11] O historiador norte-americano Robert Darnton, em

8 Soboul, op. cit., p.15.

9 Ibid.

10 Proust, *Diderot et l'*Encyclopédie, p.14.

11 Hubert, Les sciences sociales dans "l'Encyclopédie", *Travaux et mémoires*, p.3, apud Proust, op. cit., p.12.

seu estudo sobre a *Enciclopédia* como o grande empreendimento editorial do século XVIII, julga que é difícil, e mesmo impossível, estabelecer um padrão de medida significativo num estudo sociológico dos enciclopedistas, pois "o que identificava os enciclopedistas como um todo não era sua posição social, mas o seu comprometimento com uma causa", de modo que a *Enciclopédia* passou a ser reconhecida como a síntese de um movimento intelectual.[12] Mais recentemente, Peter Burke, referindo-se à ordem alfabética da *Enciclopédia*, assinala que, independentemente das razões práticas dessa escolha, ela "tanto refletia quanto encorajava uma mudança da visão orgânica e hierárquica para uma visão mais individualista e igualitária". Os organizadores, continua Burke, "pretendiam subverter a hierarquia social pelo menos em alguns aspectos", porque a *Enciclopédia* "era um projeto tanto político quanto social".[13]

Este rápido balanço das tentativas de interpretação da *Enciclopédia* do ponto de vista de sua inserção social ou da natureza de sua relação com a sociedade francesa do final do Antigo Regime mostra que, apesar das diferenças entre os comentadores, essa relação é expressa mais ou menos em termos análogos, tais como "tradução", "reflexo", "conformidade", "comprometimento". O fato é que se, de um lado, a *Enciclopédia*, como aliás qualquer outra obra, é, por assim dizer, determinada pelas condições históricas concretas nas quais foi empreendida, de outro lado, ela mesma é parte dessas condições, e, nesse sentido, quanto à sua época, ela é ao mesmo tempo constituída e constituinte, ou, em outras palavras, mantém uma relação de dupla determinação com as condições concretas de seu tempo.

* * *

Em 1745, o editor parisiense Le Breton obteve autorização para publicar uma tradução francesa da *Cyclopedia*, de Chambers. Após alguns contratempos iniciais, o editor confia a Diderot a tradução e a edição da obra. Mas, nas mãos do filósofo, auxiliado de início por d'Alembert (que posteriormente se torna simples colaborador), o que deveria ser apenas uma tradução as-

12 Darnton, *O Iluminismo como negócio: história da publicação da* Enciclopédia *(1775-1800)*, p.24-5.

13 Burke, *Uma história social do conhecimento: de Gutemberg a Diderot*, v.1, p.108.

sumiu uma dimensão e uma relevância que a distinguiram radicalmente do dicionário inglês: mais de vinte anos de trabalho, centenas de colaboradores, milhares de verbetes e de pranchas de ilustrações.

Desde o início, Diderot estabelece os princípios que deverão orientar a obra: a escolha dos colaboradores segundo seus conhecimentos, liberdade completa para os autores e independência diante dos poderes constituídos.[14] Definidos os princípios básicos, os editores escolhem o critério da divisão das ciências, que será o mesmo de Bacon e que vai dar origem ao *Quadro dos conhecimentos humanos*, ou árvore do conhecimento, apresentado ao final do *Discurso preliminar*. A escolha desse modelo para estabelecer a divisão e a classificação das ciências não é gratuita, nem no caso de Bacon, nem no caso da *Enciclopédia*. O critério da distribuição dos saberes segundo as faculdades da razão, da memória e da imaginação se vincula a uma concepção do conhecimento cuja origem é sempre a experiência. Ora, a experiência se amplia com o tempo, com as viagens, com o aperfeiçoamento dos instrumentos, de modo que não poderíamos de antemão determinar os objetos de nosso conhecimento para classificá-las segundo esse critério. Os enciclopedistas são herdeiros dessa concepção do saber. Além disso, para Diderot, como a natureza só nos oferece as coisas particulares, infinitas em número, sem nenhuma divisão fixa, qualquer divisão é aleatória, o critério de Bacon lhe pareceu o que apresentava mais vantagens em relação às outras classificações.

A ordem de apresentação dos verbetes é a alfabética, para maior facilidade do leitor. Sua extensão é heterogênea: em alguns casos, numa linha, é dada a definição, ou o sinônimo; em outros, o verbete pode chegar a cem páginas, segundo a importância atribuída ao tema pelos autores ou editores, tendo em vista os objetivos da obra. Não há, em princípio, a exigência de concordância entre os verbetes; há casos claros de discordância entre os conteúdos. Se um teólogo escreve sobre a liberdade, seu texto é diferente daquele que foi escrito sobre o mesmo tema por um jurista, por exemplo. Num grande número deles, o tema é abordado sucessivamente por autores distintos, que escrevem a partir de perspectivas diferentes. O recurso contínuo a remis-

14 Ver Venturi, *Le origine dell'Enciclopedia*, p.30.

sões de um verbete para outros dá ao leitor a possibilidade de transitar por assuntos conexos ou por concepções diferentes sobre o mesmo assunto.

Como sabemos, Descartes também havia proposto um quadro dos conhecimentos humanos sob a metáfora da árvore. Diz ele nos *Princípios de Filosofia*: "A Filosofia inteira é como uma árvore, cujas raízes são a Metafísica, o tronco é a Física, e os galhos que saem desse tronco são as demais ciências, que se reduzem a três principais, a saber, a Medicina, a Mecânica e a Moral".[15]

Temos uma árvore, por assim dizer, bem desbastada, ou, melhor dizendo, econômica: raízes, um só tronco, pouquíssimos galhos. Mas o modelo cartesiano tem outros efeitos. A redução dos saberes a um tronco comum impede que a ciência enfrente o heterogêneo. Isso já ocorreu com a própria filosofia de Descartes, que, mesmo tendo a ambição de se constituir como sistema universal, não foi capaz de pensar a sociedade e a política. Até mesmo as duas ciências humanas da árvore cartesiana, a Medicina e a Moral, ficaram um pouco à parte do próprio sistema. Na Medicina, o modelo era forçado a considerar o corpo humano como máquina (quer dizer, como um conjunto de peças substituíveis, do qual você pode tirar partes, acrescentar líquidos etc.). Os limites desse modelo já eram contestados por algumas escolas médicas no século XVIII. Quanto à Moral, os princípios do sistema cartesiano impediam de pensar a questão da moralidade na sociedade. Todo o domínio da vida prática é relegado, do ponto de vista do sistema cartesiano, ao plano de regras de prudência, é como que expulso do plano da ciência ou do saber verdadeiro.

Ora, a *Enciclopédia*, em vez de pensar as ciências a partir de um tronco comum, as considera em sua diversidade. Desde o seu primeiro manifesto, que é o *Discurso preliminar*, a posição dos editores é anticartesiana.[16] "Por pouco que se tenha refletido sobre a ligação que têm as descobertas entre si, é fácil perceber que as ciências e as artes socorrem-se mutuamente e que

15 Descartes, *Principes de la Philosophie*, v.IX, p.14.

16 A *Enciclopédia* é anticartesiana quanto à concepção geral da obra, mas também no detalhe dos verbetes, como se pode ver no verbete *Inato*, claramente dirigido contra o inatismo de Descartes. Do ponto de vista da origem dos conhecimentos, é o legado lockiano que é assumido pelos enciclopedistas.

há, por conseguinte, uma cadeia que as une. Mas se frequentemente é difícil reduzir a um pequeno número de regras ou de noções gerais cada ciência ou cada arte em particular, não o é menos encerrar num sistema único os ramos infinitamente variados da ciência humana".[17]

É claro que é necessário demarcar as diferenças entre os dois empreendimentos. A filosofia cartesiana se apresenta como um sistema que visa estabelecer um saber rigoroso e seguro sobre Deus, o homem e o mundo, a partir de um mesmo conjunto de princípios. Não é a diversidade dos saberes que está em questão, mas precisamente a sua unidade do ponto de vista dos princípios que os orientam. No caso da *Enciclopédia*, trata-se sobretudo da conservação e da transmissão dos conhecimentos produzidos pelo homem, dos mais variados tempos e lugares. Não estamos, pois, diante de uma redução dos conhecimentos a um quadro teórico único, mas diante da diversidade dos saberes que devem ser transmitidos para a posteridade.

Para expressar o conjunto dos saberes humanos, Bacon havia recorrido à metáfora do "globo intelectual".[18] Descartes recorrera à metáfora da árvore para representar as relações entre as ciências, fazendo todas elas derivarem do tronco comum da Física. A *Enciclopédia* recorre algumas vezes ao vocabulário dos ramos do saber, mas Diderot encontrou outras metáforas mais apropriadas para manifestar a natureza do empreendimento dos enciclopedistas. A primeira delas diz que a ordem enciclopédica geral será como um mapa-múndi em que se encontrarão os grandes continentes; as ordens particulares, como nos mapas de reinos em especial, de províncias, de logradouros; o dicionário será como a história geográfica e detalhada de todos os lugares, a topografia geral e razoada do que conhecemos no mundo inteligível e no mundo visível; as remissões servirão de itinerário nesses dois mundos" (verbete *Enciclopédia*).

A metáfora cartográfica assinala a complexidade das ordens de saberes que se entrecruzam na *Enciclopédia*. No mesmo verbete ele recorre a uma

17 d'Alembert, *Discurso preliminar*.

18 Bacon, no aforismo 84, livro I do *Novum Organon*, havia escrito que seria uma desgraça para os homens de seu tempo se, tendo descoberto e dominado tantas regiões novas do globo material, permanecessem ignorantes quanto ao globo intelectual.

metáfora arquitetônica: "a formação de uma enciclopédia o mesmo que com a fundação de uma grande cidade. Não se devem construir todas as casas a partir de um mesmo modelo, ainda que se encontrasse um modelo geral, belo em si mesmo e conveniente para qualquer lugar. A uniformidade dos edifícios, produzindo uniformidade nas vias públicas, disseminaria pela cidade um aspecto triste e cansativo". A cidade dos saberes comporta o heterogêneo e o diferente (verbete *Enciclopédia*).

Por fim, uma última metáfora, a da paisagem: "deve-se considerar um dicionário universal das ciências e artes como um campo imenso, cheio de montanhas, planícies, rochedos, águas, animais e de todos os objetos que constituem a variedade de uma grande paisagem. A luz do céu ilumina a todos; mas eles são tocados por ela de modos diversos. Alguns, por sua natureza e sua exposição, projetam-se para a frente da cena; outros se distribuem sobre uma infinidade de planos intermediários; outros se perdem ao longe; todos se valorizam reciprocamente" (verbete *Enciclopédia*).[19]

Além da metáfora geral do círculo – *enciclopédia* quer dizer círculo dos conhecimentos –, as metáforas do mapa-múndi, da cidade e da paisagem remetem à diversidade, à complexidade, ao esclarecimento dos saberes um em relação aos outros. O leitor entra no recinto pela ordem alfabética. Ao encontrar a palavra desejada, depara-se com o lugar do termo na ordem do quadro geral dos saberes e sua divisão tripartite, que é a ordem enciclopédica. O verbete procurado pode situá-lo numa disciplina ou em várias, já que há também subdivisões em boa parte dos verbetes, segundo o termo seja usado em uma ou mais disciplinas. Mas, enquanto lê um verbete, ele é convidado a consultar outros: são as remissões. As remissões podem levá-lo a um verbete cujo conteúdo tem afinidade com o primeiro, ou então o complementa; algumas vezes, o leitor é encaminhado a um verbete que contradiz o primeiro. Os verbetes indicados nas remissões podem conter por sua vez outras remissões. Desse modo, formam-se ordenações novas, distintas tanto da ordem alfabética quanto da ordem enciclopédica. Segundo Markovits, a reflexão sobre o sistema de remissões nos conduz a consi-

19 Essas metáforas são estudadas por Jean Starobinski em "L'arbre des mots".

derar "a permutação ou a subversão das ordens".[20] Com efeito, o trajeto do leitor orientado pelas remissões cria configurações imprevistas, conjuntos temáticos reconstruídos que avançam sobre as outras ordens.

* * *

Desde a publicação dos primeiros volumes, a obra foi atacada por todos os lados. A reação veio dos meios religiosos (jesuítas e jansenistas), da universidade, do Conselho Real, do Parlamento, do papa e até mesmo da parte de alguns literatos. O que poderia haver nessa grande exposição dos saberes humanos que levou a obra a ser censurada pelos poderes instituídos? Essa censura não foi incidental ou pontual. Se entre 1751 e 1757 sete volumes de texto foram publicados gradualmente, os últimos dez volumes só foram liberados para publicação em 1765, com a exigência de que surgissem simultaneamente, o que colocou Diderot em apuros consideráveis.

Em primeiro lugar, a *Enciclopédia* não se limita a apresentar de modo imparcial os saberes, mas avalia e julga os conhecimentos da tradição segundo o critério de sua utilidade para o gênero humano. Assim, muitos saberes constituídos são relegados a mera especulação estéril. De outro lado, é certo que a tradição religiosa é submetida sistematicamente, direta ou indiretamente, ao crivo rigoroso da crítica. Tomemos só um dos exemplos possíveis. O verbete *Antropófagos* faz uma remissão à *Eucaristia*. Essa associação por si só desperta a curiosidade de uns e a desconfiança de outros. Mas as consequências que podem advir dela não estão explícitas. O leitor vai então a *Eucaristia*, que é um verbete absolutamente conforme à ortodoxia, mas que remete a *Sacrifício*. O que encontramos lá? Primeiro, uma descrição do sacrifício de Abel, que por si só é polêmico. O verbete remete então a *Vítima*, que contém um longo desenvolvimento sobre vítimas humanas ou sacrifícios humanos entre os pagãos e entre alguns povos da América. Até aqui, ao que parece, nada de suspeito. Os cristãos parecem sair ilesos da análise. Engano: o leitor é surpreendido, nos parágrafos finais, quando o autor afirma que há, sim, vítimas humanas na Europa cristã: são os condenados pela Inquisição. Mas se o leitor tiver sorte, ao folhear aleatoriamente um

20 Markovits, L'ordre des renvois, *Corpus*, n.51, 2005, p.9.

dos volumes, poderá ter outra surpresa: o verbete intitulado *Ypaina* descreve um rito dos índios do México durante o qual eles comiam um pão feito de mel e farinha, e acreditavam com isto estar comendo o próprio deus, a quem chamavam de Vitziputzili. Para bom entendedor, meia palavra basta. Não é, pois, de se espantar que os homens da religião tenham considerado a *Enciclopédia* uma obra perigosa.

Os poderes políticos também não são poupados da crítica. O verbete *Autoridade política* estabelece o fundamento do poder político tão somente no consentimento daqueles que a ele se submeteram. Com isso está afastada a possibilidade de fundar a autoridade política seja na delegação divina (que ainda era um recurso dos monarcas), seja no direito de uma linhagem ou família, e muito menos na força ou na conquista. Além disso, Diderot, o autor, indiretamente justifica a resistência, mesmo violenta, contra o poder que se exerce pela força: "O poder que é adquirido pela violência não é senão uma usurpação e só dura enquanto a força daquele que comanda for maior do que a dos que obedecem; de modo que, se estes últimos, por sua vez, se tornarem mais fortes, eles se livrarão do jugo e o farão com tanto direito e justiça quanto o outro que se lhes havia imposto". No verbete *Opressor*, anônimo, lemos que, quando a opressão dura muito tempo, os povos se embrutecem e chegam até mesmo a amar a tirania. Nesse caso, o único recurso da nação será uma grande revolução para se regenerar.

É verdade que, ao final do verbete *Autoridade política* Diderot faz um elogio ao rei Henrique IV que parece ser um claro recuo em relação aos princípios estabelecidos no início desse verbete. Mas é preciso lembrar que não se trata de um monarca qualquer, mas do rei que, no final do século XVI, assinou o Édito de Nantes, chamado também Édito de Pacificação, que, durante algumas décadas, fez com que cessassem as guerras de religião. O verbete não tem remissões, mas o leitor atento poderá ir a *Édito de Pacificação*, onde é questão dos decretos a favor dos direitos dos protestantes franceses, e *Pacificação*. A *Enciclopédia* trata a tolerância como uma questão política.

Uma outra perspectiva nos é dada pelo verbete *Povo*. O autor, Chevalier de Jaucourt, estabelece um paralelo entre os magistrados, os comerciantes, os financistas, até mesmo os artistas, como grupos sociais que rejeitam ser considerados parte do povo. Note-se que ele não está se referindo a mem-

bros da nobreza; trata-se dos homens das leis ("que se enobreceram"), dos artistas ("maneiristas, que trabalham com artigos de luxo"), do financista ("que viu sua fortuna entrar pela porta da finança e come nobremente numa refeição o alimento de cem famílias do povo"). A massa do povo é constituída por operários e camponeses, que moram numa choupana no campo ou num cantinho da cidade; são eles que trabalham na terra, nas minas, que limpam os pântanos, constroem as casas, fabricam os móveis. Eles são a parte mais numerosa e a mais necessária da pátria, mas isto não é reconhecido. Há mesmo quem ouse afirmar que estes trabalhadores não podem ter uma vida cômoda, se se quiser que trabalhem e sejam obedientes. Esta é, para o autor do verbete, uma máxima infame.

Há, finalmente, outro traço da *Enciclopédia* que não poderia agradar aos espíritos mais conservadores. Trata-se da valorização das artes mecânicas, às quais a obra dá um valor equivalente ao das artes liberais, o que implica colocar no mesmo plano o douto e o artesão. Para Diderot, autor do verbete *Arte*, a distinção entre artes liberais e artes mecânicas teve como resultado nefasto o preconceito segundo o qual o trabalho das mãos é inferior e menos digno do que o trabalho intelectual. Mas, se colocarmos na balança as vantagens reais de cada uma dessas artes, será fácil ver que o prato pesa do lado daquelas que se ocupam efetivamente do bem-estar dos homens, as artes mecânicas.

Os editores consideram a parte dedicada às artes mecânicas uma das maiores novidades da obra. A descrição das artes, na verdade, já estava na ordem do dia desde Bacon. Em várias de suas passagens a *Enciclopédia* segue quase literalmente o texto baconiano. Bacon escrevera, no *Avanço do saber*, que "descer até as pesquisas e reflexões relativas a assuntos mecânicos é considerado como uma espécie de desonra para o saber".[21] Ora, continua Bacon, "a utilidade da história das técnicas é, dentre todas, a mais fundamental para a Filosofia natural", pois ela indicará numerosos procedimentos para todos os ofícios, o que "beneficiará a vida do homem e a dotará de riquezas".[22] Não é outra coisa o que Diderot escreveu no verbete *Arte*.

---

21 Bacon, *Advancement of Learning*, t.II, p.186.

22 Ibid.

A Academia de Ciências de Paris havia encomendado, em 1675, uma obra sobre as artes, *Descriptions des arts et métiers,* mas que só começou a sair em 1761. Tanto o dicionário de Harris quanto o de Chambers apresentam verbetes sobre as artes. Diderot examinou essas obras anteriores e as julgou insuficientes. A descrição da Academia saía muito lentamente e as artes se desenvolvem rapidamente; as obras inglesas são compilações. Para evitar essas falhas, Diderot julga que é necessário convidar para essa parte da *Enciclopédia* também os artesãos capazes de expor sua arte. Segundo Proust, o papel de Diderot (que aparece como autor de vários verbetes sobre arte) foi o de ordenar documentos que recebeu de especialistas.[23] Na extensa relação de verbetes classificados sob o título de *Arte,* podemos encontrar desde artes, por assim dizer, de alcance social maior, como a Arquitetura, a Medicina, a Arte Militar, a Metalurgia, a tecelagem, bem como as artes mais domésticas, como a culinária, a costura, a caça, a cosmética, a arte de fazer pães etc. Essas artes são descritas nos volumes de texto e grande parte delas é objeto das ilustrações nos volumes de pranchas. Em seu conjunto, os verbetes e as ilustrações não se restringem a um tratado técnico. Eles correspondem à ideia de que as invenções nas artes, muitas vezes devidas a acasos, se bem ordenadas, darão frutos que poderão mudar a face da Terra, tais como a invenção da bússola e da pólvora.

A valorização das artes mecânicas pressupõe de um lado uma reavaliação do método e da finalidade das ciências naturais, com uma crítica das abstrações tão comuns na Geometria e na Matemática, bem como uma relativização da certeza, que tem seu alcance restringido em prol da hipótese e da conjetura, molas propulsoras das descobertas nas ciências e da invenção de técnicas; de outro lado, as artes liberais serão vistas pelo prisma de um processo em que sua realização técnica é tão importante quanto sua concepção intelectual, modificando-se assim uma hierarquia que perdurara desde a renovação das artes na Itália, e que leva a uma apreciação mais circunstanciada destas em desdobramentos como a Arquitetura e a Arte Militar. Ciências, artes e ofícios formam, assim, um mesmo circuito, fora do qual, isolados uns dos outros, se tornam incompreensíveis.

* * *

23 Proust, *Diderot et l'*Encyclopédie, p.192.

A primeira finalidade da *Enciclopédia*, no entender de seus editores, é preservar do esquecimento os conhecimentos humanos, guardar na memória o patrimônio que o gênero humano produziu em sua história. Ela propõe "reunir os conhecimentos dispersos pela superfície da Terra, expor o seu sistema geral aos homens com que vivemos, e transmiti-los aos que virão depois de nós, a fim de que os trabalhos dos séculos passados não tenham sido inúteis para os séculos vindouros" (verbete *Enciclopédia*). A ambição dos editores e autores é "que a Enciclopédia se torne um santuário no qual os conhecimentos dos homens fiquem ao abrigo dos tempos e das revoluções", de tal modo que, se por acaso uma catástrofe de qualquer natureza ocorresse na Terra, dispersasse os homens e trouxesse de volta as trevas e a ignorância, e um só exemplar completo se salvasse, "nem tudo estaria perdido" (verbete *Enciclopédia*).

Ela é dirigida a todos que queiram se instruir e instruir os outros (*Discurso preliminar* e *Prospecto*), aos doutos, aos letrados e ao homem comum. A ambição dos autores é que "a instrução geral possa avançar com um passo tão rápido que, dentro de vinte anos, não haja em mil de nossas páginas uma só linha que não seja popular" (Diderot, *Advertência dos editores*, v.8). Não apenas fiel ao movimento iluminista, mas sobretudo como sua maior manifestação, a *Enciclopédia* sustenta a convicção de que homens instruídos são melhores e mais virtuosos. A instrução, libertando os homens da ignorância, liberta-os também do preconceito, do fanatismo, da superstição e da violência. Nas palavras de Soboul, "as luzes constituíram uma etapa decisiva do pensamento libertário, e a *Enciclopédia* permanece como um monumento grandioso".[24]

Dos tantos anos de trabalho árduo, esses homens que a ela se dedicaram esperam ter "enfraquecido este espírito de confusão tão contrário ao repouso das sociedades", e para levar seus semelhantes "a se amar, a se tolerar e a reconhecer, enfim, a superioridade da moral universal sobre todas as morais particulares que inspiram o ódio e a desordem, e rompem ou relaxam o vínculo geral e comum" (d'Alembert, *Advertência dos editores*, v.3). A aspiração, considerada retrospectivamente, pode nos parecer no mínimo

24 Soboul, op. cit., p.24.

excessiva; mas os enciclopedistas não hesitam nem mesmo a se comparar com heróis libertadores da Antiguidade romana. "Cremos poder aplicar a nós mesmos", diz d'Alembert na advertência ao terceiro volume, "as palavras de Cordus a Tibério: 'Não se lembrarão somente de Brutus e de Cássio. Nós também seremos lembrados'."

Referências bibliográficas

BACON, F. *Novum Organum.*

______. *Advancement of Learning.* Ed. M. A. Spedding, R. Leslie Ellis, D. D. Heath. Boston: Taggard and Thompson, 1857-1874. (Works.)

BURKE, P. *Uma história social do conhecimento*: de Gutemberg a Diderot. v.1. Rio de Janeiro: Zahar, 2003.

DARNTON, R. *O Iluminismo como negócio*: história da publicação da *Enciclopédia* (1775-1800). São Paulo: Companhia das Letras, 1996.

DESCARTES, R. *Principes de la Philosophie.* v.IX. Ed. C. Adam, P. Tannery, Paris: Vrin, 1996. (Oeuvres.)

DIDEROT, D. *Oeuvres complètes.* Ed. J. Assézat; M. Tourneux. Paris: Garnier, 1875-1877.

HUBERT, R. Les sciences sociales dans "l'Encyclopédie". *Travaux et mémoires.* Université de Lille, 1923.

MARKOVITS, F. L'ordre des renvois. *Corpus,* n.51, p.9, 2005.

NOBRE, S. Uma introdução à história da *Enciclopédia. Revista da SBHC,* v.5, n.1, p.34-46, jan./jul. 2007.

PROUST, J. *Diderot et l'*Encyclopédie. Paris: Albin Michel, 1962.

RABELAIS, F. *Pantagruel.* Paris: Seuil, s.d. p.298. (Oeuvres complètes.)

SOBOUL, A. L'*Encyclopédie* et le mouvement encyclopédiste. In: ______. *Textes choisis de l'*Encyclopédie. Paris: Éditons Sociales, 1962.

STAROBINSKI, J. L'arbre des mots. In: DIDEROT, D. *Un diable de ramage.* Paris: Gallimard, 2012.

VENTURI, F. *Le origine dell'Enciclopedia.* Roma: Edizioni U, 1946.

Árvore do saber

Franklin de Mattos

Em 1745, o livreiro André-François Le Breton obteve uma autorização real a fim de editar em Paris a *Cyclopaedia, or An Universal Dictionnary of Arts and Sciences*, de Ephraïm Chambers, grande sucesso de venda, publicada em Londres, em 1728. O negócio era promissor, pois investia em duas modas recentes: a anglomania e os dicionários.[1] Esta última datava de fins do século anterior, a outra, da publicação das *Cartas Inglesas*, de Voltaire (1734). Le Breton firmou contrato com dois tradutores, o alemão Godefroy Sellius e o inglês John Mills, este apresentado como rico e opulento herdeiro. No Século das Luzes, o aventureiro e o homem de letras às vezes se confundem: logo o empreendedor descobriu que Mills era apenas um modesto bancário e que nem sequer sabia francês como alardeava. Decidiu desfazer o negócio, primeiro a bengaladas, em seguida por meios legais.

Porém, a querela não foi a julgamento, pois o chanceler Henri-François d'Aguesseau, ministro da Justiça do reino, decidiu assumir pessoalmente o caso. A intervenção de tão ilustre personagem mostra que a iniciativa também chamava a atenção das autoridades, não apenas por seu lado comercial, mas do ponto de vista da hegemonia intelectual francesa na Europa. Nenhuma queixa foi registrada contra o livreiro; no entanto, o chanceler anulou o privilégio concedido, não sem deixar a Le Breton a esperança de renová-lo.

1 Observa Proust, *Diderot et l'*Encyclopédie, p.47.

Por isso, para dar mais solidez à empreitada, ele associou-se a outros livreiros, Briasson, David e Durand. No início de 1746, o governo promulgou o novo privilégio e então o lugar de editor coube ao erudito *abbé* Jean-Paul de Gua de Malves, professor do Collège de France e membro da Academia Real de Ciências de Paris e da Royal Society de Londres. Faziam parte de sua equipe o jovem e brilhante geômetra Jean le Rond d'Alembert, que desde os 24 anos ocupava um assento na mesma Academia, e que deveria zelar pelos artigos científicos da obra; e um desconhecido (a não ser da polícia...) homem de letras chamado Denis Diderot, que responderia pela tradução, ele que já vertera para o francês a *História da Grécia*, de Temple Stanyan, e o *Dicionário Universal de Medicina*, de Robert James (de novo a anglomania e o dicionário).

Mas Gua de Malves não era o homem de que precisava Le Breton: tinha um temperamento demasiado forte, não sabia trabalhar em equipe, era cheio de manias, resistia em reconhecer o aspecto comercial do empreendimento. Em 1747 deixou o posto, obrigando os livreiros a promover Diderot e d'Alembert à condição de editores; em breve d'Alembert seguiria supervisionando a parte científica e Diderot, o restante da obra, especialmente a "Descrição das Artes",[2] cuja importância será uma das marcas da *Enciclopédia*. Pode ter sido então que o dicionário de Chambers pareceu meio limitado e que o projeto, não se sabe por sugestão de quem, tomou um rumo diferente. O plano e o desígnio de Chambers eram bons, mas não a execução. Como diria Diderot mais tarde, a enciclopédia inglesa deixava muito a desejar quanto às ciências, ficava tudo a dever quanto às artes mecânicas e, sobre as liberais, trazia uma palavra onde cabiam páginas – o que não era de surpreender, visto que a "Cyclopaedia" tinha apenas dois volumes in-fólio, acompanhados de 21 grandes gravuras. Quanto à *Enciclopédia*, o "Prospectus" já anunciava uma obra bem maior, com oito volumes in-fólio de texto e dois de pranchas. O resultado foi maior ainda: quando a empreitada acabou, em 1772, a *Enciclopédia, ou Dicionário razoado das ciências, das artes e dos ofícios* contava dezessete volumes de texto (71.818 artigos) e onze de pranchas (sem contar quatro volumes de suplementos, mais dois para o índice e ainda um de pranchas suplementares).

2 Não no sentido moderno de belas-artes, mas na acepção grega de *tékhne*.

Mas antes que o projeto fosse para a rua, o incauto parceiro de d'Alembert daria um enorme susto nos livreiros: devido à sua *Carta sobre os cegos* (1749), livro considerado meio subversivo, Diderot foi encarcerado no Château de Vincennes. O grande Voltaire, *philosophe* por excelência, que por sua vez já fora hóspede da Bastilha, acionou suas relações e intercedeu pelo colega. A detenção durou cerca de três meses e até parecia feita de encomenda. Com efeito, "Diderot é promovido a Sócrates. A prisão o tira do quase anonimato. Ele adquire uma espécie de glória: Vincennes é para este pobretão aquilo que a Academia é para os ricos, uma consagração".[3]

Posto em liberdade, Diderot pôs mãos a obra. Em 1750, saía afinal o "Prospectus", de sua autoria, cujo fim era obter subscrições para a *Enciclopédia*, e que acabou por mostrar que havia na opinião pública fortes resistências a ela. Tanto assim que, no ano seguinte, o *Journal de Trévoux*, temível periódico jesuíta, fazia várias críticas, assinadas por seu respeitado diretor, o reverendo padre Berthier. O principal reparo era a suposta falta de originalidade da obra, que não passaria de um vergonhoso plágio da árvore do conhecimento de Bacon. Os jesuítas estavam notoriamente despeitados por terem sido ignorados pelos enciclopedistas, eles que não apenas tinham a pretensão de se ocupar dos verbetes de teologia para a *Enciclopédia*, mas ainda sempre deram a entender que estavam prontos a assumir a tarefa inteira em lugar dos filósofos, caso as autoridades assim o desejassem. Em junho do mesmo ano surgiu enfim o primeiro volume da anunciada enciclopédia, com o *Discurso preliminar*, de d'Alembert, e, no começo de 1752, o segundo. Ora, entre um e outro, o jovem *abbé* Jean-Martin de Prades, colaborador de segunda linha da *Enciclopédia*, defendera na Sorbonne uma tese de teologia, de fundamento sensualista, que fazia largos empréstimos às ideias do *Discurso*, de d'Alembert. A tese, a princípio aprovada, foi logo denunciada e então censurada e condenada ao fogo. Tardia fogueira, que não subtraía da chacota pública os graves doutores da Sorbonne! Por isso mesmo, o arcebispo de Paris fez circular uma carta pastoral contra o autor, que tratou de despachar-se para Berlim, onde, com o tempo, se tornou leitor de Frederico II.

---

3 Lepape, *Voltaire le conquérant*, p.231.

Aos jesuítas juntaram-se as *Nouvelles Eclésiastiques*, folha clandestina e porta-voz do "partido" jansenista. Os devotos denunciavam em coro a existência de uma conspiração, chefiada pelos enciclopedistas, contra a religião, o governo e os bons costumes. O resultado foi uma sentença do Conselho de Estado proibindo a circulação dos dois primeiros tomos.

A sanção não era tão grave quanto parece, pois os volumes já haviam sido distribuídos aos assinantes e, de fato, revelava o habilidoso apoio de Lamoignon de Malesherbes, ministro encarregado de controlar os livros publicados no reino, figura notável da Ilustração francesa, que sempre buscou equilibrar-se entre a condição de "homem das Luzes" e a de "servidor da monarquia".[4] Graças a ele, a *Enciclopédia* não perdeu seu privilégio de impressão e foi autorizada a prosseguir, sob vigilância, acabando por entrar numa fase de relativa estabilidade. Em 1753, apareceu o terceiro volume, no ano seguinte o quarto, cuja tiragem definitiva ultrapassou os 4 mil exemplares (a princípio, Le Breton previra a impressão de aproximadamente 1625 cópias). Ainda em 1754, para escândalo dos devotos, d'Alembert foi eleito membro da Academia Francesa, um dos principais redutos da opinião, honraria que certamente se estendia à *Enciclopédia*. Em 1755, foi a vez do Volume V, que contava com a anunciada adesão de Voltaire e com o triunfante verbete "Enciclopédia", escrito por Diderot, "uma espécie de discurso do método".[5] Jamais os enciclopedistas pareceram tão confiantes na vitória sobre os devotos. O sexto volume é de 1756, o sétimo, de 1757, ano que anuncia os tempos difíceis que virão.

Em janeiro, o rei sofre um atentado em plena corte e, em abril, é promulgada uma declaração real condenando à morte ou às galés os autores de livros perigosos. Os panfletos contra a *Enciclopédia* se multiplicam: primeiro, são os *Cacouacs*, de Vaux de Giry, em seguida, os de Moreau,[6] em seguida as

4 São termos de Lepape (em *Diderot*, p.133).

5 Chouillet, *L'esthétique des lumières*, p.75.

6 A invenção da palavra para zombar dos filósofos é "um dos achados do século XVIII", segundo Arthur M. Wilson (*Diderot: sa vie et son oeuvre*, p.232), e se deve ao panfleto *Premier Mémoire sur les Cacouacs*, de Vaux de Giry, *abbé* de Saint-Cyr. Os

Pequenas Cartas sobre Grandes Filósofos, de Palissot, e *A Religião Vingada*, de Soret e Haye. Para piorar, a publicação, no sétimo volume, do verbete "Genebra", de d'Alembert, provocará enorme indignação nos pastores genebrinos, desastradamente elogiados como "deístas", quem sabe pelo *esprit de géométrie* do autor... Além disso, o artigo acabará por consumar uma ruptura intestina, a de Jean-Jacques Rousseau, que se opõe à proposta dos enciclopedistas de introduzir o teatro em Genebra e rompe com eles. Em janeiro de 1758, inicia-se o lento e dramático processo que culminará na perda irreparável de d'Alembert, que cede às pressões e abandona seu posto, não sem muitas idas e vindas. Ainda que só, Diderot teima em ficar.

Em meados do mesmo ano, o materialista Claude-Adrien Helvétius lança *De l'Esprit*, tratado que, para escândalo geral (do arcebispo de Paris ao papa Clemente XIII...) reduz a moral a uma física experimental. O livro mal tinha saído e seu privilégio de impressão foi logo cassado. As cabeças começaram a rolar: a primeira foi a do negligente funcionário da censura, demitido sumariamente; em seguida, a do próprio Helvétius, que se viu privado do alto cargo honorífico que ocupava e ainda obrigado a enfáticas retratações. Embora ele jamais tivesse escrito uma só linha para a *Enciclopédia*, seu livro foi logo associado a Diderot e ressurgiu a lenga-lenga da conspiração contra a religião e o governo, principalmente em *Préjugés Légitimes contre l'Encyclopédie*, texto de enorme influência do jansenista Abraham Chaumeix. Em janeiro de 1759, quando o oitavo volume está prestes a sair, o procurador-geral Joly de Fleury discursa contra os livros ímpios no Parlamento de Paris, citando a *Enciclopédia*, *De l'Esprit* – este um "resumo" daquela! – e ainda quatro livros de Diderot: *Pensamentos Filosóficos*, *Carta sobre os Cegos*, *Carta sobre os surdos-mudos*, *Pensamentos sobre a Interpretação da Natureza*. O efeito é devastador: o Parlamento suspende a circulação dos sete volumes publicados e resolve submetê-los a uma comissão de censura. A sentença vem em março: o Conselho do

---

"cacouacs", "estranhas e repugnantes criaturas", eram um povo selvagem e temível, covarde e malvado, cuja grande arma era o veneno, localizado embaixo da língua. Em *Nouveau Mémoire pour Servir à l'Histoire des Cacouacs*, Jacob-Nicolas Moreau aperfeiçoou a ideia.

Rei revoga o privilégio de impressão da *Enciclopédia*, cabendo aos editores indenizar os assinantes pelos adiantamentos recebidos. Le Breton e os demais ameaçam prosseguir o negócio na Holanda ou na Suíça (como queria Voltaire), e então as autoridades concedem um privilégio para a impressão de uma coletânea de pranchas gravadas, de cujo preço se descontaria aquilo que tinham a haver os assinantes. Resumo da ópera: o primeiro volume das "Pranchas" sai em 1762, o último, dez anos depois. Enquanto isso, as autoridades vão fazendo vistas grossas à atividade clandestina de Diderot, que continua quase sozinho a preparar os volumes de texto (também desertaram Turgot, Marmontel, Duclos, Morellet, Voltaire, restando apenas Jaucourt e d'Holbach). Em 1765-1766, Diderot entrega aos assinantes, quase de uma só vez, os dez volumes devidos, mesmo após certificar-se de que Le Breton, às escondidas, submetera as provas a uma censura prévia. Ato derradeiro: a distribuição é proibida em Paris e Versailles e, por desobediência, o mesmo Le Breton acaba amargando alguns dias na Bastilha. Conforme escreveu Robert Darnton, "quaisquer que sejam seus defeitos, a consecução da obra significa uma grandiosa vitória do espírito humano e da palavra impressa".[7]

Eis em poucas páginas a atribulada história de um dos maiores feitos filosóficos de todos os tempos. Nenhum dos dicionários precedentes, que se multiplicam a partir de fins do século XVII,[8] se compara à *Enciclopédia*, primeiramente quanto às dimensões (a não ser o *Universal Lexicon*, de Zedler, 64 volumes in-fólio, quatro de suplementos, 1732-1750). Em seguida, é bom lembrar que cada um deles foi escrito por um só autor, ao passo que a obra dirigida por Diderot e d'Alembert foi empreitada coletiva, feita "par une societé de gens de lettres". Condição, aliás, para que fosse um dicionário "universal", ao contrário dos demais, que tratavam de assuntos isolados (históricos, biográficos, religiosos etc.) e tinham pouco prestígio intelectual

---

7 Darnton, *O Iluminismo como negócio: história da publicação da* Enciclopédia *(1775-1800)*, p.23.

8 Pons, Introduction. In: *Encyclopédie, ou Dictionnaire raisonné des sciences, des arts et des métiers*, v.I, p.24-5.

(exceto o *Dicionário Histórico e Crítico*, de Pierre Bayle). Mas, poderá perguntar o leitor, por que razão um simples dicionário foi objeto de tantas disputas no século XVIII, das acusações de plágio aos livros censurados ou mandados à fogueira, das sátiras às ordens de prisão ou ameaças de execução? Não é surpreendente que esse dicionário tenha até mesmo dado origem a um jornal fundado para defendê-lo – *Le Journal Encyclopédique*, de Pierre Rousseau –, e a outro especialmente para atacá-lo – *Le Censeur Hebdomadaire*, de Abraham Chaumeix?[9] Como bem afirmou Darnton, o que afinal poderia ter de explosivo nesse amálgama de tanta informação sobre todos os assuntos, que "contém milhares de palavras sobre moagem de cereal, fabricação de alfinetes e declinação de verbos"?[10]

A *Enciclopédia* provocou tamanha confusão porque Diderot e d'Alembert conseguiram dar-lhe um feitio filosófico, integrando-a de modo eficaz ao combate das Luzes. A fim de entender o que isso significa, retomemos a abertura do verbete "Enciclopédia", no qual Diderot escreve: "a finalidade de uma enciclopédia é reunir os conhecimentos dispersos pela superfície da Terra, expor seu sistema geral aos homens com que vivemos e transmiti-los aos que virão depois de nós, a fim de que os trabalhos dos séculos passados não tenham sido inúteis para os séculos vindouros, que nossos descendentes, tornando-se mais instruídos, sejam ao mesmo tempo mais virtuosos e mais felizes, e que não morramos indignos do gênero humano".[11] A leitura desse texto parece reforçar a impressão de desconcerto do leitor: o que poderia haver de mal em "juntar conhecimentos esparsos" e, em seguida, "transmiti-los a nossos pósteros"?

Primeiro, não é inútil observar que a empreitada empenha o homem em sua totalidade, não sendo apenas intelectual, mas também *moral*: instruímos nossos semelhantes tendo em vista sua virtude e, em última análise, sua

9 Ver Delon; Mauzi; Menant, *Histoire de la littérature française: de l'*Encyclopédie *aux* Méditations, capítulo I, parte III, p.268-9.

10 Darnton, Os filósofos podam a árvore do conhecimento: a estratégia epistemológica da *Encyclopédie*. In: ______, *O grande massacre de gatos*, 2.ed., p.247.

11 *Encyclopédie*, t.I, p.1156/ t.V, p.635a.

felicidade. Durante as Luzes, não há nada mais filosófico do que mobilizar virtude e felicidade, conectando uma coisa à outra. Em seguida, é preciso dizer que o tipo de conhecimento reunido e a maneira de juntá-lo também implicam outras tantas escolhas filosóficas. Como se sabe, para a Ilustração, só se instrui ao combater os erros, as ideias falsas, as superstições. Ora, o saber que exorciza o erro e a superstição, e pelo qual se interessa a *Enciclopédia*, é o conhecimento técnico e científico do século XVIII, a ciência "tal como a praticam efetivamente, em seus laboratórios, os sábios da Royal Society, fundada por baconianos, ou da Academia de Ciências de Paris, e tal como a física newtoniana oferece o modelo considerado definitivo".[12] Esse saber é avesso ao sistema fechado, aberto à experiência e nela fundado. Visto que Deus não é garantia do conhecimento; visto que a natureza não é transparente e jamais exibe por inteiro seus segredos; visto que aposta na aventura renovada da experiência, esta ciência é necessariamente vagarosa e sujeita a interrupções, descontínua e fragmentária, não dando a ver "senão algumas peças rompidas e separadas da grande cadeia que liga todas as coisas".[13]

Locke e Condillac deram a este saber a sua teoria do conhecimento, Diderot e os enciclopedistas fizeram o seu inventário e, para tanto, escolheram a forma do dicionário. O gênero é estratégico primeiro por motivos práticos, permitindo, como queria a Ilustração, uma difusão do conhecimento e pondo-o ao alcance – e na estante – do homem comum. Em seguida, diante da multiplicação daquilo que se sabe e da impossibilidade de operar uma síntese, o dicionário é uma resposta a essa dificuldade.[14] Mas há ainda outra razão, mais decisiva talvez, que torna o gênero a forma mais adequada ao conteúdo descrito. O conhecimento, como se viu, não procede por dedução, não há verdades primeiras donde decorrem as demais, pois a hierarquização do ser é apenas uma fantasia do espírito de sistema. A ciência não passa de um vaivém entre a observação, a reflexão e a experiência, que preenche os claros de uma natureza inesgotável, que às vezes se entrega, às vezes resiste.

12 Pons, op. cit., p.35.

13 Diderot, De l'interprétation de la nature. In: ______, *Oeuvres philosophiques*, p.182.

14 Didier, *Alphabet et raison: le paradoxe des dictionnaires au XVIIIe siècle*, p.4.

Ora, se a ciência é "um grande terreno semeado de lugares obscuros e de lugares iluminados",[15] que ordem mais adequada para descrevê-la do que a alfabética, essencialmente descontínua? Contando com a abundância do vocabulário, que gênero é melhor que o dicionário para inventariar a infinita riqueza e a irredutível variedade da natureza? Aberto a esta riqueza e variedade, ele exclui as hierarquizações ontológicas, permitindo, por exemplo, que à descrição pontual de uma "planta do Brasil e das ilhas da América meridional" (verbete "Aguaxima") siga-se a exposição da imensa "cadeia dos seres" que, gradativamente, passa do mineral ao vegetal, deste ao animal, até chegar ao homem (artigo "Animal"). O dicionário exclui assim que o saber possua territórios privilegiados, que o espírito seja superior à mão ou as artes liberais, melhores do que as mecânicas.

Mas, apesar dessas notórias vantagens, dicionários e enciclopédias padecem igualmente de vários inconvenientes.

Uma das objeções mais sutis e consistentes à *Enciclopédia* partiu de ninguém menos do que Voltaire. Em 1754, ele encaminha a d'Alembert o artigo "Literatura", de sua autoria, que lhe é devolvido pelos diretores com um pedido de mais informações. Em sua correspondência da época, Voltaire lamenta o gosto dos enciclopedistas por "artigos tão longos".[16] Com efeito, nada mais enfadonho para ele do que as obras extensas: não é à toa que detesta o romance e que tenha acabado por enamorar-se do conto. Os escritos de forma breve convêm à velocidade de seu estilo, como bem observaram vários intérpretes, Erich Auerbach e Jean Starobinski, entre outros. Quanto a Diderot e d'Alembert, sustenta por sua vez Pierre Lepape, "eles querem publicar um livro de saber, dar informações sobre as diferentes literaturas europeias e sobre a história literária na França. Querem fatos concretos. Tudo o que desgosta à rapidez voltairiana".[17] Tampouco foi por acaso que Voltaire lançou, alguns anos depois, como alternativa ao empreendimento de Diderot, um *Dictionnaire philosophique portatif*. O mal-estar de Voltaire se

15 Diderot, De l'interprétation de la nature. In:______, *Oeuvres philosophiques*, p.189.

16 Devo estas passagens a Pierre Lepape, op. cit., p.279ss.

17 Lepape, op. cit., p.280.

deve assim ao formato luxuoso dos volumes in-fólio da *Enciclopédia*, feitos para as estantes e não para serem carregados como as gazetas.[18]

Outra objeção: condicionar o mapeamento do saber à ordem puramente contingente do alfabeto não significa renunciar ao todo, sem o qual não existe ciência ou filosofia para as Luzes? Topamos com aquilo que Béatrice Didier chama de "o paradoxo dos dicionários": como pode a Ilustração confiar seu ideal de racionalidade a uma forma de apresentação totalmente irracional? Em resumo, haveria algum modo de compatibilizar razão e dicionário?

Diderot e d'Alembert resolveram o paradoxo por meio da exposição do "sistema geral" do saber: à maneira de Chambers, tornaram o dicionário uma enciclopédia (termo que significa "encadeamento de conhecimentos") e deram-lhe assim as vantagens de um discurso contínuo. Desse modo, as diferentes disciplinas podiam ser tratadas "absolutamente e de modo independente" e também "relativamente umas às outras".[19] Ou, nas palavras de d'Alembert: enquanto *Dicionário razoado das ciências, das artes e dos ofícios*, o empreendimento contém a descrição dos "princípios gerais" e dos "detalhes mais essenciais" de cada ciência e arte, mas, enquanto *Enciclopédia*, expõe "a ordem e o encadeamento dos conhecimentos humanos".[20] Para preencher esta dupla exigência, os enciclopedistas, ainda a exemplo de Chambers, reproduziram detalhadamente a árvore baconiana do saber na abertura da obra e conectaram cada verbete do dicionário a este mapa geral. Por exemplo: "Anatomia. Ordem Enciclopédica, Entendimento, Razão, Filosofia ou Ciência, Ciência da Natureza, Física Geral, Particular, Zoologia, Anatomia Simples e Comparada".[21]

---

18 Com efeito, numa carta a Malesherbes, o periodista Fréron, diretor de *L'Année Littéraire* e inimigo dos filósofos, escreve: "Ele [Diderot] pode, assim, continuar a inserir em seu Dicionário todos os sarcasmos que contra mim lhe forem fornecidos. Epigramas enterrados num in-fólio não me espicaçam. Tenho uma pequena vantagem: não há qualquer comparação entre pequenas folhas, na verdade miseráveis, mas que todo o mundo lê, e um grosso Dicionário, muito bonito, muito erudito, muito sublime, mas que, no máximo, só se faz consultar de tempos em tempos. Fréron, *Le Dossier Fréron: correspondance et documents*.

19 São palavras do próprio Chambers, citadas por Alain Pons, p.37.

20 d'Alembert, Discours préliminaire des editeurs. In: *Encyclopédie, ou Dictionnaire raisonné des sciences, des arts et des métiers*, t.I, p.I e p.9.

21 *Encyclopédie*, t.I, p.409 e p.127a.

Como diz Alain Grosrichard, "a palavra, antes mesmo de ser definida, será relacionada à ciência da qual depende e lhe confere valor de conceito". Além disso, continua, "o artigo conterá *remissões*, ocasionadas ora por algumas palavras que outras palavras podem explicar, ora pela coisa ou objeto de que trata o artigo, que coisas tratadas em outro artigo (ou ilustradas numa gravura) podem esclarecer sob nova luz". Esta técnica remissiva – espécie de "estratégia da piscadela"[22] – é sem dúvida o segredo maior da *Enciclopédia*:[23] sua finalidade não é apenas burlar a vigilância do censor, mas sobretudo permitir que o leitor se oriente sobre o lugar que as várias ciências e artes ocupam na árvore do conhecimento. Mais ainda: conforme observa Alain Pons, é esta técnica, e não o conteúdo estrito dos artigos, que deve "mudar a maneira geral de pensar", segundo a expressão de Diderot no verbete "Enciclopédia": "Os 'preconceitos'", prossegue Pons, "depositados nos homens pelo hábito, pelo tempo, pela história, serão desenraizados quando outras associações, outras conexões, conformes à natureza e à razão, forem estabelecidas entre as ideias"[24]

No "Prospectus", Diderot retomou o critério epistemológico de Bacon e dividiu o conhecimento em três territórios, filosofia, história e poesia,[25] aos quais correspondiam as principais faculdades do espírito: razão, memória e imaginação. Em seguida, no dizer de Robert Darnton, "podou" a árvore de Bacon segundo o programa filosófico de Locke. Ora, se examinarmos com Darnton as alterações introduzidas, perceberemos melhor o alcance filosófico, e até mesmo político, da *Enciclopédia*.

As artes da imaginação aparecem em posição parecida nos dois esquemas, embora Diderot seja mais minucioso e acrescente as artes plásticas, não

---

22 Grosrichard, Na noite das luzes. In: Novaes et al., *A crise da razão*, p.280.

23 O exemplo clássico é o verbete "Eucharistie", em si mesmo bastante anódino, cujo caráter explosivo aparece nas remissões de outro artigo, "Anthropophagie": "Eucharistie, Communion, Autel". Ver *Encyclopédie*, t.I, p.498, edição fac-símile Pergamon Press, Nova York-Paris, p.149b.

24 Pons, op. cit., p.44.

25 Diderot escreve: "Entendemos aqui por *poesia* apenas aquilo que é ficção". O termo exclui assim a versificação e inclui a arquitetura, a música, a pintura, a escultura, a gravura etc. Cf. "Explication Détaillée du Système des Connaissances Humaines", in *Encyclopédie*, t.I, p.L e p.21.

mencionadas por Bacon. Em relação à história, ambos a dividem em natural, eclesiástica, civil e literária, mas dão a cada qual um peso diferente. Enquanto Diderot pouco se detém na eclesiástica, Bacon lhe atribui vários ramos, dentre os quais a história da Providência, que narra a intervenção de Deus nas coisas humanas. Quanto à história natural, Bacon a julga "deficiente", ainda sujeita a desenvolver-se, sobretudo na área das artes mecânicas, que são justamente as de mais espaço na *Enciclopédia*. Assim, se Diderot examina apenas o trabalho dos homens, Bacon não o separa do trabalho da Providência, donde resultam diferentes concepções da história civil e da literária. Enquanto Bacon julga a história literária (ou do "conhecimento") um capítulo "deficiente" da história do mundo, os enciclopedistas a equiparam à civil: em sua versão, esta se ocupa das grandes nações, dos reis, dos conquistadores, aquela, dos grandes gênios, dos homens de letras, numa palavra, dos filósofos.

Mas as maiores diferenças entre os dois mapas estão nas ciências derivadas da razão, ou seja, na filosofia. Bacon separa filosofia e teologia, dando ao "estudo divino" uma árvore à parte, Diderot subordina a segunda à primeira. É bem verdade que a "teologia revelada" aparece no alto de sua árvore, mas a dignidade do lugar é só aparente. Primeiro, porque é determinado pelo princípio lockiano de que nosso entendimento progride por unificações crescentes, começando pelas sensações e chegando afinal ao conceito de uma inteligência infinita e não criada. Em seguida, devido à vizinhança de várias práticas e disciplinas "suspeitas" – "ciência dos bons e maus espíritos", "adivinhação", "magia negra" –, que arrastam a teologia e a religião para o domínio do incognoscível.

Conforme bem afirma Darnton, o "Prospectus", de Diderot, e o *Discurso preliminar*, de d'Alembert, desenham de outro modo as fronteiras entre o cognoscível e o não cognoscível: em suma, excluem a teologia do território do saber e confiam seu governo à filosofia. A maior consequência prática do golpe é retirar o conhecimento das mãos dos clérigos e passá-lo para os filósofos. Do Renascimento até o moderno enciclopedismo, de Bacon, Descartes, Newton e Locke até Jean-Jacques Rousseau, a história é o triunfo da civilização, e esta, um trabalho dos homens de letras. Novidade que faz parte de uma obra estritamente contemporânea da *Enciclopédia*, *O Século de*

Luís XIV, de Voltaire (1751), que dedica quatro capítulos às ciências e artes, e em seu catálogo biográfico menciona não apenas príncipes, marechais e ministros, mas também "a maioria dos escritores" e os "artistas célebres".[26]

Não custa aqui lembrar o caráter emblemático de que o filósofo é dotado para as Luzes. Na *Enciclopédia*, Du Marsais o define como um homem "que quer agradar e se tornar útil"; em outra parte, Diderot afirma que "aqueles que refletem" devem se juntar "àqueles que se mexem" para formar "uma espécie de liga filosófica" a fim de vencer a "resistência da natureza".[27] Quando exalta o filósofo, a Ilustração presta homenagem não apenas à inteligência especulativa, mas também, e talvez principalmente, à prática. Ou, se quisermos, à "inteligência das mãos". Segundo mostrou Jacques Chouillet,[28] autor dessa feliz expressão, quando Diderot fala em "metafísica das coisas",[29] ele não apenas afirma a igual dignidade da arte (técnica) e da ciência, mas também que as "artes mecânicas" mobilizam raciocínios tão abstratos quanto os do sábio ou do filósofo. As ciências e artes têm, pois, origem e desenvolvimento comuns, e a única coisa que as distingue é que, além do caráter especulativo, as artes encerram igualmente uma prática. Do mesmo modo, as chamadas artes "liberais" (as "belas-letras" e as "belas-artes") se diferenciam das "mecânicas" porque umas são "mais a obra do espírito que da mão" e as outras, o oposto. Aliás, o que é da mão e o que é do espírito na pintura, na escultura, na arquitetura ou ainda na música e na dança, que usam mecanismos sensoriais e musculares?

A abolição da falsa hierarquia entre o teórico e o prático, entre o belo e o útil, acarreta a "dupla promoção" das artes mecânicas e do artesão. Não por acaso a *Enciclopédia* celebrava o relojoeiro Caron de Beaumarchais (pai do dramaturgo do mesmo nome) como grande artista e tampouco por acaso Diderot ousava atribuir aos experimentadores científicos ("manobristas de operações" ou "de experiências", como dizia) o espírito de divi-

---

26 *Histoire de la littérature française*, p.282.

27 Diderot, De l'interprétation de la nature. In: ______, *Oeuvres philosophiques*, p.178.

28 Chouillet, op. cit., p.74ss.

29 No verbete "Art", in *Encyclopédie*, t.I, p.717-44 e p.203a-210d.

nação próprio dos gênios, ou seja, "a inspiração". Chegamos assim ao ideal máximo da *Enciclopédia*, no qual, segundo alguns estudiosos, transparece o caráter "burguês" do empreendimento: a utilidade. Para os enciclopedistas, "o ideal humano já não é o santo ou o herói, mas o homem útil que, por seu trabalho, melhora a condição da humanidade. Viver não é se entregar à contemplação, à oração ou à ascese, tampouco é exercer na guerra virtudes heroicas, é produzir, trabalhar".[30]

Para terminar, volto à história. Em 1768, o cavalheiro de Jaucourt, que escrevera quase ¼ dos verbetes da *Enciclopédia*, constatava numa carta que "o preço dessa obra aumenta todos os dias",[31] em razão de sua escassez. No mesmo ano, farejando um bom negócio, o jovem livreiro Charles-Joseph Panckoucke comprou os direitos sobre as futuras edições do dicionário. Começava aqui outra história. Até os anos 1770 a *Enciclopédia* só era acessível nos luxuosos volumes *in-fólio* da primeira edição de Paris (1750-1772), e da segunda, impressa em Genebra (1771-1776). Nas mãos de Panckoucke ela estava prestes a ganhar os formatos in-octavo e in-quarto, tornando-se assim o maior best-seller da Ilustração.

Referências bibliográficas

CHOUILLET, J. *L'esthétique des lumières.* Paris: PUF, 1974.

D'ALEMBERT, J. R. Discours préliminaire des editeurs. In: *Encyclopédie, ou Dictionnaire raisonné des sciences, des arts et des métiers.* Paris: 1750-1765. t.I.

DARNTON, R. *O Iluminismo como negócio*: história da publicação da *Enciclopédia* (1775-1800). São Paulo: Companhia das Letras, 1996.

______. Os filósofos podam a árvore do conhecimento: a estratégia epistemológica da *Encyclopédie*. In: ______. *O grande massacre de gatos.* 2.ed. Rio de Janeiro: Graal, 1988.

DELON, M.; MAUZI, R.; MENANT, S. *Histoire de la littérature française:* de l'*Encyclopédie* aux *Méditations.* Paris: GF Flammarion, 1998.

DIDEROT, D. De l'interprétation de la nature. In: ______. *Oeuvres philosophiques.* Edição de Paul Vernière. Paris: Garnier Frères, 1980.

30 Pons, op. cit., p.55.

31 Wilson, op. cit., p.480.

DIDIER, B. *Alphabet et raison:* le paradoxe des dictionnaires au XVIIIe siècle. Paris: PUF, 1996.

FRÉRON, E.-C. *Le dossier Fréron*: correspondance et documents. Edition Jean Balcou. Paris: [s.d.].

GROSRICHARD, A. Na noite das luzes. In: NOVAES, A. et al. *A crise da razão*. São Paulo: Companhia das Letras: 1996.

LEPAPE, P. *Diderot*. Paris: Champs/Flammarion, 1991.

_______. *Voltaire le conquérant*. Paris: Seuil, 1994.

PONS, A. Introduction. In: *Encyclopédie, ou Dictionnaire raisonné des sciences, des arts et des métiers*. Paris: Garnier-Flammarion, 1986. v.I.

PROUST, J. *Diderot et l'*Encyclopédie. Paris: Albin Michel, 1995.

WILSON, A. M. *Diderot*: sa vie et son oeuvre. Paris: Laffont-Ramsay, 1985.

Discours Préliminaire des Éditeurs (Juin 1751)

Jean le Rond d'Alembert

L'ENCYCLOPÉDIE que nous présentons au Public, est, comme son titre l'annonce, l'Ouvrage d'une société de Gens de Lettres. Nous croirions pouvoir assurer, si nous n'étions pas du nombre, qu'ils sont tous avantageusement connus, ou dignes de l'être. Mais sans vouloir prévenir un jugement qu'il n'appartient qu'aux Savants de porter, il est au moins de notre devoir d'écarter avant toutes choses l'objection la plus capable de nuire au succès d'une si grande entreprise. Nous déclarons donc que nous n'avons point eu la témérité de nous charger seuls d'un poids si supérieur à nos forces, & que notre fonction d'Éditeurs consiste principalement à mettre en ordre des matériaux dont la partie la plus considérable nous a été entièrement fournie. Nous avions fait expressément la même déclaration dans le corps du *Prospectus*;* mais elle aurait peut-être dû se trouver à la tête. Par cette précaution, nous eussions apparemment répondu d'avance à une foule de gens du monde, & même à quelques gens de Lettres, qui nous ont demandé comment deux personnes pouvaient traiter de toutes les Sciences & de tous les Arts, & qui néanmoins avaient jeté sans doute

* Ce *Prospectus* a été publié au mois de Novembre 1750. (N. A.)

Discurso preliminar dos editores (Junho de 1751)[1]

Jean le Rond d'Alembert

A *Enciclopédia* que ora apresentamos ao público é obra de uma sociedade de letrados, como anuncia o seu título.[2] Se não estivéssemos entre eles, poderíamos afirmar com segurança que têm todos boa reputação ou são dignos de tê-la. Mas, sem querer antecipar um julgamento que somente aos sábios cabe proferir, é pelo menos nosso dever afastar, antes de tudo, a objeção que tende a ser mais prejudicial para o êxito de um empreendimento de envergadura como este. Declaramos que de modo algum cometeríamos a temeridade de nos encarregar sozinhos de um peso muito superior às nossas forças, e que nossa função de editores consiste principalmente em organizar materiais cuja parte mais considerável recebemos de outros. Fizéramos expressamente a mesma declaração no corpo do *Prospecto*,* mas talvez ela devesse ter sido posta no início. Com essa precaução, teríamos respondido de antemão, ao que parece, a um bom número de pessoas da boa sociedade, e mesmo a alguns letrados que nos perguntaram como duas pessoas poderiam tratar de todas as ciências e de todas as artes, apesar de terem, sem dúvida,

---

1 O *Discurso preliminar* é de autoria de d'Alembert e foi publicado em 1751; a seção final, porém, agrega uma versão editada, com supressões e acréscimos, do *Prospecto*, redigido por Diderot e publicado em 1750. A presente tradução traz em nota as indicações necessárias para que o leitor identifique adequadamente a montagem do texto em sua versão definitiva. (N. E.)

2 O subtítulo do original traz a indicação "por uma sociedade de letrados".

* Esse *Prospecto* foi publicado no mês de novembro de 1750. (N. A.)

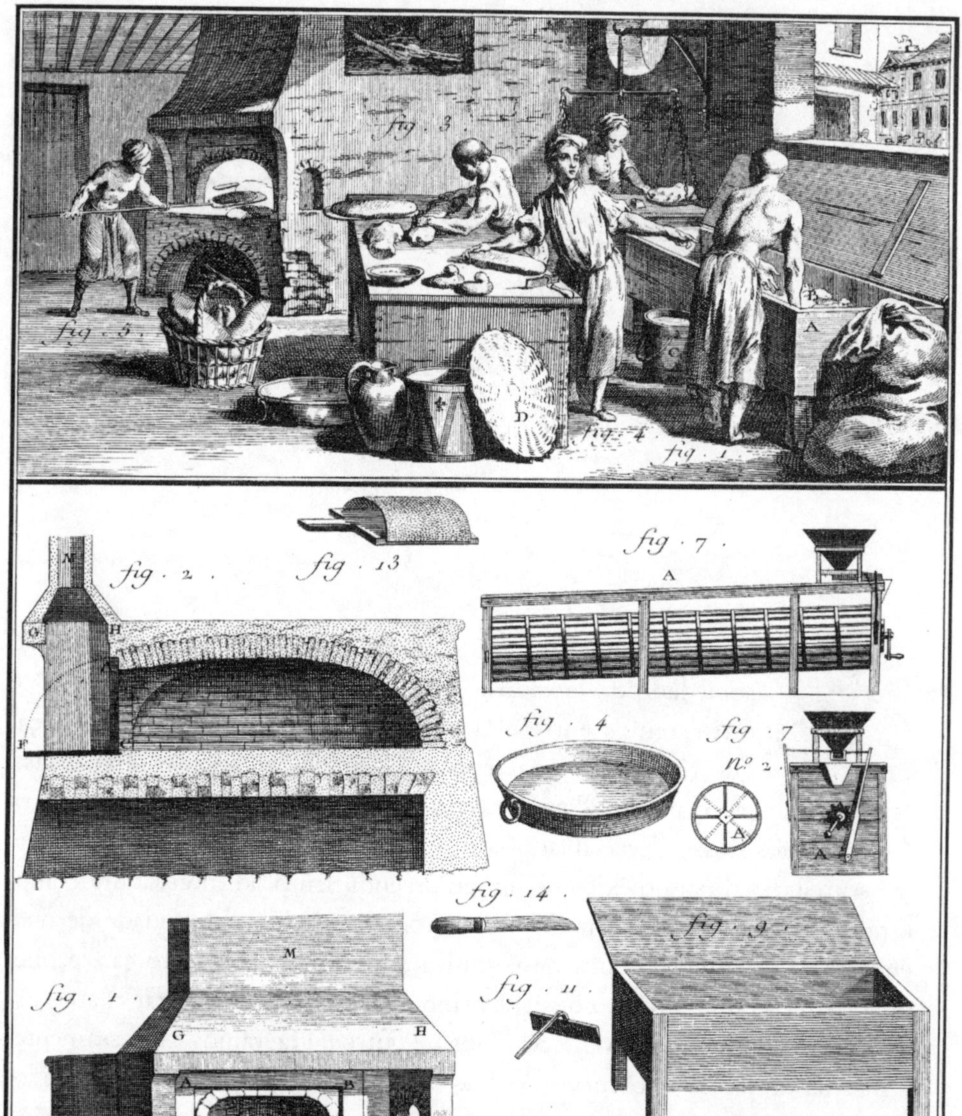

Boulanger.

Padeiro.

Benard Fecit

Patissier, Tour à Pâte, Bassines, Mortier &c.

Confeiteiro. Torno para massas, tachos, pilão etc.

les yeux sur le *Prospectus*, puisqu'ils ont bien voulu l'honorer de leurs éloges. Ainsi, le seul moyen d'empêcher sans retour leur objection de reparaître, c'est d'employer, comme nous faisons ici, les premières lignes de notre Ouvrage à la détruire. Ce début est donc uniquement destiné à ceux de nos Lecteurs qui ne jugeront pas à propos d'aller plus loin: nous devons aux autres un détail beaucoup plus étendu sur l'exécution de *L'ENCYCLOPÉDIE*: ils le trouveront dans la suite de ce Discours, avec les noms de chacun de nos collègues; mais ce détail si important par sa nature & par sa matière, demande à être précédé de quelques réflexions philosophiques.

L'OUVRAGE dont nous donnons aujourd'hui le premier volume, a deux objets: comme *Encyclopédie*, il doit exposer autant qu'il est possible, l'ordre & l'enchaînement des connaissances humaines: comme *Dictionnaire raisonné des Sciences, des Arts & des Métiers*, il doit contenir sur chaque Science & sur chaque Art, soit libéral, soit mécanique, les principes généraux qui en sont la base, & les détails les plus essentiels, qui en font le corps & la substance. Ces deux points de vue, d'*Encyclopédie* & de *Dictionnaire raisonné*, formeront donc le plan & la division de notre Discours préliminaire. Nous allons les envisager, les suivre l'un après l'autre, & rendre compte des moyens par lesquels on a tâché de satisfaire à ce double objet.

Pour peu qu'on ait réfléchi sur la liaison que les découvertes ont entre elles, il est facile de s'apercevoir que les Sciences & les Arts se prêtent mutuellement des secours, & qu'il y a par conséquent une chaîne qui les unit. Mais s'il est souvent difficile de réduire à un petit nombre de règles ou de notions générales, chaque Science ou chaque Art en particulier, il ne l'est pas moins de renfermer en un système qui soit un, les branches infiniment variées de la science humaine.

Le premier pas que nous ayons à faire dans cette recherche, est d'examiner, qu'on nous permette ce terme, la généalogie & la filiation de nos connaissances, les causes qui ont dû les faire naître, & les caractères qui les distinguent; en un mot, de remonter jusqu'à l'origine & à la génération de nos idées. Indépendamment des secours que nous tirerons de cet examen pour l'énumération encyclopédique des Sciences & des Arts, il ne saurait être déplacé à la tête d'un ouvrage tel que celui-ci.

On peut diviser toutes nos connaissances en directes & en réfléchies. Les directes sont celles que nous recevons immédiatement sans aucune opération de notre volonté; qui trouvant ouvertes, si on peut parler ainsi, toutes les portes de notre âme, y entrent sans [ii] résistance & sans effort.

corrido os olhos pelo *Prospecto*, pois tiveram a bondade de honrá-lo com seus elogios. Assim, a única maneira de evitar, de uma vez por todas, que sua objeção reapareça é, como fazemos aqui, usar as primeiras linhas de nossa obra para contorná-la. Esta abertura é, portanto, destinada exclusivamente aos nossos leitores que não julgarem conveniente ir mais longe. Aos demais, devemos uma explicação muito mais extensa sobre a execução da *Enciclopédia*. Eles a encontrarão na continuação deste discurso, com os nomes de cada um de nossos colegas. Mas essa explicação, tão importante por sua natureza e por sua matéria, deve ser precedida de algumas reflexões filosóficas.

A obra cujo primeiro volume publicamos hoje tem dois objetivos. Como *Enciclopédia*, deve expor, tanto quanto possível, a ordem e o encadeamento dos conhecimentos humanos; como *Dicionário razoado das ciências, das artes e dos ofícios*, deve conter, sobre cada ciência e cada arte, seja liberal, seja mecânica, os princípios gerais em que se baseia e os detalhes mais essenciais que formam o seu corpo e substância. Esses dois pontos de vista, de *Enciclopédia* e de *Dicionário razoado*, formarão, portanto, o plano e a divisão de nosso *Discurso preliminar*. Iremos considerá-los, acompanhá-los em sua sucessão, e relatar os meios pelos quais procuramos satisfazer esse duplo objetivo.

Por pouco que se tenha refletido sobre a ligação entre as descobertas, é fácil perceber que as ciências e as artes se auxiliam mutuamente e que há, por conseguinte, uma cadeia que as une entre si. Mas se com frequência é difícil reduzir a um pequeno número de regras ou de noções gerais cada ciência ou cada arte em particular, não menos difícil é encerrar num sistema único os ramos infinitamente variados da ciência humana.

O primeiro passo que temos de dar nesta pesquisa é examinar, que nos permitam este termo, a genealogia e filiação de nossos conhecimentos, as causas que devem tê-los feito nascer e os caracteres que os distinguem: numa palavra, remontar até a origem e formação de nossas ideias. Independentemente do auxílio que extrairemos desse exame para a enumeração enciclopédica das ciências e das artes, ele vem a propósito, no início de uma obra como esta.

Podem-se dividir todos os nossos conhecimentos em diretos e refletidos. Conhecimentos diretos são os que recebemos imediatamente, sem nenhuma operação de nossa vontade, e que, encontrando abertas, se pudermos falar assim, todas as portas de nossa alma, nela entram sem [**ii**] resistência e sem esforço.

Les connaissances réfléchies sont celles que l'esprit acquiert en opérant sur les directes, en les unissant & en les combinant.

Toutes nos connaissances directes se réduisent à celles que nous recevons par les sens; d'où il s'ensuit que c'est à nos sensations que nous devons toutes nos idées. Ce principe des premiers Philosophes a été longtemps regardé comme un axiome par les Scolastiques; pour qu'ils lui fissent cet honneur il suffisait qu'il fût ancien, & ils auraient défendu avec la même chaleur les formes substantielles ou les qualités occultes. Aussi cette vérité fut-elle traitée à la renaissance de la Philosophie, comme les opinions absurdes dont on aurait dû la distinguer; on la proscrivit avec elles, parce que rien n'est si dangereux pour le vrai, & ne l'expose tant à être méconnu, que l'alliage ou le voisinage de l'erreur. Le système des idées innées, séduisant à plusieurs égards, & plus frappant peut-être parce qu'il était moins connu, a succédé à l'axiome des Scolastiques; & après avoir longtemps régné, il conserve encore quelques partisans; tant la vérité a de peine à reprendre sa place, quand les préjugés ou le sophisme l'en ont chassée. Enfin depuis assez peu de temps on convient presque généralement que les Anciens avaient raison; & ce n'est pas la seule question sur laquelle nous commençons à nous rapprocher d'eux.

Rien n'est plus incontestable que l'existence de nos sensations; ainsi, pour prouver qu'elles sont le principe de toutes nos connaissances, il suffit de démontrer qu'elles peuvent l'être: car en bonne Philosophie, toute déduction qui a pour base des faits ou des vérités reconnues, est préférable à ce qui n'est appuyé que sur des hypothèses, même ingénieuses. Pourquoi supposer que nous ayons d'avance des notions purement intellectuelles, si nous n'avons besoin pour les former, que de réfléchir sur nos sensations? Le détail où nous allons entrer fera voir que ces notions n'ont point en effet d'autre origine.

La première chose que nos sensations nous apprennent, & qui même n'en est pas distinguée, c'est notre existence; d'où il s'ensuit que nos premières idées réfléchies doivent tomber sur nous, c'est-à-dire, sur ce principe pensant qui constitue notre nature, & qui n'est point différent de nous-mêmes. La seconde connaissance que nous devons à nos sensations, est l'existence des objets extérieurs, parmi lesquels notre propre corps doit être compris, puisqu'il nous est, pour ainsi dire, extérieur, même avant que nous ayons démêlé la nature

Conhecimentos refletidos são os que o espírito adquire operando os conhecimentos diretos, unindo-os e combinando-os.

Todos os nossos conhecimentos diretos reduzem-se aos que recebemos pelos sentidos; do que se conclui que é às nossas sensações que devemos todas as nossas ideias. Esse princípio dos primeiros filósofos foi por muito tempo considerado um axioma pelos escolásticos; para que o respeitassem, bastava que fosse antigo; e teriam defendido, com a mesma veemência, as formas substanciais ou as qualidades ocultas. Por isso, essa verdade foi tratada, no renascimento da Filosofia, como outras opiniões absurdas, das quais deveria, no entanto, ter sido distinguida. Mas foi proscrita com elas, pois nada é tão perigoso para a verdade e a expõe tanto a ser mal conhecida quanto sua aliança ou vizinhança com o erro. O sistema das ideias inatas, sedutor em muitos pontos e mais impressionante talvez por ser menos conhecido, sucedeu ao axioma dos escolásticos e, após ter reinado por muito tempo, conserva ainda alguns partidários, tamanha a dificuldade que a verdade enfrenta para retomar o seu lugar, do qual os preconceitos ou o sofisma a expulsaram. Enfim, há bem pouco tempo surgiu o consenso, quase geral, de que os antigos tinham razão, e não é esse o único ponto em que começamos a nos aproximar deles.

Nada é mais incontestável do que a existência de nossas sensações, e, sendo assim, para provar que elas são o princípio de todos os nossos conhecimentos, basta demonstrar que podem sê-lo; pois em boa Filosofia, toda dedução que tem por base fatos ou verdades reconhecidas é preferível a outra, apoiada apenas em hipóteses, por engenhosas que sejam. Por que supor que temos de antemão noções puramente intelectuais se, para formá-las, basta refletir sobre nossas sensações? A explicação que ofereceremos aqui mostrará que essas noções, de fato, não têm outra origem.

A primeira coisa que nossas sensações nos ensinam, algo inseparável delas, é a nossa existência. Do que se conclui que nossas primeiras ideias refletidas devem recair sobre nós mesmos, isto é, sobre esse princípio pensante que constitui a nossa natureza e que não é diferente de nós. O segundo conhecimento que devemos às nossas sensações é a existência dos objetos externos, dentre os quais nosso próprio corpo deve estar incluído, visto que ele nos é, por assim dizer, exterior, antes mesmo de termos discernido a natureza

du principe qui pense en nous. Ces objets innombrables produisent sur nous un effet si puissant, si continu, & qui nous unit tellement à eux, qu'après un premier instant où nos idées réfléchies nous rappellent en nous-mêmes, nous sommes forcés d'en sortir par les sensations qui nous assiègent de toutes parts, & qui nous arrachent à la solitude où nous resterions sans elles. La multiplicité de ces sensations, l'accord que nous remarquons dans leur témoignage, les nuances que nous y observons, les affections involontaires qu'elles nous font éprouver, comparées avec la détermination volontaire qui préside à nos idées réfléchies, & qui n'opère que sur nos sensations même; tout cela forme en nous un penchant insurmontable à assurer l'existence des objets auxquels nous rapportons ces sensations, & qui nous paraissent en être la cause; penchant que bien des Philosophes ont regardé comme l'ouvrage d'un Être supérieur, & comme l'argument le plus convaincant de l'existence de ces objets. En effet, n'y ayant aucun rapport entre chaque sensation & l'objet qui l'occasionne, ou du moins auquel nous la rapportons, il ne paraît pas qu'on puisse trouver par le raisonnement de passage possible de l'un à l'autre: il n'y a qu'une espèce d'instinct, plus sûr que la raison même, qui puisse nous forcer à franchir un si grand intervalle; & cet instinct est si vif en nous, que quand on supposerait pour un moment qu'il subsistât, pendant que les objets extérieurs seraient anéantis, ces mêmes objets reproduits tout-à-coup ne pourraient augmenter sa force. Jugeons donc sans balancer, que nos sensations ont en effet hors de nous la cause que nous leur supposons, puisque l'effet qui peut résulter de l'existence réelle de cette cause ne saurait différer en aucune manière de celui que nous éprouvons; & n'imitons point ces Philosophes dont parle Montagne, qui interrogés sur le principe des actions humaines, cherchent encore s'il y a des hommes. Loin de vouloir répandre des nuages sur une vérité reconnue des Sceptiques même lorsqu'ils ne disputent pas, laissons aux Métaphysiciens éclairés le soin d'en développer le principe: c'est à eux à déterminer, s'il est possible, quelle gradation observe notre âme dans ce premier pas qu'elle fait hors d'elle-même, poussée pour ainsi dire, & retenue tout à la fois par une foule de perceptions, qui d'un côté l'entraînent vers les objets extérieurs, & qui de l'autre n'appartenant proprement qu'à elle, semblent lui circonscrire un espace étroit dont elles ne lui permettent pas de sortir.

do princípio que em nós pensa. Esses objetos inumeráveis produzem em nós um efeito tão poderoso e contínuo, e que nos une de tal forma a eles, que, após um primeiro instante, em que nossas ideias refletidas chamam a nós mesmos, somos forçados a sair, pelas sensações que nos assaltam de todas as partes e que nos arrancam à solidão em que permaneceríamos sem elas. A multiplicidade dessas sensações, a concordância que notamos em seu testemunho, as nuanças que nelas observamos, as afeições involuntárias que elas nos fazem experimentar, comparadas com a determinação voluntária que preside às nossas ideias refletidas e que apenas opera sobre nossas próprias sensações, tudo isso produz em nós uma inclinação invencível para assegurar a existência dos objetos aos quais referimos essas sensações e que nos parecem ser a sua causa, inclinação que muitos filósofos viram como a obra de um Ser superior e como o argumento mais convincente da existência desses objetos. De fato, como não há qualquer relação entre uma sensação e o objeto que a ocasiona ou ao qual nós a referimos, não parece que se possa encontrar, pelo raciocínio, passagem possível de um a outro. Há somente uma espécie de instinto, mais seguro do que a própria razão, que pode nos forçar a transpor um tão grande intervalo, e esse instinto é tão vivo em nós, que mesmo que se supusesse, por um momento, que ele subsistisse enquanto os objetos exteriores fossem exterminados, esses mesmos objetos reproduzidos de repente não poderiam aumentar sua força. Julguemos pois, sem vacilar, que nossas sensações possuem de fato, fora de nós, a causa que supomos, visto que o efeito que pode resultar da existência real dessa causa não poderia ser, de nenhum modo, diferente daquele que experimentamos. Não imitemos esses filósofos de que fala Montaigne, que, interrogados sobre o princípio das ações humanas, procuram saber ainda se existem homens. Longe de querer espalhar névoas sobre uma verdade reconhecida até pelos céticos, quando não se perdem em altercações, deixemos aos metafísicos esclarecidos o cuidado de desenvolver o seu princípio. Cabe a eles determinar, se possível, que progressão a nossa alma observa, nesse primeiro passo que dá para fora de si mesma, por assim dizer impelida, e ao mesmo tempo retida, por inúmeras percepções que, de um lado, a levam para os objetos exteriores, e, de outro, pertencem propriamente apenas a ela e parecem circunscrever-lhe um espaço estreito, de onde não permitem que saia.

De tous les objets qui nous affectent par leur présence, notre propre corps est celui dont l'existence nous frappe le plus, parce qu'elle nous appartient plus intimement: mais à peine sentons-nous l'existence de notre corps, que nous nous apercevons de l'attention qu'il exige de nous, pour écarter les dangers qui l'environnent. Sujet à mille besoins, & sensible **[iii]** au dernier point à l'action des corps extérieurs, il serait bientôt détruit, si le soin de sa conservation ne nous occupait. Ce n'est pas que tous les corps extérieurs nous fassent éprouver des sensations désagréables, quelques-uns semblent nous dédommager par le plaisir que leur action nous procure. Mais tel est le malheur de la condition humaine, que la douleur est en nous le sentiment le plus vif; le plaisir nous touche moins qu'elle, & ne suffit presque jamais pour nous en consoler. En vain quelques Philosophes soutenaient, en retenant leurs cris au milieu des souffrances, que la douleur n'était point un mal: en vain quelques autres plaçaient le bonheur suprême dans la volupté, à laquelle ils ne laissaient pas de se refuser par la crainte de ses suites: tous auraient mieux connu notre nature, s'ils s'étaient contentés de borner à l'exemption de la douleur le souverain bien de la vie présente, & de convenir que sans pouvoir atteindre à ce souverain bien, il nous était seulement permis d'en approcher plus ou moins, à proportion de nos soins & de notre vigilance. Des réflexions si naturelles frapperont infailliblement tout homme abandonné à lui-même, & libre de préjugés, soit d'éducation, soit d'étude: elles seront la suite de la première impression qu'il recevra des objets; & l'on peut les mettre au nombre de ces premiers mouvements de l'âme, précieux pour les vrais sages, & dignes d'être observés par eux, mais négligés ou rejetés par la Philosophie ordinaire, dont ils démentent presque toujours les principes.

La nécessité de garantir notre propre corps de la douleur & de la destruction, nous fait examiner parmi les objets extérieurs, ceux qui peuvent nous être utiles ou nuisibles, pour rechercher les uns & fuir les autres. Mais à peine commençons-nous à parcourir ces objets, que nous découvrons parmi eux un grand nombre d'êtres qui nous paraissent entièrement semblables à nous, c'est-à-dire, dont la forme est toute pareille à la nôtre, & qui, autant que nous en pouvons juger au premier coup d'œil, semblent avoir les mêmes perceptions que nous: tout nous porte donc à penser qu'ils ont aussi les mêmes besoins que nous éprouvons, & par conséquent le même intérêt de les satisfaire; d'où il résulte

De todos os objetos que nos afetam com sua presença, nosso próprio corpo é aquele cuja existência mais nos impressiona, pois pertence-nos mais intimamente. Mas, mal sentimos a existência de nosso corpo, percebemos a atenção que ele exige de nós, para afastar os perigos que o rodeiam. Sujeito a mil necessidades e extremamente sensível [iii] à ação dos corpos exteriores, seria logo destruído se não nos preocupássemos com a sua conservação. Não é que todos os corpos exteriores nos façam experimentar sensações desagradáveis; alguns parecem compensar-nos pelo prazer que sua ação nos causa. Mas a infelicidade da condição humana é tamanha, que a dor é em nós o sentimento mais vivo, o prazer nos toca menos do que ela, e quase nunca basta para nos consolar. Em vão alguns filósofos afirmaram, sufocando seus gritos em meio aos sofrimentos, que a dor não seria um mal; em vão outros depositaram a felicidade suprema na volúpia, que eles mesmos não deixavam de recusar, por receio de suas consequências. Todos eles teriam conhecido melhor nossa natureza, se tivessem se contentado em limitar à isenção da dor o soberano bem da vida presente e em convir que, sem poder atingi-lo, só nos é permitido nos aproximar mais ou menos dele, de acordo com nossos cuidados e nossa vigilância. Reflexões tão naturais impressionarão infalivelmente qualquer homem abandonado a si mesmo e livre dos preconceitos, seja da educação, seja do estudo; elas serão a consequência da primeira impressão que receber dos objetos, e podemos colocá-las entre esses primeiros movimentos da alma, preciosos para os verdadeiros sábios e dignos de serem observados por eles, mas negligenciados ou recusados pela Filosofia comum, cujos princípios quase sempre eles desmentem.

A necessidade de defender nosso corpo da dor e da destruição impele-nos a examinar, entre os objetos exteriores, os que podem ser-nos úteis ou prejudiciais, para procurar uns e evitar os outros. Mas, mal começamos o exame desses objetos, descobrimos entre eles um grande número de seres que nos parecem inteiramente semelhantes a nós, isto é, cuja forma é exatamente semelhante à nossa, e que, tanto quanto podemos julgar ao primeiro olhar, parecem ter as mesmas percepções que nós. Tudo nos leva, portanto, a pensar que possuem também as mesmas necessidades que experimentamos e, por conseguinte, o mesmo interesse em satisfazê-las, do que resulta

que nous devons trouver beaucoup d'avantage à nous unir avec eux pour démêler dans la nature ce qui peut nous conserver ou nous nuire. La communication des idées est le principe & le soutien de cette union, & demande nécessairement l'invention des signes; telle est l'origine de la formation des sociétés avec laquelle les langues ont dû naître.

Ce commerce que tant de motifs puissants nous engagent à former avec les autres hommes, augmente bientôt l'étendue de nos idées, & nous en fait naître de très nouvelles pour nous, & de très éloignées, selon toute apparence, de celles que nous aurions eues par nous-mêmes sans un tel secours. C'est aux Philosophes à juger si cette communication réciproque, jointe à la ressemblance que nous apercevons entre nos sensations & celles de nos semblables, ne contribue pas beaucoup à fortifier ce penchant invincible que nous avons à supposer l'existence de tous les objets qui nous frappent. Pour me renfermer dans mon sujet, je remarquerai seulement que l'agrément & l'avantage que nous trouvons dans un pareil commerce, soit à faire part de nos idées aux autres hommes, soit à joindre les leurs aux nôtres, doit nous porter à resserrer de plus en plus les liens de la société commencée, & à la rendre la plus utile pour nous qu'il est possible. Mais chaque membre de la société cherchant ainsi à augmenter pour lui-même l'utilité qu'il en retire, & ayant à combattre dans chacun des autres un empressement égal au sien, tous ne peuvent avoir la même part aux avantages, quoique tous y ayant le même droit. Un droit si légitime est donc bientôt enfreint par ce droit barbare d'inégalité, appelé loi du plus fort, dont l'usage semble nous confondre avec les animaux, & dont il est pourtant si difficile de ne pas abuser. Ainsi la force, donnée par la nature à certains hommes, & qu'ils ne devraient sans doute employer qu'au soutien & à la protection des faibles, est au contraire l'origine de l'oppression de ces derniers. Mais plus l'oppression est violente, plus ils la souffrent impatiemment, parce qu'ils sentent que rien de raisonnable n'a dû les y assujettir. De là la notion de l'injuste, & par conséquent du bien & du mal moral, dont tant de Philosophes ont cherché le principe, & que le cri de la nature, qui retentit dans tout homme, fait entendre chez les Peuples même les plus sauvages. De là aussi cette loi naturelle que nous trouvons au dedans de nous, source des premières lois que les hommes ont dû former: sans le secours même de ces lois elle est quelquefois assez forte, sinon pour anéantir l'oppression, au moins pour la contenir dans certaines bornes.

que devemos encontrar uma vantagem considerável em unirmo-nos a eles para discernir na natureza o que pode nos conservar ou prejudicar-nos. A comunicação das ideias é o princípio e a base dessa união, e exige necessariamente a invenção dos signos: tal é a origem da formação das sociedades, com a qual as línguas devem ter nascido.

Esse intercâmbio que tantos motivos poderosos nos induzem a manter com os outros homens logo aumenta a extensão de nossas ideias e gera outras, novíssimas e muito afastadas, segundo todas as aparências, das que teríamos por nós mesmos sem tal ajuda. Cabe aos filósofos julgar se essa comunicação recíproca, unida à semelhança que percebemos entre nossas sensações e as de nossos semelhantes, não contribui sobremaneira para fortalecer essa inclinação invencível que temos de supor a existência de todos os objetos que nos impressionem. Para limitar-me ao meu assunto, observarei somente que o prazer e o proveito que encontramos em tal intercâmbio, seja comunicando nossas ideias aos outros homens, seja unindo as deles às nossas, devem levar-nos a estreitar cada vez mais os laços da sociedade iniciada e a torná-la para nós o mais útil possível. Mas, como cada membro da sociedade procura assim aumentar para si mesmo a utilidade que dela extrai, e tem ao mesmo tempo de combater em cada um dos outros uma diligência igual à sua, nem todos podem ter o mesmo quinhão nas vantagens, embora todos tenham o mesmo direito a ele. Um direito tão legítimo é, portanto, rapidamente infringido por esse direito bárbaro de desigualdade chamado lei do mais forte, cujo uso parece confundir-nos com os animais e do qual mesmo assim é tão difícil não abusar. E, com isso, a força dada pela natureza a certos homens, e que eles, sem dúvida, deveriam usar apenas para apoiar e proteger os fracos, é, pelo contrário, a origem da opressão destes últimos. Porém, mais a opressão é violenta, mais é suportada com impaciência, pois sentem que aquilo que os sujeita não é razoável. Daí a noção do injusto e, por conseguinte, do bem e do mal, de que tantos filósofos procuraram o princípio e que o grito da natureza, que ecoa em todo homem, faz ouvir mesmo entre os povos mais selvagens. Daí também essa lei natural que encontramos dentro de nós, fonte das primeiras leis que os homens devem ter formulado e que mesmo sem o auxílio destas é por vezes suficientemente forte, se não para aniquilar a opressão, ao menos para contê-la dentro de certos limites.

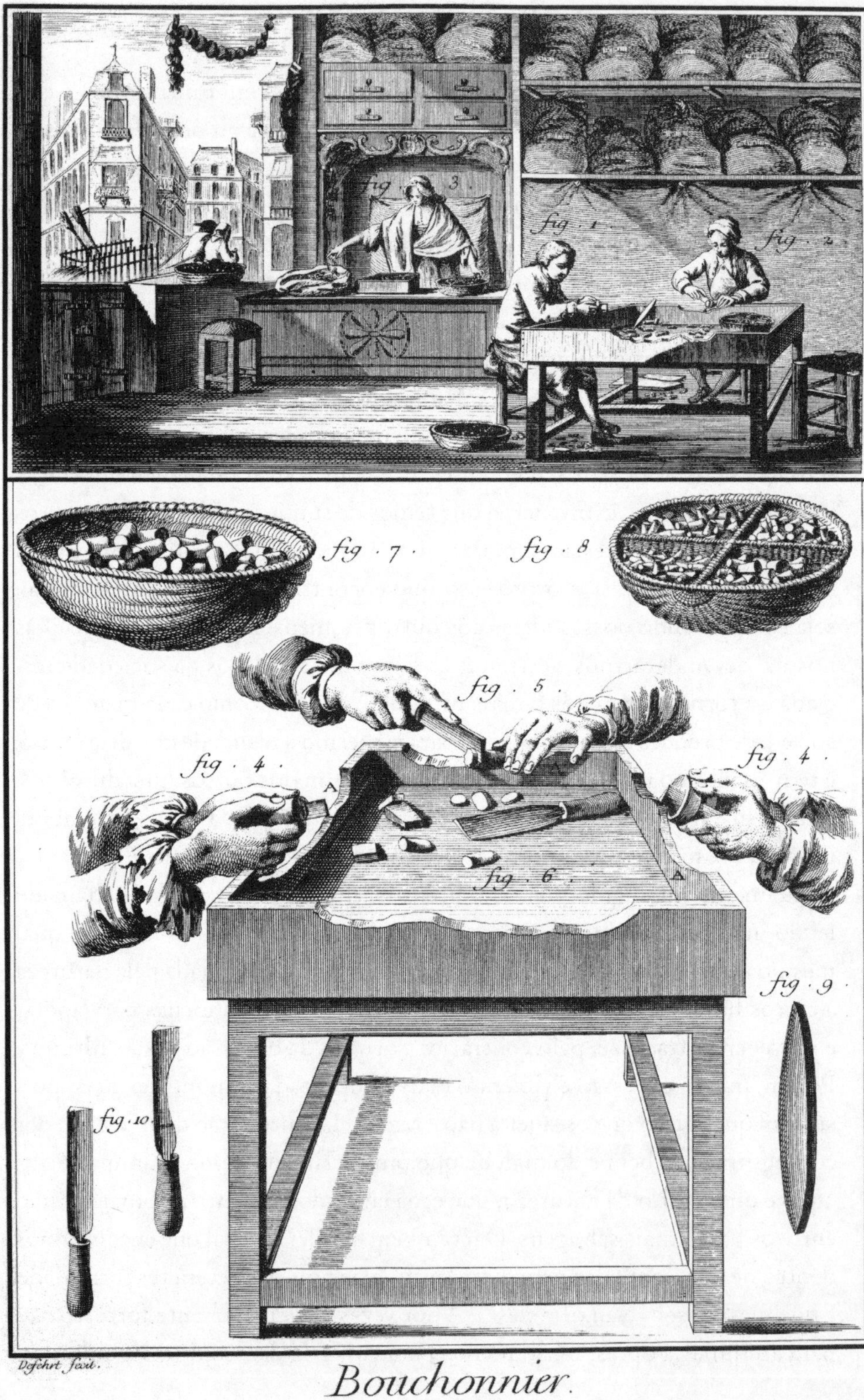

Defehrt fecit.

Bouchonnier.

Fabricante de rolhas.

Radel Del. Benard Fecit

Plumassier-Panachier, *Différens Ouvrages et Outils*.

Preparador de plumas e penachos, diferentes obras e instrumentos.

C'est ainsi que le mal que nous éprouvons par les vices de nos semblables, produit en nous la connaissance réfléchie des vertus opposées à ces vices; connaissance précieuse, dont une union & une égalité parfaites nous auraient peut-être privés.

Par l'idée acquise du juste & de l'injuste, & conséquemment de la nature morale des actions, nous sommes naturellement amenés à examiner quel est en nous le principe qui agit, ou ce qui est la même chose, la substance qui veut & qui conçoit. Il ne faut pas approfondir beaucoup la nature de notre corps & l'idée que nous en avons, pour reconnaître qu'il ne saurait être cette substance, puisque les propriétés que nous observons dans la [**iv**] matière, n'ont rien de commun avec la faculté de vouloir & de penser: d'où il résulte que cet être appelé *Nous* est formé de deux principes de différente nature, tellement unis, qu'il règne entre les mouvements de l'un & les affections de l'autre, une correspondance que nous ne saurions ni suspendre ni altérer, & qui les tient dans un assujettissement réciproque. Cet esclavage si indépendant de nous, joint aux réflexions que nous sommes forcés de faire sur la nature des deux principes & sur leur imperfection, nous élève à la contemplation d'une Intelligence toute puissante à qui nous devons ce que nous sommes, & qui exige par conséquent notre culte: son existence pour être reconnue, n'aurait besoin que de notre sentiment intérieur, quand même le témoignage universel des autres hommes, & celui de la Nature entière, ne s'y joindraient pas.

Il est donc évident que les notions purement intellectuelles du vice & de la vertu, le principe & la nécessité des lois, la spiritualité de l'âme, l'existence de Dieu & nos devoirs envers lui, en un mot les vérités dont nous avons le besoin le plus prompt & le plus indispensable, sont le fruit des premières idées réfléchies que nos sensations occasionnent.

Quelque intéressantes que soient ces premières vérités pour la plus noble portion de nous-mêmes, le corps auquel elle est unie nous ramène bientôt à lui par la nécessité de pourvoir à des besoins qui se multiplient sans cesse. Sa conservation doit avoir pour objet, ou de prévenir les maux qui le menacent, ou de remédier à ceux dont il est atteint. C'est à quoi nous cherchons à satisfaire par deux moyens; savoir, par nos découvertes particulières, & par les recherches des autres hommes; recherches dont notre commerce avec eux nous met à portée de profiter. De là ont dû naître d'abord l'Agriculture,

É assim que o mal que experimentamos pelos vícios de nossos semelhantes produz em nós o conhecimento refletido das virtudes opostas a esses vícios, conhecimento precioso do qual uma união e uma igualdade perfeitas talvez nos tivessem privado.

Pela ideia adquirida do justo e do injusto e, por conseguinte, da natureza moral das ações, somos naturalmente levados a examinar qual é em nós o princípio que age, ou, o que é a mesma coisa, a substância que quer e concebe. Não é necessário aprofundar muito a natureza de nosso corpo e a ideia que temos dele para reconhecer que ele não poderia ser essa substância, visto que as propriedades que observamos [iv] na matéria nada têm em comum com a faculdade de querer e de pensar. Do que resulta que este chamado *nós* é formado por dois princípios de diferente natureza, de tal forma unidos que reina, entre os movimentos de um e as afeições de outro, uma correspondência que não poderíamos suspender nem alterar e que os mantêm numa dependência recíproca. Essa escravidão, tão independente de nós, unida às reflexões que somos forçados a fazer sobre a natureza dos dois princípios e sobre sua imperfeição, eleva-nos à contemplação de uma Inteligência todo-poderosa a quem devemos o que somos e que exige, por conseguinte, nosso culto. Para ser reconhecida, sua existência não precisaria de mais que o nosso sentimento interior, ainda que o testemunho universal dos outros homens e da Natureza inteira não se unissem a ele.

É evidente, portanto, que as noções puramente intelectuais do vício e da virtude, o princípio e a necessidade das leis, a espiritualidade da alma, a existência de Deus e nossos deveres para com ele, numa palavra, as verdades de que temos a mais pronta e indispensável necessidade, são fruto das primeiras ideias refletidas ocasionadas por nossas sensações.

Por mais interessantes que essas primeiras verdades sejam para a parte mais nobre de nós mesmos, o corpo, ao qual ela é unida, em breve nos traz novamente de volta a si, pela exigência de prover necessidades que se multiplicam sem cessar. Sua conservação deve ter por objeto prevenir os males que o ameaçam ou remediar os que o atingem. Isso nós procuramos fazer de duas maneiras, quais sejam, através de nossas descobertas particulares, e das pesquisas dos outros homens, que nosso intercâmbio com eles nos permite aproveitar. Devem ter nascido daí, em primeiro lugar, a Agricultura,

la Médecine, enfin tous les Arts les plus absolument nécessaires. Ils ont été en même temps & nos connaissances primitives, & la source de toutes les autres, même de celles qui en paraissent très éloignées par leur nature: c'est ce qu'il faut développer plus en détail.

Les premiers hommes, en s'aidant mutuellement de leurs lumières, c'est-à--dire, de leurs efforts séparés ou réunis, sont parvenus, peut-être en assez peu de temps, à découvrir une partie des usages auxquels ils pouvaient employer les corps. Avides de connaissances utiles, ils ont dû écarter d'abord toute spéculation oisive, considérer rapidement les uns après les autres les différents êtres que la nature leur présentait, & les combiner, pour ainsi dire, matériellement, par leurs propriétés les plus frappantes & les plus palpables. À cette première combinaison, il a dû en succéder une autre plus recherchée, mais toujours relative à leurs besoins, & qui a principalement consisté dans une étude plus approfondie de quelques propriétés moins sensibles, dans l'altération & la décomposition des corps, & dans l'usage qu'on en pouvait tirer.

Cependant, quelque chemin que les hommes dont nous parlons, & leurs successeurs, ayent été capables de faire, excités par un objet aussi intéressant que celui de leur propre conservation; l'expérience & l'observation de ce vaste Univers leur ont fait rencontrer bientôt des obstacles que leurs plus grands efforts n'ont pu franchir. L'esprit, accoutumé à la méditation, & avide d'en tirer quelque fruit, a dû trouver alors une espèce de ressource dans la découverte des propriétés des corps uniquement curieuses, découverte qui ne connaît point de bornes. En effet, si un grand nombre de connaissances agréables suffisait pour consoler de la privation d'une vérité utile, on pourrait dire que l'étude de la Nature, quand elle nous refuse le nécessaire, fournit du moins avec profusion à nos plaisirs: c'est une espèce de superflu qui supplée, quoique très imparfaitement, à ce qui nous manque. De plus, dans l'ordre de nos besoins & des objets de nos passions, le plaisir tient une des premières places, & la curiosité est un besoin pour qui sait penser, surtout lorsque ce désir inquiet est animé par une sorte de dépit de ne pouvoir entièrement se satisfaire. Nous devons donc un grand nombre de connaissances simplement agréables à l'impuissance malheureuse où nous sommes d'acquérir celles qui nous seraient d'une plus grande nécessité. Un autre motif sert à nous soutenir dans un pareil travail; si l'utilité n'en est pas l'objet, elle peut en être au moins le prétexte. Il nous suffit d'avoir

a Medicina e, por fim, todas as artes absolutamente necessárias. Foram elas, ao mesmo tempo, os nossos conhecimentos primitivos e a fonte de todos os outros, mesmo dos que, por sua natureza, parecem estar mais afastados delas. Desenvolvamos este ponto em detalhe.

Os primeiros homens, ao auxiliarem-se mutuamente com suas luzes, isto é, com seus esforços, individuais ou em conjunto, conseguiram, talvez em pouquíssimo tempo, descobrir uma parte dos usos que poderiam obter de seus corpos. Ávidos de conhecimentos úteis, primeiro tiveram de afastar toda especulação ociosa para considerar rapidamente, uns após os outros, os diferentes seres que a natureza lhes apresentava e combiná-los, por assim dizer, materialmente, a partir de suas propriedades mais impressionantes e mais palpáveis. A essa primeira combinação deve ter sucedido outra, mais aprimorada, mesmo assim relativa às suas necessidades, e que teria consistido principalmente num estudo mais aprofundado de propriedades menos sensíveis, na alteração e decomposição dos corpos, e em sua eventual utilidade.

Contudo, qualquer que tenha sido o caminho que foram capazes de seguir os homens de que falamos e os seus sucessores, certo é que, mesmo excitados por um objeto tão premente quanto sua própria conservação, encontraram, pela experiência e pela observação deste vasto Universo, certos obstáculos que seus maiores esforços não puderam vencer. O espírito, acostumado à meditação e ávido por extrair dela algum fruto, deve ter encontrado então uma espécie de compensação na descoberta de propriedades curiosas dos corpos, descoberta essa que não conhece limites. De fato, se um grande número de conhecimentos agradáveis bastasse para consolar da privação de uma única verdade útil, poder-se-ia dizer que o estudo da natureza, quando ela nos recusa o necessário, ao menos provê em profusão nossos prazeres: é uma espécie de excedente que supre o que nos falta, embora muito imperfeitamente. Além disso, na ordem de nossas necessidades e dos objetivos de que falávamos, o prazer ocupa um dos primeiros lugares e a curiosidade é uma necessidade para quem sabe pensar, sobretudo quando esse desejo inquieto é animado por uma espécie de despeito por não poder se satisfazer completamente. Devemos, portanto, um grande número de conhecimentos simplesmente agradáveis à impotência infeliz em que nos encontramos de adquirir os que nos seriam de maior necessidade. Um outro motivo serve para animar-nos num tal trabalho: se a utilidade não é seu objetivo, pode ao menos ser seu pretexto. Basta-nos ter

trouvé quelquefois un avantage réel dans certaines connaissances, où d'abord nous ne l'avions pas soupçonné, pour nous autoriser à regarder toutes les recherches de pure curiosité, comme pouvant un jour nous être utiles. Voilà l'origine & la cause des progrès de cette vaste Science, appelée en général Physique ou Étude de la Nature, qui comprend tant de parties différentes: l'Agriculture & la Médecine, qui l'ont principalement fait naître, n'en sont plus aujourd'hui que des branches. Aussi, quoique les plus essentielles & les premières de toutes, elles ont été plus ou moins en honneur à proportion qu'elles ont été plus ou moins étouffées & obscurcies par les autres.

Dans cette étude que nous faisons de la nature, en partie par nécessité, en partie par amusement, nous remarquons que les corps ont un grand nombre de propriétés, mais tellement unies pour la plupart dans un même sujet, qu'afin de les étudier chacune plus à fond, nous [v] sommes obligés de les considérer séparément. Par cette opération de notre esprit, nous découvrons bientôt des propriétés qui paraissent appartenir à tous les corps, comme la faculté de se mouvoir ou de rester en repos, & celle de se communiquer du mouvement, sources des principaux changements que nous observons dans la Nature. L'examen de ces propriétés, & surtout de la dernière, aidé par nos propres sens, nous fait bientôt découvrir une autre propriété dont elles dépendent; c'est l'impénétrabilité, ou cette espèce de force par laquelle chaque corps en exclut tout autre du lieu qu'il occupe, de manière que deux corps rapprochés le plus qu'il est possible, ne peuvent jamais occuper un espace moindre que celui qu'ils remplissaient étant désunis. L'impénétrabilité est la propriété principale par laquelle nous distinguons les corps des parties de l'espace indéfini où nous imaginons qu'ils sont placés; du moins c'est ainsi que nos sens nous font juger, & s'ils nous trompent sur ce point, c'est une erreur si métaphysique, que notre existence & notre conservation n'en ont rien à craindre, & que nous y revenons continuellement comme malgré nous par notre manière ordinaire de concevoir. Tout nous porte à regarder l'espace comme le lieu des corps, sinon réel, au moins supposé; c'est en effet par le secours des parties de cet espace considérées comme pénétrables & immobiles, que nous parvenons à nous former l'idée la plus nette que nous puissions avoir du mouvement. Nous sommes donc comme naturellement contraints à distinguer, au moins par l'esprit, deux sortes d'étendue, dont l'une est

encontrado, aqui e acolá, uma vantagem real em certos conhecimentos, a princípio inusitados, para autorizarmo-nos a ver todas as pesquisas puramente curiosas como potencialmente úteis. Eis a origem e a causa dos progressos dessa vasta ciência chamada em geral Física ou Estudo da Natureza, que compreende tantas partes diferentes. A Agricultura e a Medicina, suas grandes progenitoras, hoje não passam de ramos dela. Por isso, apesar de serem as mais essenciais e as primeiras de todas as ciências, são mais ou menos admiradas segundo sejam mais ou menos sufocadas ou obscurecidas pelas outras.

No estudo que fazemos da natureza, em parte por necessidade, em parte por diversão, observamos que os corpos têm um grande número de propriedades e que estas, em sua maioria, estão de tal forma reunidas num mesmo indivíduo, que para estudar cada uma delas a fundo somos obrigados [v] a considerá-las em separado. Mediante essa operação de nosso espírito, logo descobrimos propriedades que parecem pertencer a todos os corpos, como a faculdade de mover-se ou permanecer em repouso e a de comunicar o movimento, fontes das principais transformações que observamos na natureza. O exame dessas propriedades, sobretudo da última, auxiliado por nossos próprios sentidos, leva-nos em breve a descobrir outra propriedade da qual dependem, a impenetrabilidade, ou essa espécie de força pela qual cada corpo exclui qualquer outro do lugar por ele ocupado, de maneira que dois corpos aproximados um do outro o máximo possível nunca podem ocupar um espaço menor do que aquele que preenchiam quando afastados. A impenetrabilidade é a principal propriedade pela qual distinguimos os corpos das partes do espaço indefinido em que imaginamos que estejam situados. Pelo menos é assim que nossos sentidos nos fazem julgar, e, se nos enganam nesse ponto, é um erro tão metafísico que nossa existência e nossa conservação nada têm a temer, e voltamos a ele continuamente, como se fosse contra a vontade, por nossa maneira comum de conceber. Tudo nos leva a ver o espaço como o lugar dos corpos, se não real, pelo menos suposto. E, de fato, é com a ajuda das partes desse espaço, consideradas penetráveis e imóveis, que chegamos a formar a ideia mais clara que podemos ter do movimento. Somos assim como que naturalmente obrigados a distinguir, ao menos pelo espírito, dois tipos de extensão, uma dos quais é

impénétrable, & l'autre constitue le lieu des corps. Ainsi quoique l'impénétrabilité entre nécessairement dans l'idée que nous nous formons des portions de la matière, cependant comme c'est une propriété relative, c'est-à-dire, dont nous n'avons l'idée qu'en examinant deux corps ensemble, nous nous accoutumons bientôt à la regarder comme distinguée de l'étendue, & à considérer celle-ci séparément de l'autre.

Par cette nouvelle considération nous ne voyons plus les corps que comme des parties figurées & étendues de l'espace; point de vue le plus général & le plus abstrait sous lequel nous puissions les envisager. Car l'étendue où nous ne distinguerions point de parties figurées, ne serait qu'un tableau lointain & obscur, où tout nous échapperait, parce qu'il nous serait impossible d'y rien discerner. La couleur & la figure, propriétés toujours attachées aux corps, quoique variables pour chacun d'eux, nous servent en quelque sorte à les détacher du fond de l'espace; l'une de ces deux propriétés est même suffisante à cet égard: aussi pour considérer les corps sous la forme la plus intellectuelle, nous préférons la figure à la couleur, soit parce que la figure nous est plus familière étant à la fois connue par la vue & par le toucher, soit parce qu'il est plus facile de considérer dans un corps la figure sans la couleur, que la couleur sans la figure; soit enfin parce que la figure sert à fixer plus aisément, & d'une manière moins vague, les parties de l'espace.

Nous voilà donc conduits à déterminer les propriétés de l'étendue simplement en tant que figurée. C'est l'objet de la Géométrie, qui pour y parvenir plus facilement, considère d'abord l'étendue limitée par une seule dimension, ensuite par deux, & enfin sous les trois dimensions qui constituent l'essence du corps intelligible, c'est-à-dire, d'une portion de l'espace terminée en tout sens par des bornes intellectuelles.

Ainsi, par des opérations & des abstractions successives de notre esprit, nous dépouillons la matière de presque toutes ses propriétés sensibles, pour n'envisager en quelque manière que son fantôme; & l'on doit sentir d'abord que les découvertes auxquelles cette recherche nous conduit, ne pourront manquer d'être fort utiles toutes les fois qu'il ne sera point nécessaire d'avoir égard à l'impénétrabilité des corps; par exemple, lorsqu'il sera question d'étudier leur mouvement, en les considérant comme des parties de l'espace, figurées, mobiles, & distantes les unes des autres.

impenetrável, a outra constituindo o lugar dos corpos. Portanto, embora a impenetrabilidade esteja necessariamente na ideia que formulamos das porções da matéria, como ela é uma propriedade relativa, isto é, de que só temos ideia examinando dois corpos juntos, logo acostumamo-nos a concebê-la como independente da extensão e a considerar uma separadamente da outra.

Nessa nova consideração, vemos os corpos como meras partes figuradas e extensas do espaço, ponto de vista mais geral e abstrato pelo qual podemos considerá-los. Pois, se não distinguíssemos partes figuradas na extensão, ela seria apenas um quadro longínquo e obscuro, onde tudo nos escaparia, na medida em que nos seria impossível discernir ali alguma coisa. A cor e a figura, propriedades sempre ligadas aos corpos, embora variáveis para cada um deles, servem-nos, de alguma maneira, para destacá-los do fundo do espaço. Uma única dessas propriedades é suficiente para tanto. Por isso, para considerar os corpos de uma forma mais intelectual, preferimos a figura à cor, seja porque a figura nos é mais familiar, sendo ao mesmo tempo conhecida pela vista e pelo tato, seja porque é mais fácil considerar num corpo a figura sem a cor do que a cor sem a figura, seja, enfim, porque a figura serve para fixar mais facilmente e de maneira menos vaga as partes do espaço.

Ei-nos, portanto, levados a determinar as propriedades da extensão como simplesmente figurada. É o objetivo da Geometria, e esta, para atingi-lo mais facilmente, considera primeiro a extensão limitada por uma única dimensão, em seguida por duas e, por fim, pelas três dimensões que constituem a essência do corpo inteligível, isto é, de uma porção de espaço demarcada em todos os sentidos por limites intelectuais.

Assim, através de operações e abstrações sucessivas de nosso espírito, despojamos a matéria de quase todas as suas propriedades sensíveis, para considerar, de certa maneira, apenas seu fantasma. Percebe-se assim, em primeiro lugar, que as descobertas às quais essa pesquisa nos conduz não podem senão ser muito úteis, todas as vezes que não seja absolutamente necessário levar em consideração a impenetrabilidade dos corpos, como quando, por exemplo, se trata do estudo de seu movimento, considerando-os como partes do espaço, figuradas, móveis e afastadas umas das outras.

L'examen que nous faisons de l'étendue figurée nous présentant un grand nombre de combinaisons à faire, il est nécessaire d'inventer quelque moyen qui nous rende ces combinaisons plus faciles; & comme elles consistent principalement dans le calcul & le rapport des différentes parties dont nous imaginons que les corps géométriques sont formés, cette recherche nous conduit bientôt à l'Arithmétique ou Science des nombres. Elle n'est autre chose que l'art de trouver d'une manière abregée l'expression d'un rapport unique qui résulte de la comparaison de plusieurs autres. Les différentes manières de comparer ces rapports donnent les différentes règles de l'Arithmétique.

De plus, il est bien difficile qu'en réfléchissant sur ces règles, nous n'apercevions certains principes ou propriétés générales des rapports, par le moyen desquelles nous pouvons, en exprimant ces rapports d'une manière universelle, découvrir les différentes combinaisons qu'on en peut faire. Les résultats de ces combinaisons, réduits sous une forme générale, ne seront en effet que des calculs arithmétiques indiqués, & représentés par l'expression la plus simple & la plus courte que puisse souffrir leur état de généralité. La science ou l'art de désigner ainsi les rapports est ce qu'on nomme Algèbre. Ainsi quoiqu'il n'y ait proprement **[vi]** de calcul possible que par les nombres, ni de grandeur mesurable que l'étendue (car sans l'espace nous ne pourrions mesurer exactement le temps) nous parvenons, en généralisant toujours nos idées, à cette partie principale des Mathématiques, & de toutes les Sciences naturelles, qu'on appelle Science des grandeurs en général; elle est le fondement de toutes les découvertes qu'on peut faire sur la quantité, c'est-à-dire, sur tout ce qui est susceptible d'augmentation ou de diminution.

Cette Science est le terme le plus éloigné où la contemplation des propriétés de la matière puisse nous conduire, & nous ne pourrions aller plus loin sans sortir tout-à-fait de l'univers matériel. Mais telle est la marche de l'esprit dans ses recherches, qu'après avoir généralisé ses perceptions jusqu'au point de ne pouvoir plus les décomposer davantage, il revient ensuite sur ses pas, recompose de nouveau ces perceptions mêmes, & en forme peu à peu & par gradation, les êtres réels qui sont l'objet immédiat & direct de nos sensations. Ces êtres, immédiatement relatifs à nos besoins, sont aussi ceux qu'il nous importe le plus d'étudier; les abstractions mathématiques nous en facilitent la connaissance; mais elles ne sont utiles qu'autant qu'on ne s'y borne pas.

O exame da extensão figurada oferece-nos um grande número de combinações a serem feitas, e é necessário inventar uma forma que nos facilite tais combinações. Ora, como estas consistem principalmente no cálculo e na relação das diferentes partes de que imaginamos serem formados os corpos geométricos, essa pesquisa logo nos conduz à Aritmética, ou Ciência dos Números, que não é outra coisa senão a arte de encontrar, de forma abreviada, a expressão de uma relação única que resulte da comparação de várias outras. As diferentes maneiras de comparar essas relações dão as diferentes regras da Aritmética.

Além disso, é bem difícil que, ao refletir sobre essas regras, não percebamos certos princípios ou propriedades gerais das relações, através das quais podemos, exprimindo tais relações de uma maneira universal, descobrir as diferentes combinações possíveis. Os resultados dessas combinações, reduzidos a uma forma geral, não serão, na verdade, senão cálculos aritméticos, indicados e representados pela expressão mais simples e curta que possa admitir seu estado de generalidade. A ciência ou arte de assim designar as relações é o que se chama Álgebra. Assim, embora só haja propriamente [vi] cálculo possível e a única grandeza mensurável seja a extensão por meio de números, nem grandeza mensurável a não ser a extensão (pois sem o espaço não poderíamos medir exatamente o tempo), chegamos, generalizando as nossas ideias, a esta parte principal da Matemática e de todas as ciências naturais, que se chama Ciência das Grandezas em Geral e que é o fundamento de todas as descobertas possíveis sobre quantidade, isto é, sobre tudo o que é suscetível de aumento ou de diminuição.

Essa ciência é o ponto mais longínquo a que pode nos levar a contemplação das propriedades da matéria, e não poderíamos ir além sem deixar por completo o universo material. Tal é, porém, a marcha do espírito em suas pesquisas. Após ter generalizado suas percepções a ponto de não poder decompô-las mais, retorna, recompõe essas mesmas percepções e forma com elas, pouco a pouco e gradativamente, os seres reais que são o objeto imediato e direto de nossas sensações. Esses seres, imediatamente relativos a nossas necessidades, são também os que mais nos importa estudar. As abstrações matemáticas facilitam o seu conhecimento, mas só são úteis se não nos limitarmos a elas.

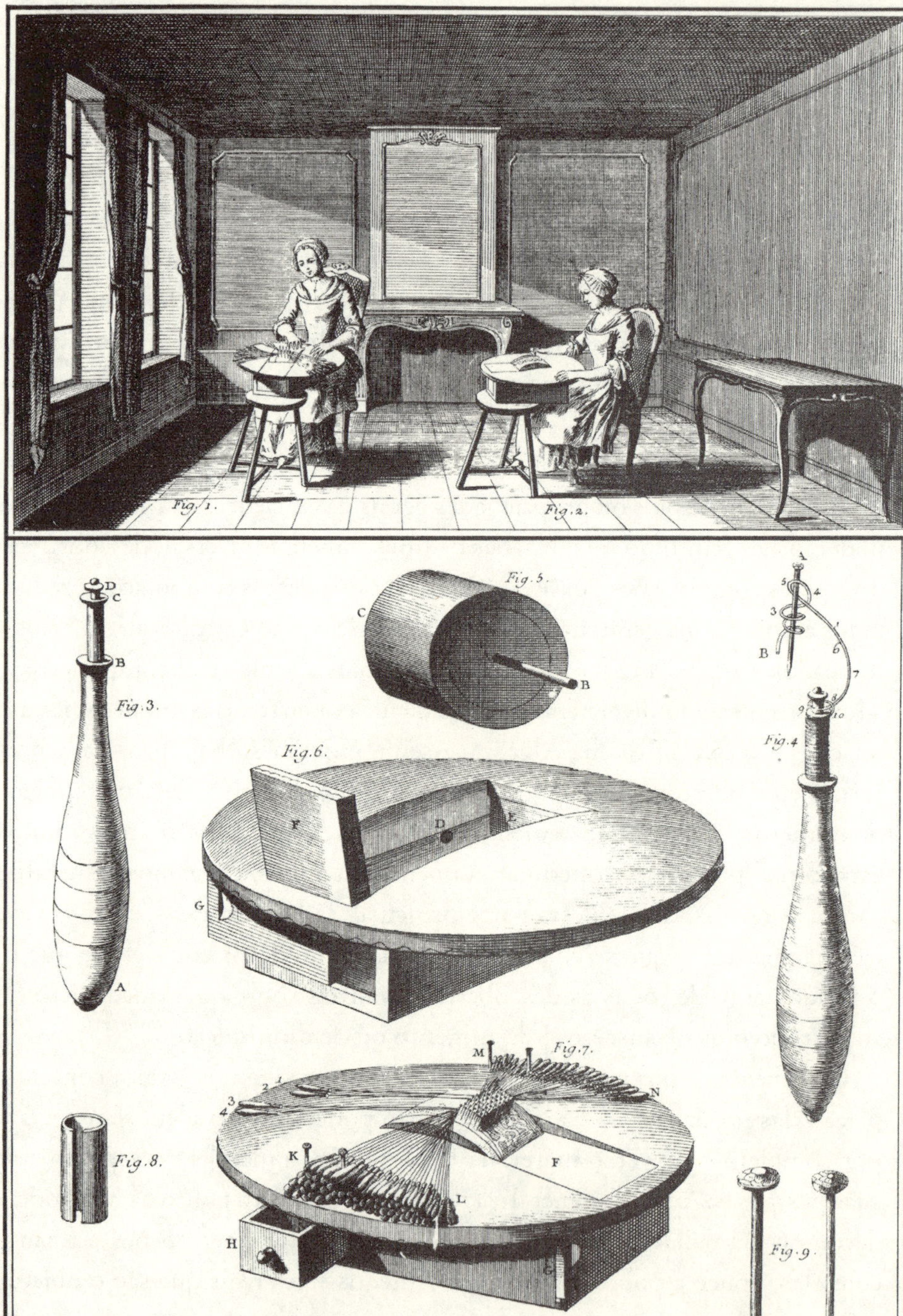

Goussier delineavit.

Defehrt fecit.

Dentelle.

Renda.

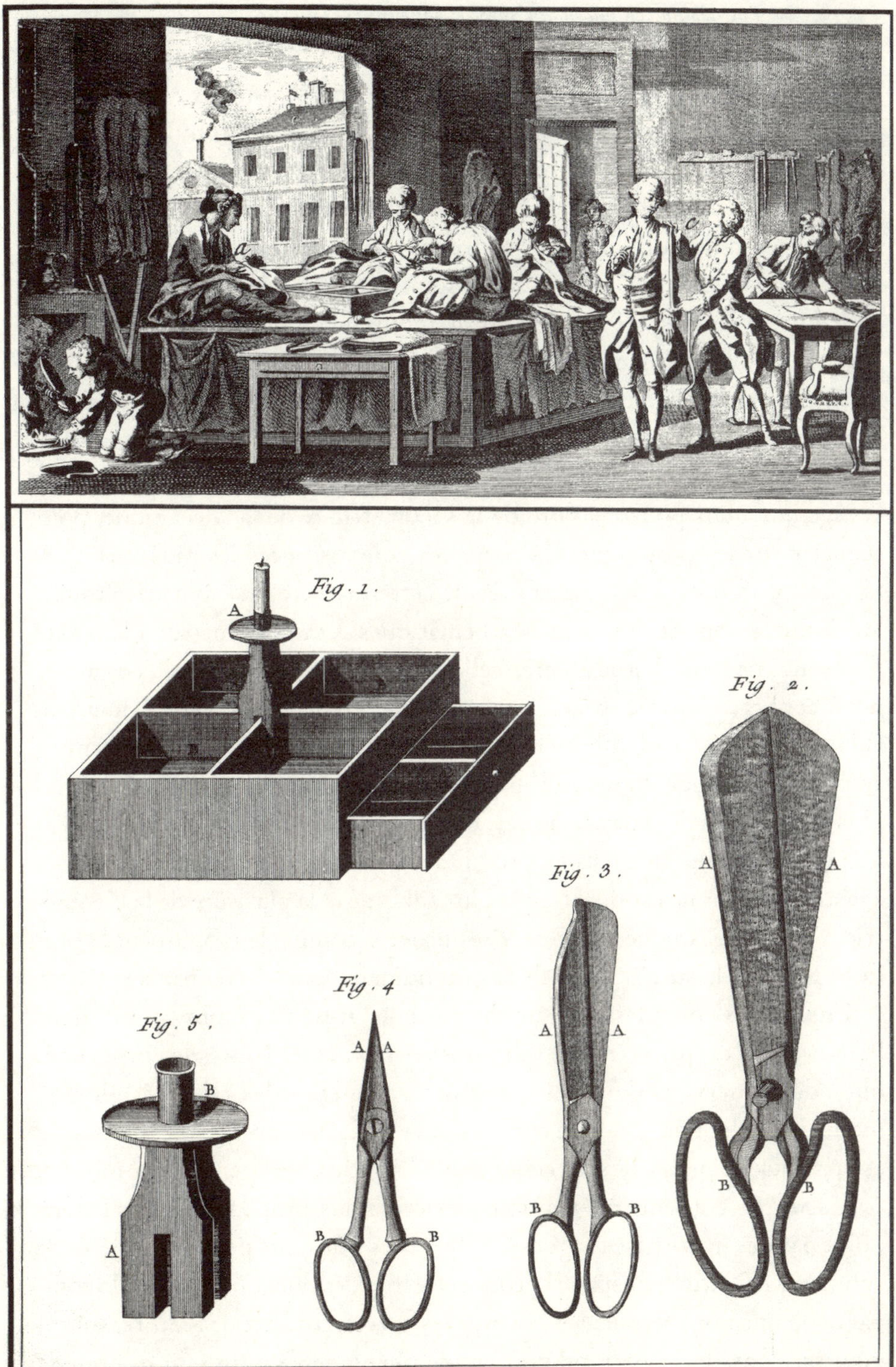

Lucotte Del. Benard Fecit.

Tailleur d'Habits, Outils.

Alfaiate, instrumentos.

C'est pourquoi, ayant en quelque sorte épuisé par les spéculations géométriques les propriétés de l'étendue figurée, nous commençons par lui rendre l'impénétrabilité, qui constitue le corps physique, & qui était la dernière qualité sensible dont nous l'avions dépouillée. Cette nouvelle considération entraîne celle de l'action des corps les uns sur les autres, car les corps n'agissent qu'en tant qu'ils sont impénétrables; & c'est de là que se déduisent les lois de l'équilibre & du mouvement, objet de la Mécanique. Nous étendons même nos recherches jusqu'au mouvement des corps animés par des forces ou causes motrices inconnues, pourvu que la loi suivant laquelle ces causes agissent, soit connue ou supposée l'être.

Rentrés enfin tout-à-fait dans le monde corporel, nous apercevons bientôt l'usage que nous pouvons faire de la Géométrie & de la Mécanique, pour acquérir sur les propriétés des corps les connaissances les plus variées & les plus profondes. C'est à peu près de cette manière que sont nées toutes les Sciences appelées Physico-Mathématiques. On peut mettre à leur tête l'Astronomie, dont l'étude, après celle de nous-mêmes, est la plus digne de notre application par le spectacle magnifique qu'elle nous présente. Joignant l'observation au calcul, & les éclairant l'un par l'autre, cette science détermine avec une exactitude digne d'admiration les distances & les mouvements les plus compliqués des corps célestes; elle assigne jusqu'aux forces mêmes par lesquelles ces mouvements sont produits ou altérés. Aussi peut-on la regarder à juste titre comme l'application la plus sublime & la plus sûre de la Géométrie & de la Mécanique réunies, & ses progrès comme le monument le plus incontestable du succès auxquels l'esprit humain peut s'élever par ses efforts.

L'usage des connaissances mathématiques n'est pas moins grand dans l'examen des corps terrestres qui nous environnent. Toutes les propriétés que nous observons dans ces corps ont entre elles des rapports plus ou moins sensibles pour nous: la connaissance ou la découverte de ces rapports est presque toujours le seul objet auquel il nous soit permis d'atteindre, & le seul par conséquent que nous devions nous proposer. Ce n'est donc point par des hypothèses vagues & arbitraires que nous pouvons espérer de connaître la Nature; c'est par l'étude réfléchie des phénomènes, par la comparaison que nous ferons des uns avec les autres, par l'art de réduire, autant qu'il sera possible, un grand nombre de phénomènes à un seul qui puisse en être regardé comme le principe. En effet, plus on diminue le nombre

Eis porque, tendo de certa forma esgotado pelas especulações geométricas as propriedades da extensão figurada, começamos por devolver-lhe a impenetrabilidade, que constitui o corpo físico e a última qualidade sensível da qual a havíamos despojado. Essa nova consideração traz a da ação dos corpos uns sobre os outros, pois os corpos só agem enquanto impenetráveis. Deduzem-se disso as leis do equilíbrio e do movimento, objeto da Mecânica. Estenderemos nossas pesquisas até o movimento dos corpos animados por forças ou causas motoras desconhecidas, contanto que a lei segundo a qual tais causas agem seja conhecida ou se suponha conhecê-la.

Tendo, enfim, entrado por completo no mundo corporal, logo percebemos o uso que podemos fazer da Geometria e da Mecânica para adquirir os mais variados e profundos conhecimentos a respeito das propriedades dos corpos. É mais ou menos dessa maneira que nasceram todas as ciências chamadas Físico-Matemáticas. Podemos colocar em primeiro lugar a Astronomia, cujo estudo é, após o de nós mesmos, o mais digno de nosso esforço, pelo espetáculo magnífico que nos apresenta. Unindo a observação ao cálculo e iluminando-os um pelo outro, essa ciência determina, com uma exatidão digna de admiração, as distâncias e os movimentos mais complicados dos corpos celestes e assinala até as próprias forças pelas quais esses movimentos são produzidos ou alterados. Por isso, podemos vê-la, com toda a razão, como a mais sublime e mais segura aplicação conjunta da Geometria e da Mecânica, e aos seus progressos, como o mais incontestável documento do sucesso a que o espírito humano pode se elevar por seus esforços.

O uso dos conhecimentos matemáticos não é menor no exame dos corpos terrestres que nos rodeiam. Todas as propriedades que observamos nesses corpos têm entre si relações mais ou menos sensíveis para nós. O conhecimento ou a descoberta dessas relações é quase sempre o único objetivo que nos é permitido atingir e o único, por conseguinte, a que deveríamos nos propor. Portanto, não é por meio de hipóteses vagas e arbitrárias que podemos esperar conhecer a natureza, mas pelo estudo refletido dos fenômenos, pela comparação que faremos entre uns e outros, pela arte de reduzir, tanto quanto possível, um grande número de fenômenos a um único, que possa ser considerado o seu princípio. De fato, mais se diminui o número

des principes d'une science, plus on leur donne d'étendue; puisque l'objet d'une science étant nécessairement déterminé, les principes appliqués à cet objet seront d'autant plus féconds qu'ils seront en plus petit nombre. Cette réduction, qui les rend d'ailleurs plus faciles à saisir, constitue le véritable esprit systématique qu'il faut bien se garder de prendre pour l'esprit de système, avec lequel il ne se rencontre pas toujours. Nous en parlerons plus au long dans la suite.

Mais à proportion que l'objet qu'on embrasse est plus ou moins difficile & plus ou moins vaste, la réduction dont nous parlons est plus ou moins pénible: on est donc aussi plus ou moins en droit de l'exiger de ceux qui se livrent à l'étude de la Nature. L'Aimant, par exemple, un des corps qui ont été les plus étudiés, & sur lequel on a fait des découvertes si surprenantes, a la propriété d'attirer le fer, celle de lui communiquer sa vertu, celle de se tourner vers les pôles du Monde, avec une variation qui est elle-même sujette à des règles, & qui n'est pas moins étonnante que ne le serait une direction plus exacte; enfin la propriété de s'incliner en formant avec la ligne horizontale un angle plus ou moins grand, selon le lieu de la terre où il est placé. Toutes ces propriétés singulières, dépendantes de la nature de l'Aimant, tiennent vraisemblablement à quelque propriété générale, qui en est l'origine, qui jusqu'ici nous est inconnue, & peut-être le restera longtemps. Au défaut d'une telle connaissance, & des lumières nécessaires sur la cause physique des propriétés **[vii]** de l'Aimant, ce serait sans doute une recherche bien digne d'un Philosophe, que de réduire, s'il était possible, toutes ces propriétés à une seule, en montrant la liaison qu'elles ont ente elles. Mais plus une telle découverte serait utile aux progrès de la Physique, plus nous avons lieu de craindre qu'elle ne soit refusée à nos efforts. J'en dis autant d'un grand nombre d'autres phénomènes dont l'enchaînement tient peut-être au système général du Monde.

La seule ressource qui nous reste donc dans une recherche si pénible, quoique si nécessaire, & même si agréable, c'est d'amasser le plus de faits qu'il nous est possible, de les disposer dans l'ordre le plus naturel, de les rappeler à un certain nombre de faits principaux dont les autres ne soient que des conséquences. Si nous osons quelquefois nous élever plus haut, que ce soit avec cette sage circonspection qui sied si bien à une vue aussi faible que la nôtre.

dos princípios de uma ciência, mais se lhes dá extensão, visto que, sendo o objeto de uma ciência necessariamente determinado, os princípios aplicados a esse objeto serão tanto mais fecundos quanto menor for seu número. Essa redução, que os torna, aliás, mais fáceis de apreender, dá continuidade ao verdadeiro espírito sistemático, que não se deve confundir com o espírito de sistema, com o qual nem sempre se identifica. Falaremos disso longamente, mais tarde.

À proporção em que o objeto que se abarca for mais ou menos difícil e mais ou menos vasto, a redução de que falamos será mais ou menos penosa; está-se, pois, também mais ou menos no direito de exigi-la daqueles que se entregam ao estudo da natureza. O ímã, por exemplo, um dos corpos que mais foram estudados e sobre o qual se fizeram descobertas tão surpreendentes, tem a propriedade de atrair o ferro, a de comunicar-lhe sua virtude, de voltar-se para os polos do mundo com uma variação que está, ela mesma, sujeita a regras e que não é menos surpreendente do que o seria uma direção mais exata, e, por fim, a propriedade de inclinar-se formando com a linha horizontal um ângulo maior ou menor segundo o local da Terra em que estiver colocado. Todas essas propriedades singulares, inerentes à natureza do ímã, dependem verossimilmente de alguma propriedade geral que é sua origem, que até agora nos é desconhecida e talvez permaneça-o sendo por muito tempo. Na falta de um tal conhecimento e das luzes necessárias sobre a causa física das propriedades [**vii**] do ímã, seria sem dúvida uma pesquisa bem digna de um filósofo reduzir, se possível, todas essas propriedades a uma só, mostrando a ligação que têm entre si. Mas apesar da utilidade que uma descoberta como essa poderia ter para os progressos da física, receio que ela se furte aos nossos esforços. Digo o mesmo de um grande número de outros fenômenos, cujo encadeamento pertence, talvez, ao sistema geral do mundo.

O único recurso que nos resta, pois, numa pesquisa tão penosa, embora tão necessária e mesmo tão agradável, é acumular o maior número possível de fatos, dispô-los na mais natural das ordens, e ligá-los a um certo número de fatos principais, dos quais os outros sejam apenas consequências. Se ousarmos por vezes elevarmo-nos mais acima, que o seja com essa sábia circunspecção que convém tão bem a uma percepção fraca como a nossa.

Tel est le plan que nous devons suivre dans cette vaste partie de la Physique, appelée Physique générale & expérimentale. Elle diffère des Sciences Physico-Mathématiques, en ce qu'elle n'est proprement qu'un recueil raisonné d'expériences & d'observations; au lieu que celles-ci par l'application des calculs mathématiques à l'expérience, déduisent quelquefois d'une seule & unique observation un grand nombre de conséquences qui tiennent de bien près par leur certitude aux vérités géométriques. Ainsi une seule expérience sur la réflexion de la lumière donne toute la Catoptrique, ou science des propriétés des Miroirs; une seule sur la réfraction de la lumière produit l'explication mathématique de l'Arc-en-ciel, la théorie des couleurs, & toute la Dioptrique, ou science des Verres concaves & convexes; d'une seule observation sur la pression des fluides, on tire toutes les lois de l'équilibre & du mouvement de ces corps; enfin une expérience unique sur l'accélération des corps qui tombent, fait découvrir les lois de leur chute sur des plans inclinés, & celles du mouvement des pendules.

Il faut avouer pourtant que les Géomètres abusent quelquefois de cette application de l'Algèbre à la Physique. Au défaut d'expériences propres à servir de base à leur calcul, ils se permettent des hypothèses les plus commodes, à la vérité, qu'il leur est possible, mais souvent très éloignées de ce qui est réellement dans la Nature. On a voulu réduire en calcul jusqu'à l'art de guérir; & le corps humain, cette machine si compliquée, a été traité par nos Médecins algébristes comme le serait la machine la plus simple ou la plus facile à décomposer. C'est une chose singulière de voir ces Auteurs résoudre d'un trait de plume des problèmes d'Hydraulique & de Statique capables d'arrêter toute leur vie les plus grands Géomètres. Pour nous, plus sages ou plus timides, contentons-nous d'envisager la plupart de ces calculs & de ces suppositions vagues comme des jeux d'esprit auxquels la Nature n'est pas obligée de se soumettre; & concluons, que la seule vraie manière de philosopher en Physique, consiste, ou dans l'application de l'analyse mathématique aux expériences, ou dans l'observation seule, éclairée par l'esprit de méthode, aidée quelquefois par des conjectures lorsqu'elles peuvent fournir des vues, mais sévèrement dégagée de toute hypothèse arbitraire.

Arrêtons-nous un moment ici, & jetons les yeux sur l'espace que nous venons de parcourir. Nous y remarquerons deux limites où se trouvent, pour ainsi dire, concentrées presque toutes les connaissances certaines accordées à nos lumières naturelles. L'une de ces limites, celle d'où nous sommes partis,

Tal é o plano que devemos seguir nessa vasta parte da Física chamada Física Geral e Experimental. Ela difere das Ciências Físico-Matemáticas pelo fato de não ser propriamente uma coletânea ponderada de experiências e de observações, enquanto estas, pela aplicação dos cálculos matemáticos à experiência, deduzem algumas vezes de uma mesma e única observação um grande número de consequências que, por sua certeza, estão estreitamente ligadas às verdades geométricas. Assim, uma única experiência sobre a reflexão da luz dá toda a Catóptrica ou ciência das propriedades dos espelhos; outra, sobre a refração da luz, produz a explicação matemática do arco-íris, a teoria das cores e toda a Dióptrica ou ciência dos vidros côncavos e convexos; de uma única observação sobre a pressão dos fluidos extraem-se todas as leis do equilíbrio e do movimento desses corpos; por fim, uma experiência única sobre a aceleração dos corpos que caem leva a descobrir as leis de sua queda sobre planos inclinados, bem como a do movimento dos pêndulos.

Mas é preciso confessar que os geômetras às vezes abusam dessa aplicação da Álgebra à Física. Na falta de experiências próprias para servir de base ao seu cálculo, permitem-se na verdade hipóteses as mais cômodas possíveis, porém frequentemente muito afastadas do que existe realmente na natureza. Desejou-se reduzir ao cálculo a arte de curar; e o corpo humano, essa máquina tão complicada, foi tratada por nossos médicos algebristas como se fosse a máquina mais simples ou mais fácil de decompor. É um espetáculo singular ver esses autores resolverem, com uma penada, problemas de Hidráulica e de Estática que poderiam deter por toda a vida os maiores geômetras. Quanto a nós, mais sábios ou mais tímidos, contentemo-nos em encarar a maioria desses cálculos e suposições vagas como jogos de espírito aos quais a Natureza não é obrigada a se submeter e concluamos que a única verdadeira maneira de filosofar, em Física, consiste na aplicação da análise matemática às experiências ou na simples observação, esclarecida pelo espírito de método, amiúde auxiliada por conjeturas, quando estas possam fornecer ideias, mas decididamente isenta de toda hipótese arbitrária.

Detenhamo-nos por um momento e olhemos para o caminho que acabamos de percorrer. Observaremos dois limites em que se encontram, por assim dizer, confinados quase todos os conhecimentos certos concedidos às nossas luzes naturais. Um desses limites, o de que partimos,

est l'idée de nous-mêmes, qui conduit à celle de l'Être tout-puissant, & de nos principaux devoirs. L'autre est cette partie des Mathématiques qui a pour objet les propriétés générales des corps, de l'étendue & de la grandeur. Entre ces deux termes est un intervalle immense, où l'Intelligence suprême semble avoir voulu se jouer de la curiosité humaine, tant par les nuages qu'elle y a répandus sans nombre, que par quelques traits de lumière qui semblent s'échapper de distance en distance pour nous attirer. On pourrait comparer l'Univers à certains ouvrages d'une obscurité sublime, dont les Auteurs en s'abaissant quelquefois à la portée de celui qui les lit, cherchent à lui persuader qu'il entend tout à-peu-près. Heureux donc, si nous nous engageons dans ce labyrinthe, de ne point quitter la véritable route; autrement les éclairs destinés à nous y conduire, ne serviraient souvent qu'à nous en écarter davantage.

Il s'en faut bien d'ailleurs que le petit nombre de connaissances certaines sur lesquelles nous pouvons compter, & qui sont, si on peut s'exprimer de la sorte, reléguées aux deux extrémités de l'espace dont nous parlons, soit suffisant pour satisfaire à tous nos besoins. La nature de l'homme, dont l'étude est si nécessaire & si recommandée par Socrate, est un mystère impénétrable à l'homme même, quand il n'est éclairé que par la raison seule; & les plus grands génies à force de réflexions sur une matière si importante, ne parviennent que trop souvent à en savoir un peu moins que le reste des hommes. On peut en dire autant de notre existence présente & future, de l'essence de l'Être auquel nous la devons, & du genre de culte qu'il exige de nous. **[viii]**

Rien ne nous est donc plus nécessaire qu'une Religion révélée qui nous instruise sur tant de divers objets. Destinée à servir de supplément à la connaissance naturelle, elle nous montre une partie de ce qui nous était caché; mais elle se borne à ce qu'il nous est absolument nécessaire de connaître; le reste est fermé pour nous, & apparemment le sera toujours. Quelques vérités à croire, un petit nombre de préceptes à pratiquer, voilà à quoi la Religion révélée se réduit: néanmoins à la faveur des lumières qu'elle a communiquées au monde, le Peuple même est plus ferme & plus décidé sur un grand nombre de questions intéressantes, que ne l'ont été toutes les sectes des Philosophes.

À l'égard des Sciences mathématiques, qui constituent la seconde des limites dont nous avons parlé, leur nature & leur nombre ne doivent point nous

é a ideia de nós mesmos, que conduz à do Ser todo-poderoso e às de nossos principais deveres. O outro é essa parte da Matemática que tem por objeto as propriedades gerais dos corpos, da extensão e da grandeza. Entre esses dois termos, há um intervalo imenso, em que a Inteligência suprema parece zombar da curiosidade humana, tanto pelas inumeráveis nuvens que espalhou quanto por alguns raios de luz que parecem brilhar aqui e ali, para nos atrair. Pode-se comparar o Universo a certas obras de uma obscuridade sublime, cujos autores, rebaixando-se às vezes ao nível de quem os lê, procuram persuadi-lo de que compreende quase tudo. Seremos felizes, pois, se, entrando nesse labirinto, não abandonarmos a verdadeira estrada; de outra maneira, os relâmpagos destinados a nos conduzir a ela apenas serviriam para nos dela afastar ainda mais.

Falta muito, aliás, para que o pequeno número de conhecimentos certos com os quais podemos contar, e que são, se pudermos nos expressar desta maneira, relegados às duas extremidades do espaço de que falamos, seja suficiente para satisfazer a todas as nossas necessidades. A natureza do homem, cujo estudo é tão necessário e tão recomendado por Sócrates, é um mistério impenetrável para o próprio homem, quando iluminado unicamente pela razão, e os maiores gênios, à força de reflexões sobre uma matéria tão importante, não vão muito além do que sabem o resto dos homens. Pode-se dizer o mesmo de nossa existência presente e futura, da existência do Ser ao qual a devemos e da espécie de culto que Ele exige de nós. **[viii]**

Portanto, nada mais necessário para nós do que uma religião revelada que nos instrua sobre tantos assuntos diversos. Destinada a servir de suplemento ao conhecimento natural, ela nos mostra uma parte do que nos era ocultado, mas limita-se ao que nos é absolutamente necessário conhecer; o resto está vedado para nós e, aparentemente, sempre estará. Algumas verdades em que se deve acreditar, um pequeno número de preceitos que devem ser praticados, eis a que se reduz a religião revelada. Todavia, com a ajuda das luzes que ela comunicou ao mundo, o próprio povo é mais seguro e mais decidido quanto a um grande número de questões interessantes do que o foram todas as seitas dos filósofos.

Quanto às Ciências Matemáticas, que constituem o segundo dos limites de que falamos, sua natureza e seu número absolutamente não nos

en imposer. C'est à la simplicité de leur objet qu'elles sont principalement redevables de leur certitude. Il faut même avouer que comme toutes les parties des Mathématiques n'ont pas un objet également simple, aussi la certitude proprement dite, celle qui est fondée sur des principes nécessairement vrais & évidents par eux-mêmes, n'appartient ni également ni de la même manière à toutes ces parties. Plusieurs d'entre elles, appuyées sur des principes physiques, c'est-à-dire, sur des vérités d'expérience ou sur de simples hypothèses, n'ont, pour ainsi dire, qu'une certitude d'expérience ou même de pure supposition. Il n'y a, pour parler exactement, que celles qui traitent du calcul des grandeurs & des propriétés générales de l'étendue, c'est-à-dire, l'Algèbre, la Géométrie & la Mécanique, qu'on puisse regarder comme marquées au sceau de l'évidence. Encore y a-t-il dans la lumière que ces Sciences présentent à notre esprit, une espèce de gradation, & pour ainsi dire de nuance à observer. Plus l'objet qu'elles embrassent est étendu, & considéré d'une manière générale & abstraite, plus aussi leurs principes sont exempts de nuages; c'est par cette raison que la Géométrie est plus simple que la Mécanique, & l'une & l'autre moins simples que l'Algèbre. Ce paradoxe n'en sera point un pour ceux qui ont étudié ces Sciences en Philosophes; les notions les plus abstraites, celles que le commun des hommes regarde comme les plus inaccessibles, sont souvent celles qui portent avec elles une plus grande lumière: l'obscurité s'empare de nos idées à mesure que nous examinons dans un objet plus de propriétés sensibles. L'impénétrabilité, ajoutée à l'idée de l'étendue, semble ne nous offrir qu'un mystère de plus, la nature du mouvement est une énigme pour les Philosophes, le principe métaphysique des lois de la percussion ne leur est pas moins caché; en un mot plus ils approfondissent l'idée qu'ils se forment de la matière & des propriétés qui la représentent, plus cette idée s'obscurcit & paraît vouloir leur échapper.

On ne peut donc s'empêcher de convenir que l'esprit n'est pas satisfait au même degré par toutes les connaissances mathématiques: allons plus loin, & examinons sans prévention à quoi ces connaissances se réduisent. Envisagées d'un premier coup d'œil, elles sont sans doute en fort grand nombre, & même en quelque sorte inépuisables: mais lorsque après les avoir accumulées, on en fait le dénombrement philosophique, on s'aperçoit qu'on est en effet beaucoup moins riche qu'on ne croyait l'être. Je ne parle point ici du peu d'application & d'usage qu'on peut faire de plusieurs de ces vérités; ce serait peut-être un argument assez faible contre elles: je parle de ces vérités considérées en elles-mêmes.

devem iludir. É sobretudo à simplicidade de seu objeto que elas devem a sua certeza. É preciso mesmo confessar que, como todas as partes da Matemática não possuem um objeto igualmente simples, a certeza propriamente dita, baseada em princípios necessariamente verdadeiros e evidentes por si próprios, também não pertence igualmente ou da mesma maneira a todas essas partes. Várias delas, apoiadas em princípios físicos, isto é, em verdades de experiência ou em simples hipóteses, não têm, por assim dizer, senão uma certeza de experiência ou mesmo de pura suposição. Para falar com exatidão, só podemos considerar como marcadas pelo cunho da evidência as que tratam do cálculo das grandezas e das propriedades gerais da extensão, isto é, a Álgebra, a Geometria e a Mecânica. Mesmo assim, encontra-se nas luzes que tais ciências oferecem ao nosso espírito uma espécie de gradação e, por assim dizer, de nuança que deve ser observada. Mais o objeto que abarcam é extenso e considerado de maneira geral e arbitrária, mais também seus princípios estão livres de névoas. Por essa razão, a Geometria é mais simples do que a Mecânica e ambas são mais simples do que a Álgebra. Essa afirmação não há de parecer paradoxal para os que tenham estudado essas ciências como filósofos; as mais abstratas noções, as que o comum dos homens considera como mais inacessíveis, são frequentemente as que trazem consigo mais luz. A obscuridade apodera-se de nossas ideias à medida que examinemos num objeto um número maior de propriedades sensíveis. A impenetrabilidade, unida à ideia de extensão, parece oferecer-nos um mistério a mais, a natureza do movimento é um enigma para os filósofos, o princípio metafísico das leis da percussão não é menos oculto. Numa palavra, quanto mais aprofundam a ideia que se faz da matéria e das propriedades que a representam, mais essa ideia se obscurece e parece querer escapar-lhes.

É de convir, portanto, que o espírito não obtém a mesma satisfação de todos os conhecimentos matemáticos. Prossigamos e examinemos sem prevenção ao que se reduzem esses conhecimentos. À primeira vista, eles são, sem dúvida, muito numerosos, e mesmo, de certa forma, inesgotáveis. Mas quando, após tê-los acumulado, fazemos sua enumeração filosófica, percebemos que, na realidade, somos muito menos ricos do que pensávamos. Não falo aqui, em absoluto, da escassa aplicação e uso que podemos fazer de várias dessas verdades; seria talvez um argumento bastante fraco contra elas. Falo dessas verdades consideradas em si mesmas.

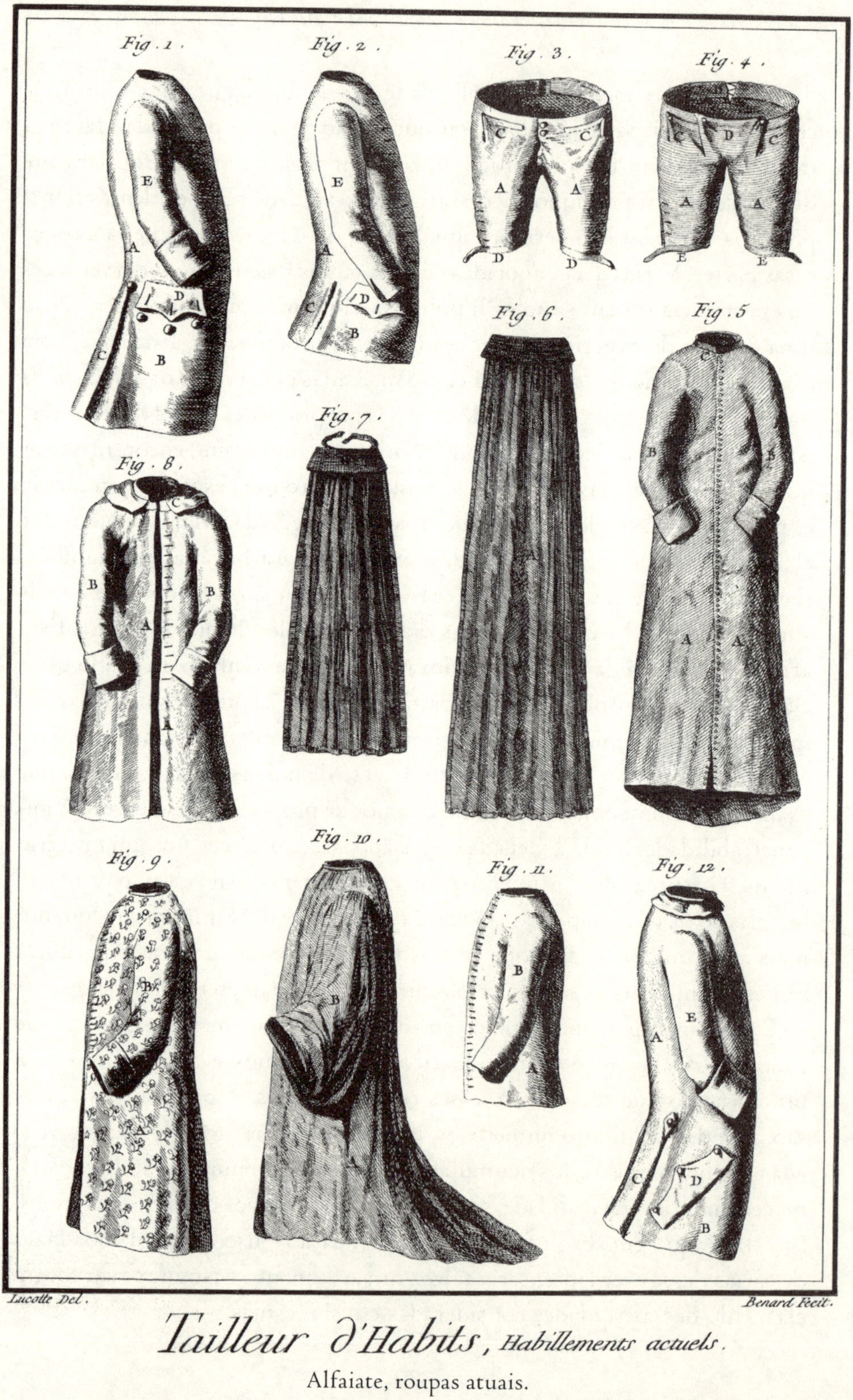

Lucotte Del. — Benard Fecit.

Tailleur d'Habits, Habillements actuels.

Alfaiate, roupas atuais.

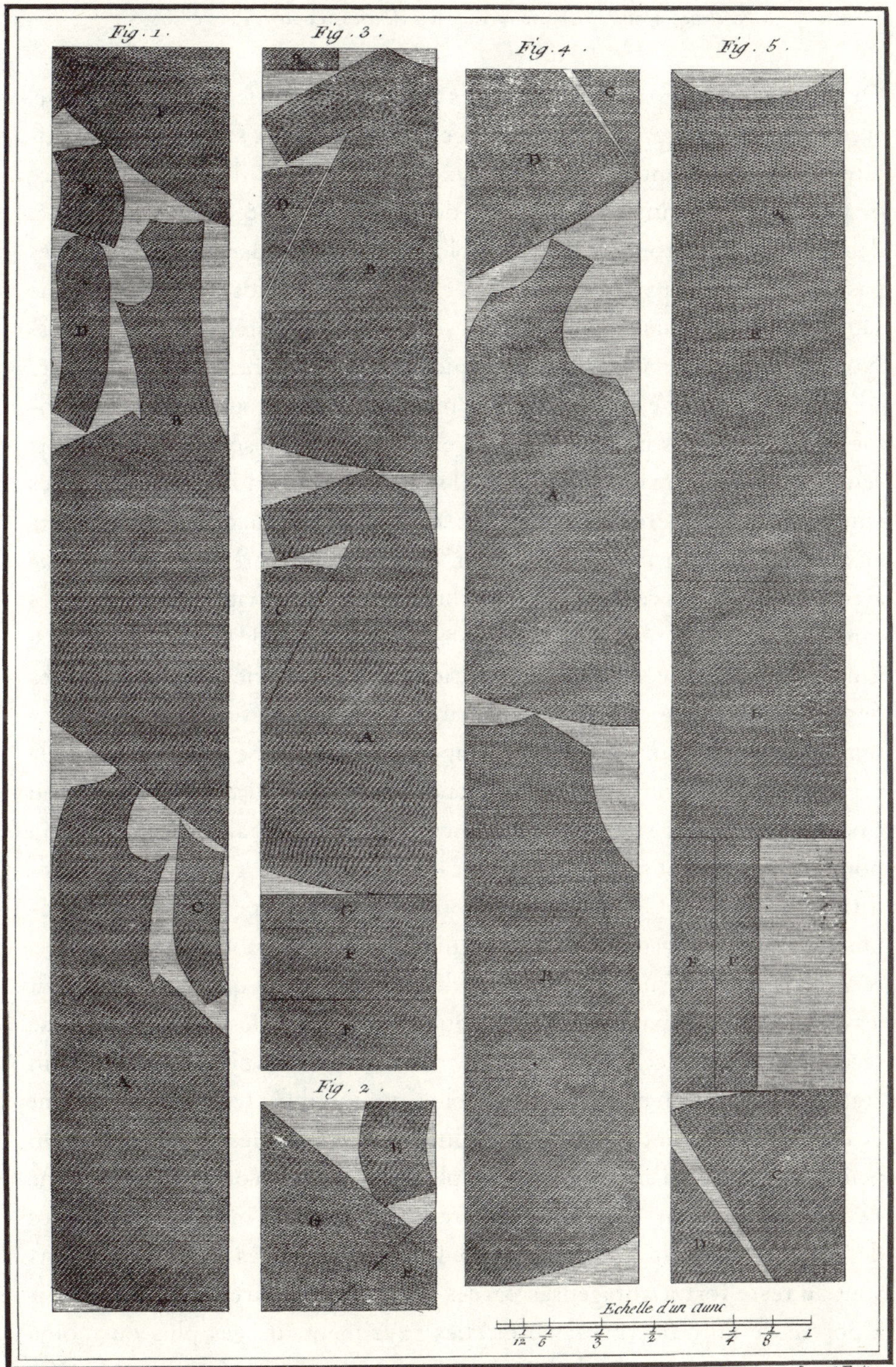

Jaucotte Del.

Benard Fecit.

Tailleur d'Habits,

Étoffes étroites pour Soutanne Robe de Chambre, Robe du Palais, representées par moitiés.

Alfaiate, tecidos estreitos para batina, roupão, roupa de corte, representados em metades.

Qu'est-ce que la plupart de ces axiomes dont la Géométrie est si orgueilleuse, si ce n'est l'expression d'une même idée simple par deux signes ou mots différents? Celui qui dit que deux & deux font quatre, a-t-il une connaissance de plus que celui qui se contenterait de dire que deux & deux font deux & deux? Les idées de tout, de partie, de plus grand & de plus petit, ne sont-elles pas, à proprement parler, la même idée simple & individuelle, puisqu'on ne saurait avoir l'une sans que les autres se présentent toutes en même temps? Nous devons, comme l'ont observé quelques Philosophes, bien des erreurs à l'abus des mots; c'est peut-être à ce même abus que nous devons les axiomes. Je ne prétends point cependant en condamner absolument l'usage, je veux seulement faire observer à quoi il se réduit; c'est à nous rendre les idées simples plus familières par l'habitude, & plus propres aux différents usages auxquels nous pouvons les appliquer. J'en dis à-peu-près autant, quoique avec les restrictions convenables, des théorèmes mathématiques. Considérés sans préjugé, ils se réduisent à un assez petit nombre de vérités primitives. Qu'on examine une suite de propositions de Géométrie déduites les unes des autres, en sorte que deux propositions voisines se touchent immédiatement & sans aucun intervalle, on s'apercevra qu'elles ne sont toutes que la première proposition qui se défigure, pour ainsi dire, successivement & peu à peu dans le passage d'une conséquence à la suivante, mais qui pourtant n'a point été réellement multipliée par cet enchaînement, & n'a fait que recevoir différentes formes. C'est à-peu-près comme si on voulait exprimer cette proposition par le moyen d'une langue qui se serait insensiblement dénaturée, & qu'on l'exprimât successivement de diverses manières, qui représentassent les différents états par lesquels la langue a passé. **[ix]** Chacun de ces états se reconnaîtrait dans celui qui en serait immédiatement voisin; mais dans un état plus éloigné, on ne le démêlerait plus, quoiqu'il fût toujours dépendant de ceux qui l'auraient précédé, & destiné à transmettre les mêmes idées. On peut donc regarder l'enchaînement de plusieurs vérités géométriques, comme des traductions plus ou moins différentes & plus ou moins compliquées de la même proposition, & souvent de la même hypothèse. Ces traductions sont au reste fort avantageuses par les divers usages qu'elles nous mettent à portée de faire du théorème qu'elles expriment; usages plus ou moins estimables à proportion de leur importance & de leur étendue. Mais en convenant du mérite réel de la traduction mathématique d'une proposition,

Que são a maioria desses axiomas de que a Geometria tanto se orgulha, senão a expressão de uma mesma ideia simples por dois signos ou palavras diferentes? Quem disser que dois e dois são quatro terá um conhecimento maior do que outro que se contenta em dizer que dois e dois são dois? As ideias de todo, de parte, de maior e de menor não são, falando com propriedade, a mesma ideia simples e individual, já que não se poderia ter uma sem que as outras se apresentassem todas ao mesmo tempo? Muitos de nossos erros, observaram alguns filósofos, são devidos ao abuso das palavras; é talvez a esse mesmo abuso que devamos os axiomas. Longe de mim condenar o seu uso; quero apenas chamar a atenção para isto a que ele se reduz a tornar, pelo hábito, as ideias simples mais familiares e mais apropriadas aos diferentes usos de que são suscetíveis. Digo mais ou menos a mesma coisa, com as devidas restrições, dos teoremas matemáticos. Considerados sem preconceito, reduzem-se a um número bastante exíguo de verdades primitivas. Se examinarmos uma série de proposições de Geometria deduzidas umas das outras, de maneira que duas proposições vizinhas se toquem imediatamente e sem nenhum intervalo, perceberemos que todas elas são apenas a primeira proposição, por assim dizer desfigurada sucessivamente e pouco a pouco, na passagem de uma consequência para a seguinte, mas que não foi de fato multiplicada por esse encadeamento, apenas recebeu formas diferentes. É um pouco como se quiséssemos exprimir essa proposição por meio de uma língua que se tivesse insensivelmente desnaturado e a demonstrássemos sucessivamente por diversas maneiras que representassem os diferentes estados pelos quais a língua tivesse passado. [ix] Cada um desses estados poderia ser reconhecido naquele que lhe fosse imediatamente contíguo; mas um estado mais afastado não seria mais bem distinguido, embora dependesse sempre dos que o tivessem precedido e fosse destinado a transmitir as mesmas ideias. Pode-se, portanto, considerar o encadeamento de várias verdades geométricas como traduções mais ou menos diferentes e mais ou menos complicadas da mesma proposição e não raro da mesma hipótese. Essas traduções são, de resto, muito vantajosas, pelos diferentes usos que nos permitem fazer do teorema que exprimem, usos mais ou menos apreciáveis segundo a importância e extensão delas. Mas, reconhecendo-se o mérito real da tradução matemática de uma proposição,

il faut reconnaître aussi que ce mérite réside originairement dans la proposition même. C'est ce qui doit nous faire sentir combien nous sommes redevables aux génies inventeurs, qui en découvrant quelqu'une de ces vérités fondamentales, source, & pour ainsi dire, original d'un grand nombre d'autres, ont réellement enrichi la Géométrie, & étendu son domaine.

Il en est de même des vérités physiques & des propriétés des corps dont nous apercevons la liaison. Toutes ces propriétés bien rapprochées ne nous offrent, à proprement parler, qu'une connaissance simple & unique. Si d'autres en plus grand nombre sont détachées pour nous, & forment des vérités différentes, c'est à la faiblesse de nos lumières que nous devons ce triste avantage; & l'on peut dire que notre abondance à cet égard est l'effet de notre indigence même. Les corps électriques dans lesquels on a découvert tant de propriétés singulières, mais qui ne paraissent pas tenir l'une à l'autre, sont peut-être en un sens les corps les moins connus, parce qu'ils paraissent l'être davantage. Cette vertu qu'ils acquièrent étant frottés, d'attirer de petits corpuscules, & celle de produire dans les animaux une commotion violente, sont deux choses pour nous; c'en serait une seule si nous pouvions remonter à la première cause. L'Univers, pour qui saurait l'embrasser d'un seul point de vue, ne serait, s'il est permis de le dire, qu'un fait unique & une grande vérité.

Les différentes connaissances, tant utiles qu'agréables, dont nous avons parlé jusqu'ici, & dont nos besoins ont été la première origine, ne sont pas les seules que l'on ait dû cultiver. Il en est d'autres qui leur sont relatives, & auxquelles par cette raison les hommes se sont appliqués dans le même temps qu'ils se livraient aux premières. Aussi nous aurions en même temps parlé de toutes, si nous n'avions cru plus à propos & plus conforme à l'ordre philosophique de ce Discours, d'envisager d'abord sans interruption l'étude générale que les hommes ont faite des corps, parce que cette étude est celle par laquelle ils ont commencé, quoique d'autres s'y soient bientôt jointes. Voici à-peu-près dans quel ordre ces dernières ont dû se succéder.

L'avantage que les hommes ont trouvé à étendre la sphère de leurs idées, soit par leurs propres efforts, soit par le secours de leurs semblables, leur a fait penser qu'il serait utile de réduire en art la manière même d'acquérir des connaissances, & celle de se communiquer réciproquement leurs propres

é preciso que se reconheça também que tal mérito reside originariamente na própria proposição. Percebe-se assim o quanto devemos aos gênios inventores que, descobrindo algumas dessas verdades fundamentais, por assim dizer fontes originárias de um grande número de outras, enriqueceram realmente a Geometria e estenderam o seu domínio.

O mesmo pode ser dito das verdades físicas e das propriedades dos corpos cuja ligação percebemos. Todas essas propriedades perfeitamente unidas não nos oferecem, propriamente dizendo, senão um conhecimento simples e único. Se outros, em maior número, são destacados por nós e formam verdades diferentes, é à fraqueza de nossas luzes que devemos essa triste vantagem, e pode-se dizer que nossa abundância é nesse ponto o efeito de nossa própria indigência. Os corpos elétricos em que foram descobertas tantas propriedades singulares, que no entanto não parecem depender uma da outra, são talvez, em certo sentido, os menos conhecidos precisamente porque parecem ser os mais bem conhecidos. A virtude, que eles adquirem quando friccionados, de atrair pequenos corpúsculos e a de produzir nos animais uma comoção violenta são para nós duas coisas diferentes; mas seriam uma mesma, se pudéssemos remontar à causa primeira. O Universo, para quem pudesse abarcá-lo de um único ponto de vista, não seria, se fosse permitido dizê-lo, senão um fato único e uma grande verdade.

Os diferentes conhecimentos de que falamos até agora, tanto os úteis quanto os agradáveis, e cuja primeira origem são nossas necessidades, não são os únicos que devem ter sido cultivados. Há outros, que se referem a eles, e aos quais, por essa razão, os homens se aplicaram ao mesmo tempo em que se entregavam aos primeiros. Por isso, teríamos discutido todos ao mesmo tempo, se tivéssemos julgado mais conveniente e mais conforme à ordem filosófica desse discurso abordar primeiro, sem interrupção, o estudo geral que os homens fizeram dos corpos, porque esse estudo é aquele pelo qual começaram, embora outros a ele em breve se tenham acrescentado. Eis a ordem aproximada em que estes últimos devem ter se sucedido uns aos outros.

A vantagem que os homens encontraram em estender a esfera de suas ideias, seja por seus próprios esforços, seja pelo auxílio de seus semelhantes, levou-os a pensar que seria útil reduzir a uma arte a própria maneira de adquirir conhecimentos e de comunicar reciprocamente seus próprios

pensées; cet art a donc été trouvé, & nommé Logique. Il enseigne à ranger les idées dans l'ordre le plus naturel, à en former la chaîne la plus immédiate, à décomposer celles qui en renferment un trop grand nombre de simples, à les envisager par toutes leurs faces, enfin à les présenter aux autres sous une forme qui les leur rende faciles à saisir. C'est en cela que consiste cette science du raisonnement qu'on regarde avec raison comme la clé de toutes nos connaissances. Cependant il ne faut pas croire qu'elle tienne le premier rang dans l'ordre de l'invention. L'art de raisonner est un présent que la Nature fait d'elle-même aux bons esprits; & on peut dire que les livres qui en traitent ne sont guère utiles qu'à celui qui peut se passer d'eux. On a fait un grand nombre de raisonnements justes, longtemps avant que la Logique réduite en principes apprit à démêler les mauvais, ou même à les pallier quelquefois par une forme subtile & trompeuse.

Cet art si précieux de mettre dans les idées l'enchaînement convenable, & de faciliter en conséquence le passage de l'une à l'autre, fournit en quelque manière le moyen de rapprocher jusqu'à un certain point les hommes qui paraissent différer le plus. En effet, toutes nos connaissances se réduisent primitivement à des sensations, qui sont à-peu-près les mêmes dans tous les hommes; & l'art de combiner & de rapprocher des idées directes, n'ajoute proprement à ces mêmes idées, qu'un arrangement plus ou moins exact, & une énumération qui peut être rendue plus ou moins sensible aux autres. L'homme qui combine aisément des idées ne diffère guère de celui qui les combine avec peine, que comme celui qui juge tout d'un coup d'un tableau en l'envisageant, diffère de celui qui a besoin pour l'apprécier qu'on lui en fasse observer successivement toutes les parties: l'un & l'autre en jetant un premier coup d'œil, ont eu les mêmes sensations, mais elles n'ont fait, pour ainsi dire, que glisser sur le second; & il n'eût fallu que l'arrêter & le fixer plus longtemps sur chacune, pour l'amener au même point où l'autre s'est trouvé tout d'un coup. Par ce moyen les idées réfléchies du premier seraient devenues aussi à portée du second, que des idées directes. Ainsi [x] il est peut-être vrai de dire qu'il n'y a presque point de science ou d'art dont on ne put à la rigueur, & avec une bonne Logique, instruire l'esprit le plus borné, parce qu'il y en a peu dont les propositions ou les règles ne puissent être réduites à des notions simples, & disposées entre elles dans un ordre

pensamentos; essa arte foi assim encontrada e chamada de Lógica. Ensina a colocar as ideias em sua ordem mais natural, a formar entre elas os elos mais imediatos, a decompor as que encerram um número demasiado grande de ideias simples, a encará-las em todas as suas facetas, por fim, a apresentá-las aos outros sob uma forma que as torne fáceis de apreender. Consiste nisso a ciência do raciocínio, que consideramos, com razão, como a chave de todos os nossos conhecimentos. Contudo, não se deve acreditar que ela ocupe o primeiro lugar, na ordem da invenção. A arte de raciocinar é uma dádiva que a natureza oferece espontaneamente a espíritos diletos, e pode-se dizer que os livros que tratam dela só são úteis àquele que pode passar sem eles. Fez-se um grande número de raciocínios justos, muito antes que a Lógica, reduzida a princípios, ensinasse a distinguir os maus ou mesmo a dissimulá-los, algumas vezes com uma forma sutil e enganadora.

Essa arte tão preciosa, de introduzir nas ideias o encadeamento conveniente e de facilitar, consequentemente, a passagem de uma ideia a outra, fornece, de alguma maneira, o meio de até certo ponto aproximar homens que parecem os mais diferentes. De fato, todos os nossos conhecimentos reduzem-se primitivamente a sensações, que são mais ou menos as mesmas em todos os homens; e a arte de combinar e aproximar ideias diretas não acrescenta propriamente a essas ideias senão uma disposição mais ou menos exata a uma enumeração que pode se tornar mais ou menos sensível para os outros. O homem que combina facilmente ideias pouco difere do que as combina com dificuldade, assim como aquele que julga um quadro num instante ao olhá-lo pouco difere daquele que precisa, para apreciá-lo, que lhe façam observar sucessivamente todas as partes. Ambos, ao primeiro olhar, tiveram as mesmas sensações, mas estas, por assim dizer, apenas passaram pelos últimos, e teria sido necessário apenas detê-los e fixá-los mais longamente sobre cada uma, para levá-los ao mesmo ponto que os outros atingiram num só momento. Dessa forma, as ideias refletidas dos primeiros estariam tão ao alcance dos últimos quanto suas próprias ideias diretas. Assim, [x] talvez seja verdadeiro dizer que quase não há ciência ou arte com as quais não se possa, a rigor, e com uma boa dose de Lógica, instruir o espírito mais limitado, pois há poucas cujas proporções ou regras não possam ser reduzidas a noções simples e dispostas entre si numa ordem

si immédiat que la chaîne ne se trouve nulle part interrompue. La lenteur plus ou moins grande des opérations de l'esprit exige plus ou moins cette chaîne, & l'avantage des plus grands génies se réduit à en avoir moins besoin que les autres, ou plutôt à la former rapidement & presque sans s'en apercevoir.

La science de la communication des idées ne se borne pas à mettre de l'ordre dans les idées mêmes; elle doit apprendre encore à exprimer chaque idée de la manière la plus nette qu'il est possible, & par conséquent à perfectionner les signes qui sont destinés à la rendre: c'est aussi ce que les hommes ont fait peu à peu. Les langues, nées avec les sociétés, n'ont sans doute été d'abord qu'une collection assez bizarre de signes de toute espèce; & les corps naturels qui tombent sous nos sens ont été en conséquence les premiers objets que l'on ait désignés par des noms. Mais, autant qu'il est permis d'en juger, les langues dans cette première origine, destinée à l'usage le plus pressant, ont dû être fort imparfaites, peu abondantes, & assujetties à bien peu de principes certains; & les Arts ou les Sciences absolument nécessaires pouvaient avoir fait beaucoup de progrès, lorsque les règles de la diction & du style étaient encore à naître. La communication des idées ne souffrait pourtant guère de ce défaut de règles, & même de la disette de mots; ou plutôt elle n'en souffrait qu'autant qu'il était nécessaire pour obliger chacun des hommes à augmenter ses propres connaissances par un travail opiniâtre, sans trop se reposer sur les autres. Une communication trop facile peut tenir quelquefois l'âme engourdie, & nuire aux efforts dont elle serait capable. Qu'on jette les yeux sur les prodiges des aveugles nés, & des sourds & muets de naissance; on verra ce que peuvent produire les ressorts de l'esprit, pour peu qu'ils soient vifs & mis en action par des difficultés à vaincre.

Cependant la facilité de rendre & de recevoir des idées par un commerce mutuel, aisant aussi de son côté des avantages incontestables, il n'est pas surprenant que les hommes ayent cherché de plus en plus à augmenter cette facilité. Pour cela, ils ont commencé par réduire les signes aux mots, parce qu'ils sont, pour ainsi dire, les symboles que l'on a le plus aisément sous la main. De plus, l'ordre de la génération des mots a suivi l'ordre des opérations de l'esprit: après les individus, on a nommé les qualités sensibles, qui, sans exister par elles- mêmes, existent dans ces individus, & sont communes à plusieurs: peu à peu l'on est enfin venu à ces termes abstraits, dont les uns servent à lier

tão imediata que em nenhum ponto a corrente seja interrompida. A maior ou menor lentidão das operações do espírito como que exige essa corrente, e a vantagem dos maiores gênios reduz-se a precisar dela menos do que os outros, ou, antes, a formá-la rapidamente e quase sem perceber que o faz.

A ciência da comunicação das ideias não se limita a introduzir ordem nas próprias ideias, deve ainda ensinar a exprimir cada ideia da maneira mais clara possível e, por conseguinte, aperfeiçoar os signos que estão destinados a exprimi-la. Foi também o que os homens fizeram pouco a pouco. As línguas, nascidas com as sociedades, sem dúvida não foram, a princípio, senão uma coleção bastante bizarra de toda espécie de signos, e os corpos naturais que caem sob nossos sentidos teriam sido, em consequência, os primeiros objetos designados por esses nomes. Mas, tanto quanto é permitido julgar, as línguas, nessa primeira origem destinada ao uso mais urgente, devem ter sido muito imperfeitas, pouco abundantes e sujeitas a pouquíssimos princípios certos, e as artes ou as ciências absolutamente necessárias poderiam ter realizado muitos progressos quando as regras da dicção e do estilo ainda estavam por nascer. Também a comunicação das ideias pouco sofria com essa falta de regras e mesmo com essa penúria de palavras, ou antes, sofria apenas na medida em que ela fosse necessária para obrigar cada homem a aumentar seus próprios conhecimentos por um trabalho obstinado, sem apoiar-se demais sobre os outros. Uma comunicação demasiadamente fácil pode às vezes manter a alma entorpecida e prejudicar os esforços de que ela seria capaz. Que se observem os prodígios dos cegos ou dos surdos-mudos de nascença e ver-se-á o que podem produzir as energias do espírito, por escassas e pouco vivazes que sejam, se devidamente bem acionadas por dificuldades a serem vencidas.

Mas como a facilidade de expressar e de receber ideias por um intercâmbio mútuo tem também, por seu lado, vantagens incontestáveis, não chega a surpreender que os homens tenham procurado aumentá-la cada vez mais. Para tanto, começaram por reduzir os signos às palavras, que são, por assim dizer, os símbolos que se têm mais diretamente à mão. A ordem da geração das palavras seguiu a ordem das operações do espírito: após os indivíduos, nomearam-se as qualidades sensíveis que, sem existir por si mesmas, existem nesses indivíduos e são comuns a vários; pouco a pouco chegou-se por fim aos termos abstratos, alguns dos quais servem para ligar

ensemble les idées, d'autres à désigner les propriétés générales des corps, d'autres à exprimer des notions purement spirituelles. Tous ces termes que les enfants sont si longtemps à apprendre, ont coûté sans doute encore plus de temps à trouver. Enfin réduisant l'usage des mots en préceptes, on a formé la Grammaire, que l'on peut regarder comme une des branches de la Logique. Éclairée par une Métaphysique fine & déliée, elle démêle les nuances des idées, apprend à distinguer ces nuances par des signes différents, donne des règles pour faire de ces signes l'usage le plus avantageux, découvre souvent par cet esprit philosophique qui remonte à la source de tout, les raisons du choix bizarre en apparence, qui fait préférer un signe à un autre, & ne laisse enfin à ce caprice national qu'on appelle usage, que ce qu'elle ne peut absolument lui ôter.

Les hommes en se communiquant leurs idées, cherchent aussi à se communiquer leurs passions. C'est par l'éloquence qu'ils y parviennent. Faite pour parler au sentiment, comme la Logique & la Grammaire parlent à l'esprit, elle impose silence à la raison même; & les prodiges qu'elle opère souvent entre les mains d'un seul sur toute une Nation, sont peut-être le témoignage le plus éclatant de la supériorité d'un homme sur un autre. Ce qu'il y a de singulier, c'est qu'on ait cru suppléer par des règles à un talent si rare. C'est à-peu-près comme si on eût voulu réduire le génie en préceptes. Celui qui a prétendu le premier qu'on devait les Orateurs à l'art, ou n'était pas du nombre, ou était bien ingrat envers la Nature. Elle seule peut créer un homme éloquent; les hommes sont le premier livre qu'il doive étudier pour réussir, les grands modèles sont le second; & tout ce que ces Écrivains illustres nous ont laissé de philosophique & de réfléchi sur le talent de l'Orateur, ne prouve que la difficulté de leur ressembler. Trop éclairés pour prétendre ouvrir la carrière, ils ne voulaient sans doute qu'en marquer les écueils. À l'égard de ces puérilités pédantesques qu'on a honorées du nom de Rhétorique, ou plutôt qui n'ont servi qu'à rendre ce nom ridicule, & qui sont à l'Art oratoire ce que la Scolastique est à la vraie Philosophie, elles ne sont propres qu'à donner de l'Éloquence l'idée la plus fausse & la plus barbare. Cependant quoiqu'on commence assez universellement à en reconnaître l'abus, la possession où elles sont depuis longtemps de former une branche distinguée de la connaissance humaine, ne permet pas encore de les en bannir: pour l'honneur de notre discernement, le temps en viendra peut-être un jour. **[xi]**

as ideias, outros para designar as propriedades gerais dos corpos, outros ainda para exprimir noções puramente espirituais. Todos esses termos, que as crianças tanto tempo levam para aprender, levaram sem dúvida ainda mais tempo para ser encontrados. Por fim, reduzindo o uso das palavras a preceitos, formou-se a Gramática, que pode ser considerada um dos ramos da Lógica. Esclarecida por uma Metafísica fina e sutil, ela distingue as nuanças das ideias, ensina a discriminar tais nuanças através de signos diferentes, fornece regras para fazer destes o uso mais proveitoso, descobre frequentemente, pelo espírito filosófico que remonta à fonte de tudo, as razões da escolha, bizarra na aparência, que faz preferir um signo a outro e deixa enfim, ao capricho nacional que se chama uso, apenas o que não pode lhe ser retirado.

Comunicando suas ideias, os homens procuram também comunicar suas paixões. É pela eloquência que o conseguem. Feita para falar ao sentimento, como a Lógica e a Gramática falam ao espírito, ela impõe silêncio à própria razão; e os prodígios que costuma operar, nas mãos de uma única pessoa, sobre toda uma nação talvez sejam o testemunho mais brilhante da superioridade de um homem sobre outro. O que há de singular nisso é que se tenha pensado em substituir por regras um talento tão raro. É mais ou menos como se se quisesse reduzir o gênio a preceitos. O primeiro a dizer que os oradores seriam fruto do engenho ou não contava entre eles ou foi muito ingrato para com a natureza. Somente ela pode criar um homem eloquente. Os homens são o primeiro livro que um homem assim deve estudar para vencer; os grandes modelos são o segundo; e tudo o que esses escritores ilustres nos deixaram de filosófico e refletido sobre o talento do orador prova apenas o quão difícil seria assemelharmo-nos a eles. Por demais esclarecidos para aspirar a abrir o caminho, desejavam sem dúvida apenas indicar as opções possíveis. Quanto às puerilidades pedantes agraciadas com o nome de Retórica, ou antes, que só serviram para tornar esse nome ridículo, e que estão para a arte oratória como a Escolástica está para a verdadeira Filosofia, dão da eloquência a mais falsa e mais bárbara ideia. O seu abuso começa finalmente a ser identificado, mas o fato de há muito terem formado um ramo distinto do conhecimento humano não permite ainda bani-las. Para a honra de nosso discernimento, esse momento um dia há de chegar. [**xi**]

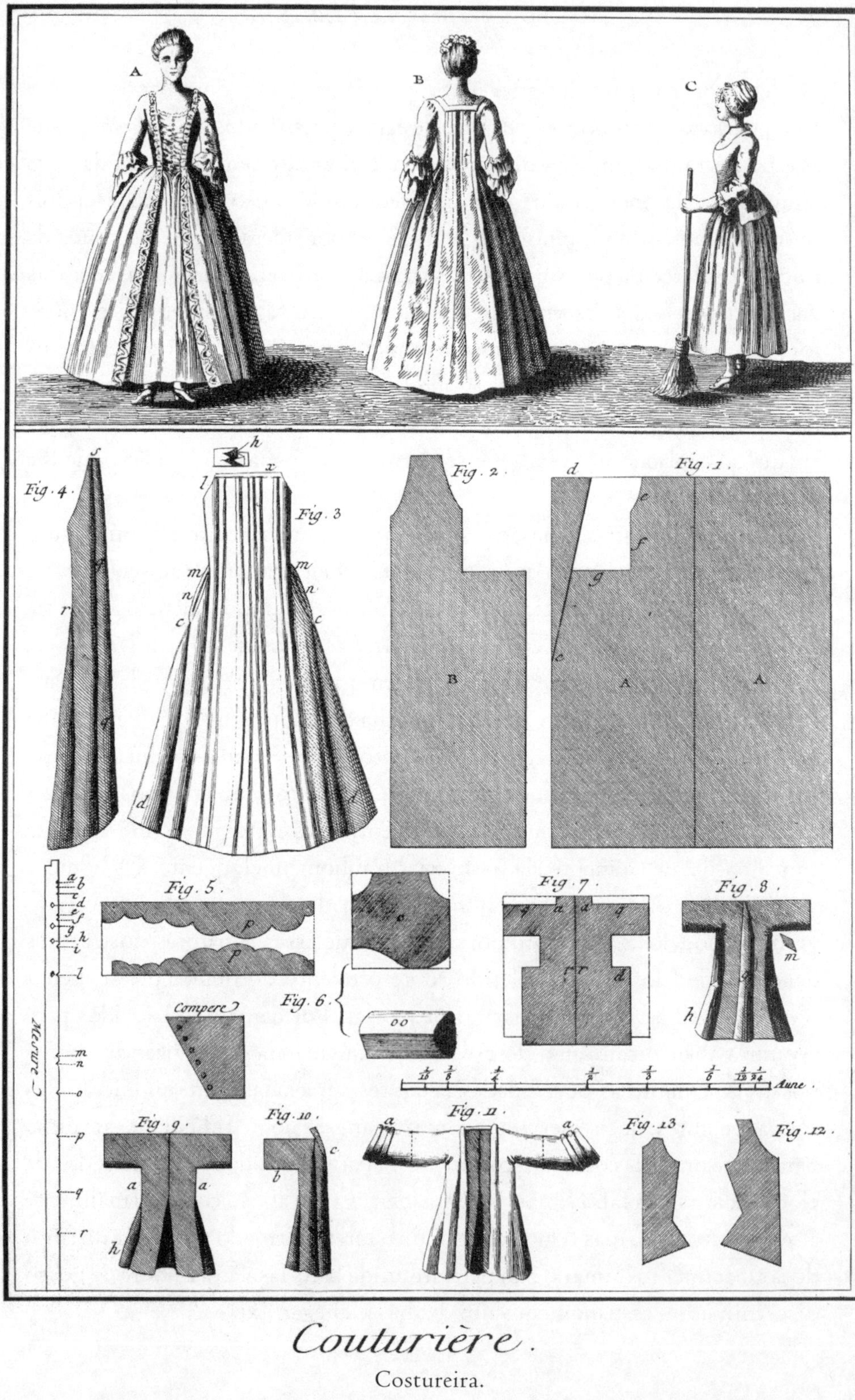

Couturière.

Costureira.

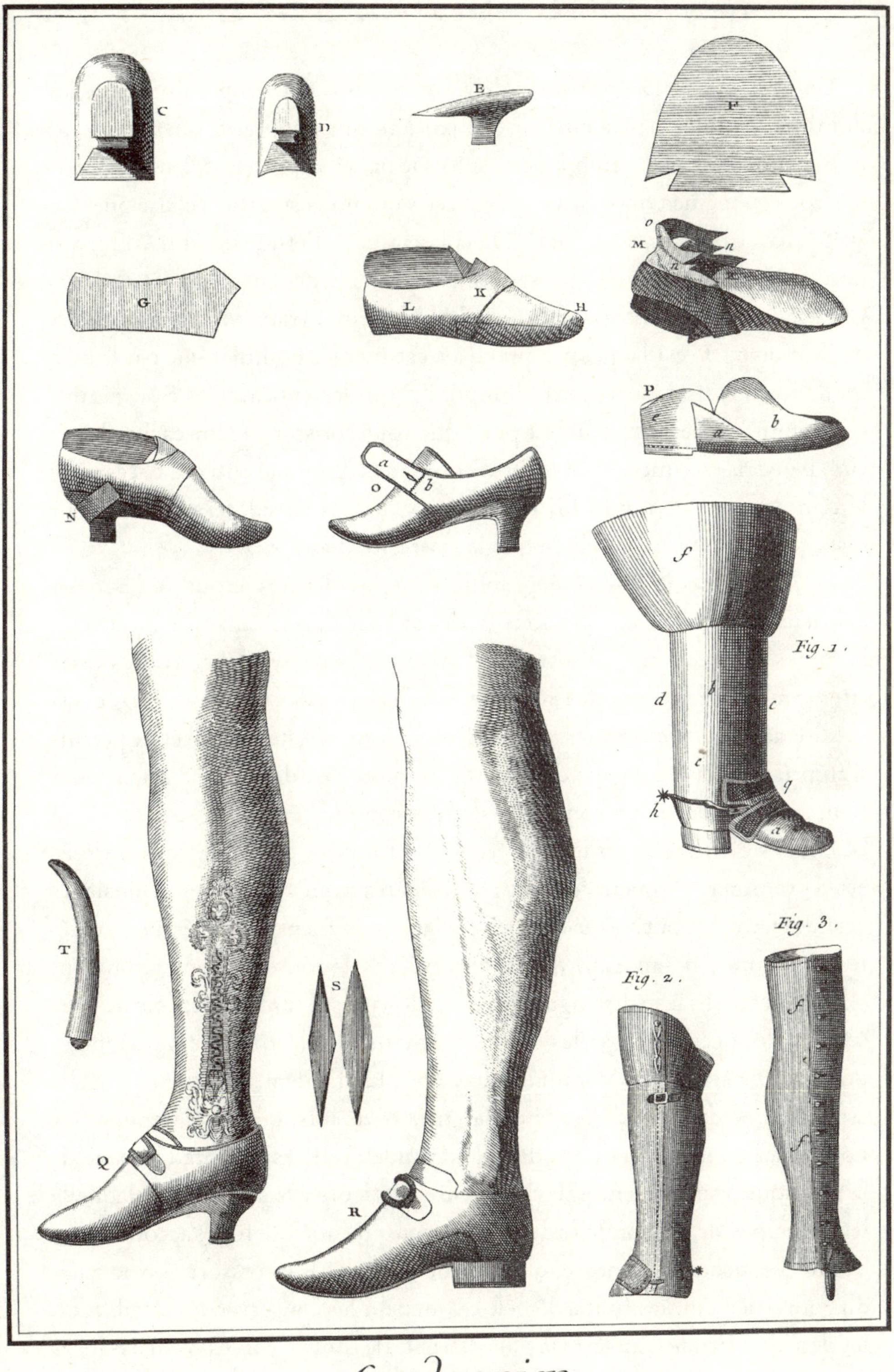

Cordonnier.

Fabricante de sapatos.

Ce n'est pas assez pour nous de vivre avec nos contemporains, & de les dominer. Animés par la curiosité & par l'amour-propre, & cherchant par une avidité naturelle à embrasser à la fois le passé, le présent & l'avenir, nous désirons en même temps de vivre avec ceux qui nous suivront, & d'avoir vécu avec ceux qui nous ont précédé. De là l'origine & l'étude de l'Histoire, qui nous unissant aux siècles passés par le spectacle de leurs vices & de leurs vertus, de leurs connaissances & de leurs erreurs, transmet les nôtres aux siècles futurs. C'est là qu'on apprend à n'estimer les hommes que par le bien qu'ils font, & non par l'appareil imposant qui les entoure: les Souverains, ces hommes assez malheureux pour que tout conspire à leur cacher la vérité, peuvent eux-mêmes se juger d'avance à ce tribunal intègre & terrible; le témoignage que rend l'Histoire à ceux de leurs prédécesseurs qui leur ressemblent, est l'image de ce que la postérité dira d'eux.

La Chronologie & la Géographie sont les deux rejetons & les deux soutiens de la science dont nous parlons: l'une, pour ainsi dire, place les hommes dans le temps; l'autre les distribue sur notre globe. Toutes deux tirent un grand secours de l'histoire de la Terre & de celle des Cieux, c'est-à-dire des faits historiques, & des observations célestes; & s'il était permis d'emprunter ici le langage des Poètes, on pourrait dire que la science des temps & celle des lieux sont filles de l'Astronomie & de l'Histoire.

Un des principaux fruits de l'étude des Empires & de leurs révolutions, est d'examiner comment les hommes, séparés pour ainsi dire en plusieurs grandes familles, ont formé diverses sociétés; comment ces différentes sociétés ont donné naissance aux différentes espèces de gouvernements; comment elles ont cherché à se distinguer les unes des autres, tant par les lois qu'elles se sont données, que par les signes particuliers que chacune a imaginées pour que ses membres communiquassent plus facilement entre eux. Telle est la source de cette diversité de langues & de lois, qui est devenue pour notre malheur un objet considérable d'étude. Telle est encore l'origine de la politique, espèce de morale d'un genre particulier & supérieur, à laquelle les principes de la morale ordinaire ne peuvent quelquefois s'accommoder qu'avec beaucoup de finesse, & qui pénétrant dans les ressorts principaux du gouvernement des États, démêle ce qui peut les conserver, les affaiblir ou les détruire. Étude peut-être la plus difficile de toutes, par les connaissances

Mas não nos é suficiente viver com nossos contemporâneos e dominá-los. Animados pela curiosidade e pelo amor-próprio, e procurando, movidos por uma avidez natural, abarcar ao mesmo tempo o passado, o presente e o futuro, desejamos também viver com aqueles que nos sucederão e ter vivido com os que nos antecederam. Daí a origem e o estudo da História, que, unindo-nos aos séculos passados pelo espetáculo de seus vícios e de suas virtudes, de seus conhecimentos e de seus erros, transmite os nossos aos séculos futuros. É então que se aprende a estimar os homens somente pelo bem que fazem e não pelo aparato imponente que os envolve. Os soberanos, esses homens suficientemente infelizes para que tudo conspire para esconder deles a verdade, podem se julgar a si mesmos, de antemão, nesse tribunal incorruptível e terrível: o testemunho da história a respeito de seus predecessores, que a eles se assemelham, é a imagem do que a posteridade dirá deles.

A Cronologia e a Geografia são os dois descendentes e os dois pilares da ciência de que falamos. Uma coloca, por assim dizer, os homens no tempo, a outra os distribui sobre o nosso globo. Ambas extraem um grande auxílio da história da Terra e da história dos céus, isto é, dos fatos históricos e das observações celestes. E, se fosse permitido usar aqui a linguagem dos poetas, poderíamos dizer que a ciência dos tempos e a dos lugares são filhas da Astronomia e da História.

Um dos principais frutos do estudo dos impérios e de suas revoluções é examinar como os homens, separados, por assim dizer, em várias grandes famílias, formaram diversas sociedades; como essas diferentes sociedades originaram as diferentes espécies de governos; como procuraram distinguir-se umas das outras, tanto pelas leis que se deram quanto pelos signos particulares que cada uma imaginou para que seus membros pudessem se comunicar mais facilmente entre si. Tal é a origem dessa diversidade de línguas e de leis que se tornou, para nossa infelicidade, um importante objeto de estudo. Tal é a origem da política, espécie de moral particular e superior, à qual os princípios da moral comum às vezes não podem adaptar-se, a não ser com muita sutileza, e que, penetrando nas principais molas do governo dos Estados, distingue o que pode conservá-los, enfraquecê-los ou destruí-los. Talvez seja o mais difícil de todos os estudos, pelos conhecimentos

profondes des peuples & des hommes qu'elle exige, & par l'étendue & la variété des talents qu'elle suppose; surtout quand le Politique ne veut point oublier que la loi naturelle, antérieure à toutes les conventions particulières, est aussi la première loi des Peuples, & que pour être homme d'État, on ne doit point cesser d'être homme.

Voilà les branches principales de cette partie de la connaissance humaine, qui consiste ou dans les idées directes que nous avons reçues par les sens, ou dans la combinaison & la comparaison de ces idées; combinaison qu'en général on appelle *Philosophie*. Ces branches se subdivisent en une infinité d'autres dont l'énumération serait immense, & appartient plus à cet ouvrage même qu'à sa Préface.

La première opération de la réflexion consistant à rapprocher & à unir les notions directes, nous avons dû commencer dans ce discours par envisager la réflexion de ce côté là, & parcourir les différentes sciences qui en résultent. Mais les notions formées par la combinaison des idées primitives, ne sont pas les seules dont notre esprit soit capable. Il est une autre espèce de connaissances réfléchies, dont nous devons maintenant parler. Elles consistent dans les idées que nous nous formons à nous-mêmes en imaginant & en composant des êtres semblables à ceux qui sont l'objet de nos idées directes. C'est ce qu'on appelle l'imitation de la Nature, si connue & si recommandée par les Anciens. Comme les idées directes qui nous frappent le plus vivement, sont celles dont nous conservons le plus aisément le souvenir, ce sont aussi celles que nous cherchons le plus à réveiller en nous par l'imitation de leurs objets. Si les objets agréables nous frappent plus étant réels que simplement représentés, ce déchet d'agrément est en quelque manière compensé par celui qui résulte du plaisir de l'imitation. À l'égard des objets qui n'exciteraient étant réels que des sentiments tristes ou tumultueux, leur imitation est plus agréable que les objets même, parce qu'elle nous place à cette juste distance, où nous éprouvons le plaisir de l'émotion sans en ressentir le désordre. C'est dans cette imitation des objets capables d'exciter en nous des sentiments vifs ou agréables, de quelque nature qu'ils soient, que consiste en général l'imitation de la belle Nature, sur laquelle tant d'Auteurs ont écrit sans en donner d'idée nette; soit parce que la belle Nature ne se démêle que par un sentiment exquis, soit aussi parce que dans cette matière les limites qui distinguent l'arbitraire du vrai ne sont pas encore bien fixées, & laissent quelque espace libre à l'opinion.

profundos dos povos e dos homens que exige e pela extensão e variedade dos talentos que supõe, sobretudo quando o político não quer esquecer que a lei natural, anterior a todas as convenções particulares, é também a primeira lei dos povos, e que, pelo fato de alguém ser homem de Estado, nem por isso pode deixar de ser homem.

Eis os principais ramos da parte do conhecimento humano que consiste nas ideias diretas que recebemos pelos sentidos ou na combinação e na comparação dessas ideias, combinação que em geral é chamada de *Filosofia*. Esses ramos subdividem-se numa infinidade de outros cuja enumeração seria imensa e pertence mais à obra mesma do que a este prefácio.

Como a primeira operação da reflexão consiste em aproximar e unir as noções diretas, tivemos de começar, neste discurso, por encarar a reflexão por esse lado e percorrer as diferentes ciências que dela resultam. Mas as noções formadas pela combinação das ideias primitivas não são as únicas de que nosso espírito é capaz. Há conhecimentos refletidos de outra espécie, dos quais devemos falar agora. Consistem nas ideias que formulamos ao imaginar e compor seres semelhantes aos que são o objeto de nossas ideias diretas. É o que se chama imitação da natureza, tão conhecida e recomendada pelos antigos. Assim como as ideias diretas que nos impressionam mais vivamente são aquelas de que conservamos mais facilmente a lembrança, são também as que mais procuramos despertar em nós, pela imitação de seus objetos. Se os objetos agradáveis nos impressionam mais quando reais do que quando simplesmente representados, essa perda de satisfação é de alguma maneira compensada pelo que resulta do prazer da imitação. Quanto aos objetos reais que excitariam apenas sentimentos tristes ou tumultuosos, sua imitação é mais agradável do que eles mesmos, pois nos coloca na justa distância em que experimentamos o prazer da emoção sem sentir sua desordem. Nessa imitação dos objetos capazes de excitar em nós sentimentos vivos ou agradáveis, sejam eles de que natureza forem, consiste em geral a imitação da *belle nature*, a "bela natureza", sobre a qual tantos autores escreveram sem oferecer dela uma ideia precisa, seja porque é discernida apenas por um sentimento refinado, seja porque, nessa matéria, os limites que distinguem o arbítrio do verdadeiro ainda não estão bem fixados e deixam algum espaço livre à opinião.

À la tête des connaissances qui consistent dans l'imitation, doivent être placées la Peinture & la Sculpture, parce que ce sont celles de toutes où l'imitation approche le plus des objets qu'elle représente, & parle le plus directement aux sens. On peut y joindre **[xii]** cet art, né de la nécessité, & perfectionné par le luxe, l'Architecture, qui s'étant élevée par degrés des chaumières aux palais, n'est aux yeux du Philosophe, si on peut parler ainsi, que le masque embelli d'un de nos plus grands besoins. L'imitation de la belle Nature y est moins frappante, & plus resserrée que dans les deux autres Arts dont nous venons de parler; ceux-ci expriment indifféremment & sans restriction toutes les parties de la belle Nature, & la représentent telle qu'elle est, uniforme ou variée; l'Architecture au contraire se borne à imiter par l'assemblage & l'union des différents corps qu'elle emploie, l'arrangement symétrique que la nature observe plus ou moins sensiblement dans chaque individu, & qui contraste si bien avec la belle variété du tout ensemble.

La Poésie qui vient après la Peinture & la Sculpture, & qui n'emploie pour l'imitation que les mots disposés suivant une harmonie agréable à l'oreille, parle plutôt à l'imagination qu'aux sens; elle lui représente d'une manière vive & touchante les objets qui composent cet Univers, & semble plutôt les créer que les peindre, par la chaleur, le mouvement, & la vie qu'elle sait leur donner. Enfin la Musique, qui parle à la fois à l'imagination & aux sens, tient le dernier rang dans l'ordre de l'imitation; non que son imitation soit moins parfaite dans les objets qu'elle se propose de représenter, mais parce qu'elle semble bornée jusqu'ici à un plus petit nombre d'images; ce qu'on doit moins attribuer à sa nature, qu'à trop peu d'invention & de ressource dans la plupart de ceux qui la cultivent: il ne sera pas inutile de faire sur cela quelques réflexions. La Musique, qui dans son origine n'était peut-être destinée à représenter que du bruit, est devenue peu à peu une espèce de discours ou même de langue, par laquelle on exprime les différents sentiments de l'âme, ou plutôt ses différentes passions: mais pourquoi réduire cette expression aux passions seules, & ne pas l'étendre, autant qu'il est possible, jusqu'aux sensations même? Quoique les perceptions que nous recevons par divers organes diffèrent entre elles autant que leurs objets, on peut néanmoins les comparer sous un autre point de vue qui leur est commun, c'est-à-dire, par la situation de plaisir ou de trouble où elles mettent notre âme.

À frente dos conhecimentos que consistem na imitação, devem ser colocadas a Pintura e a Escultura, porque são, de todos, aquelas em que a imitação mais se aproxima dos objetos representado e mais diretamente se dirige aos sentidos. A elas podemos acrescentar uma arte [xii] nascida da necessidade e aperfeiçoada pelo luxo, a Arquitetura, que, tendo se elevado gradativamente das choupanas aos palácios, é, aos olhos do filósofo, se pudermos falar assim, a máscara embelezada de uma de nossas maiores necessidades. Nela, a imitação da bela natureza é menos impressionante e mais condensada do que nas duas outras artes a que acabamos de nos referir. A Escultura e a Pintura exprimem indiferentemente e sem restrição todas as partes da bela natureza e a representam como é, uniforme ou variada; a Arquitetura, pelo contrário, limita-se a imitar, pela agregação e união dos diferentes corpos que utiliza, a disposição simétrica que a natureza observa mais ou menos sensivelmente em cada indivíduo e que contrasta tão bem com a bela variedade de todo o conjunto.

A Poesia, que vem depois da Pintura e da Escultura, e que não usa para a imitação senão palavras, dispostas segundo uma harmonia agradável ao ouvido, fala antes à imaginação do que aos sentidos, apresenta-lhe de maneira viva e comovente os objetos que compõem este Universo, e parece antes criá-los do que pintá-los, pelo calor, pelo movimento e pela vida que lhes sabe infundir. Por fim, a Música, que fala ao mesmo tempo à imaginação e aos sentidos, ocupa o último lugar na ordem da imitação, não porque sua imitação seja menos perfeita nos objetos que se propõe representar, mas porque parece limitada, até agora, a um menor número de imagens, o que se deve atribuir menos à sua natureza do que à invenção e aos recursos, por demais escassos na maioria dos que a cultivam. Podem ser úteis algumas observações a respeito. A Música, que em sua origem talvez estivesse destinada a representar apenas o ruído, tornou-se pouco a pouco uma espécie de discurso ou mesmo de língua, pela qual se exprimem os diferentes sentimentos da alma, ou antes suas diferentes paixões; mas por que reduzir essa expressão somente às paixões e não estendê-la, tanto quanto possível, às próprias sensações? Embora as percepções que recebemos através dos diferentes órgãos se diferenciem tanto entre si quanto os objetos destes, podemos todavia compará-las de um outro ponto de vista que lhes é comum, qual seja, pelo estado de prazer ou de perturbação que introduzem em nossa alma.

Un objet effrayant, un bruit terrible, produisent chacun en nous une émotion par laquelle nous pouvons jusqu'à un certain point les rapprocher, & que nous désignons souvent dans l'un & l'autre cas, ou par le même nom, ou par des noms synonymes. Je ne vois donc point pourquoi un Musicien qui aurait à peindre un objet effrayant, ne pourrait pas y réussir en cherchant dans la Nature l'espèce de bruit qui peut produire en nous l'émotion la plus semblable à celle que cet objet y excite. J'en dis autant des sensations agréables. Penser autrement, ce serait vouloir resserrer les bornes de l'art & de nos plaisirs. J'avoue que la peinture dont il s'agit, exige une étude fine & approfondie des nuances qui distinguent nos sensations; mais aussi ne faut-il pas espérer que ces nuances soient démêlées par un talent ordinaire. Saisies par l'homme de génie, senties par l'homme de goût, aperçues par l'homme d'esprit, elles sont perdues pour la multitude. Toute Musique qui ne peint rien n'est que du bruit; & sans l'habitude qui dénature tout, elle ne ferait guère plus de plaisir qu'une suite de mots harmonieux & sonores dénués d'ordre & de liaison. Il est vrai qu'un Musicien attentif à tout peindre, nous présenterait dans plusieurs circonstances des tableaux d'harmonie qui ne seraient point faits pour des sens vulgaires; mais tout ce qu'on en doit conclure, c'est qu'après avoir fait un art d'apprendre la Musique, on devrait bien en faire un de l'écouter.

Nous terminerons ici l'énumération de nos principales connaissances. Si on les envisage maintenant toutes ensemble, & qu'on cherche les points de vue généraux qui peuvent servir à les discerner, on trouve que les unes purement pratiques ont pour but l'exécution de quelque chose; que d'autres simplement spéculatives se bornent à l'examen de leur objet, & à la contemplation de ses propriétés; qu'enfin d'autres tirent de l'étude spéculative de leur objet l'usage qu'on en peut faire dans la pratique. La spéculation & la pratique constituent la principale différence qui distingue les *Sciences* d'avec les *Arts*, & c'est à peu près en suivant cette notion, qu'on a donné l'un ou l'autre nom à chacune de nos connaissances. Il faut cependant avouer que nos idées ne sont pas encore bien fixées sur ce sujet. On ne sait souvent quel nom donner à la plupart des connaissances où la spéculation se réunit à la pratique; & l'on dispute, par exemple, tous les jours dans les écoles, si la Logique est un art ou une science: le problème serait bientôt résolu, en répondant qu'elle est à la fois l'une & l'autre. Qu'on s'épargnerait de questions & de peines

Um objeto assustador, um barulho terrível, produz em nós, cada um deles, uma emoção pela qual podemos até certo ponto aproximá-los, e que costumamos designar, em ambos os casos, pelo mesmo nome ou por sinônimos. Portanto, não vejo porquê um músico que tivesse de pintar um objeto assustador não poderia fazê-lo, desde que buscasse na natureza a espécie de barulho apto a produzir em nós a emoção mais semelhante à excitada por esse objeto. Digo o mesmo das sensações agradáveis. Pensar de outra maneira seria querer restringir os limites da arte e de nossos prazeres. Confesso que essa pintura exige um estudo sutil e aprofundado das nuanças que distinguem nossas sensações, mas também não se deve esperar que tais nuanças sejam distinguidas por um talento comum. Apreendidas pelo homem de gênio, sentidas pelo homem de gosto, percebidas pelo homem de espírito, escapam à multidão. Toda Música que não pinta é mero barulho, e sem o hábito, que tudo deforma, quase não daria mais prazer do que uma série de palavras harmoniosas e sonoras desprovidas de ordem e ligação. Um músico que tivesse o cuidado de tudo pintar nos apresentaria, em circunstâncias variadas, quadros de harmonia que não seriam feitos para sentidos vulgares. De tudo isso, deve-se concluir que, após ter sido feita uma arte de ensinar a Música, dever-se-ia fazer uma outra, a de escutá-la.

Terminaremos aqui a enumeração de nossos principais conhecimentos. Se os considerarmos agora todos juntos e procurarmos os pontos de vista gerais que podem servir para discerni-los, veremos que uns, puramente práticos, têm por objetivo a execução de alguma coisa; que outros, simplesmente especulativos, limitam-se ao exame de seu objeto e à contemplação de suas propriedades; que outros, por fim, extraem do estudo especulativo de seu objeto um uso que dele se possa fazer na prática. A especulação e a prática constituem a principal diferença que distingue as *ciências* das *artes*, e seguindo-se aproximadamente essa noção é que se deu um ou outro desses nomes a cada um de nossos conhecimentos. Contudo, é preciso confessar que nossas ideias a esse respeito ainda não estão bem fixadas. Muitas vezes não se sabe que nome dar à maioria dos conhecimentos em que a especulação se une à prática, e debate-se todos os dias nas escolas se a Lógica é uma arte ou uma ciência. O problema seria resolvido se respondêssemos que ela é, ao mesmo tempo, uma coisa e outra. Quantas perguntas e quanto trabalho não seriam poupados,

si on déterminait enfin la signification des mots d'une manière nette & précise!

On peut en général donner le nom d'*Art* à tout système de connaissances qu'il est possible de réduire à des règles positives, invariables & indépendantes du caprice ou de l'opinion, & il serait permis de dire en ce sens que plusieurs de nos sciences sont des arts, étant envisagées par leur côté pratique. Mais comme il y a des règles pour les opérations de l'esprit ou de l'âme, il y en a aussi pour celles du corps; c'est-à-dire, pour celles qui bornées aux corps extérieurs, n'ont besoin que de la main seule pour être exécutées. Delà la distinction **[xiii]** des Arts en libéraux & en mécaniques, & la supériorité qu'on accorde aux premiers sur les seconds. Cette supériorité est sans doute injuste à plusieurs égards. Néanmoins parmi les préjugés, tout ridicules qu'ils peuvent être, il n'en est point qui n'ait sa raison, ou pour parler plus exactement, son origine; & la Philosophie souvent impuissante pour corriger les abus, peut au moins en démêler la source. La force du corps ayant été le premier principe qui a rendu inutile le droit que tous les hommes avaient d'être égaux, les plus faibles, dont le nombre est toujours le plus grand, se sont joints ensemble pour la réprimer. Ils ont donc établi par le secours des lois & des différentes sortes de gouvernements une inégalité de convention dont la force a cessé d'être le principe. Cette dernière inégalité étant bien affermie, les hommes, en se réunissant avec raison pour la conserver, n'ont pas laissé de réclamer secrètement contre elle par ce désir de supériorité que rien n'a pu détruire en eux. Ils ont donc cherché une sorte de dédommagement dans une inégalité moins arbitraire; & la force corporelle, enchaînée par les lois, ne pouvant plus offrir aucun moyen de supériorité, ils ont été réduits à chercher dans la différence des esprits un principe d'inégalité aussi naturel, plus paisible, & plus utile à la société. Ainsi la partie la plus noble de notre être s'est en quelque manière vengée des premiers avantages que la partie la plus vile avait usurpés; & les talents de l'esprit ont été généralement reconnus pour supérieurs à ceux du corps. Les Arts mécaniques dépendants d'une opération manuelle, & asservis, qu'on me permette ce terme, à une espèce de routine, ont été abandonnés à ceux d'entre les hommes que les préjugés ont placés dans la classe la plus inférieure. L'indigence qui a forcé ces hommes à s'appliquer à un pareil travail, plus souvent

se enfim se determinasse a significação das palavras de uma maneira clara e precisa!

Pode-se dar em geral o nome de *Arte* a todo sistema de conhecimentos passível de ser reduzido a regras positivas, invariáveis e independentes do capricho ou da opinião, e nesse sentido seria permitido dizer que várias de nossas ciências são artes, quando consideradas por seu lado prático. Mas assim como há regras para as operações do espírito ou da alma, há também para as do corpo, isto é, para aquelas que, limitadas aos corpos exteriores, precisam apenas das mãos para serem executadas. Daí a distinção **[xiii]** das artes em liberais e em mecânicas, e a superioridade que se concede às primeiras em relação às segundas. Essa superioridade é, sem dúvida, injusta em vários sentidos. Todavia, entre os preconceitos, por mais ridículos que possam ser, não há nenhum que não tenha uma razão de ser, ou, para falar com mais precisão, que não tenha sua origem; e a Filosofia, frequentemente impotente para corrigir os abusos, pode pelo menos distinguir a sua fonte. A força do corpo foi o primeiro princípio que tornou inútil o direito de todos os homens a serem iguais; e os mais fracos, cujo número é sempre maior, reuniram-se para detê-la. Estabeleceram, para tanto, com a ajuda das leis e das diferentes espécies de governos, uma desigualdade de convenção cujo princípio não é a força. Uma vez consolidada essa desigualdade, os homens, reunindo-se uns aos outros para, com boas razões, conservá-la, nem por isso deixaram de se queixar em segredo contra ela, movidos por um desejo de superioridade que nada poderia destruir neles. Procuraram assim uma espécie de compensação em uma desigualdade menos arbitrária, e como a força corporal, acorrentada pelas leis, não mais poderia oferecer uma forma de superioridade, foram limitados a procurar, na diferença dos espíritos, também um princípio de desigualdade natural, embora mais pacífico e mais útil à sociedade. Assim, a parte mais nobre de nosso ser, de certa maneira, vingou-se das primeiras vantagens que a parte mais vil usurpara, e os talentos do espírito foram geralmente reconhecidos como superiores aos do corpo. Como as artes mecânicas dependem de uma operação manual e estão escravizadas, que me permitam esse termo, a uma espécie de rotina, elas foram deixadas aos homens relegados pelo preconceito à classe mais inferior. A indigência, que os forçou a se aplicarem a tal trabalho mais frequentemente

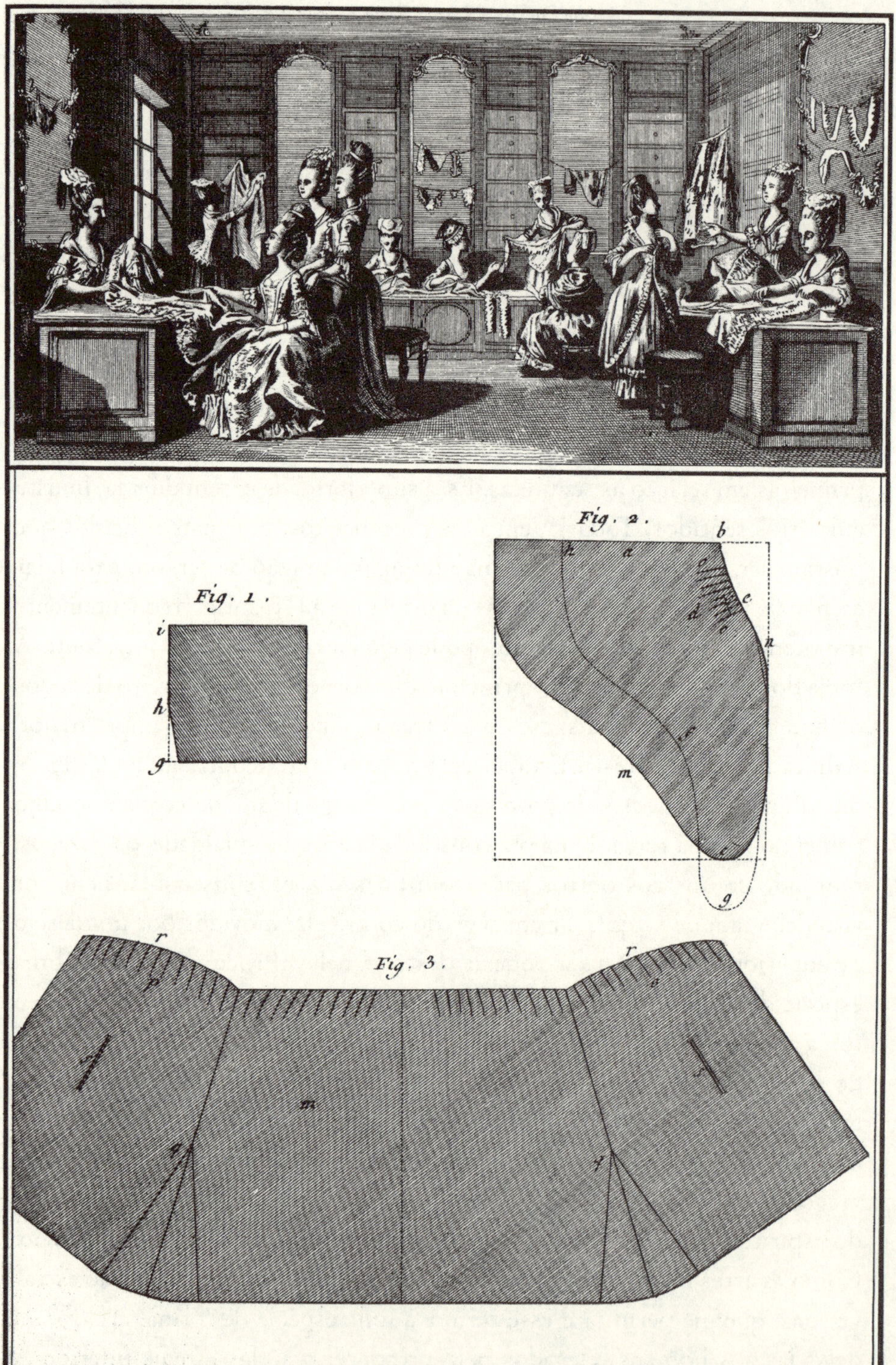

Benard Direx.

Marchande de Modes.

Vendedora de modas.

Lacotte Del. Defehrt Sculp.

Fleuriste Artificiel, Plans d'emporte-pieces de Feuilles de Fleurs.

Florista artificial. Reproduções de vazadores de pétalas de flores.

que le goût & le génie ne les y ont entraînés, est devenue ensuite une raison pour les mépriser, tant elle nuit à tout ce qui l'accompagne. À l'égard des opérations libres de l'esprit, elles ont été le partage de ceux qui se sont crus sur ce point les plus favorisés de la Nature. Cependant l'avantage que les Arts libéraux ont sur les Arts mécaniques par le travail que les premiers exigent de l'esprit, & par la difficulté d'y exceller, est suffisamment compensé par l'utilité bien supérieure que les derniers nous procurent pour la plupart. C'est cette utilité même qui a forcé de les réduire à des opérations purement machinales, pour en faciliter la pratique à un plus grand nombre d'hommes. Mais la société, en respectant avec justice les grands génies qui l'éclairent, ne doit point avilir les mains qui la servent. La découverte de la Boussole n'est pas moins avantageuse au genre humain, que ne le serait à la Physique l'explication des propriétés de cette aiguille. Enfin, à considérer en lui-même le principe de la distinction dont nous parlons, combien de Savants prétendus dont la science n'est proprement qu'un art mécanique? & quelle différence réelle y a-t-il entre une tête remplie de faits sans ordre, sans usage & sans liaison, & l'instinct d'un Artisan réduit à l'exécution machinale?

Le mépris qu'on a pour les Arts mécaniques semble avoir influé jusqu'à un certain point sur leurs inventeurs mêmes. Les noms de ces bienfaiteurs du genre humain sont presque tous inconnus, tandis que l'histoire de ses destructeurs, c'est-à-dire, des conquérants, n'est ignorée de personne. Cependant c'est peut-être chez les Artisans qu'il faut aller chercher les preuves les plus admirables de la sagacité de l'esprit, de sa patience & de ses ressources. J'avoue que la plupart des Arts n'ont été inventés que peu-à-peu; & qu'il a fallu une assez longue suite de siècles pour porter les montres, par exemple, au point de perfection où nous les voyons. Mais n'en est-il pas de même des Sciences? Combien de découvertes qui ont immortalisé leurs auteurs, avaient été préparées par les travaux des siècles précédents, souvent même amenées à leur maturité, au point de ne demander plus qu'un pas à faire? Et pour ne point sortir de l'Horlogerie, pourquoi ceux à qui nous devons la fusée des montres, l'échappement & la répétition, ne sont-ils pas aussi estimés que ceux qui ont travaillé successivement à perfectionner l'Algèbre? D'ailleurs, si j'en crois quelques Philosophes que le mépris qu'on a pour les Arts n'a point empêché de les étudier, il est certaines machines si compliquées, & dont toutes les

do que poderiam tê-los arrastado o gosto e o gênio, tornou-se em seguida uma razão para desprezá-los, de tal forma que prejudica tudo o que a acompanha. Quanto às operações livres do espírito, elas foram o quinhão dos que se julgaram, nesse ponto, os mais favorecidos pela natureza. Todavia, a vantagem das artes liberais sobre as artes mecânicas, pelo trabalho que as primeiras exigem do espírito e pela dificuldade de nelas se distinguir, é suficientemente compensada pela utilidade superior que as últimas, em sua maioria, nos trazem. É exatamente essa utilidade que forçou a reduzi-las a operações puramente mecânicas, para facilitar o acesso à sua prática a um maior número de homens. E a sociedade, que justamente venera os grandes gênios que a iluminam, não deve aviltar as mãos que a servem. A descoberta da bússola não é menos vantajosa para o gênero humano do que seria para a Física a explicação das propriedades da sua agulha. Enfim, considerando-se em si mesmo o princípio de distinção a que nos referimos, quantos pretensos sábios não há, cuja ciência não é propriamente senão uma arte mecânica? E que diferença real haveria entre uma cabeça cheia de fatos desordenados, inúteis e desconexos, e o instinto de um artesão, reduzido à execução maquinal?

O desprezo pelas artes mecânicas parece ter afetado, em certos casos, seus próprios inventores. Os nomes desses benfeitores do gênero humano são quase todos desconhecidos, enquanto a história de seus destruidores, isto é, dos conquistadores, não é ignorada por ninguém. Mas é talvez entre os artesãos que se deve procurar pelas provas mais admiráveis da sagacidade do espírito, de sua paciência e de seus recursos. Reconheço que a maioria das artes só foi inventada pouco a pouco, e que foi necessária uma longa sequência de séculos para levar os relógios, por exemplo, ao ponto de perfeição em que os encontramos. Mas e com as ciências, não se dá o mesmo? Quantas descobertas que imortalizaram seus autores não foram preparadas pelos trabalhos dos séculos precedentes, com frequência até mesmo trazidas à sua maturidade, a ponto de exigirem apenas que se desse um último passo? Para não irmos além da relojoaria, por que os homens a quem devemos o fuso dos relógios, o escapo e a repetição não são tão estimados quanto os que trabalharam sucessivamente para aperfeiçoar a Álgebra? Aliás, se devo crer, conforme alguns filósofos, que o desprezo que se tem pelas artes não impediu de estudá-las, há certas máquinas tão complicadas, cujas

parties dépendent tellement l'une de l'autre, qu'il est difficile que l'invention en soit due à plus d'un seul homme. Ce génie rare dont le nom est enseveli dans l'oubli, n'eût-il pas été bien digne d'être placé à côté du petit nombre d'esprits créateurs, qui nous ont ouvert dans les Sciences des routes nouvelles?

Parmi les Arts libéraux qu'on a réduits à des principes, ceux qui se proposent l'imitation de la Nature, ont été appelés beaux Arts, parce qu'ils ont principalement l'agrément pour objet. Mais ce n'est pas la seule chose qui les distingue des Arts libéraux plus nécessaires ou plus utiles, comme la Grammaire, la Logique & la Morale. Ces derniers ont des règles fixes & arrêtées, que tout homme peut transmettre à un autre: au lieu que la pratique des beaux Arts consiste principalement dans une invention qui ne prend guère ses lois que du génie; les règles qu'on a écrites sur ces Arts n'en sont proprement que la partie mécanique; elles produisent à-peu-près l'effet du Télescope, elles n'aident que ceux qui voient. **[xiv]**

Il résulte de tout ce que nous avons dit jusqu'ici, que les différentes manières dont notre esprit opère sur les objets, & les différents usages qu'il tire de ces objets même, sont le premier moyen qui se présente à nous pour discerner en général nos connaissances les unes des autres. Tout s'y rapporte à nos besoins, soit de nécessité absolue, soit de convenance & d'agrément, soit même d'usage & de caprice. Plus les besoins sont éloignés ou difficiles à satisfaire, plus les connaissances destinées à cette fin sont lentes à paraître. Quels progrès la Médecine n'aurait-elle pas fait aux dépens des Sciences de pure spéculation, si elle était aussi certaine que la Géométrie? Mais il est encore d'autres caractères très marqués dans la manière dont nos connaissances nous affectent, & dans les différents jugements que notre âme porte de ses idées. Ces jugements sont désignés par les mots d'évidence, de certitude, de probabilité, de sentiment & de goût.

L'évidence appartient proprement aux idées dont l'esprit aperçoit la liaison tout d'un coup; la certitude à celles dont la liaison ne peut être connue que par le secours d'un certain nombre d'idées intermédiaires, ou, ce qui est la même chose, aux propositions dont l'identité avec un principe évident par lui-même, ne peut être découverte que par un circuit plus ou moins long; d'où il s'ensuivrait que selon la nature des esprits, ce qui est évident pour l'un ne serait quelquefois que certain pour un autre. On pourrait encore

partes dependem de tal forma uma da outra, que é difícil que sua invenção não se deva a mais de um homem. O gênio raro cujo nome está enterrado no esquecimento não seria digno de ser posto ao lado do pequeno número de espíritos criadores que nos abriram novos caminhos nas ciências?

Entre as artes liberais que foram reduzidas a princípios, as que se propõem à imitação da natureza foram chamadas belas-artes porque têm principalmente o prazer como objeto. Mas não é a única coisa que as distingue das artes liberais mais necessárias ou mais úteis, como a Gramática, a Lógica e a Moral. Estas possuem regras fixas e estabelecidas, que qualquer homem pode transmitir a outro, enquanto a prática das belas-artes consiste principalmente numa invenção que toma suas leis quase que exclusivamente ao gênio. As regras que se escreveram sobre as artes são, propriamente dizendo, apenas sua parte mecânica, e produzem um efeito similar ao do telescópio, só ajudam os que veem. **[xiv]**

De tudo o que dissemos até agora, resulta que as diferentes maneiras pelas quais o nosso espírito opera sobre os objetos e os diferentes usos que extrai desses mesmos objetos são o primeiro meio que se nos apresenta para diferenciar, em geral, nossos conhecimentos entre si. Neles, tudo se refere a nossas necessidades, seja estrita, seja de conveniência ou de prazer, ou mesmo de uso e capricho. Mais as necessidades são remotas ou difíceis de satisfazer, mais lentamente surgem os conhecimentos destinados a esse fim. Quantos progressos a Medicina não teria feito, às expensas das ciências de pura especulação, se fosse tão exata quanto a Geometria? Mas há ainda outros caracteres, bem demarcados, na maneira pela qual nossos conhecimentos nos afetam e nos diferentes julgamentos que nossa alma traz de suas ideias. Tais julgamentos são designados pelas palavras *evidência*, *certeza*, *probabilidade*, *sentimento* e *gosto*.

A evidência pertence propriamente às ideias cuja ligação o espírito percebe imediatamente; a certeza, àquelas cuja ligação só pode ser conhecida com o auxílio de um certo número de ideias intermediárias ou, o que é a mesma coisa, às proposições cuja identidade com um princípio evidente por si mesmo somente pode ser descoberta por um circuito mais ou menos extenso, do que resulta que, segundo a natureza dos espíritos, o que é evidente para um é por vezes apenas certo para outro. Poder-se-ia ainda

dire, en prenant les mots d'évidence & de certitude dans un autre sens, que la première est le résultat des opérations seules de l'esprit, & se rapporte aux spéculations métaphysiques & mathématiques; & que la seconde est plus propre aux objets physiques, dont la connaissance est le fruit du rapport constant & invariable de nos sens. La probabilité a principalement lieu pour les faits historiques, & en général pour tous les événements passés, présents & à venir, que nous attribuons à une sorte de hasard, parce que nous n'en démêlons pas les causes. La partie de cette connaissance qui a pour objet le présent & le passé, quoiqu'elle ne soit fondée que sur le simple témoignage, produit souvent en nous une persuasion aussi forte que celle qui naît des axiomes. Le sentiment est de deux sortes, l'un destiné aux vérités de morale, s'appelle conscience; c'est une suite de la loi naturelle & de l'idée que nous avons du bien & du mal; & on pourrait le nommer évidence du cœur, parce que tout différent qu'il est de l'évidence de l'esprit attachée aux vérités spéculatives, il nous subjugue avec le même empire. L'autre espèce de sentiment est particulièrement affecté à l'imitation de la belle Nature, & à ce qu'on appelle beautés d'expression. Il saisit avec transport les beautés sublimes & frappantes, démêle avec finesse les beautés cachées, & proscrit ce qui n'en a que l'apparence. Souvent même il prononce des arrêts sévères sans se donner la peine d'en détailler les motifs, parce que ces motifs dépendent d'une foule d'idées difficiles à développer sur le champ, & plus encore à transmettre aux autres. C'est à cette espèce de sentiment que nous devons le goût & le génie, distingués l'un de l'autre en ce que le génie est le sentiment qui crée, & le goût, le sentiment qui juge.

Après le détail où nous sommes entrés sur les différentes parties de nos connaissances, & sur les caractères qui les distinguent, il ne nous reste plus qu'à former un Arbre généalogique ou encyclopédique qui les rassemble sous un même point de vue, & qui serve à marquer leur origine & les liaisons qu'elles ont entre elles. Nous expliquerons dans un moment l'usage que nous prétendons faire de cet arbre. Mais l'exécution n'en est pas sans difficulté. Quoique l'histoire philosophique que nous venons de donner de l'origine de nos idées, soit fort utile pour faciliter un pareil travail, il ne faut pas croire que l'arbre encyclopédique doive ni puisse même être servilement assujetti à cette histoire. Le système général des Sciences & des Arts est une espèce de labyrinthe, de

dizer, tomando as palavras *evidência* e *certeza* em outro sentido, que a primeira é o resultado das operações do espírito e refere-se às especulações metafísicas e matemáticas, e a segunda é mais apropriada aos objetos físicos, cujo conhecimento é fruto da relação constante e invariável de nossos sentidos. Existe probabilidade, sobretudo, nos fatos históricos e em geral para todos os acontecimentos, passados, presentes e futuros, que atribuímos a uma espécie de acaso, porque não distinguimos suas causas. A parte desse conhecimento que tem por objeto o presente e o passado, embora esteja baseada apenas no simples testemunho, produz frequentemente em nós uma persuasão tão forte quanto a que nasce dos axiomas. O sentimento é de duas espécies. A primeira, destinada às verdades de moral, chama-se consciência, é uma consequência da lei natural e da ideia que temos do bem e do mal, e poderíamos chamá-la evidência do coração, pois mesmo sendo completamente diferente da evidência do espírito ligada às verdades especulativas, impõe-nos o mesmo domínio. A outra espécie de sentimento diz respeito mais particularmente à bela natureza e ao que chamamos de belezas de expressão. Apreende com arrebatamento as belezas sublimes e impressionantes, identifica com finura as belezas escondidas e proscreve as aparentes. Com frequência pronuncia sentenças severas sem dar-se ao trabalho de especificar seus motivos, pois estes dependem de um grande número de ideias difíceis de desenvolver imediatamente e mais ainda de transmitir aos outros. A essa espécie de sentimento devemos o gosto e o gênio, que se diferenciam pelo fato de ser o gênio o sentimento que cria, e o gosto o sentimento que julga.

Após a explicação que demos das diferentes partes de nossos conhecimentos e dos caracteres que os distinguem, resta-nos apenas formar uma árvore genealógica ou enciclopédica que as reúna a partir de um mesmo ponto de vista e sirva para marcar sua origem e as ligações que têm entre si. Explicaremos dentro em pouco o uso que pretendemos fazer dessa árvore. Mas sua execução não deixa de apresentar dificuldades. Embora a história filosófica que acabamos de fornecer da origem de nossas ideias seja muito útil para facilitar tal trabalho, não se deve crer que a árvore enciclopédica deva, nem mesmo possa, ser servilmente submetida a essa história. O sistema geral das ciências e das artes é uma espécie de labirinto ou de

chemin tortueux où l'esprit s'engage sans trop connaître la route qu'il doit tenir. Pressé par ses besoins, & par ceux du corps auquel il est uni, il étudie d'abord les premiers objets qui se présentent à lui; pénètre le plus avant qu'il peut dans la connaissance de ces objets; rencontre bientôt des difficultés qui l'arrêtent, & soit par l'espérance ou même par le désespoir de les vaincre, se jette dans une nouvelle route; revient ensuite sur ses pas; franchit quelquefois les premières barrières pour en rencontrer de nouvelles; & passant rapidement d'un objet à un autre, fait sur chacun de ces objets à différents intervalles & comme par secousses, une suite d'opérations dont la génération même de ses idées rend la discontinuité nécessaire. Mais ce désordre, tout philosophique qu'il est de la part de l'âme, défigurerait, ou plutôt anéantirait entièrement un Arbre encyclopédique dans lequel on voudrait le représenter.

D'ailleurs, comme nous l'avons déjà fait sentir au sujet de la Logique, la plupart des Sciences qu'on regarde comme renfermant les principes de toutes les autres, & qui doivent par cette raison occuper les premières places dans l'ordre encyclopédique, n'observent pas le même rang dans l'ordre généalogique des idées, parce qu'elles n'ont pas été inventées les premières. En effet, notre étude primitive a dû être celle des individus; ce n'est qu'après avoir considéré leurs propriétés particulières & palpables, que nous avons par **[xv]** abstraction de notre esprit, envisagé leurs propriétés générales & communes, & formé la Métaphysique & la Géométrie; ce n'est qu'après un long usage des premiers signes, que nous avons perfectionné l'art de ces signes au point d'en faire une Science; ce n'est enfin qu'après une longue suite d'opérations sur les objets de nos idées, que nous avons par la réflexion donnée des règles à ces opérations même.

Enfin le système de nos connaissances est composé de différentes branches, dont plusieurs ont un même point de réunion; & comme en partant de ce point il n'est pas possible de s'engager à la fois dans toutes les routes, c'est la nature des différents esprits qui détermine le choix. Aussi est-il assez rare qu'un même esprit en parcoure à la fois un grand nombre. Dans l'étude de la Nature les hommes se sont d'abord appliqués tous, comme de concert, à satisfaire les besoins les plus pressants; mais quand ils en sont venus aux connaissances moins absolument nécessaires, ils ont dû se les partager, & y avancer chacun de son côté à-peu-près d'un pas égal. Ainsi plusieurs Sciences

caminho tortuoso, em que o espírito se enreda sem conhecer muito bem a trilha que deve seguir. Instado por suas necessidades e pelas do corpo a que está unido, começa por estudar os primeiros objetos que se lhe apresentam, penetra o mais profundamente possível no conhecimento deles, encontra breve dificuldades que o detêm, e, seja pela esperança ou mesmo pelo desespero de vencê-las, lança-se numa nova estrada. Em seguida volta atrás, ultrapassa às vezes as primeiras barreiras para encontrar outras e, passando rapidamente de um objeto a outro, realiza sobre cada um desses objetos, em diferentes intervalos e como que por impulsões, uma série de operações das quais a própria geração de suas ideias torna a descontinuidade necessária. Mas tal desordem, por filosófica que seja por parte da alma, desfiguraria ou antes aniquilaria inteiramente uma árvore enciclopédica pela qual quiséssemos representá-la.

Aliás, como já mostramos a respeito da Lógica, a maioria das ciências que consideramos estar compreendidas no princípio das demais e que devem, por essa razão, ocupar os primeiros lugares na ordem enciclopédica, não observam a mesma posição na ordem genealógica das ideias, pois não foram as primeiras a ser inventadas. De fato, nosso estudo primitivo foi forçosamente o dos indivíduos, e somente após termos considerado suas propriedades particulares e palpáveis é que, pela [xv] abstração de nosso espírito, contemplamos suas propriedades gerais e comuns e formamos a Metafísica e a Geometria. Somente após um longo uso dos primeiros signos é que aperfeiçoamos a arte desses signos a ponto de torná-la uma ciência. Por fim, após uma longa série de operações sobre os objetos de nossas ideias é que, através da reflexão, criamos regras para essas operações.

Em suma, o sistema de nossos conhecimentos é composto de diferentes ramos, vários dos quais têm um ponto de reunião comum. E como, partindo-se desse ponto, não é possível se enredar ao mesmo tempo em todas as estradas, o que determina a escolha é a natureza diferente natureza de cada espírito. Por isso, é muito raro que um mesmo espírito percorra ao mesmo tempo um grande número delas. No estudo da natureza, os homens esforçaram-se, a princípio, como que de comum acordo, para satisfazer as necessidades mais prementes; mas quando chegaram aos conhecimentos menos necessários, tiveram de partilhá-los e avançar cada um por seu lado com passos mais ou menos iguais. E com isso várias ciências

ont été, pour ainsi dire, contemporaines; mais dans l'ordre historique des progrès de l'esprit, on ne peut les embrasser que successivement.

Il n'en est pas de même de l'ordre encyclopédique de nos connaissances. Ce dernier consiste à les rassembler dans le plus petit espace possible, & à placer, pour ainsi dire, le Philosophe au-dessus de ce vaste labyrinthe dans un point de vue fort élevé d'où il puisse apercevoir à la fois les Sciences & les Arts principaux; voir d'un coup d'œil les objets de ses spéculations, & les opérations qu'il peut faire sur ces objets; distinguer les branches générales des connaissances humaines, les points qui les séparent ou qui les unissent; & entrevoir même quelquefois les routes secrètes qui les rapprochent. C'est une espèce de Mappemonde qui doit montrer les principaux pays, leur position & leur dépendance mutuelle, le chemin en ligne droite qu'il y a de l'un à l'autre; chemin souvent coupé par mille obstacles, qui ne peuvent être connus dans chaque pays que des habitants ou des voyageurs, & qui ne sauraient être montrés que dans des cartes particulières fort détaillées. Ces cartes particulières seront les différents articles de notre Encyclopédie, & l'arbre ou système figuré en sera la mappemonde.

Mais comme dans les cartes générales du globe que nous habitons, les objets sont plus ou moins rapprochés, & présentent un coup d'œil différent selon le point de vue où l'œil est placé par le Géographe qui construit la carte, de même la forme de l'arbre encyclopédique dépendra du point de vue où l'on se mettra pour envisager l'univers littéraire. On peut donc imaginer autant de systèmes différents de la connaissance humaine, que de Mappemondes de différentes projections; & chacun de ces systèmes pourra même avoir, à l'exclusion des autres, quelque avantage particulier. Il n'est guère de Savants qui ne placent volontiers au centre de toutes les Sciences celle dont ils s'occupent, à peu près comme les premiers hommes se plaçaient au centre du monde, persuadés que l'Univers était fait pour eux. La prétention de plusieurs de ces Savants, envisagée d'un œil philosophique, trouverait peut-être, même hors de l'amour propre, d'assez bonnes raisons pour se justifier.

Quoi qu'il en soit, celui de tous les arbres encyclopédiques qui offrirait le plus grand nombre de liaisons & de rapports entre les Sciences, mériterait sans doute d'être préféré. Mais peut-on se flatter de le saisir? La Nature,

foram, por assim dizer, contemporâneas; mas, na ordem histórica do progresso do espírito, não podemos abarcá-las senão sucessivamente.

O mesmo não acontece com a ordem enciclopédica de nossos conhecimentos. Esta consiste em reuni-los no menor espaço possível e em, por assim dizer, posicionar o filósofo acima do vasto labirinto, num ponto de vista suficientemente elevado para que ele possa perceber ao mesmo tempo as ciências e as artes principais, ver, num relance, os objetos de suas especulações e as operações que pode realizar sobre eles, distinguir os ramos gerais dos conhecimentos humanos, os pontos que os separam ou que os unem, e mesmo entrever, por vezes, os caminhos secretos que os interconectam. É uma espécie de mapa-múndi, que deve mostrar os principais países, sua posição e sua dependência mútua, o caminho em linha reta entre um e outro, frequentemente entrecortado por mil obstáculos que, em cada país, só podem ser conhecidos pelos habitantes ou pelos viajantes, e que só os mapas mais detalhados poderiam indicar. Tais mapas particulares são os diferentes verbetes de nossa *Enciclopédia*; a árvore, ou seu sistema figurado, é o seu mapa-múndi.

Mas assim como nos mapas gerais do globo que habitamos os objetos estão mais ou menos próximos e apresentam um aspecto diferente segundo o ponto de vista em que o olhar é posicionado pelo geógrafo que traça o mapa, do mesmo modo a forma da árvore enciclopédica dependerá do ponto de vista em que nos colocarmos para encarar o universo literário. Podemos, portanto, imaginar tantos sistemas diferentes do conhecimento humano quantos forem os mapas-múndi de diferentes projeções, e cada um desses sistemas poderá mesmo ter, à exclusão dos outros, alguma vantagem particular. Raros são os sábios que não situam, de bom grado, no centro de todas as ciências, aquela de que se ocupam, um pouco como os primeiros homens situavam-se no centro do mundo, persuadidos de que o Universo havia sido feito para eles. A pretensão de vários desses sábios, vista com um olhar filosófico, encontraria talvez, mesmo excetuando o amor-próprio, razões suficientemente boas para ser justificada.

Seja como for, de todas as árvores enciclopédicas, a que oferecesse o maior número de conexões e relações entre as ciências mereceria, sem dúvida, a preferência. Mas poderíamos ter a pretensão de apreendê-la? A natureza,

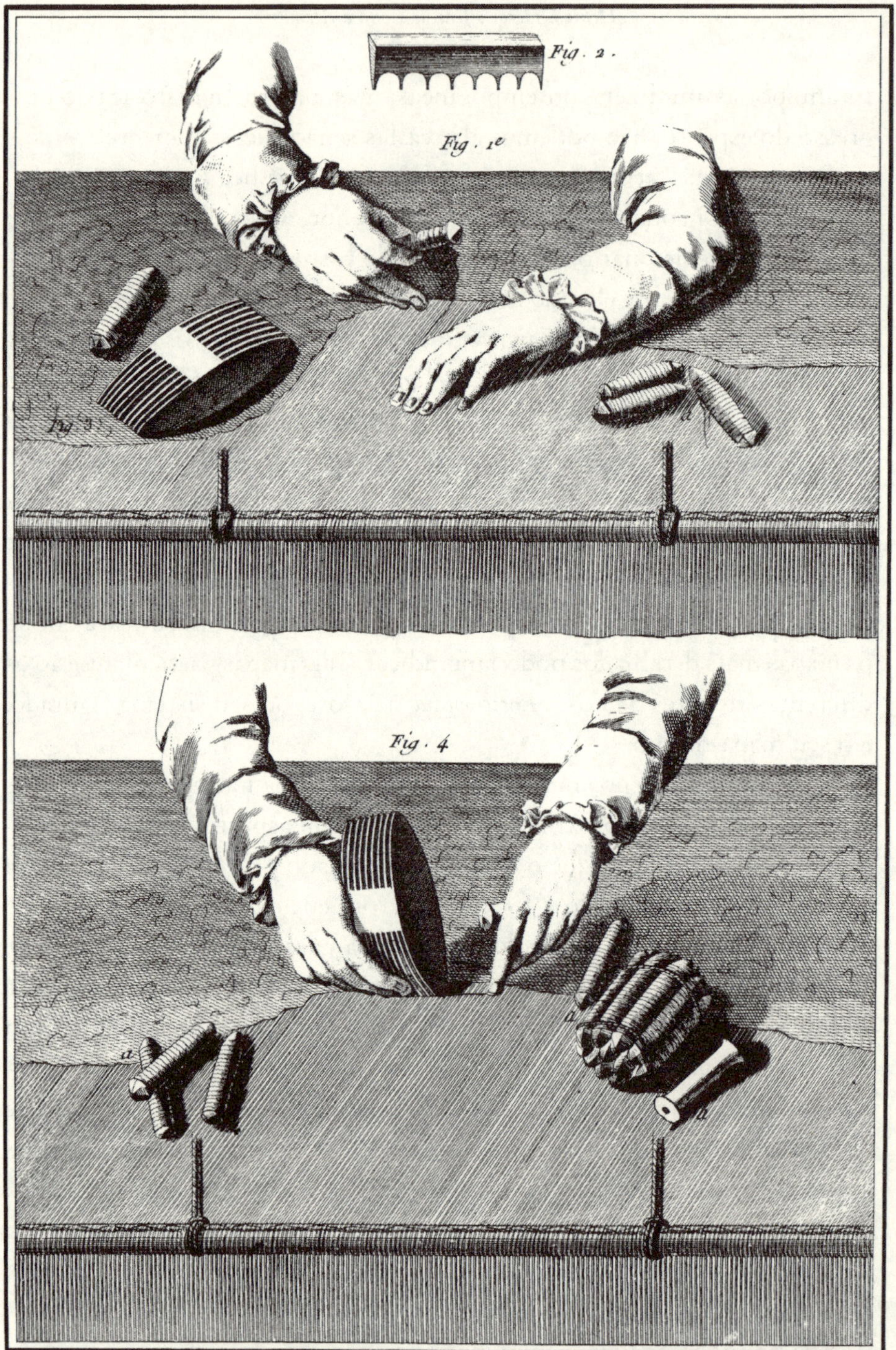

Tapeçaria de urdidura baixa de gobelino. Operação de apertar com a unha três fios de cor para obter o nuançado e operação de acabar de apertar a obra com o pente.

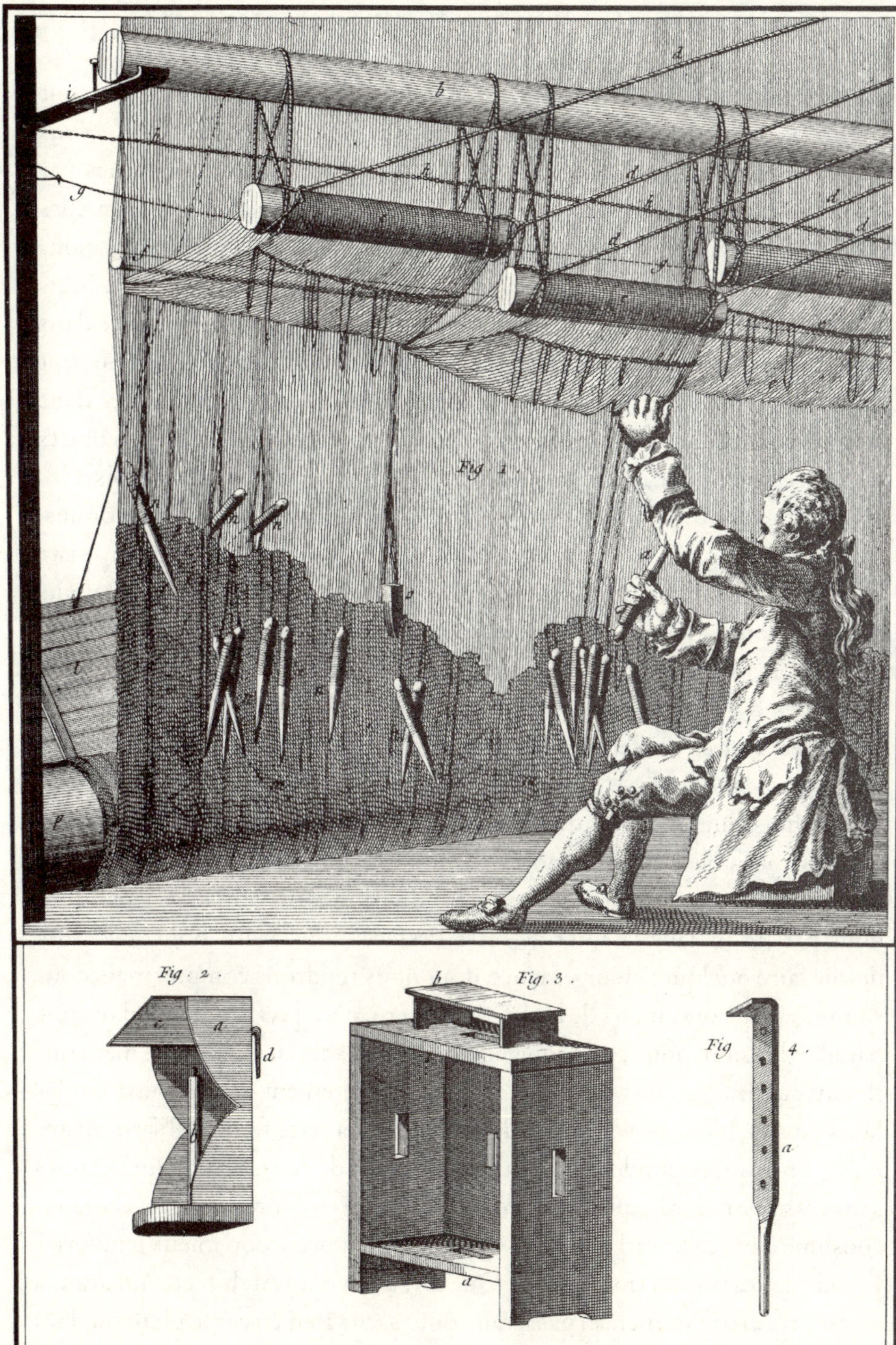

Radel Del. Bonard Fecit.

Tapisserie de Haute Lisse des Gobelins

Attitude de l'Ouvrier pour commencer l'Ouvrage.

Tapeçaria de urdidura alta de gobelino. Posição do artesão para começar a obra.

nous ne saurions trop le répéter, n'est composée que d'individus qui sont l'objet primitif de nos sensations & de nos perceptions directes. Nous remarquons à la vérité dans ces individus, des propriétés communes par lesquelles nous les comparons, & des propriétés dissemblables par lesquelles nous les discernons; & ces propriétés désignées par des noms abstraits, nous ont conduit à former différentes classes où ces objets ont été placés. Mais souvent tel objet qui par une ou plusieurs de ses propriétés a été placé dans une classe, tient à une autre classe par d'autres propriétés, & aurait pu tout aussi bien y avoir sa place. Il reste donc nécessairement de l'arbitraire dans la division générale. L'arrangement le plus naturel serait celui où les objets se succéderaient par les nuances insensibles qui servent tout à la fois à les séparer & à les unir. Mais le petit nombre d'êtres qui nous sont connus, ne nous permet pas de marquer ces nuances. L'Univers n'est qu'un vaste Océan, sur la surface duquel nous apercevons quelques îles plus ou moins grandes, dont la liaison avec le continent nous est cachée.

On pourrait former l'arbre de nos connaissances en les divisant, soit en naturelles & en révélées, soit en utiles & agréables, soit en spéculatives & pratiques, soit en évidentes, certaines, probables & sensibles, soit en connaissances des choses & connaissances des signes, & ainsi à l'infini. Nous avons choisi une division qui nous a paru satisfaire tout à la fois le plus qu'il est possible à l'ordre encyclopédique de nos connaissances & à leur ordre généalogique. Nous devons cette division à un Auteur célèbre dont nous parlerons dans la suite de cette Préface: nous avons pourtant cru y devoir faire quelques changements, dont nous rendrons compte; mais nous sommes trop convaincus de l'arbitraire qui régnera **[xvi]** toujours dans une pareille division, pour croire que notre système soit l'unique ou le meilleur; il nous suffira que notre travail ne soit pas entièrement désapprouvé par les bons esprits. Nous ne voulons point ressembler à cette foule de Naturalistes qu'un Philosophe moderne a eu tant de raison de censurer; & qui occupés sans cesse à diviser les productions de la Nature en genres & en espèces, ont consumé dans ce travail un temps qu'ils auraient beaucoup mieux employé à l'étude de ces productions même. Que dirait-on d'un Architecte qui ayant à élever un édifice immense, passerait toute sa vie à en tracer le plan; ou d'un Curieux qui se proposant de parcourir un vaste palais, emploierait tout son temps à en observer l'entrée?

nunca é demais repetir, é composta somente de indivíduos que são o objeto primitivo de nossas sensações e de nossas percepções diretas. Na verdade, observamos nesses indivíduos propriedades comuns, através das quais os comparamos, e propriedades diferentes, através das quais os distinguimos; e essas propriedades, designadas por nomes abstratos, levaram-nos a formar diferentes classes em que tais objetos foram colocados. Mas muitas vezes tal objeto que, por uma ou várias de suas propriedades, foi colocado numa classe, pertence a outra classe, por outras propriedades, e poderia perfeitamente ter nela seu lugar. Há portanto, necessariamente, certa arbitrariedade na divisão geral. A disposição mais natural seria aquela em que os objetos se sucedessem pelas nuanças insensíveis que servem ao mesmo tempo para separá-los e uni-los. Mas o pequeno número de seres que conhecemos não nos permite assinalar tais nuanças. O Universo é um vasto oceano, em cuja superfície percebemos algumas ilhas, maiores ou menores, cuja ligação com o continente é indiscernível para nós.

Poder-se-ia formar a árvore de nossos conhecimentos dividindo-os em naturais ou revelados, em úteis ou agradáveis, em especulativos ou práticos, em evidentes, certos, prováveis ou sensíveis, em conhecimentos das coisas e conhecimentos dos signos, e assim por diante, ao infinito. Escolhemos uma divisão que nos pareceu satisfazer, ao mesmo tempo e o mais possível, à ordem enciclopédica de nossos conhecimentos e à sua ordem genealógica. Devemos essa divisão a um autor célebre, do qual falaremos na sequência deste prefácio. Pensamos, contudo, que caberia introduzir nela algumas modificações, que justificaremos; mas estamos convencidos da arbitrariedade que inevitavelmente há de reinar [**xvi**] numa tal divisão, e por isso não cremos que nosso sistema seja o único ou o melhor. Bastar-nos-á que nosso trabalho não seja inteiramente desaprovado pelos espíritos favoráveis a eles. Não queremos, de modo nenhum, assemelhar-nos a essa multidão de naturalistas que um filósofo moderno teve tanta razão em censurar e que, ocupados continuamente em dividir os produtos da natureza em gêneros e em espécies, consumiram nesse trabalho um tempo que teriam empregado muito melhor no estudo desses mesmos produtos. Que diriam eles de um arquiteto que, tendo de construir um edifício imenso, passasse toda a vida traçando seu plano, ou de um curioso que, propondo-se percorrer um vasto palácio, empregasse todo o seu tempo observando a entrada?

Les objets dont notre âme s'occupe, sont ou spirituels ou matériels, & notre âme s'occupe de ces objets ou par des idées directes ou par des idées réfléchies. Le système des connaissances directes ne peut consister que dans la collection purement passive & comme machinale de ces mêmes connaissances; c'est ce qu'on appelle mémoire. La réflexion est de deux sortes, nous l'avons déjà observé; ou elle raisonne sur les objets des idées directes, ou elle les imite. Ainsi la mémoire, la raison proprement dite, & l'imagination, sont les trois manières différentes dont notre âme opère sur les objets de ses pensées. Nous ne prenons point ici l'imagination pour la faculté qu'on a de se représenter les objets; parce que cette faculté n'est autre chose que la mémoire même des objets sensibles, mémoire qui serait dans un continuel exercice, si elle n'était soulagée par l'invention des signes. Nous prenons l'imagination dans un sens plus noble & plus précis, pour le talent de créer en imitant.

Ces trois facultés forment d'abord les trois divisions générales de notre système, & les trois objets généraux des connaissances humaines; l'Histoire, qui se rapporte à la mémoire; la Philosophie, qui est le fruit de la raison; & les Beaux-arts, que l'imagination fait naître. Si nous plaçons la raison avant l'imagination, cet ordre nous paraît bien fondé, & conforme au progrès naturel des opérations de l'esprit: l'imagination est une faculté créatrice, & l'esprit, avant de songer à créer, commence par raisonner sur ce qu'il voit, & ce qu'il connaît. Un autre motif qui doit déterminer à placer la raison avant l'imagination, c'est que dans cette dernière faculté de l'âme, les deux autres se trouvent réunies jusqu'à un certain point, & que la raison s'y joint à la mémoire. L'esprit ne crée & n'imagine des objets qu'en tant qu'ils sont semblables à ceux qu'il a connus par des idées directes & par des sensations; plus il s'éloigne de ces objets, plus les êtres qu'il forme sont bizarres & peu agréables. Ainsi dans l'imitation de la Nature, l'invention même est assujettie à certaines règles; & ce sont ces règles qui forment principalement la partie philosophique des Beaux-arts, jusqu'à présent assez imparfaite, parce qu'elle ne peut être l'ouvrage que du génie, & que le génie aime mieux créer que discuter.

Enfin, si on examine les progrès de la raison dans ses opérations successives, on se convaincra encore qu'elle doit précéder l'imagination dans l'ordre de nos facultés, puisque la raison, par les dernières opérations qu'elle fait sur les objets, conduit en quelque sorte à l'imagination: car ces opérations ne consistent qu'à créer, pour ainsi dire, des êtres généraux,

Os objetos de que nossa alma se ocupa são espirituais ou materiais, e ela ocupa-se deles através de ideias diretas ou de ideias refletidas. O sistema dos conhecimentos diretos não pode consistir senão da coleção puramente passiva e maquinal desses conhecimentos; é o que se chama memória. A reflexão é de duas espécies, como já observamos: ou raciocina sobre os objetos das ideias diretas ou os imita. Assim, a memória, a razão propriamente dita e a imaginação são as três diferentes maneiras pelas quais nossa alma opera sobre os objetos de seus pensamentos. Não consideramos aqui a imaginação como a faculdade que possuímos de nos representar os objetos, porque essa faculdade outra coisa não é do que a própria memória dos objetos sensíveis, memória que estaria num exercício contínuo, se não fosse aliviada pela invenção dos signos. Tomamos a imaginação num sentido mais nobre e mais preciso, como o talento de criar, imitando.

Essas três faculdades formam, em primeiro lugar, as três divisões gerais de nosso sistema e os três objetos gerais dos conhecimentos humanos: a História, que se refere à memória; a Filosofia, que é o fruto da razão; e as belas-artes, que a imaginação dá à luz. Essa ordem, com a razão antes da imaginação, parece-nos bem fundamentada e conforme ao progresso natural das operações do espírito: a imaginação é uma faculdade criadora, e o espírito, antes de pensar em criar, começa por raciocinar sobre o que vê e o que conhece. Outro motivo que deve determinar a colocação da razão antes da imaginação é que nesta última faculdade da alma as duas outras se acham até certo ponto reunidas, e a razão se une à memória. O espírito só cria e imagina objetos enquanto forem semelhantes aos que ele conheceu através das ideias diretas e das sensações; mais ele se afasta desses objetos, mais os seres que forma são bizarros e pouco agradáveis. Assim, na imitação da natureza, a própria invenção está sujeita a certas regras, e são essas regras que formam principalmente a parte filosófica das belas-artes, até agora bastante imperfeita, pois só pode ser obra do gênio, e o gênio prefere criar a discutir.

Por fim, se examinarmos os progressos da razão em suas operações sucessivas, convencer-nos-emos ainda de que ela deve preceder a imaginação na ordem de nossas faculdades, visto que a razão, através das últimas operações que realiza nos objetos, conduz, de alguma maneira, à imaginação, na medida em que tais operações consistem apenas em criar, por assim dizer, seres gerais,

qui séparés de leur sujet par abstraction, ne sont plus du ressort immédiat de nos sens. Aussi la Métaphysique & la Géométrie sont de toutes les Sciences qui appartiennent à la raison, celles où l'imagination a le plus de part. J'en demande pardon à nos beaux esprits détracteurs de la Géométrie; ils ne se croyaient pas sans doute si près d'elle, & il n'y a peut-être que la Métaphysique qui les en sépare. L'imagination dans un Géomètre qui crée, n'agit pas moins que dans un Poète qui invente. Il est vrai qu'ils opèrent différemment sur leur objet; le premier le dépouille & l'analyse, le second le compose & l'embellit. Il est encore vrai que cette manière différente d'opérer n'appartient qu'à différentes sortes d'esprits; & c'est pour cela que les talents du grand Géomètre & du grand Poète ne se trouveront peut-être jamais ensemble. Mais soit qu'ils s'excluent ou ne s'excluent pas l'un l'autre, ils ne sont nullement en droit de se mépriser réciproquement. De tous les grands hommes de l'antiquité, Archimède est peut-être celui qui mérite le plus d'être placé à côté d'Homère. J'espère qu'on pardonnera cette digression à un Géomètre qui aime son art, mais qu'on n'accusera point d'en être admirateur outré, & je reviens à mon sujet.

La distribution générale des êtres en spirituels & en matériels fournit la sous-division des trois branches générales. L'Histoire & la Philosophie s'occupent également de ces deux espèces d'êtres, & l'imagination ne travaille que d'après les êtres purement matériels; nouvelle raison pour la placer la dernière dans l'ordre de nos facultés. À la tête des êtres spirituels est Dieu, qui doit tenir le premier rang par sa nature, & par le besoin que nous avons de le connaître. Au-dessous de cet Être suprême sont les esprits créés, dont la révélation nous apprend l'existence. Ensuite vient l'homme, qui composé de deux principes, tient par son âme aux esprits, & par son corps au monde matériel; & enfin ce vaste Univers que nous appelons le Monde corporel ou la Nature. Nous ignorons pourquoi l'Auteur célèbre qui [**xvii**] nous sert de guide dans cette distribution, a placé la nature avant l'homme dans son système; il semble au contraire que tout engage à placer l'homme sur le passage qui sépare Dieu & les esprits d'avec les corps.

L'Histoire en tant qu'elle se rapporte à Dieu, renferme ou la révélation ou la tradition, & se divise sous ces deux points de vue, en histoire sacrée & en histoire ecclésiastique. L'histoire de l'homme a pour objet, ou ses actions, ou

que, separados de seu objeto pela abstração, não mais pertencem à alçada imediata de nossos sentidos. Por isso, a Metafísica e a Geometria são, de todas as ciências que pertencem à razão, aquelas em que a imaginação tem a maior parte. Peço perdão por isso aos nossos espíritos refinados, que depreciam a Geometria; sem dúvida, não julgam que ela estaria à sua altura, e talvez somente a Metafísica os separe dela. A imaginação, num geômetra que cria, não é menos atuante que num poeta que inventa. É verdade que operam diferentemente sobre seu objeto: o primeiro despoja-o e o analisa, o segundo o compõe e o embeleza. É verdade também que essas maneiras diferentes de operar só existem em diferentes tipos de espíritos, e é por isso que os talentos do grande geômetra e do grande poeta talvez nunca se encontrem juntos. Mas, excluam-se ou não reciprocamente, não têm o direito de se desprezar um ao outro. De todos os grandes homens da Antiguidade, Arquimedes é talvez o que mais mereça ser posto ao lado de Homero. Espero que se perdoe essa digressão a um geômetra que ama sua arte, mas que de forma alguma poderá ser acusado de admirá-la extravagantemente. Retorno com isso ao meu assunto.

A distribuição geral dos seres em espirituais e materiais fornece a subdivisão dos três ramos gerais da árvore enciclopédica. A História e a Filosofia ocupam-se igualmente dessas duas espécies de seres, e nelas a imaginação trabalha somente com seres puramente materiais; nova razão para inseri-la por último, na ordem de nossas faculdades. À frente dos seres espirituais está Deus, que deve ocupar o primeiro lugar por sua natureza e pela necessidade que temos de conhecê-lo. Abaixo do Ser supremo estão os espíritos criados, cuja existência nos é ensinada pela revelação; em seguida vem o homem, que, composto de dois princípios, participa, por sua alma, dos espíritos, e por seu corpo, do mundo material; por fim, vem o Universo que chamamos mundo corporal, ou natureza. Ignoramos por que o autor célebre que **[xvii]** nos serve de guia nesta divisão colocou a natureza antes do homem em seu sistema; parece, pelo contrário, que tudo leva a colocar o homem no hiato que separa dos corpos Deus e os espíritos.

A História, enquanto se refere a Deus, encerra ou a revelação ou a tradição e divide-se, desses dois pontos de vista, em história sagrada e história eclesiástica. A história do homem tem por objeto suas ações ou

ses connaissances; & elle est par conséquent civile ou littéraire, c'est-à-dire, se partage entre les grandes nations & les grands génies, entre les Rois & les Gens de Lettres, entre les Conquérants & les Philosophes. Enfin l'histoire de la Nature est celle des productions innombrables qu'on y observe, & forme une quantité de branches presque égale au nombre de ces diverses productions. Parmi ces différentes branches, doit être placée avec distinction l'histoire des Arts, qui n'est autre chose que l'histoire des usages que les hommes ont faits des productions de la nature, pour satisfaire à leurs besoins ou à leur curiosité.

Tels sont les objets principaux de la mémoire. Venons présentement à la faculté qui réfléchit & qui raisonne. Les êtres tant spirituels que matériels sur lesquels elle s'exerce, ayant quelques propriétés générales, comme l'existence, la possibilité, la durée; l'examen de ces propriétés forme d'abord cette branche de la Philosophie, dont toutes les autres empruntent en partie leurs principes: on la nomme l'Ontologie ou Science de l'Être, ou Métaphysique générale. Nous descendons de là aux différents êtres particuliers; & les divisions que fournit la Science de ces différents êtres, sont formées sur le même plan que celles de l'Histoire.

La Science de Dieu appelée Théologie a deux branches; la Théologie naturelle n'a de connaissance de Dieu que celle que produit la raison seule; connaissance qui n'est pas d'une fort grande étendue: la Théologie révélée tire de l'histoire sacrée une connaissance beaucoup plus parfaite de cet être. De cette même Théologie révélée, résulte la Science des esprits créés. Nous avons crû encore ici devoir nous écarter de notre Auteur. Il nous semble que la Science, considérée comme appartenante à la raison, ne doit point être divisée comme elle l'a été par lui en Théologie & en Philosophie; car la Théologie révélée n'est autre chose, que la raison appliquée aux faits révélés: on peut dire qu'elle tient à l'histoire par les dogmes qu'elle enseigne, & à la Philosophie, par les conséquences qu'elle tire de ces dogmes. Ainsi séparer la Théologie de la Philosophie, ce serait arracher du tronc un rejeton qui de lui-même y est uni. Il semble aussi que la Science des esprits appartient bien plus intimement à la Théologie révélée, qu'à la Théologie naturelle.

La première partie de la Science de l'homme est celle de l'âme; & cette Science a pour but, ou la connaissance spéculative de l'âme humaine, ou celle de ses opérations. La connaissance spéculative de l'âme dérive en partie de la

seus conhecimentos; e é, por conseguinte, civil ou literária, ou seja, refere-se às grandes nações e aos grandes gênios, aos reis e aos letrados, aos conquistadores e aos filósofos. Por fim, a história da natureza é história dos produtos inumeráveis que nela se observam e forma uma quantidade de ramos quase igual ao número desses diversos produtos. Entre esses diferentes ramos, deve ser colocada e mesmo salientada a história das artes, que é a história dos usos que os homens fizeram dos produtos da natureza para satisfazer suas necessidades ou sua curiosidade.

Tais são os principais objetos da memória. Passemos agora à faculdade que reflete e raciocina. Tanto os seres espirituais quanto os materiais, sobre os quais ela se exerce, têm algumas propriedades gerais, como a existência, a possibilidade, a duração, e o exame dessas propriedades forma, em primeiro lugar, o ramo da Filosofia, do qual todos os outros extraem em parte seus princípios; chama-se Ontologia ou Ciência do Ser ou Metafísica Geral. A partir dela descemos aos diferentes seres particulares, e as divisões desses diferentes seres, fornecidas pela ciência, são formadas sobre o mesmo plano daquelas da História.

A ciência de Deus, chamada Teologia, tem dois ramos. A Teologia natural tem como único conhecimento de Deus o que é fornecido apenas pela razão, conhecimento cuja extensão não é muito grande; a Teologia revelada extrai da história sagrada um conhecimento muito mais perfeito desse ser. Dessa mesma Teologia revelada resulta a ciência dos espíritos criados. Pensamos ainda que é preciso, neste ponto, afastarmo-nos de nosso autor. Parece-nos que a ciência, considerada como pertencente à razão, não deve ser dividida, como o foi por ele, em Teologia e em Filosofia, pois a Teologia revelada não é outra coisa senão a razão aplicada aos fatos revelados: pode-se dizer que ela depende da História pelos dogmas que ensina e da Filosofia pelas consequências que extrai desses dogmas. Assim, separar a Teologia da Filosofia seria arrancar do tronco um rebento que a ele se uniu espontaneamente. Parece também que a ciência dos espíritos pertence mais estritamente à Teologia revelada do que à Teologia natural.

A primeira parte da ciência do homem é a ciência da alma, e essa ciência tem por finalidade o conhecimento especulativo da alma humana ou o de suas operações. O conhecimento especulativo da alma deriva em parte da

Théologie naturelle, & en partie de la Théologie révélée, & s'appelle Pneumatologie ou Métaphysique particulière. La connaissance de ses opérations se subdivise en deux branches, ces opérations pouvant avoir pour objet, ou la découverte de la vérité, ou la pratique de la vertu. La découverte de la vérité, qui est le but de la Logique, produit l'art de la transmettre aux autres; ainsi l'usage que nous faisons de la Logique est en partie pour notre propre avantage, en partie pour celui des êtres semblables à nous; les règles de la Morale se rapportent moins à l'homme isolé, & le supposent nécessairement en société avec les autres hommes.

La Science de la nature n'est autre que celle des corps. Mais les corps ayant des propriétés générales qui leur sont communes, telles que l'impénétrabilité, la mobilité, & l'étendue, c'est encore par l'étude de ces propriétés, que la Science de la nature doit commencer: elles ont, pour ainsi dire, un côté purement intellectuel par lequel elles ouvrent un champ immense aux spéculations de l'esprit, & un côté matériel & sensible par lequel on peut les mesurer. La spéculation intellectuelle appartient à la Physique générale, qui n'est proprement que la Métaphysique des corps; & la mesure est l'objet des Mathématiques, dont les divisions s'étendent presque à l'infini.

Ces deux Sciences conduisent à la Physique particulière, qui étudie les corps en eux-mêmes, & qui n'a que les individus pour objet. Parmi les corps dont il nous importe de connaître les propriétés, le nôtre doit tenir le premier rang, & il est immédiatement suivi de ceux dont la connaissance est le plus nécessaire à notre conservation; d'où résultent l'Anatomie, l'Agriculture, la Médecine, & leurs différentes branches. Enfin tous les corps naturels soumis à notre examen produisent les autres parties innombrables de la Physique raisonnée.

La Peinture, la Sculpture, l'Architecture, la Poésie, la Musique, & leurs différentes divisions, composent la troisième distribution générale, qui naît de l'imagination, & dont les parties sont comprises sous le nom de Beaux-Arts. On pourrait aussi les renfermer sous le titre général de Peinture, puisque tous les Beaux-Arts se réduisent à peindre, & ne diffèrent que par les moyens qu'ils emploient; enfin on pourrait les rapporter tous à la Poésie, en prenant **[xviii]** ce mot dans sa signification naturelle, qui n'est autre chose qu'invention ou création.

Teologia natural e em parte da Teologia revelada e chama-se Pneumatologia ou Metafísica particular. O conhecimento dessas operações subdivide-se em dois ramos, pois tais operações podem ter como objeto ou a descoberta da verdade ou a prática da virtude. A descoberta da verdade, que é o objetivo da Lógica, produz a arte de transmiti-la aos outros; assim, o uso que fazemos da Lógica é em parte em nosso próprio proveito, em parte no dos seres semelhantes a nós. As regras da Moral referem-se menos ao homem isolado e pressupõem-no necessariamente em sociedade com os outros homens.

A ciência da natureza não é outra coisa senão a ciência dos corpos. Mas, tendo os corpos propriedades gerais que lhes são comuns, como a impenetrabilidade, a mobilidade e a extensão, é ainda pelo estudo dessas propriedades que a ciência da natureza deve começar. Elas possuem, por assim dizer, um lado puramente intelectual, pelo qual abrem um campo imenso às especulações do espírito, e um lado material e sensível, pelo qual é possível medi-las. A especulação intelectual pertence à Física Geral, que não é, propriamente, senão a Metafísica dos corpos; a medida é objeto da Matemática, cujas divisões se estendem quase até o infinito.

Essas duas ciências levam à Física particular, que estuda os corpos em si mesmos e tem como objeto os indivíduos. Entre os corpos cujas propriedades nos interessa conhecer, o nosso próprio corpo deve ocupar o primeiro lugar e é imediatamente seguido por aqueles cujo conhecimento é o mais necessário à nossa conservação, do que resultam a Anatomia, a Agricultura, a Medicina e seus diferentes ramos. Enfim, todos os corpos naturais submetidos ao nosso exame produzem as outras inumeráveis partes da Física razoada.

A Pintura, a Escultura, a Arquitetura, a Poesia, a Música e suas diferentes divisões compõem a terceira divisão geral, que nasce da imaginação e cujas partes são reunidas sob o nome de belas-artes. Poder-se-ia também reuni-las sob o título geral de Pintura, visto que todas as belas-artes reduzem-se a pintar e somente diferem pelos meios que empregam; enfim, poder-se-ia reportá-las todas à Poesia, tomando-se [**xviii**] essa palavra em sua significação natural, de invenção ou criação.

Radel Del. Benard Fecit.

Tapissier, *Intérieur d'une Boutique et différens Ouvrages.*

Kadel Del. Benard Fecit.

Tapisserie de Basse Lisse des Gobelins, Attelier et différentes Opérations des Ouvriers employés à la Basse Lisse.

Tapeçaria de urdidura baixa de gobelino. Ateliê e diferentes operações dos artesãos empregados na baixa urdidura.

Telles sont les principales parties de notre Arbre encyclopédique; on les trouvera plus en détail à la fin de ce Discours préliminaire. Nous en avons formé une espèce de Carte à laquelle nous avons joint une explication beaucoup plus étendue que celle qui vient d'être donnée. Cette Carte & cette explication ont été déjà publiées dans le *Prospectus*, comme pour pressentir le goût du public; nous y avons fait quelques changements dont il sera facile de s'apercevoir, & qui sont le fruit ou de nos réflexions ou des conseils de quelques Philosophes, assez bons citoyens pour prendre intérêt à notre Ouvrage. Si le Public éclairé donne son approbation à ces changements, elle sera la récompense de notre docilité; & s'il ne les approuve pas, nous n'en serons que plus convaincus de l'impossibilité de former un Arbre encyclopédique qui soit au gré de tout le monde.

La division générale de nos connaissances, suivant nos trois facultés, a cet avantage, qu'elle pourrait fournir aussi les trois divisions du monde littéraire, en Érudits, Philosophes, & Beaux-Esprits; en sorte qu'après avoir formé l'Arbre des Sciences, on pourrait former sur le même plan celui des Gens de Lettres. La mémoire est le talent des premiers, la sagacité appartient aux seconds, & les derniers ont l'agrément en partage. Ainsi, en regardant la mémoire comme un commencement de réflexion, & en y joignant la réflexion qui combine, & celle qui imite, on pourrait dire en général que le nombre plus ou moins grand d'idées réfléchies, & la nature de ces idées, constituent la différence plus ou moins grande qu'il y a entre les hommes; que la réflexion, prise dans le sens le plus étendu qu'on puisse lui donner, forme le caractère de l'esprit, & qu'elle en distingue les différents genres. Du reste les trois espèces de républiques dans lesquelles nous venons de distribuer les Gens de Lettres, n'ont pour l'ordinaire rien de commun, que de faire assez peu de cas les unes des autres. Le Poète & le Philosophe se traitent mutuellement d'insensés, qui se repaissent de chimères: l'un & l'autre regardent l'Érudit comme une espèce d'avare, qui ne pense qu'à amasser sans jouir, & qui entasse sans choix les métaux les plus vils avec les plus précieux; & l'Érudit, qui ne voit que des mots partout où il ne lit point des faits, méprise le Poète & le Philosophe, comme des gens qui se croient riches, parce que leur dépense excède leurs fonds.

C'est ainsi qu'on se venge des avantages qu'on n'a pas. Les Gens de Lettres entendraient mieux leurs intérêts, si au lieu de chercher à s'isoler, ils reconnaissaient le besoin réciproque qu'ils ont de leurs travaux, & les secours qu'ils en tirent. La société doit sans doute aux Beaux-Esprits ses principaux

Essas são as principais partes de nossa árvore enciclopédica; serão encontradas com maiores detalhes ao final deste *Discurso preliminar*. Formamos com elas uma espécie de mapa, ao qual acrescentamos uma explicação muito mais extensa do que a que acaba de ser dada. Esse mapa e essa explicação já foram publicados no *Prospecto*, como para sondar o gosto do público. Em relação a ele, fizemos algumas modificações, que se perceberão facilmente e que são o fruto de nossas reflexões ou dos conselhos de alguns filósofos, bons cidadãos que se interessaram pela nossa obra. Se o público esclarecido aprovar essas modificações, tal gesto será a recompensa de nossa docilidade, e, se não as aprovar, estaremos ainda mais convencidos da impossibilidade de formar uma árvore enciclopédica que seja do gosto de todos.

A divisão geral de nossos conhecimentos segundo as nossas três faculdades tem a vantagem de poder fornecer também as três divisões do mundo literário em eruditos, filósofos e espíritos refinados, de maneira que, após ter formado a árvore das ciências, poder-se-ia formar, no mesmo plano, a dos letrados. A memória é o talento dos primeiros, a sagacidade pertence aos segundos, e aos últimos cabe o quinhão dos encantos. Assim, considerando-se a memória como um germe de reflexão e acrescentando-se a ela a reflexão que dispõe e que imita, poder-se-ia dizer em geral que o maior ou menor número de ideias refletidas e a natureza dessas ideias constituem a maior ou menor diferença que há entre os homens; que a reflexão, tomada no sentido mais extenso que se lhe possa dar, forma o caráter do espírito; e que ela distingue os diferentes gêneros deste. De resto, os três gêneros de república em que acabamos de dividir os letrados não costumam ter muito em comum além da baixa estima que nutrem uns pelos outros. O poeta e o filósofo tratam-se reciprocamente como insensatos que se alimentam de quimeras; ambos consideram o erudito como uma espécie de avarento que só pensa em acumular sem gozar e que acumula indiferenciadamente os metais vis e os mais preciosos; e o erudito, que só vê palavras onde quer que não leia fatos, despreza o poeta e o filósofo, como pessoas que se creem ricas porque sua despesa excede seu capital.

É assim que nos vingamos das vantagens que não temos. Os letrados compreenderiam melhor seus interesses, se em lugar de procurar se isolar, reconhecessem a necessidade que têm de seus pares e o auxílio que podem lhes prestar. Aos criadores a sociedade deve, sem dúvida, seus principais delei-

agréments, & ses lumières aux Philosophes: mais ni les uns, ni les autres ne sentent combien ils sont redevables à la mémoire; elle renferme la matière première de toutes nos connaissances; & les travaux de l'Érudit ont souvent fourni au Philosophe & au Poète les sujets sur lesquels ils s'exercent. Lorsque les Anciens ont appelé les Muses filles de Mémoire, a dit un Auteur moderne, ils sentaient peut-être combien cette faculté de notre âme est nécessaire à toutes les autres; & les Romains lui élevaient des temples, comme à la Fortune.

Il nous reste à montrer comment nous avons tâché de concilier dans ce Dictionnaire l'ordre encyclopédique avec l'ordre alphabétique. Nous avons employé pour cela trois moyens, le Système figuré qui est à la tête de l'Ouvrage, la Science à laquelle chaque article se rapporte, & la manière dont l'article est traité. On a placé pour l'ordinaire après le mot qui fait le sujet de l'article, le nom de la Science dont cet article fait partie; il ne faut plus que voir dans le Système figuré quel rang cette Science y occupe, pour connaître la place que l'article doit avoir dans l'Encyclopédie. S'il arrive que le nom de la Science soit omis dans l'article, la lecture suffira pour connaître à quelle Science il se rapporte; & quand nous aurions, par exemple, oublié d'avertir que le mot *Bombe* appartient à l'art militaire, & le nom d'une ville ou d'un pays à la Géographie, nous comptons assez sur l'intelligence de nos lecteurs, pour espérer qu'ils ne seraient pas choqués d'une pareille omission. D'ailleurs par la disposition des matières dans chaque article, surtout lorsqu'il est un peu étendu, on ne pourra manquer de voir que cet article tient à un autre qui dépend d'une Science différente, celui-là à un troisième, & ainsi de suite. On a tâché que l'exactitude & la fréquence des renvois ne laissât là-dessus rien à désirer; car les renvois dans ce Dictionnaire ont cela de particulier, qu'ils servent principalement à indiquer la liaison des matières; au lieu que dans les autres ouvrages de cette espèce, ils ne sont destinés qu'à expliquer un article par un autre. Souvent même nous avons omis le renvoi, parce que les termes d'Art ou de Science sur lesquels il aurait pu tomber, se trouvent expliqués à leur article, que le lecteur ira chercher de lui-même. C'est surtout dans les articles généraux des Sciences, qu'on a tâché d'expliquer les secours mutuels qu'elles se prêtent. Ainsi trois choses forment l'ordre encyclopédique; le nom de la Science à laquelle l'article appartient; le rang de cette Science dans l'Arbre; la liaison de l'article avec d'autres dans la même Science ou dans une Science différente; liaison indiquée par les renvois, ou facile à sentir au moyen des termes

tes, aos filósofos, suas luzes; mas nem uns nem outros percebem o quanto devem à memória, ela que encerra a matéria-prima de todos os nossos conhecimentos; e os trabalhos do erudito amiúde fornecem ao filósofo e ao poeta os temas a partir dos quais eles exercem os seus talentos. Quando os antigos chamaram as musas de filhas da memória, disse um autor moderno, perceberam talvez o quanto essa faculdade de nossa alma é necessária às demais; e os romanos erguiam templos a ela, bem como à Fortuna.

Falta-nos mostrar como procuramos conciliar, neste *Dicionário*, a ordem enciclopédica com a ordem alfabética. Utilizamos para isso três meios, o sistema figurado que se encontra no início da obra, a ciência a que cada verbete se refere e a maneira pela qual o verbete é tratado. Indicou-se, via de regra, após a palavra que é assunto do verbete, o nome da ciência de que esse verbete faz parte; e para conhecer o lugar que deve ter o verbete na *Enciclopédia*, basta verificar, no sistema figurado, que posição essa ciência ocupa. Se acontecer de o nome da ciência ser omitido no verbete, a leitura será suficiente para saber a que ciência ele se refere; e se, por exemplo, tivéssemos esquecido de avisar que a palavra *Bomba* pertence à arte militar, e o nome de uma cidade ou de um país à Geografia, contamos com a inteligência de nossos leitores para esperar que não se sentissem chocados com essa omissão. Aliás, pela disposição das matérias em cada verbete, sobretudo quando for um pouco extenso, não se poderá deixar de ver que o verbete está ligado a outro, que depende de uma ciência diferente, este a um terceiro, e assim por diante. Esforçamo-nos para que a exatidão e a frequência das remissões não deixe, quanto a isso, nada a desejar, pois as remissões, neste *Dicionário*, têm a particularidade de servir sobretudo para indicar a ligação das matérias, enquanto nas outras obras do gênero elas são apenas destinadas a explicar um verbete por um outro. Frequentemente, até omitimos a remissão, pois os termos de arte ou de ciência sobre os quais ela poderia recair encontram-se explicados em seu verbete, que o leitor irá procurar por si mesmo. Foi sobretudo nos verbetes gerais das ciências que se procurou explicar o auxílio mútuo que se prestam. Assim, três coisas formam a ordem enciclopédica: o nome da ciência à qual pertence o verbete; a posição dessa ciência na árvore; a ligação do verbete com outros na mesma ciência ou numa ciência diferente, ligação indicada pelas remissões ou fácil de notar, tendo em vista os termos

techniques [**xix**] expliqués suivant leur ordre alphabétique. Il ne s'agit point ici des raisons qui nous ont fait préférer dans cet Ouvrage l'ordre alphabétique à tout autre; nous les exposerons plus bas, lorsque nous envisagerons cette collection, comme Dictionnaire des Sciences & des Arts.

Au reste, sur la partie de notre travail, qui consiste dans l'Ordre encyclopédique, & qui est plus destinée aux gens éclairés qu'à la multitude, nous observerons deux choses: la première, c'est qu'il serait souvent absurde de vouloir trouver une liaison immédiate entre un article de ce Dictionnaire & un autre article pris à volonté; c'est ainsi qu'on chercherait en vain par quels liens secrets *Section conique* peut être rapprochée d'*Accusatif*. L'ordre encyclopédique ne suppose point que toutes les Sciences tiennent directement les unes aux autres. Ce sont des branches qui partent d'un même tronc, savoir de l'entendement humain. Ces branches n'ont souvent entre elles aucune liaison immédiate, & plusieurs ne sont réunies que par le tronc même. Ainsi *Section conique* appartient à la Géométrie, la Géométrie conduit à la Physique particulière, celle-ci à la Physique générale, la Physique générale à la Métaphysique; & la Métaphysique est bien près de la Grammaire à laquelle le mot *Accusatif* appartient. Mais quand on est arrivé à ce dernier terme par la route que nous venons d'indiquer, on se trouve si loin de celui d'où l'on est parti, qu'on l'a tout à fait perdu de vue.

La seconde remarque que nous avons à faire, c'est qu'il ne faut pas attribuer à notre Arbre encyclopédique plus d'avantage que nous ne prétendons lui en donner. L'usage des divisions générales est de rassembler un fort grand nombre d'objets: mais il ne faut pas croire qu'il puisse suppléer à l'étude de ces objets mêmes. C'est une espèce de dénombrement des connaissances qu'on peut acquérir; dénombrement frivole pour qui voudrait s'en contenter, utile pour qui désire d'aller plus loin. Un seul article raisonné sur un objet particulier de Science ou d'Art, renferme plus de substance que toutes les divisions & subdivisions qu'on peut faire des termes généraux; & pour ne point sortir de la comparaison que nous avons tirée plus haut des Cartes géographiques, celui qui s'en tiendrait à l'Arbre encyclopédique pour toute connaissance, n'en saurait guère plus que celui qui pour avoir acquis par les Mappemondes une idée générale du globe & de ses parties principales, se flatterait de connaître les différents Peuples qui l'habitent, & les États particuliers qui le composent. Ce qu'il ne faut point oublier surtout, en considérant notre Système figuré, c'est que l'ordre encyclopédique qu'il présente est très différent de l'ordre généalogique des

técnicos [**xix**] explicados segundo sua ordem alfabética. Não se trata aqui das razões que nos levaram a privilegiar nesta obra a ordem alfabética em detrimento de qualquer outra; serão expostas posteriormente, quando considerarmos esta coleção como *Dicionário das ciências e das artes.*

De resto, quanto à parte de nosso trabalho que consiste na ordem enciclopédica e que é mais destinado a pessoas esclarecidas do que à multidão, observaremos duas coisas. Primeiro, seria com frequência absurdo querer encontrar uma ligação imediata entre um verbete desta *Enciclopédia* e algum outro verbete tomado ao acaso: procurar-se-ia em vão os laços secretos que aproximariam *Seção cônica*, por exemplo, de *Acusativo.* A ordem enciclopédica não supõe que todas as ciências dependam diretamente umas das outras. São ramos que partem de um mesmo tronco, o entendimento humano. Muitas vezes, tais ramos não têm entre si nenhuma ligação imediata, e vários são reunidos apenas pelo próprio tronco. Assim, *Seção cônica* pertence à Geometria, a Geometria conduz à Física particular, esta à Física geral, a Física geral à Metafísica, e a Metafísica está muito próxima da Gramática, à qual pertence a palavra *Acusativo.* Mas, quando chegamos a este último termo pelo caminho que acabamos de indicar, encontramo-nos tão longe daquele de que partimos que o perdemos completamente de vista.

A segunda observação que temos a fazer é que não se deve atribuir à nossa árvore enciclopédica uma vantagem maior do que pretendemos dar a ela. Divisões gerais costumam reunir um número extremamente grande de objetos, mas não se deve crer que possam substituir o estudo desses mesmos objetos. É uma espécie de enumeração dos conhecimentos que se podem adquirir; enumeração frívola, para quem quisesse contentar-se com ela, útil para quem desejar ir mais longe. Um único verbete razoado sobre um objeto particular de ciência ou de arte tem mais substância do que todas as divisões e subdivisões que se possam fazer em termos gerais, e, para não abandonar a comparação acima feita com os mapas geográficos, quem se ativesse à árvore enciclopédica para todo conhecimento não saberia muito mais do que aquele que, por ter adquirido através dos mapas-múndi uma ideia geral do globo e de suas partes principais, orgulha-se de conhecer os diferentes povos que o habitam e os Estados particulares que o compõem. O que sobretudo não se deve esquecer, considerando-se nosso sistema figurado, é que a ordem enciclopédica que ele apresenta é muito diferente da ordem genealógica das

opérations de l'esprit; que les Sciences qui s'occupent des êtres généraux, ne sont utiles qu'autant qu'elles mènent à celles dont les êtres particuliers sont l'objet; qu'il n'y a véritablement que ces êtres particuliers qui existent; & que si notre esprit a créé les êtres généraux, ç'a été pour pouvoir étudier plus facilement l'une après l'autre les propriétés qui par leur nature existent à la fois dans une même substance, & qui ne peuvent physiquement être séparées. Ces réflexions doivent être le fruit & le résultat de tout ce que nous avons dit jusqu'ici; & c'est aussi par elles que nous terminerons la première Partie de ce Discours.

Nous allons présentement considérer cet Ouvrage comme *Dictionnaire raisonné des Sciences & des Arts*. L'objet est d'autant plus important, que c'est sans doute celui qui peut intéresser davantage la plus grande partie de nos lecteurs, & qui, pour être rempli, a demandé le plus de soins & de travail. Mais avant que d'entrer sur ce sujet dans tout le détail qu'on est en droit d'exiger de nous, il ne sera pas inutile d'examiner avec quelque étendue l'état présent des Sciences & des Arts, & de montrer par quelle gradation l'on y est arrivé. L'exposition métaphysique de l'origine & de la liaison des Sciences nous a été d'une grande utilité pour en former l'Arbre encyclopédique; l'exposition historique de l'ordre dans lequel nos connaissances se sont succédé, ne sera pas moins avantageuse pour nous éclairer nous-mêmes sur la manière dont nous devons transmettre ces connaissances à nos lecteurs. D'ailleurs l'histoire des Sciences est naturellement liée à celle du petit nombre de grands génies, dont les Ouvrages ont contribué à répandre la lumière parmi les hommes; & ces Ouvrages ayant fourni pour le nôtre les secours généraux, nous devons commencer à en parler avant de rendre compte des secours particuliers que nous avons obtenus. Pour ne point remonter trop haut, fixons-nous à la renaissance des Lettres.

Quand on considère les progrès de l'esprit depuis cette époque mémorable, on trouve que ces progrès se sont faits dans l'ordre qu'ils devaient naturellement suivre. On a commencé par l'Érudition, continué par les Belles-Lettres, & fini par la Philosophie. Cet Ordre diffère à la vérité de celui que doit observer l'homme abandonné à ses propres lumières, ou borné au commerce de ses contemporains, tel que nous l'avons principalement considéré dans la première Partie de ce Discours: en effet, nous avons fait voir que l'esprit isolé doit rencontrer dans sa route la Philosophie avant les Belles-Lettres. Mais en sortant d'un long intervalle d'ignorance que des siècles de lumière avaient précédé, la

operações do espírito; que as ciências que se ocupam com os seres gerais só são úteis na medida em que conduzem àquelas cujo objeto são os seres particulares; que na verdade só existem esses seres particulares; e que, se nosso espírito criou os seres gerais, foi para poder estudar mais facilmente, uma após a outra, as propriedades que, por sua natureza, existem ao mesmo tempo numa mesma substância e não podem ser separadas fisicamente. Tais reflexões devem ser fruto e resultado de tudo o que dissemos até agora; e com elas encerraremos a primeira parte deste Discurso.

Vamos agora considerar esta obra como *Dicionário razoado das ciências e das artes*. O objeto é tão mais importante por ser, sem dúvida, o que mais pode interessar a maioria de nossos leitores, e aquele que, para ser executado, exigiu maiores cuidados e maior trabalho. Mas, antes de entrar neste assunto com todos os detalhes que se tem o direito de exigir de nós, pode ser útil examinar mais detidamente o atual estado das ciências e das artes e mostrar as gradações através das quais chegamos a ele. A exposição metafísica da origem e da ligação das ciências foi-nos de grande utilidade para formar sua árvore enciclopédica; a exposição histórica da ordem em que nossos conhecimentos se sucederam não será menos vantajosa para nos esclarecer a respeito da maneira pela qual devemos transmitir esses conhecimentos a nossos leitores. A história das ciências está naturalmente ligada à do pequeno número de grandes gênios cujas obras contribuíram para propagar luz entre os homens, e como essas obras foram em geral de grande auxílio para a nossa, devemos começar por falar delas, antes de mencionar em particular outros auxílios com que contamos. Comecemos pelo renascimento das Letras.

Quando se consideram os progressos do espírito desde essa época memorável, nota-se que eles se realizaram na ordem que deviam seguir naturalmente. Começou-se pela erudição, continuou-se pelas belas-letras e acabou-se pela Filosofia. Na verdade, essa ordem difere daquela que deve observar o homem entregue a suas próprias luzes ou limitado ao intercâmbio com seus contemporâneos, como principalmente o consideramos na primeira parte deste Discurso. De fato, mostramos que o espírito isolado há de encontrar em seu caminho a Filosofia antes das belas-letras. Mas, ao sair de um longo período de ignorância, precedido por séculos de luzes, a

régénération [xx] des idées, si on peut parler ainsi, a du nécessairement être différente de leur génération primitive. Nous allons tâcher de le faire sentir.

Les chefs-d'œuvre que les Anciens nous avaient laissés dans presque tous les genres, avaient été oubliés pendant douze siècles. Les principes des Sciences & des Arts étaient perdus, parce que le beau & le vrai qui semblent se montrer de toutes parts aux hommes, ne les frappent guère à moins qu'ils n'en soient avertis. Ce n'est pas que ces temps malheureux ayent été plus stériles que d'autres en génies rares; la nature est toujours la même: mais que pouvaient faire ces grands hommes, semés de loin à loin comme ils le sont toujours, occupés d'objets différents, & abandonnés sans culture à leurs seules lumières? Les idées qu'on acquiert par la lecture & la société, sont le germe de presque toutes les découvertes. C'est un air que l'on respire sans y penser, & auquel on doit la vie; & les hommes dont nous parlons étaient privés d'un tel secours. Ils ressemblaient aux premiers créateurs des Sciences & des Arts, que leurs illustres successeurs ont fait oublier, & qui précédés par ceux-ci les auraient fait oublier de même. Celui qui trouva le premier les roues & les pignons, eût inventé les montres dans un autre siècle; & Gerbert placé au temps d'Archimède l'aurait peut-être égalé.

Cependant la plupart des beaux Esprits de ces temps ténébreux se faisaient appeler Poètes ou Philosophes. Que leur en coûtait-il en effet pour usurper deux titres dont on se pare à si peu de frais, & qu'on se flatte toujours de ne guère devoir à des lumières empruntées? Ils croyaient qu'il était inutile de chercher les modèles de la Poésie dans les Ouvrages des Grecs & des Romains, dont la Langue ne se parlait plus; & ils prenaient pour la véritable Philosophie des Anciens une tradition barbare qui la défigurait. La Poésie se réduisait pour eux à un mécanisme puéril: l'examen approfondi de la nature, & la grande Étude de l'homme, étaient remplacés par mille questions frivoles sur des êtres abstraits & métaphysiques; questions dont la solution, bonne ou mauvaise, demandait souvent beaucoup de subtilité, & par conséquent un grand abus de l'esprit. Qu'on joigne à ce désordre l'état d'esclavage où presque toute l'Europe était plongée, les ravages de la superstition qui naît de l'ignorance, & qui la reproduit à son tour: & l'on verra que rien ne manquait aux obstacles qui éloignaient le retour de la raison & du goût; car il n'y a que la liberté d'agir & de penser qui soit capable de produire de grandes choses, & elle n'a besoin que de lumières pour se préserver des excès.

regeneração [xx] das ideias, se podemos falar assim, deve ter sido necessariamente diferente de sua geração primitiva. É o que procuraremos mostrar.

As obras-primas que os antigos nos haviam deixado em quase todos os gêneros permaneceram esquecidas durante doze séculos. Os princípios das ciências e das artes estavam perdidos porque o belo e o verdadeiro, que parecem se exibir aos homens por toda parte, quase não os impressionam, a menos que eles sejam informados. Não que esses tempos infelizes tenham sido mais estéreis em gênios raros do que outros, a natureza é sempre a mesma. Mas que podiam fazer, semeados de longe em longe, como sempre o são, ocupados com objetos diferentes e entregues sem cultivo a suas próprias luzes? As ideias adquiridas pela leitura e pelo contato social são o germe de quase todas as descobertas. É um ar que se respira sem pensar, ao qual se deve a vida, e os homens de que falamos estavam privados desse recurso. Assemelhavam-se aos primeiros criadores das ciências e das artes, que seus ilustres sucessores relegaram ao esquecimento e que, precedidos por estes, os teriam relegado da mesma maneira. O primeiro que descobriu as rodas e os carretéis teria inventado os relógios num outro século; e Gebert, no tempo de Arquimedes, teria talvez se igualado a ele.

Nesses tempos tenebrosos, a maioria dos criadores diziam-se poetas ou filósofos. Que lhes custava, na verdade, usurpar dois títulos que facilmente nos ornam e que nos orgulhamos de não se deverem a luzes recebidas de outros? Acreditavam que era inútil procurar pelos modelos da Poesia nas obras dos gregos e dos romanos, cuja língua não mais era falada, e tomavam pela verdadeira Filosofia dos antigos uma tradição bárbara que a desfigurava. A Poesia reduzia-se para eles a um mecanismo pueril: o exame aprofundado da natureza e o grande estudo do homem eram substituídos por mil questões frívolas sobre seres abstratos e metafísicos, questões cuja solução, boa ou má, exigia frequentemente muita sutileza e, por conseguinte, grande abuso do espírito. Que se acrescente a essa desordem o estado de escravidão em que quase toda a Europa estava mergulhada, a devastação da superstição que nasce da ignorância e por sua vez a reproduz, e ver-se-ão os obstáculos que impediam a volta da razão e do gosto; somente só a liberdade de agir e de pensar pode produzir grandes coisas, e ela não precisa senão de luzes para precaver-se contra os excessos.

Aussi fallut-il au genre humain, pour sortir de la barbarie, une de ces révolutions qui font prendre à la terre une face nouvelle: l'Empire Grec est détruit, sa ruine fait refluer en Europe le peu de connaissances qui restaient encore au monde; l'invention de l'Imprimerie, la protection des Médicis & de François I raniment les esprits; & la lumière renaît de toutes parts.

L'étude des Langues & de l'Histoire abandonnée par nécessité durant les siècles d'ignorance, fut la première à laquelle on se livra. L'esprit humain se trouvait au sortir de la barbarie dans une espèce d'enfance, avide d'accumuler des idées, & incapable pourtant d'en acquérir d'abord d'un certain ordre par l'espèce d'engourdissement où les facultés de l'âme avaient été si longtemps. De toutes ces facultés, la mémoire fut celle que l'on cultiva d'abord, parce qu'elle est la plus facile à satisfaire, & que les connaissances qu'on obtient par son secours sont celles qui peuvent le plus aisément être entassées. On ne commença donc point par étudier la Nature, ainsi que les premiers hommes avaient du faire; on jouissait d'un secours dont ils étaient dépourvus, celui des Ouvrages des Anciens que la générosité des Grands & l'Impression commençaient à rendre communs, on croyait n'avoir qu'à lire pour devenir savant; & il est bien plus aisé de lire que de voir. Ainsi, on dévora sans distinction tout ce que les Anciens nous avaient laissé dans chaque genre: on les traduisit, on les commenta; & par une espèce de reconnaissance on se mit à les adorer sans connaître à beaucoup près ce qu'ils valaient.

De là cette foule d'Érudits, profonds dans les Langues savantes jusqu'à dédaigner la leur, qui, comme l'a dit un Auteur célèbre, connaissaient tout dans les Anciens, hors la grâce & la finesse, & qu'un vain étalage d'érudition rendait si orgueilleux, parce que les avantages qui coûtent le moins sont assez souvent ceux dont on aime le plus à se parer. C'était une espèce de grands Seigneurs, qui sans ressembler par le mérite réel à ceux dont ils tenaient la vie, tiraient beaucoup de vanité de croire leur appartenir. D'ailleurs cette vanité n'était point sans quelque espèce de prétexte. Le pays de l'érudition & des faits est inépuisable; on croit, pour ainsi dire, voir tous les jours augmenter sa substance par les acquisitions que l'on y fait sans peine. Au contraire le pays de la raison & des découvertes est d'une assez petite étendue; & souvent au lieu d'y apprendre ce que l'on ignorait, on ne parvient à force d'étude qu'à désapprendre ce qu'on croyait savoir. C'est pourquoi, à mérite fort inégal,

Por isso, foi necessário ao gênero humano, para sair da barbárie, uma dessas revoluções que dão à Terra uma nova feição. O império grego em ruínas faz refluir pela Europa os poucos conhecimentos que ainda restavam ao mundo; a invenção da imprensa, a proteção dos Médici e de Francisco I reanimam os espíritos e a luz renasce por todos os lados.

O estudo das línguas e da História, abandonado por necessidade durante os séculos de ignorância, foi o primeiro a ser cultivado. Ao deixar a barbárie, o espírito humano encontrava-se numa espécie de infância, ávido por acumular ideias e contudo incapaz de adquiri-las com ordem, graças à espécie de entorpecimento em que as faculdades da alma por longo tempo haviam permanecido. De todas essas faculdades, a memória foi a primeira a ser cultivada, porque é a mais fácil de satisfazer e porque os conhecimentos obtidos com o seu auxílio são os que mais facilmente podem ser acumulados. Portanto, não se começou por estudar a natureza, como devem ter feito os primeiros homens; gozava-se de um auxílio que estes não tinham, as obras dos antigos, que a generosidade dos grandes e a imprensa começavam a disseminar. Pensava-se que bastava ler para se tornar sábio; e é bem mais fácil ler do que ver. Assim, devorou-se indistintamente tudo o que os antigos nos haviam legado em cada gênero. Eles foram traduzidos e comentados, e, com uma espécie de gratidão, foram adorados sem que se conhecesse, longe disso, o que valiam.

Daí o sem-número de eruditos, tão profundamente versados nas línguas antigas a ponto de desdenhar a sua, e que, como o disse um autor célebre, conheciam tudo nos antigos, exceto a graça e a finura, tão orgulhosos de sua vã ostentação, porque as vantagens que menos custam são com frequência as com que mais gostamos de nos adornar. Eram uma espécie de grandes senhores, que sem ter o mérito daqueles dos quais recebiam a vida, vangloriavam-se com a pretensa de contar entre eles. Essa vaidade não deixava de ter um pretexto. O reino da erudição e dos fatos é inesgotável, e tem-se a ilusão de que a cada dia nos tornaríamos mais substanciais, graças às aquisições feitas sem dificuldade. A extensão do reino da razão e das descobertas, pelo contrário, é bem reduzida, e frequentemente, à força de estudo, em vez de aprender-se o que se ignorava, consegue-se apenas desaprender o que se pensava saber. É por essa razão que, com mérito muito desigual,

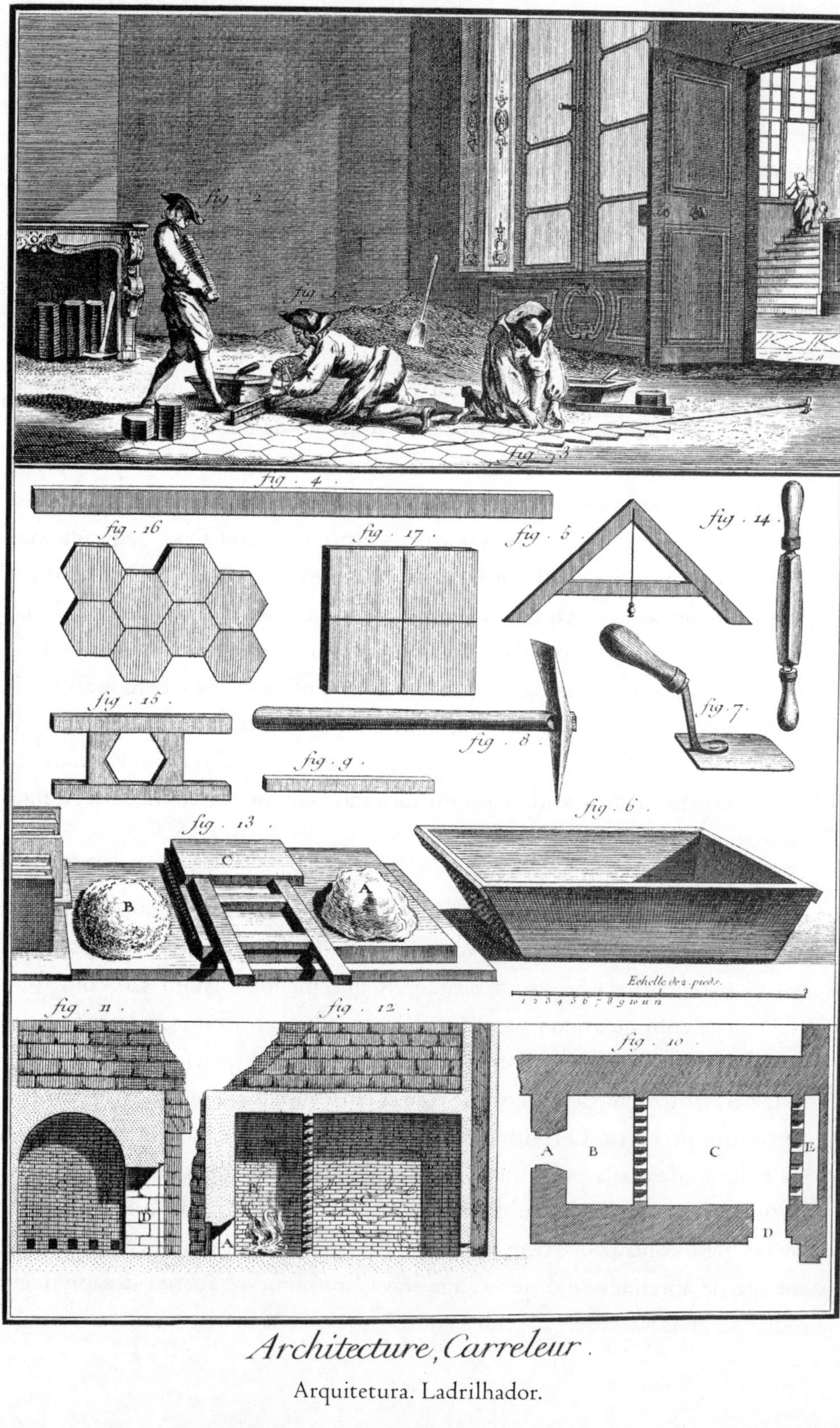

Architecture, Carreleur.

Arquitetura. Ladrilhador.

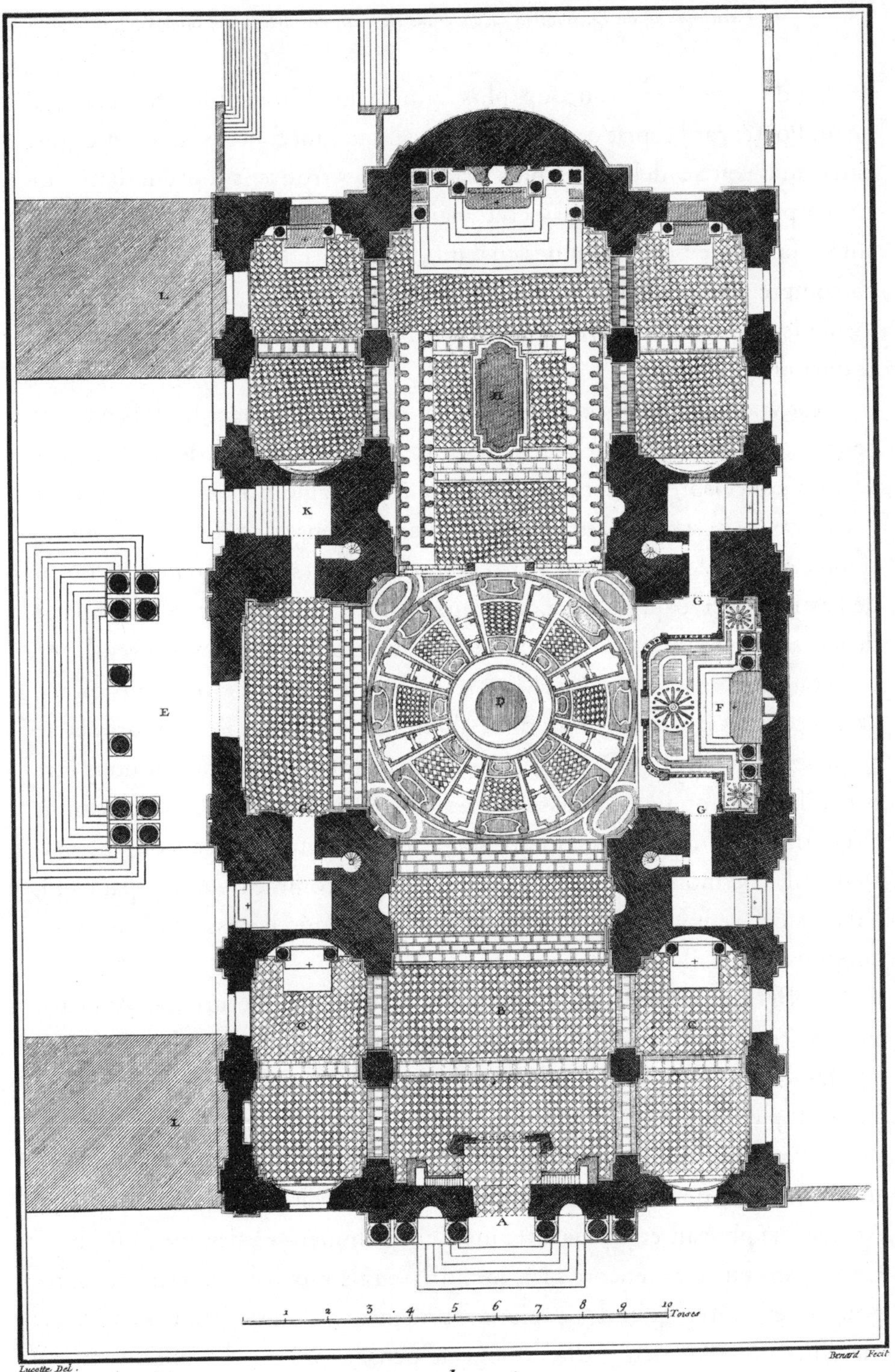

Lucotte Del. Benard Fecit

Marbrerie

Compartimens du pavé de l'Eglise de la Sorbonne.

Marmoraria. Compartimentos do piso da Igreja da Sorbonne.

un Érudit doit être beaucoup plus vain qu'un Philosophe, & peut-être qu'un Poète: car l'esprit qui invente est toujours mécontent de ses progrès, parce qu'il voit au-delà; & les plus grands génies trouvent souvent dans leur amour propre même un juge secret, mais sévère, [xxj] que l'approbation des autres fait taire pour quelques instants, mais qu'elle ne parvient jamais à corrompre. On ne doit donc pas s'étonner que les Savants dont nous parlons missent tant de gloire à jouir d'une Science hérissée, souvent ridicule, & quelquefois barbare.

Il est vrai que notre siècle qui se croit destiné à changer les lois en tout genre, & à faire justice, ne pense pas fort avantageusement de ces hommes autrefois si célèbres. C'est une espèce de mérite aujourd'hui que d'en faire peu de cas; & c'est même un mérite que bien des gens se contentent d'avoir. Il semble que par le mépris que l'on a pour ces Savants, on cherche à les punir de l'estime outrée qu'ils faisaient d'eux-mêmes, ou du suffrage peu éclairé de leurs contemporains, & qu'en foulant aux pieds ces idoles, on veuille en faire oublier jusqu'aux noms. Mais tout excès est injuste. Jouissons plutôt avec reconnaissance du travail de ces hommes laborieux. Pour nous mettre à portée d'extraire des Ouvrages des Anciens tout ce qui pouvait nous être utile, il a fallu qu'ils en tirassent aussi ce qui ne l'était pas: on ne saurait tirer l'or d'une mine sans en faire sortir en même temps beaucoup de matières viles ou moins précieuses; ils auraient fait comme nous la séparation, s'ils étaient venus plus tard. L'Érudition était donc nécessaire pour nous conduire aux Belles-Lettres.

En effet, il ne fallut pas se livrer longtemps à la lecture des Anciens, pour se convaincre que dans ces Ouvrages même où l'on ne cherchait que des faits & des mots, il y avait mieux à apprendre. On aperçut bientôt les beautés que leurs Auteurs y avaient répandues; car si les hommes, comme nous l'avons dit plus haut, ont besoin d'être avertis du vrai, en récompense ils n'ont besoin que de l'être. L'admiration qu'on avait eu jusqu'alors pour les Anciens ne pouvait être plus vive: mais elle commença à devenir plus juste. Cependant elle était encore bien loin d'être raisonnable. On crut qu'on ne pouvait les imiter, qu'en les copiant servilement, & qu'il n'était possible de bien dire que dans leur Langue. On ne pensait pas que l'étude des mots est une espèce d'inconvénient passager, nécessaire pour faciliter l'étude

um erudito pode ser muito mais vaidoso do que um filósofo e, talvez, do que um poeta. O espírito que inventa está sempre descontente com seus progressos, pois vê mais longe, e os maiores gênios amiúde encontram em seu amor-próprio um juiz secreto, mas severo, [**xxi**] que a aprovação alheia faz calar por alguns instantes, mas jamais consegue corromper. Portanto, não devemos nos espantar de que os sábios de que falamos tenham atribuído uma glória tão grande ao gozo de uma ciência espinhosa, não raro ridícula e com frequência bárbara.

É verdade que o nosso século, que se crê destinado a alterar leis de todo gênero e a promover a justiça, não tem opinião muito favorável sobre esses homens outrora tão célebres. Tornou-se uma espécie de mérito, tê-los em baixa estima; e é mesmo o único mérito que muitas pessoas se contentam em ter. Ao que parece, pelo desprezo que se tem por esses sábios, procura-se puni-los pela exagerada estima que tinham por si mesmos ou pelo sufrágio pouco esclarecido que receberam de seus contemporâneos; e que, espezinhando esses ídolos, deseja-se relegar ao esquecimento até mesmo os seus nomes. Mas todo excesso é injusto. Gozemos antes, com gratidão, do trabalho desses homens laboriosos. Para pôr-nos em condições de extrair das obras dos antigos tudo o que podia nos ser útil, foi necessário que eles também extraíssem delas o que não o eram. Não se pode extrair ouro de uma mina sem retirar ao mesmo tempo materiais vis ou menos preciosos. Eles teriam, como nós, separado tais materiais, se tivessem vivido em tempos posteriores. A erudição era, portanto, necessária para conduzir-nos às belas-letras.

De fato, não foi preciso dedicar-se por muito tempo à leitura dos antigos para se deixar convencer de que nas obras mesmas em que se buscava por fatos e palavras havia coisa melhor a aprender. Logo perceberam-se as belezas que seus autores haviam disseminado por elas, pois se os homens, como dissemos anteriormente, precisam que o verdadeiro lhes seja indicado, não precisam mais do que isso. A admiração até então nutrida pelos antigos não poderia se tornar ainda mais viva; mas começou a tornar-se mais justa. Contudo, estava longe de ser sensata. Pensava-se que os antigos só poderiam ser imitados através de uma cópia servil e que só seria possível se expressar corretamente na língua deles. Não se considerou que o estudo das palavras é uma espécie de inconveniente passageiro, necessário para facilitar o estudo

des choses, mais qu'elle devient un mal réel, quand elle la retarde; qu'ainsi on aurait dû se borner à se rendre familiers les Auteurs Grecs & Romains, pour profiter de ce qu'ils avaient pensé de meilleur; & que le travail auquel il fallait se livrer pour écrire dans leur Langue, était autant de perdu pour l'avancement de la raison. On ne voyait pas d'ailleurs, que s'il y a dans les Anciens un grand nombre de beautés de style perdues pour nous, il doit y avoir aussi par la même raison bien des défauts qui échappent, & que l'on court risque de copier comme des beautés, qu'enfin tout ce qu'on pourrait espérer par l'usage servile de la Langue des Anciens, ce serait de se faire un style bizarrement assorti d'une infinité de styles différents, très correct & admirable même pour nos Modernes, mais que Cicéron ou Virgile auraient trouvé ridicule. C'est ainsi que nous ririons d'un Ouvrage écrit en notre Langue, & dans lequel l'Auteur aurait rassemblé des phrases de Bossuet, de la Fontaine, de la Bruyère, & de Racine, persuadé avec raison que chacun de ces Écrivains en particulier est un excellent modèle.

Ce préjugé des premiers Savants a produit dans le seizième siècle une foule de Poètes, d'Orateurs, & d'Historiens Latins, dont les Ouvrages, il faut l'avouer, tirent trop souvent leur principal mérite d'une latinité dont nous ne pouvons guère juger. On peut en comparer quelques uns aux harangues de la plupart de nos Rhéteurs, qui vides de choses, & semblables à des corps sans substance, n'auraient besoin que d'être mises en Français pour n'être lues de personne.

Les Gens de Lettres sont enfin revenus peu à peu de cette espèce de manie. Il y a apparence qu'on doit leur changement, du moins en partie, à la protection des Grands, qui sont bien aises d'être savants, à condition de le devenir sans peine, & qui veulent pouvoir juger sans étude d'un Ouvrage d'esprit, pour prix des bienfaits qu'ils promettent à l'Auteur, ou de l'amitié dont ils croient l'honorer. On commença à sentir que le beau, pour être en Langue vulgaire, ne perdait rien de ses avantages; qu'il acquérait même celui d'être plus facilement saisi du commun des hommes, & qu'il n'y avait aucun mérite à dire des choses communes ou ridicules dans quelque Langue que ce fût, & à plus forte raison dans celles qu'on devait parler le plus mal. Les Gens de Lettres pensèrent donc à perfectionner les Langues vulgaires; ils cherchèrent d'abord à dire dans ces Langues ce que les Anciens avaient dit dans les leurs. Cependant par une suite du préjugé dont on avait eu tant de peine à se défaire,

das coisas, mas que se torna um verdadeiro mal quando o retarda; que, por isso, teria sido preciso limitar-se a tornar familiares os autores gregos e romanos com o intuito de se aproveitar o que pensaram de melhor, e que o trabalho de escrever na língua deles era trabalho perdido para o progresso da razão. Não se via, aliás, que, se há nos antigos um grande número de belezas de estilo perdidas para nós, deve haver também, pela mesma razão, muitos defeitos que escapam, e que se corre o risco de copiar como belezas; que, enfim, tudo o que se poderia esperar do uso servil da língua dos antigos é adquirir um estilo bizarramente composto de uma infinidade de estilos diferentes, muito correto e mesmo admirável para nossos modernos, mas que Cícero ou Virgílio teriam achado ridículo. Do mesmo modo, riríamos de uma obra escrita em nossa língua e na qual o autor tivesse reunido frases de Bossuet, de La Fontaine, de La Bruyère e de Racine, persuadido, com razão, de que cada um desses escritores em particular é um excelente modelo.

Esse preconceito dos primeiros sábios produziu no século XVI um grande número de poetas, de oradores e de historiadores latinos, cujas obras, deve-se confessar, têm com frequência, como mérito principal, uma latinidade que dificilmente podemos julgar. Podem-se comparar algumas às arengas da maioria de nossos retóricos, que, como corpos sem substância, só precisariam ser traduzidas em francês para que ninguém as lesse.

Os letrados, finalmente, pouco a pouco abandonaram essa espécie de mania. Parece que a sua transformação se deve, pelo menos em parte, à proteção dos grandes, contentes em serem sábios, desde que sem dificuldade, e que pretendem julgar sem estudo uma obra de espírito, como preço dos benefícios que prometem ao autor ou da amizade com que pensam honrá-lo. Percebeu-se que o belo, por estar escrito em língua vulgar, não perdia nenhuma de suas vantagens, que adquiria mesmo a de ser mais facilmente apreendido pelo comum dos homens, e que não havia nenhum mérito em dizer coisas comuns ou ridículas em qualquer língua que fosse, e com maior razão nas que não se falasse bem. Os letrados pensaram, portanto, em aperfeiçoar as línguas vulgares; procuraram, em primeiro lugar, dizer nessas línguas o que os antigos haviam dito na deles. Mas, em consequência do preconceito de que fora tão difícil desfazer-se,

au lieu d'enrichir la Langue Française, on commença par la défigurer. Ronsard en fit un jargon barbare, hérissé de Grec & de Latin: mais heureusement il la rendit assez méconnaissable, pour qu'elle en devînt ridicule. Bientôt l'on sentit qu'il fallait transporter dans notre Langue les beautés & non les mots des Langues anciennes. Réglée & perfectionnée par le goût, elle acquit assez promptement une infinité de tours & d'expressions heureuses. Enfin on ne se borna plus à copier les Romains & les Grecs, ou même à les imiter; on tâcha de les surpasser, s'il était possible, & de penser d'après soi. Ainsi l'imagination des Modernes renaquit peu à peu de celle des Anciens; & l'on vit éclore presque en même temps **[xxij]** tous les chefs-d'œuvre du dernier siècle, en Éloquence, en Histoire, en Poésie, & dans les différents genres de littérature.

MALHERBE, nourri de la lecture des excellents Poètes de l'antiquité, & prenant comme eux la Nature pour modèle, répandit le premier dans notre Poésie une harmonie & des beautés auparavant inconnues. BALZAC, aujourd'hui trop méprisé, donna à notre Prose de la noblesse & du nombre. Les Écrivains de PORT-ROYAL continuèrent ce que Balzac avait commencé; ils y ajoutèrent cette précision, cet heureux choix de termes, & cette pureté qui ont conservé jusqu'à présent à la plupart de leurs Ouvrages un air moderne, & qui les distinguent d'un grand nombre de Livres surannés, écrits dans le même temps. CORNEILLE, après avoir sacrifié pendant quelques années au mauvais goût dans la carrière dramatique, s'en affranchit enfin; découvrit par la force de son génie, bien plus que par la lecture, les lois du Théâtre, & les exposa dans ses Discours admirables sur la Tragédie, dans ses réflexions sur chacune de ses pièces, mais principalement dans ses pièces mêmes. RACINE s'ouvrant une autre route, fit paraître sur le Théâtre une passion que les Anciens n'y avaient guère connue; & développant les ressorts du cœur humain, joignit à une élégance & une vérité continues quelques traits de sublime. DESPRÉAUX dans son art poétique se rendit l'égal d'Horace en l'imitant; MOLIÈRE par la peinture fine des ridicules & des mœurs de son temps, laissa bien loin derrière lui la Comédie ancienne; LA FONTAINE fit presque oublier Ésope & Phèdre, & BOSSUET alla se placer à côté de Démosthène.

Les Beaux-Arts sont tellement unis avec les Belles-Lettres, que le même goût qui cultive les unes, porte aussi à perfectionner les autres. Dans le même

em lugar de enriquecer a língua francesa, começou-se por desfigurá-la. Ronsard fez dela uma algaravia bárbara, eriçada de grego e de latim, mas, por felicidade, tornou-a suficientemente desfigurada para que não fosse ridícula. Logo se percebeu que era preciso transportar para a nossa língua as belezas e não as palavras das línguas antigas. Regulamentada e aperfeiçoada pelo gosto, ela adquiriu, com bastante rapidez, uma infinidade de locuções e expressões felizes. Perdeu-se a preocupação de copiar os romanos e os gregos ou mesmo de imitá-los; procurou-se ultrapassá-los, quando possível, e pensar por si mesmo. Assim, a imaginação dos modernos renasceu pouco a pouco da dos antigos, e desabrocharam, quase que ao mesmo tempo, todas as [**xxii**] obras-primas do século passado, de Eloquência, de História, de Poesia e dos diferentes gêneros de literatura.

Malherbe, alimentado pela leitura dos excelentes poetas da Antiguidade e tomando como eles a natureza como modelo, foi o primeiro a esparramar por nossa Poesia uma harmonia e beleza até então desconhecidas. *Balzac*, hoje excessivamente desprezado, deu nobreza e ritmo à nossa prosa. Os escritores de *Port-Royal* continuaram o que Balzac começara e acrescentaram essa precisão, essa feliz escolha de termos e essa pureza que dão até hoje, à maioria de seus escritos, um ar moderno que as distingue de um grande número de livros antiquados escritos na mesma época. *Corneille*, após ter se conformado, durante alguns anos, com o mau gosto em sua carreira dramática, por fim libertou-se dele; descobriu, muito mais pela força de seu gênio do que pela leitura, as leis do teatro, e as expôs em seus discursos admiráveis sobre a tragédia, em suas reflexões sobre cada uma de suas peças, mas sobretudo nas peças mesmas. *Racine*, abrindo uma outra estrada, fez surgir no teatro uma paixão que os antigos quase não conheceram e, desenvolvendo as forças do coração humano, reuniu, a uma elegância e uma verdade contínuas, alguns traços sublimes. *Despréaux*, em sua arte poética, tornou-se o rival de Horácio ao imitá-lo; *Molière*, pela fina pintura do ridículo e dos costumes de seu tempo, deixou para trás a comédia antiga; *La Fontaine* quase relegou ao esquecimento Esopo e Fedro; e *Bossuet* foi instalar-se ao lado de Demóstenes.

As belas-artes estão de tal forma unidas às belas-letras que o mesmo gosto que cultiva estas leva também a aperfeiçoar aquelas. Na mesma

temps que notre littérature s'enrichissait par tant de beaux Ouvrages, POUSSIN faisait ses tableaux, & PUGET ses statues, LE SUEUR peignait le cloître des Chartreux, & LE BRUN les batailles d'Alexandre; enfin LULLI, créateur d'un chant propre à notre Langue, rendait par sa musique aux poèmes de QUINAULT l'immortalité qu'elle en recevait.

Il faut avouer pourtant que la renaissance de la Peinture & de la Sculpture avait été beaucoup plus rapide que celle de la Poésie & de la Musique; & la raison n'en est pas difficile à apercevoir. Dès qu'on commença à étudier les Ouvrages des Anciens en tout genre, les chefs-d'œuvre antiques qui avaient échappé en assez grand nombre à la superstition & à la barbarie, frappèrent bientôt les yeux des Artistes éclairés; on ne pouvait imiter les Praxiteles & les Phidias, qu'en faisant exactement comme eux; & le talent n'avait besoin que de bien voir: aussi RAPHAEL & MICHEL ANGE ne furent pas longtemps sans porter leur art à un point de perfection, qu'on n'a point encore passé depuis. En général, l'objet de la Peinture & de la Sculpture étant plus du ressort des sens, ces Arts ne pouvaient manquer de précéder la Poésie, parce que les sens ont dû être plus promptement affectés des beautés sensibles & palpables des statues anciennes, que l'imagination n'a dû apercevoir les beautés intellectuelles & fugitives des anciens Écrivains. D'ailleurs, quand elle a commencé à les découvrir, l'imitation de ces mêmes beautés imparfaite par sa servitude, & par la Langue étrangère dont elle se servait, n'a pu manquer de nuire aux progrès de l'imagination même. Qu'on suppose pour un moment nos Peintres & nos Sculpteurs privés de l'avantage qu'ils avaient de mettre en œuvre la même matière que les Anciens: s'ils eussent, comme nos Littérateurs, perdu beaucoup de temps à rechercher & à imiter mal cette matière, au lieu de songer à en employer une autre, pour imiter les ouvrages même qui faisaient l'objet de leur admiration; ils auraient fait sans doute un chemin beaucoup moins rapide, & en seraient encore à trouver le marbre.

À l'égard de la Musique, elle a dû arriver beaucoup plus tard à un certain degré de perfection, parce que c'est un art que les Modernes ont été obligés de créer. Le temps a détruit tous les modèles que les Anciens avaient pu nous laisser en ce genre; & leurs Écrivains, du moins ceux qui nous restent, ne nous ont transmis sur ce sujet que des connaissances très obscures, ou des histoires plus propres à nous étonner qu'à nous instruire. Aussi plusieurs

época em que nossa literatura se enriquecia com tantas belas obras, *Poussin* desenhava seus quadros e *Puget* esculpia suas estátuas, *Le Suer* pintava o claustro dos cartuxos e *Lebrun*, as batalhas de Alexandre; enfim, *Lulli*, criador de um canto apropriado à nossa língua, devolvia, com sua música, aos poemas de *Quinault*, a imortalidade que ela recebia deles.

É preciso confessar, contudo, que o renascimento da Pintura e da Escultura fora muito mais rápido do que o da Poesia e da Música, e a razão não é difícil de perceber. Quando as obras dos antigos em todos os gêneros começaram a ser estudadas, as obras-primas antigas, um bom número das quais havia escapado à superstição e à barbárie, não tardaram a impressionar os olhos dos artistas esclarecidos. Não se poderiam imitar os Praxiteles e os Fídias senão fazendo exatamente como eles, e o talento só precisava ver bem. Por isso, *Rafael* e *Michelângelo* não demoraram para levar sua arte a um ponto de perfeição que ainda não foi ultrapassado. Como o objeto da Pintura e da Escultura em geral pertence mais à alçada dos sentidos, essas artes não podiam deixar de preceder a Poesia, pois as belezas sensíveis e palpáveis das estátuas antigas devem ter mais prontamente afetado os sentidos do que terem sido percebidas pela imaginação as belezas intelectuais e fugidias dos antigos escritores. Quando começou a descobri-las, a imitação dessas mesmas belezas, imperfeita por sua servidão e pela língua estrangeira de que se servia, não pôde deixar de prejudicar os progressos da própria imaginação. Suponhamos, por um momento, nossos pintores e nossos escultores privados das vantagens que tinham de usar a mesma matéria dos antigos. Se tivessem, como nossos literatos, perdido muito tempo pesquisando e imitando mal essa matéria, em lugar de pensar em utilizar outra, para imitar as obras que eram objeto de sua admiração, teriam sem dúvida avançado muito menos rapidamente e estariam ainda procurando pelo mármore.

No que diz respeito à Música, ela deve ter chegado muito mais tarde a um certo grau de perfeição, pois é uma arte que os modernos foram obrigados a criar. O tempo destruiu todos os modelos que os antigos nos legaram nesse gênero, e seus escritores, pelo menos os que nos restam, transmitiram-nos, sobre esse ponto, apenas conhecimentos muito obscuros ou histórias mais apropriadas para nos espantar do que para nos instruir. Por isso, vários

de nos Savants, poussés peut-être par une espèce d'amour de propriété, ont prétendu que nous avons porté cet art beaucoup plus loin que les Grecs; prétention que le défaut de monuments rend aussi difficile à appuyer qu'à détruire, & qui ne peut être qu'assez faiblement combattue par les prodiges vrais ou supposés de la Musique ancienne. Peut-être serait-il permis de conjecturer avec quelque vraisemblance, que cette Musique était tout à fait différente de la nôtre, & que si l'ancienne était supérieure par la mélodie, l'harmonie donne à la moderne des avantages.

Nous serions injustes, si à l'occasion du détail où nous venons d'entrer, nous ne reconnaissions point ce que nous devons à l'Italie; c'est d'elle que nous avons reçu les Sciences, qui depuis ont fructifié si abondamment dans toute l'Europe; c'est à elle surtout que nous devons les Beaux-Arts & le bon goût, dont elle nous a fourni un grand nombre de modèles inimitables. [**xxiii**]

Pendant que les Arts & les Belles-Lettres étaient en honneur, il s'en fallait beaucoup que la Philosophie fît le même progrès, du moins dans chaque nation prise en corps; elle n'a reparu que beaucoup plus tard. Ce n'est pas qu'au fond il soit plus aisé d'exceller dans les Belles-Lettres que dans la Philosophie; la supériorité en tout genre est également difficile à atteindre. Mais la lecture des Anciens devait contribuer plus promptement à l'avancement des Belles-Lettres & du bon goût, qu'à celui des Sciences naturelles. Les beautés littéraires n'ont pas besoin d'être vues longtemps pour être senties; & comme les hommes sentent avant que de penser, ils doivent par la même raison juger ce qu'ils sentent avant de juger ce qu'ils pensent. D'ailleurs, les Anciens n'étaient pas à beaucoup près si parfaits comme Philosophes que comme Écrivains. En effet, quoique dans l'ordre de nos idées les premières opérations de la raison précèdent les premiers efforts de l'imagination, celle-ci, quand elle a fait les premiers pas, va beaucoup plus vite que l'autre: elle a l'avantage de travailler sur des objets qu'elle enfante; au lieu que la raison forcée de se borner à ceux qu'elle a devant elle, & de s'arrêter à chaque instant, ne s'épuise que trop souvent en recherches infructueuses. L'univers & les réflexions sont le premier livre des vrais Philosophes; & les Anciens l'avaient sans doute étudié: il était donc nécessaire de faire comme eux; on ne pouvait suppléer à cette étude par celle de leurs Ouvrages, dont la plupart avaient été détruits, & dont un petit nombre mutilé par le temps ne pouvait nous donner sur une matière aussi vaste que des notions fort incertaines & fort altérées.

de nossos doutos, conduzidos talvez por uma espécie de amor da propriedade, afirmaram que levamos essa arte muito mais longe do que os gregos, pretensão que a falta de documentos torna tão difícil defender quanto desmentir, e que os prodígios da música antiga, verdadeiros ou supostos, mal podem combater. Talvez fosse permitido conjeturar, com alguma veracidade, que essa música foi totalmente diferente da nossa; e que se a antiga era superior pela melodia, a harmonia confere vantagem à moderna.

Seríamos injustos se, a propósito da explicação em que acabamos de entrar, não reconhecêssemos o que devemos à Itália, pois é dela que recebemos as ciências que frutificaram tão abundantemente em toda a Europa, e é a ela, sobretudo, que devemos as belas-artes e o bom gosto, dos quais forneceu um bom número de modelos inimitáveis. **[xxiii]**

Enquanto as artes e as belas-letras eram prestigiadas, a Filosofia estava longe de ter feito o mesmo progresso, ao menos em cada nação, tomada em conjunto; só bem mais tarde é que ela ressurgiu. Não é que no fundo seja mais fácil ser exímio nas belas-letras do que em Filosofia; a superioridade em qualquer gênero é igualmente difícil de ser alcançada. Mas a leitura dos antigos só poderia ter contribuído mais prontamente ao progresso das belas-letras e do bom gosto do que ao das ciências naturais. As belezas literárias não precisam ser vistas por muito tempo para serem *sentidas*, e como os homens sentem antes de pensar, eles devem, pela mesma razão, julgar o que sentem antes de julgar o que pensam. Aliás, os antigos não eram tão perfeitos como filósofos quanto como escritores, longe disso. De fato, embora na ordem de nossas ideias as primeiras operações da razão precedam os primeiros esforços da imaginação, esta última, após ter dado seus primeiros passos, avança muito mais rapidamente do que a outra. Tem a vantagem de trabalhar com objetos que cria, enquanto a razão, forçada a limitar-se aos que tem diante de si e a deter-se a cada instante, esgota-se, com demasiada frequência, em pesquisas infrutíferas. O universo e as reflexões são o primeiro livro dos verdadeiros filósofos, e os antigos, sem dúvida, o tinham estudado. Seria portanto necessário fazer como eles, sem substituir esse estudo pelo de suas obras, que foram destruídas em sua maioria e das quais um pequeno número, mutilado pelo tempo, não poderia nos dar, sobre uma matéria tão vasta, senão noções muito incertas e distorcidas.

La Scolastique qui composait toute la Science prétendue des siècles d'ignorance, nuisait encore aux progrès de la vraie Philosophie dans ce premier siècle de lumière. On était persuadé depuis un temps, pour ainsi dire, immémorial, qu'on possédait dans toute sa pureté la doctrine d'Aristote, commentée par les Arabes, & altérée par mille additions absurdes ou puériles; & on ne pensait pas même à s'assurer si cette Philosophie barbare était réellement celle de ce grand homme, tant on avait conçu de respect pour les Anciens. C'est ainsi qu'une foule de peuples nés & affermis dans leurs erreurs par l'éducation, se croyant d'autant plus sincèrement dans le chemin de la vérité, qu'il ne leur est même jamais venu en pensée de former sur cela le moindre doute. Aussi, dans le temps que plusieurs Écrivains, rivaux des Orateurs & des Poètes Grecs, marchaient à côté de leurs modèles, ou peut-être même les surpassaient; la Philosophie Grecque, quoique fort imparfaite, n'était pas même bien connue.

Tant de préjugés qu'une admiration aveugle pour l'antiquité contribuait à entretenir, semblaient se fortifier encore par l'abus qu'osaient faire de la soumission des peuples quelques Théologiens peu nombreux, mais puissants: je dis peu nombreux, car je suis bien éloigné d'étendre à un Corps respectable & très éclairé une accusation qui se borne à quelques-uns de ses membres. On avait permis aux Poètes de chanter dans leurs Ouvrages les divinités du Paganisme, parce qu'on était persuadé avec raison que les noms de ces divinités ne pouvaient plus être qu'un jeu dont on n'avait rien à craindre. Si d'un côté, la religion des Anciens, qui animait tout, ouvrait un vaste champ à l'imagination des beaux Esprits; de l'autre, les principes en étaient trop absurdes, pour qu'on appréhendât de voir ressusciter Jupiter & Pluton par quelque secte de Novateurs. Mais l'on craignait, ou l'on paraissait craindre les coups qu'une raison aveugle pouvait porter au Christianisme: comment ne voyait-on pas qu'il n'avait point à redouter une attaque aussi faible? Envoyé du ciel aux hommes, la vénération si juste & si ancienne que les peuples lui témoignaient, avait été garantie pour toujours par les promesses de Dieu même. D'ailleurs, quelque absurde qu'une religion puisse être (reproche que l'impiété seule peut faire à la nôtre) ce ne sont jamais les Philosophes qui la détruisent: lors même qu'ils enseignent la vérité, ils se contentent de la montrer sans forcer personne à la reconnaître; un tel pouvoir n'appartient qu'à l'Être tout-puissant: ce sont les hommes inspirés

A Escolástica, que compunha toda a pretensa ciência dos séculos de ignorância, continuava a prejudicar os progressos da verdadeira Filosofia nesse primeiro século de luz. Havia a certeza, desde um tempo por assim dizer imemorial, de que se possuía em toda a sua pureza a doutrina de Aristóteles, comentada pelos árabes e alterada por mil adições absurdas ou pueris, e ninguém pensava em verificar se essa Filosofia bárbara era realmente a desse grande homem, tamanho o respeito pelos antigos. É assim que um grande número de povos cujos erros foram consolidados pela educação imaginam tão mais sinceramente estar no caminho da verdade quanto nunca lhes ocorreu levantar a menor dúvida a respeito. Por isso, enquanto vários escritores, rivais dos oradores e dos poetas gregos, caminhavam ao lado de seus modelos, ou talvez mesmo os ultrapassassem, a Filosofia grega, embora muito imperfeita, permanecia mal conhecida.

Tantos preconceitos, que uma admiração cega pela Antiguidade contribuía para manter, pareciam fortificar-se ainda mais pelo abuso que alguns teólogos, pouco numerosos mas muito poderosos, ousavam cometer pela submissão dos povos. Digo pouco numerosos; longe de mim estender a um corpo respeitável e altamente esclarecido uma acusação que se dirige a alguns de seus membros. Permitira-se aos poetas cantar em suas obras as divindades do paganismo porque tinha-se a certeza, com razão, de que os nomes dessas divindades não eram senão um jogo, do qual nada se tinha a temer. Se, por um lado, a religião dos antigos, que animava tudo, abria um vasto campo à imaginação dos criadores, por outro, seus princípios eram por demais absurdos para que se receasse que um dia Júpiter e Plutão fossem ressuscitados por alguma seita de inovadores. Mas temia-se, ou parecia-se temer, os golpes com os quais uma razão cega poderia atingir o cristianismo; ninguém percebia que ele não tinha o que recear de uma investida tão débil. Enviada aos homens pelo céu, a veneração tão justa e antiga que os povos lhe testemunhavam estava para sempre protegida pelas promessas do próprio Deus. Aliás, por mais absurda que uma religião possa ser (censura que somente a impiedade pode fazer à nossa), nunca são os filósofos que a destroem, pois, mesmo quando ensinam a verdade, contentam-se em mostrá-la, sem forçar ninguém a reconhecê-la. Um tal poder pertence unicamente ao Ser todo-poderoso: são os homens inspirados

Lucotte Del. Benard Fecit.

Orfèvre Grossier, Ouvrages

Ourives. Obras grandes.

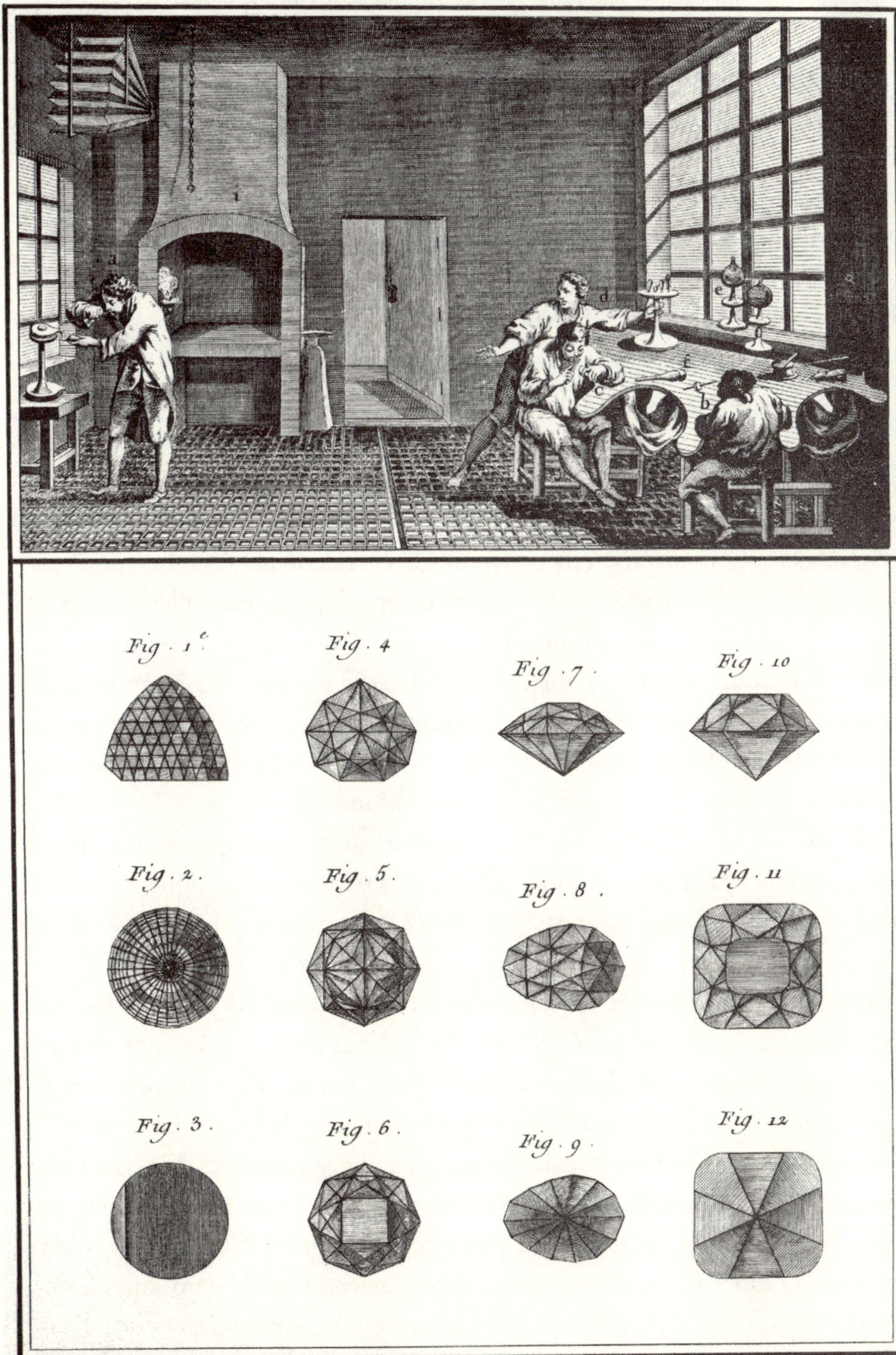

Lucotte Del. Benard Fecit.

Orfevre Jouaillier, Metteur en Œuvre,
Brillans Rares.

Ourives joalheiro, fabricante. Brilhantes raros.

qui éclairent le peuple, & les enthousiastes qui l'égarent. Le frein qu'on est obligé de mettre à la licence de ces derniers ne doit point nuire à cette liberté si nécessaire à la vraie Philosophie, & dont la religion peut tirer les plus grands avantages. Si le Christianisme ajoute à la Philosophie les lumières qui lui manquent, s'il n'appartient qu'à la Grâce de soumettre les incrédules, c'est à la Philosophie qu'il est réservé de les réduire au silence; & pour assurer le triomphe de la Foi, les Théologiens dont nous parlons n'avaient qu'à faire usage des armes qu'on aurait voulu employer contre elle.

Mais parmi ces mêmes hommes, quelques-uns avaient un intérêt beaucoup plus réel de s'opposer à l'avancement de la Philosophie. Faussement persuadés que la croyance des peuples est d'autant plus ferme, qu'on l'exerce sur plus d'objets différents, ils ne se contentaient pas d'exiger pour nos Mystères la soumission qu'ils méritent, ils cherchaient à ériger en dogmes leurs opinions particulières; & c'était ces opinions mêmes, bien plus que les dogmes, qu'ils voulaient mettre en sûreté. Par là ils auraient porté à la religion le coup le plus terrible, si elle eût été l'ouvrage des hommes; car il était à craindre que leurs opinions étant [**xxiv**] une fois reconnues pour fausses, le peuple qui ne discerne rien, ne traitât de la même manière les vérités avec lesquelles on avait voulu les confondre.

D'autres Théologiens de meilleure foi, mais aussi dangereux, se joignaient à ces premiers par d'autres motifs. Quoique la religion soit uniquement destinée à régler nos mœurs & notre foi, ils la croyaient faite pour nous éclairer aussi sur le système du monde, c'est-à-dire, sur ces matières que le Tout-puissant a expressément abandonnées à nos disputes. Ils ne faisaient pas réflexion que les Livres sacrés & les Ouvrages des Pères, faits pour montrer au peuple comme aux Philosophes ce qu'il faut pratiquer & croire, ne devaient point sur les questions indifférentes parler un autre langage que le peuple. Cependant le despotisme théologique ou le préjugé l'emporta. Un Tribunal devenu puissant dans le Midi de l'Europe, dans les Indes, dans le Nouveau Monde, mais que la Foi n'ordonne point de croire, ni la Charité d'approuver, & dont la France n'a pu s'accoutumer encore à prononcer le nom sans effroi, condamna un célèbre Astronome pour avoir soutenu le mouvement de la Terre, & le déclara hérétique; à peu près comme le Pape Zacharie avait condamné quelques siècles auparavant un Évêque, pour n'avoir pas pensé comme saint

que instruem o povo, são os entusiastas que trazem a sua perdição. O freio que se é obrigado a pôr à indisciplina destes últimos não deve prejudicar a liberdade tão necessária à verdadeira Filosofia, e da qual a religião pode extrair as maiores vantagens. Se o cristianismo acrescenta à Filosofia as luzes que faltam a ela, se cabe somente à graça submeter os incrédulos, à Filosofia está reservado o poder de reduzi-los ao silêncio; e, para assegurar o triunfo da fé, aos teólogos de que falamos bastava usar armas que se teriam desejado usar contra ela.

Entre esses mesmos homens, porém, alguns tinham um interesse bem mais real em se opor ao avanço da Filosofia. Falsamente persuadidos de que a crença dos povos é tanto mais firme quanto mais é exercida sobre objetos diferentes, não se contentavam em exigir para nossos mistérios a submissão que merecem, procuravam erigir em dogma suas opiniões particulares, e eram essas mesmas opiniões, bem mais do que os dogmas, que eles queriam guardar em segurança. Com isso, teriam atingido a religião com o mais terrível dos golpes, se ela fosse obra dos homens, pois seria de recear que, uma vez reconhecidas como falsas as suas opiniões, **[xxiv]** o povo, que não tem discernimento, tratasse da mesma maneira as verdades com as quais se quisera confundi-las.

Outros teólogos, mais sinceros, porém igualmente perigosos, juntaram-se aos primeiros, por outros motivos. Embora a religião seja destinada unicamente a regulamentar nossos costumes e nossa fé, julgavam-na feita para instruir-nos também sobre o sistema do mundo, isto é, sobre matérias que o Todo-Poderoso entregou expressamente a nossas discussões. Não pensavam que os livros sagrados e as obras dos padres, feitos para mostrar ao povo e aos filósofos o que se deve praticar e no que se deve crer, forçosamente teriam que falar a linguagem do povo, a respeito de matérias indiferentes. Mesmo assim, o despotismo teológico e o preconceito triunfaram. Um tribunal, que se tornou poderoso no sul da Europa, nas Índias, no Novo Mundo, mas no qual a fé não obriga a acreditar, e que a caridade não obriga a aprovar, tribunal cujo nome a França não se acostumou a pronunciar sem terror, condenou um célebre astrônomo por ter defendido o movimento da Terra e o declarou herético; mais ou menos como o papa Zacarias condenara um bispo, alguns séculos antes, por não ter pensado como

Augustin sur les Antipodes, & pour avoir deviné leur existence six cents ans avant que Christophe Colomb les découvrît. C'est ainsi que l'abus de l'autorité spirituelle réunie à la temporelle forçait la raison au silence; & peu s'en fallut qu'on ne défendît au genre humain de penser.

Pendant que des adversaires peu instruits ou mal intentionnés faisaient ouvertement la guerre à la Philosophie, elle se réfugiait, pour ainsi dire, dans les Ouvrages de quelques grands hommes, qui, sans avoir l'ambition dangereuse d'arracher le bandeau des yeux de leurs contemporains, préparaient de loin dans l'ombre & le silence la lumière dont le monde devait être éclairé peu à peu & par degrés insensibles.

À la tête de ces illustres personnages doit être placé l'immortel Chancelier d'Angleterre, FRANÇOIS BACON, dont les Ouvrages si justement estimés, & plus estimés pourtant qu'ils ne sont connus, méritent encore plus notre lecture que nos éloges. À considérer les vues saines & étendues de ce grand homme, la multitude d'objets sur lesquels son esprit s'est porté, la hardiesse de son style qui réunit partout les plus sublimes images avec la précision la plus rigoureuse, on serait tenté de le regarder comme le plus grand, le plus universel, & le plus éloquent des Philosophes. Bacon, né dans le sein de la nuit la plus profonde, sentit que la Philosophie n'était pas encore, quoique bien des gens sans doute se flattassent d'y exceller; car plus un siècle est grossier, plus il se croit instruit de tout ce qu'il peut savoir. Il commença donc par envisager d'une vue générale les divers objets de toutes les Sciences naturelles; il partagea ces Sciences en différentes branches, dont il fit l'énumération la plus exacte qu'il lui fut possible: il examina ce que l'on savait déjà sur chacun de ces objets, & fit le catalogue immense de ce qui restait à découvrir: c'est le but de son admirable Ouvrage *de la dignité & de l'accroissement des connaissances humaines*. Dans son *nouvel organe des Sciences*, il perfectionne les vues qu'il avait données dans le premier Ouvrage; il les porte plus loin, & fait connaître la nécessité de la Physique expérimentale, à laquelle on ne pensait point encore. Ennemi des systèmes, il n'envisage la Philosophie que comme cette partie de nos connaissances, qui doit contribuer à nous rendre meilleurs ou plus heureux: il semble la borner à la Science des choses utiles, & recommande partout l'étude de la Nature. Ses autres Écrits sont formés sur le même plan; tout, jusqu'à leurs titres, y annonce l'homme de génie, l'esprit

Agostinho sobre os antípodas e por ter adivinhado sua existência seiscentos anos antes que Cristóvão Colombo os descobrisse. E assim o abuso da autoridade espiritual, unida à temporal, forçava a razão ao silêncio; e pouco faltou para que se proibisse o gênero humano de pensar.

Enquanto adversários pouco instruídos ou mal-intencionados combatiam abertamente a Filosofia, ela se refugiava, por assim dizer, nas obras de alguns grandes homens que, sem terem a perigosa ambição de arrancar a venda dos olhos de seus contemporâneos, preparavam de longe, na sombra e no silêncio, a luz que devia iluminar o mundo pouco a pouco, gradual e insensivelmente.

À frente desses ilustres personagens deve ser colocado o imortal chanceler da Inglaterra, Lorde *Francis Bacon*, cujas obras, tão justamente estimadas, embora mais estimadas do que conhecidas, merecem mais serem lidas do que elogiadas. Considerando as ideias sadias e amplas desse grande homem, o grande número de assuntos a que seu espírito se entregou, a ousadia de seu estilo, que reúne em toda parte as mais sublimes imagens à mais rigorosa precisão, seríamos tentados a considerá-lo como o maior, o mais universal e o mais eloquente dos filósofos. Bacon, nascido no seio da mais profunda noite, sentiu que a Filosofia ainda não existia, embora muitas pessoas, sem dúvida, se orgulhassem de serem exímios filósofos, pois quanto mais grosseiro é um século, mais ele se julga instruído em tudo o que possa saber. Começou, portanto, por encarar numa perspectiva geral os diversos objetos de todas as ciências naturais; dividiu essas ciências em diferentes ramos, dos quais fez a enumeração mais exata que lhe foi possível; examinou o que já se sabia sobre cada um desses assuntos e compôs um imenso catálogo do que faltava descobrir: é a finalidade de sua admirável obra, *Da dignidade e do progresso dos conhecimentos humanos*. Em seu *Novo órgão das ciências*, ele aperfeiçoa as ideias que apresentara na primeira obra, leva-as mais longe e dá a conhecer a necessidade da Física experimental, ciência que não fora ainda concebida. Inimigo dos sistemas, não encara a Filosofia senão como uma parte de nossos conhecimentos, que deve contribuir para nos tornar melhores ou mais felizes; parece limitá-la à ciência das coisas úteis e recomenda por toda parte o estudo da natureza. Seus demais escritos estão baseados no mesmo plano. Tudo neles, até mesmo os títulos, anuncia o homem de gênio, o espírito

qui voit en grand. Il y recueille des faits, il y compare des expériences, il en indique un grand nombre à faire; il invite les Savants à étudier & à perfectionner les Arts, qu'il regarde comme la partie la plus relevée & la plus essentielle de la Science humaine: il expose avec une simplicité noble *ses conjectures & ses pensées* sur les différents objets dignes d'intéresser les hommes; & il eût pu dire, comme ce vieillard de Térence, que rien de ce qui touche l'humanité ne lui était étranger. Science de la Nature, Morale, Politique, Œconomique, tout semble avoir été du ressort de cet esprit lumineux & profond; & l'on ne sait ce qu'on doit le plus admirer, ou des richesses qu'il répand sur tous les sujets qu'il traite, ou de la dignité avec laquelle il en parle. Ses Écrits ne peuvent être mieux comparés qu'à ceux d'Hippocrate sur la Médecine; & ils ne seraient ni moins admirés, ni moins lus, si la culture de l'esprit était aussi chère au genre humain que la conservation de la santé. Mais il n'y a que les Chefs de secte en tout genre dont les Ouvrages puissent avoir un certain éclat; Bacon n'a pas été du nombre, & la forme de sa Philosophie s'y opposait. Elle était trop sage pour étonner personne; la Scolastique qui dominait de son temps, ne pouvait être renversée que par des opinions hardies & nouvelles; & il n'y a pas d'apparence qu'un Philosophe, qui se contente de dire aux hommes, *voilà le peu que vous avez appris, voici ce qui vous reste à chercher*, soit destiné à faire beaucoup de bruit parmi ses contemporains. Nous oserions même faire quelque reproche au Chancelier Bacon d'avoir été peut-être trop timide, si nous ne savions avec quelle retenue, & pour ainsi dire, avec quelle superstition, on doit juger un [**xxv**] génie si sublime. Quoiqu'il avoue que les Scolastiques ont énervé les Sciences par leurs questions minutieuses, & que l'esprit doit sacrifier l'étude des êtres généraux à celle des objets particuliers, il semble pourtant par l'emploi fréquent qu'il fait des termes de l'École, quelquefois même par celui des principes scolastiques, & par des divisions & subdivisions dont l'usage était alors fort à la mode, avoir marqué un peu trop de ménagement ou de déférence pour le goût dominant de son siècle. Ce grand homme, après avoir brisé tant de fers, était encore retenu par quelques chaînes qu'il ne pouvait ou n'osait rompre.

Nous déclarerons ici que nous devons principalement au Chancelier Bacon l'Arbre encyclopédique dont nous avons déjà parlé fort au long, & que l'on trouvera à la fin de ce Discours. Nous en avions fait l'aveu en plusieurs endroits du *Prospectus*, nous y revenons encore, & nous ne manquerons aucune occasion

que vê grande. Neles recolhem-se fatos, comparam-se experiências, indicam-se as que estão por realizar, convida-se os sábios a estudar e a aperfeiçoar as artes, que o autor considera como a parte mais elevada e mais essencial da ciência humana. Com uma nobre simplicidade, ele expõe *suas conjeturas e seus pensamentos* sobre os diferentes objetos dignos de interessar aos homens; e poderia ter dito, como o velho de Terêncio, que nada do que toca à humanidade lhe era estranho. Ciência da natureza, Moral, Política, Economia, tudo parece ter sido da alçada desse espírito luminoso e profundo; e não se sabe o que mais admirar, se as riquezas que ele espalha sobre todos os temas que trata ou se a dignidade com que os aborda. Seus escritos não podem merecer melhor comparação do que com os de Hipócrates sobre a Medicina; e não seriam nem menos admirados nem menos lidos do que estes, se a cultura do espírito fosse tão cara ao gênero humano quanto a conservação da saúde. As obras dos chefes de seita, de qualquer gênero que seja, são as únicas dotadas de certo esplendor; Bacon não contava entre eles, e a forma de sua Filosofia opunha-se a isso. Era por demais sábia para espantar alguém; a Escolástica, que dominava em sua época, não podia ser derrubada senão por opiniões ousadas e novas; e não parece que um filósofo que se contentava em dizer aos homens, "eis o pouco que aprendestes, eis o que vos resta procurar", estivesse destinado a fazer muito sucesso entre seus contemporâneos. Ousaríamos mesmo censurar de passagem Lorde Bacon por ter sido talvez excessivamente tímido, se não soubéssemos com que discrição e, por assim dizer, com que superstição deve-se julgar um [**xxv**] gênio tão sublime. Ele reconhece que os escolásticos debilitaram as ciências com suas questões minuciosas, e que o espírito deve sacrificar o estudo dos seres gerais ao dos objetos particulares. Mas, pelo uso frequente dos termos da escola, e mesmo de princípios escolásticos, e das divisões e subdivisões então em voga, ter dado uma atenção e mostrado uma deferência um pouco excessivas pelo gosto dominante de seu século. Esse grande homem, após ter rompido tantos grilhões, continuava preso por algumas correntes que ele não conseguiu ou não ousou quebrar.

Declaramos aqui que devemos sobretudo a Lorde Bacon a árvore enciclopédica de que já falamos detalhadamente e que será encontrada no final deste Discurso. Nós o confessáramos em diversas passagens do *Prospecto*, voltamos novamente a fazê-lo, e não perderemos nenhuma ocasião

de le répéter. Cependant nous n'avons pas crû devoir suivre de point en point le grand homme que nous reconnaissons ici pour notre maître. Si nous n'avons pas placé, comme lui, la raison après l'imagination, c'est que nous avons suivi dans le Système encyclopédique l'ordre métaphysique des opérations de l'Esprit, plutôt que l'ordre historique de ses progrès depuis la renaissance des Lettres; ordre que l'illustre Chancelier d'Angleterre avait peut-être en vue jusqu'à un certain point, lorsqu'il faisait, comme il le dit, le cens & le dénombrement des connaissances humaines. D'ailleurs, le plan de Bacon étant différent du nôtre, & les Sciences ayant fait depuis de grands progrès, on ne doit pas être surpris que nous ayons pris quelquefois une route différente.

Ainsi, outre les changements que nous avons faits dans l'ordre de la distribution générale, & dont nous avons déjà exposé les raisons, nous avons à certains égards poussé les divisions plus loin, surtout dans la partie de Mathématique & de Physique particulière; d'un autre côté, nous nous sommes abstenus d'étendre au même point que lui, la division de certaines Sciences dont il suit jusqu'aux derniers rameaux. Ces rameaux qui doivent proprement entrer dans le corps de notre Encyclopédie, n'auraient fait, à ce que nous croyons, que charger assez inutilement le Système général. On trouvera immédiatement après notre Arbre encyclopédique celui du Philosophe Anglais; c'est le moyen le plus court & le plus facile de faire distinguer ce qui nous appartient d'avec ce que nous avons emprunté de lui.

Au Chancelier Bacon succéda l'illustre DESCARTES. Cet homme rare dont la fortune a tant varié en moins d'un siècle, avait tout ce qu'il fallait pour changer la face de la Philosophie; une imagination forte, un esprit très conséquent, des connaissances puisées dans lui-même plus que dans les Livres, beaucoup de courage pour combattre les préjugés les plus généralement reçus, & aucune espèce de dépendance qui le forçât à les ménager. Aussi éprouva-t-il de son vivant même ce qui arrive pour l'ordinaire à tout homme qui prend un ascendant trop marqué sur les autres. Il fit quelques enthousiastes, & eut beaucoup d'ennemis. Soit qu'il connût sa nation ou qu'il s'en défiât seulement, il s'était réfugié dans un pays entièrement libre pour y méditer plus à son aise. Quoiqu'il pensât beaucoup moins à faire des disciples qu'à les mériter, la persécution alla le chercher dans sa retraite; & la vie cachée qu'il menait ne put l'y soustraire. Malgré toute la sagacité qu'il avait employée pour prouver l'existence de Dieu, il fut accusé de la nier

de repeti-lo. Contudo, não julgamos dever seguir ponto a ponto o grande homem que aqui reconhecemos como nosso mestre. Se não colocamos, como ele, a razão após a imaginação, é porque adotamos, no sistema enciclopédico, preferentemente a ordem metafísica das operações do espírito à ordem histórica de seus progressos, desde a renascença das letras; ordem que o ilustre chanceler da Inglaterra tinha talvez em vista, até certo ponto, quando realizou, como ele mesmo diz, o censo e a enumeração dos conhecimentos humanos. Por ser o plano de Bacon diferente do nosso, e por terem as ciências realizado desde então grandes progressos, não deve surpreender que tenhamos tomado, algumas vezes, um caminho diferente.

Assim, além das modificações introduzidas na ordem da divisão geral, e cujas razões já expusemos, em certos pontos levamos mais longe as divisões, sobretudo quanto à parte que se refere à Matemática e à Física em particular. Por outro lado, abstivemo-nos de estender até o mesmo ponto que ele a divisão de certas ciências, que ele acompanha até as últimas subdivisões. Essas subdivisões, cujo lugar apropriado, em nossa opinião, é o corpo desta *Enciclopédia*, teriam sobrecarregado inutilmente o sistema geral. Encontrar-se-á, logo depois de nossa árvore enciclopédica, a do filósofo inglês. É a maneira mais curta e mais fácil de permitir que se distinga o que nos pertence daquilo que tomamos de empréstimo a ele.

A Lorde Bacon sucedeu o ilustre *Descartes*. Esse homem raro, cuja fama tanto oscilou em menos de um século, tinha tudo o que era necessário para transformar a face da Filosofia: uma imaginação forte, um espírito de grande coerência, conhecimentos extraídos mais de si mesmo que dos livros, muita coragem para combater os preconceitos geralmente aceitos, e nenhuma espécie de dependência que o forçasse a poupá-los. Por isso, ainda em vida sofreu o que de ordinário sucede a todo homem que adquire uma ascendência demasiadamente excessiva sobre os outros. Teve alguns entusiastas e muitos inimigos. Seja porque conhecesse sua nação ou apenas porque não confiasse nela, refugiara-se num país inteiramente livre para meditar mais à vontade. Embora pensasse muito menos em angariar discípulos do que em merecê-los, a perseguição foi procurá-lo em seu refúgio e a vida escondida que levava a ela não pôde subtraí-lo. Apesar de toda a sagacidade que empregara para provar a existência de Deus, foi acusado de negá-la

par des Ministres qui peut-être ne la croyaient pas. Tourmenté & calomnié par des étrangers, & assez mal accueilli de ses compatriotes, il alla mourir en Suède, bien éloigné sans doute de s'attendre au succès brillant que ses opinions auraient un jour.

On peut considérer Descartes comme Géomètre ou comme Philosophe. Les Mathématiques, dont il semble avoir fait assez peu de cas, font néanmoins aujourd'hui la partie la plus solide & la moins contestée de sa gloire. L'Algèbre créée en quelque manière par les Italiens, & prodigieusement augmentée par notre illustre VIÈTE, a reçu entre les mains de Descartes de nouveaux accroissements. Un des plus considérables est sa méthode des Indéterminées, artifice très ingénieux & très subtil, qu'on a su appliquer depuis à un grand nombre de recherches. Mais ce qui a surtout immortalisé le nom de ce grand homme, c'est l'application qu'il a su faire de l'Algèbre à la Géométrie; idée des plus vastes & des plus heureuses que l'esprit humain ait jamais eues, & qui sera toujours la clé des plus profondes recherches, non seulement dans la Géométrie sublime, mais dans toutes les Sciences physico-mathématiques.

Comme Philosophe, il a peut-être été aussi grand, mais il n'a pas été si heureux. La Géométrie qui par la nature de son objet doit toujours gagner sans perdre, ne pouvait manquer, étant maniée par un aussi grand génie, de faire des progrès très sensibles & apparents pour tout le monde. La Philosophie se trouvait dans un état bien différent, tout y était à commencer; & que ne coûtent point les premiers pas en tout genre? Le mérite de les faire dispense de celui d'en faire de grands. Si Descartes qui nous a ouvert la route, n'y a pas été aussi loin que ses Sectateurs le croient, il s'en faut beaucoup que les Sciences lui doivent **[xxvi]** aussi peu que le prétendent ses adversaires. Sa Méthode seule aurait suffi pour le rendre immortel; sa Dioptrique est la plus grande & la plus belle application qu'on eût faite encore de la Géométrie à la Physique; on voit enfin dans ses ouvrages, même les moins lus maintenant, briller par tout le génie inventeur. Si on juge sans partialité ces tourbillons devenus aujourd'hui presque ridicules, on conviendra, j'ose le dire, qu'on ne pouvait alors imaginer mieux: les observations astronomiques qui ont servi à les détruire étaient encore imparfaites, ou peu constatées; rien n'était plus naturel que de supposer un fluide qui transportât les planètes; il n'y avait qu'une longue suite de phénomènes, de raisonnements & de calculs, &

por ministros que talvez não acreditassem nela. Atormentado e caluniado por estrangeiros, mal acolhido por seus compatriotas, morreu na Suécia, longe de contar com o êxito brilhante que suas opiniões teriam um dia.

Pode-se considerar Descartes como geômetra ou como filósofo. A Matemática, à qual ele parece ter dado pouca importância, é todavia, hoje, a parte mais sólida e menos contestada de sua glória. A Álgebra, criada de certo modo pelos italianos e prodigiosamente desenvolvida por nosso ilustre *Viete*, recebeu das mãos de Descartes novos acréscimos. Um dos mais consideráveis é o seu método das indeterminadas, artifício muito engenhoso e muito sutil, posteriormente aplicado a um grande número de pesquisas. Mas o que imortalizou sobretudo o nome desse grande homem foi a aplicação da Álgebra à Geometria, ideia das mais vastas e das mais felizes que o espírito humano já teve, e que será para sempre a chave das mais profundas pesquisas, não apenas na Geometria sublime como em todas as ciências físico-matemáticas.

Como filósofo, teve talvez a mesma grandeza, mas não foi tão afortunado. A Geometria, que pela natureza de seu objeto tem tudo a ganhar e nada a perder ao ser manejada por tão grande gênio, não poderia deixar de realizar progressos bastante sensíveis e evidentes a todos. A Filosofia encontrava-se num estado bem diferente, tudo restava por fazer; e o que não custam os primeiros passos, em qualquer gênero de conhecimento? O mérito de dá-los dispensa do mérito de serem grandes. Se Descartes, que nos abriu o caminho, não foi tão longe quanto pensam os de sua seita, falta muito para que as ciências lhe devam tão pouco [**xxvi**] quanto pensam seus adversários. Por si só, seu método teria sido suficiente para torná-lo imortal; sua Dióptrica é a maior e mais bela aplicação já feita da Geometria à Física; enfim, em suas obras, mesmo nas menos lidas, brilha por toda parte o gênio da invenção. Se julgarmos imparcialmente os turbilhões, que hoje se tornaram quase ridículos, conviremos, ouso dizê-lo, que não se podia então imaginar algo melhor. As observações astronômicas que serviriam para desmenti-los eram ainda imperfeitas ou restavam por comprovar; nada mais natural então do que supor um fluido que transportasse os planetas; apenas uma longa sequência de fenômenos, de raciocínios e de cálculos e,

par conséquent une longue suite d'années, qui pût faire renoncer à une théorie si séduisante. Elle avait d'ailleurs l'avantage singulier de rendre raison de la gravitation des corps par la force centrifuge du Tourbillon même: & je ne crains point d'avancer que cette explication de la pesanteur est une des plus belles & des plus ingénieuses hypothèses que la Philosophie ait jamais imaginées. Aussi a-t-il fallu pour l'abandonner, que les Physiciens aient été entraînés comme malgré eux par la Théorie des forces centrales, & par des expériences faites longtemps après. Reconnaissons donc que Descartes, forcé de créer une Physique toute nouvelle, n'a pu la créer meilleure; qu'il a fallu, pour ainsi dire, passer par les tourbillons pour arriver au vrai système du monde; & que s'il s'est trompé sur les lois du mouvement, il a du moins deviné le premier qu'il devait y en avoir.

Sa Métaphysique, aussi ingénieuse & aussi nouvelle que sa Physique, a eu le même sort à peu près; & c'est aussi à peu près par les mêmes raisons qu'on peut la justifier; car telle est aujourd'hui la fortune de ce grand homme, qu'après avoir eu des sectateurs sans nombre, il est presque réduit à des apologistes. Il se trompa sans doute en admettant les idées innées: mais s'il eût retenu de la secte Péripatéticienne la seule vérité qu'elle enseignait sur l'origine des idées par les sens, peut-être les erreurs qui déshonoraient cette vérité par leur alliage, auraient été plus difficiles à déraciner. Descartes a osé du moins montrer aux bons esprits à secouer le joug de la scolastique, de l'opinion, de l'autorité, en un mot des préjugés & de la barbarie; & par cette révolte dont nous recueillons aujourd'hui les fruits, la Philosophie a reçu de lui un service, plus difficile peut-être à rendre que tous ceux qu'elle doit à ses illustres successeurs. On peut le regarder comme un chef de conjurés, qui a eu le courage de s'élever le premier contre une puissance despotique & arbitraire, & qui en préparant une révolution éclatante, a jeté les fondements d'un gouvernement plus juste & plus heureux qu'il n'a pu voir établi. S'il a fini par croire tout expliquer, il a du moins commencé par douter de tout; & les armes dont nous nous servons pour le combattre ne lui en appartiennent pas moins, parce que nous les tournons contre lui. D'ailleurs, quand les opinions absurdes sont invétérées, on est quelquefois forcé, pour désabuser le genre humain, de les remplacer par d'autres erreurs, lorsqu'on ne peut mieux faire.

por conseguinte, uma longa sequência de anos, poderia convencer que se renunciasse a uma teoria tão sedutora; que tinha, ademais, a singular vantagem de explicar a gravitação dos corpos pela força centrífuga do próprio turbilhão. Não hesito em dizer que essa explicação da gravidade é uma das mais belas e mais engenhosas hipóteses que a Filosofia já imaginou. Por isso, para abandoná-la, foi preciso que os físicos se deixassem arrastar, como que contra a vontade, pela teoria das forças centrais e por experiências realizadas muito tempo depois. Reconheçamos, portanto, que Descartes, forçado a criar uma Física completamente nova, não pôde criá-la melhor; foi preciso, por assim dizer, passar pelos turbilhões para chegar ao verdadeiro sistema do mundo; e que, se ele se enganou sobre as leis do movimento, foi o primeiro a adivinhar que elas deveriam existir.

Sua Metafísica, tão engenhosa e inovadora quanto sua Física, teve mais ou menos a mesma sorte. E é também mais ou menos pelas mesmas razões que podemos justificá-la. Pois a sorte desse grande homem em nossos dias é tal que, após ter tido um sem-número de partidários, só conta hoje com apologistas. Enganou-se, sem dúvida, ao admitir as ideias inatas; mas, se tivesse preservado, da seita peripatética, a única verdade que ela ensinava sobre a origem das ideias, que elas vinham através dos sentidos, talvez os erros que desonravam essa verdade, por sua aliança, tivessem sido mais difíceis de desenraizar. Descartes ousou mostrar, aos espíritos predispostos a aceitá-lo, como sacudir o jugo da escolástica, da opinião, da autoridade, numa palavra, dos preconceitos e da barbárie; e, por essa revolta, de que colhemos hoje os frutos, a Filosofia recebeu dele um serviço talvez mais difícil de prestar do que todos os que ela deve a seus ilustres sucessores. Podemos considerá-lo como um chefe de conjurados, que teve a coragem de ser o primeiro a levantar-se contra um poder despótico e arbitrário, e que, ao preparar uma revolução brilhante, deitou os alicerces de um governo mais justo e mais feliz, que não pôde ver estabelecido. Se acabou por julgar que havia explicado tudo, pelo menos começou por duvidar de tudo, e as armas de que nos servimos para combatê-lo não lhe pertencem menos por as voltarmos contra ele. Aliás, quando as opiniões absurdas são inveteradas, somos às vezes forçados, para não mais enganar o gênero humano, a substituí-las por outros erros, quando não se pode fazer coisa melhor.

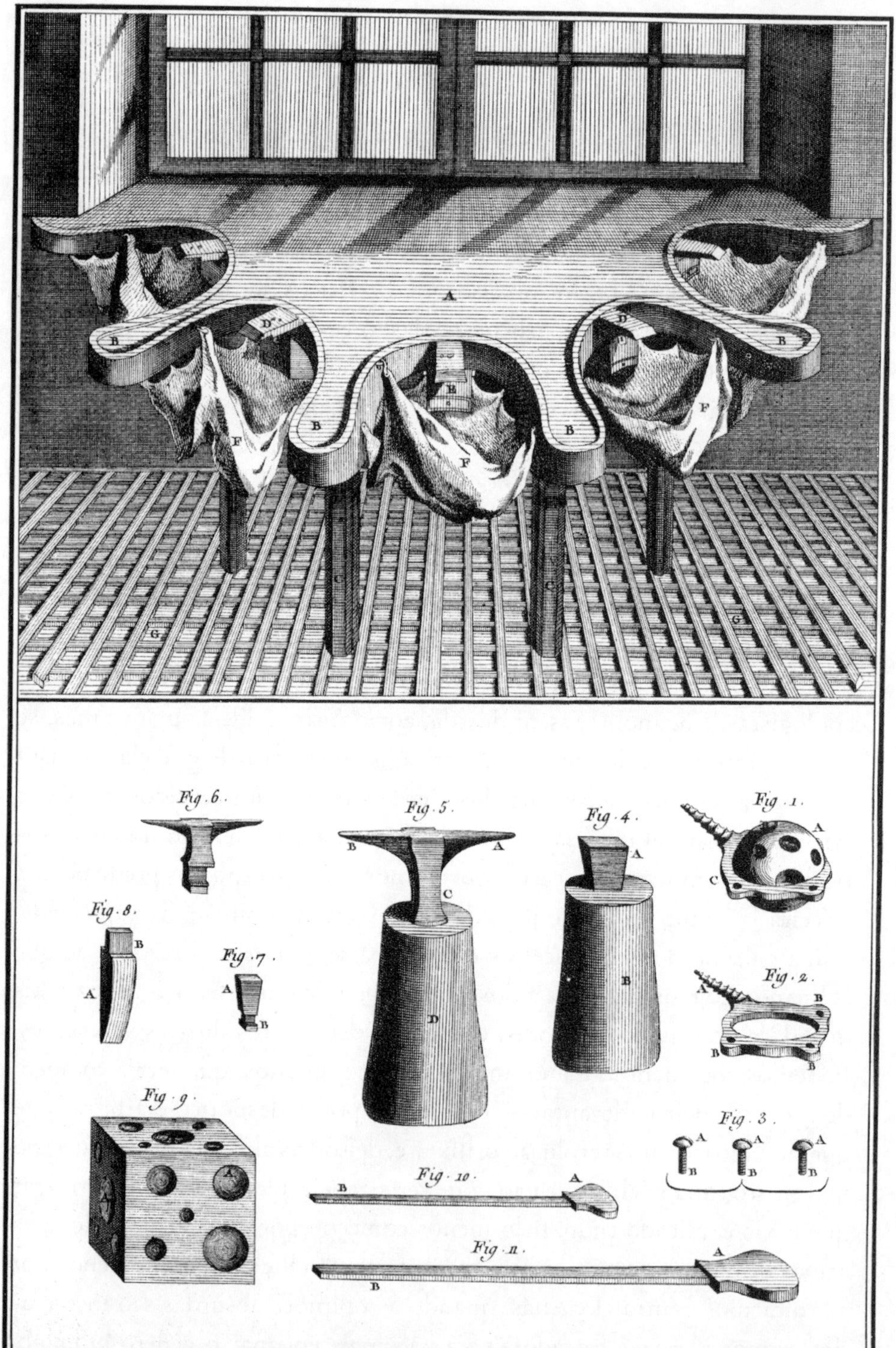

Lucotte Del. Benard Fecit.

Orfevre Jouaillier, Metteur en Œuvre, Outils.

Ourives joalheiro, fabricante. Instrumentos.

Lucotte Del. Defehrt Fecit

Fourbisseur, Machine à Fourbir.

Polidor, máquina de polir.

L'incertitude & la vanité de l'esprit sont telles, qu'il a toujours besoin d'une opinion à laquelle il se fixe: c'est un enfant à qui il faut présenter un jouet pour lui enlever une arme dangereuse; il quittera de lui-même ce jouet quand le temps de la raison sera venu. En donnant ainsi le change aux Philosophes ou à ceux qui croient l'être, on leur apprend du moins à se défier de leurs lumières, & cette disposition est le premier pas vers la vérité. Aussi Descartes a-t-il été persécuté de son vivant, comme s'il fût venu l'apporter aux hommes.

Newton, à qui la route avait été préparée par Huyghens, parut enfin, & donna à la Philosophie une forme qu'elle semble devoir conserver. Ce grand génie vit qu'il était temps de bannir de la Physique les conjectures & les hypothèses vagues, ou du moins de ne les donner que pour ce qu'elles valaient, & que cette Science devait être uniquement soumise aux expériences & à la Géométrie. C'est peut-être dans cette vue qu'il commença par inventer le calcul de l'Infini & la méthode des Suites, dont les usages si étendus dans la Géométrie même, le sont encore davantage pour déterminer les effets compliqués que l'on observe dans la Nature, où tout semble s'exécuter par des espèces de progressions infinies. Les expériences de la pesanteur, & les observations de Kepler, firent découvrir au Philosophe Anglais la force qui retient les planètes dans leurs orbites. Il enseigna tout ensemble & à distinguer les causes de leurs mouvements, & à les calculer avec une exactitude qu'on n'aurait pu exiger que du travail de plusieurs siècles. Créateur d'une Optique toute nouvelle, il fit connaître la lumière aux hommes en la décomposant. Ce que nous pourrions ajouter à l'éloge de ce grand Philosophe, serait fort au-dessous du témoignage universel qu'on rend aujourd'hui à ses découvertes presque innombrables, & à son génie tout à la fois étendu, juste & profond. En enrichissant la Philosophie par une grande quantité de biens réels, il a mérité sans doute toute sa reconnaissance; mais il a peut-être plus fait pour elle en lui apprenant à être sage, & à contenir dans de justes bornes cette espèce d'audace que les circonstances avaient forcé Descartes à lui donner. Sa Théorie du monde (car je ne veux pas dire son Système) est aujourd'hui **[xxvii]** si généralement reçue, qu'on commence à disputer à l'auteur l'honneur de l'invention, parce qu'on accuse d'abord les grands hommes de se tromper, & qu'on finit par les traiter de plagiaires. Je laisse à ceux qui trouvent tout dans les ouvrages des anciens, le plaisir de découvrir dans ces ouvrages la gravitation

A incerteza e a vaidade do espírito são tais que ele precisa sempre de uma opinião a que possa se agarrar; é como uma criança, a quem é preciso apresentar um brinquedo para retirar-lhe das mãos uma arma perigosa, e que deixará espontaneamente esse mesmo brinquedo quando chegado o tempo da razão. Enganando assim os filósofos ou os que julgam sê-lo, ensinamo--lhes pelo menos a desconfiar de suas luzes, e essa disposição é o primeiro passo em direção à verdade. Por isso, Descartes foi perseguido durante a vida como se tivesse vindo trazer aos homens a verdade.

Newton, cujo caminho fora preparado por *Huyghens*, surgiu enfim e deu à Filosofia uma forma que parece definitiva. Esse grande gênio viu que era tempo de banir da Física as conjeturas e as hipóteses vagas, ou pelo menos de tomá-las apenas pelo que valiam, e que essa ciência deveria ser submetida unicamente aos experimentos e à Geometria. Talvez tendo isso em vista, ele começou por inventar o cálculo infinitesimal e o método das progressões, cujas aplicações, tão extensas na própria Geometria, o são ainda mais para determinar os complicados efeitos que se observam na natureza, onde tudo parece ser executado por espécies de progressões infinitas. As experiências da gravidade e as observações de Kepler fizeram com que o filósofo inglês descobrisse a força que mantém os planetas em suas órbitas. Ensinou ao mesmo tempo a distinguir as causas de seus movimentos e a calculá-los com uma exatidão que somente se poderia exigir do trabalho de vários séculos. Criador de uma Ótica totalmente nova, deu a conhecer aos homens a luz, decompondo-a. O que poderíamos acrescentar ao elogio desse grande filósofo estaria muito abaixo do testemunho universal que se presta hoje às suas descobertas quase inumeráveis e a seu gênio, a um só tempo extenso, justo e profundo. Por ter enriquecido a Filosofia com uma grande quantidade de bens reais, mereceu sem dúvida todo o reconhecimento que obteve, mas talvez tenha feito mais por ela ao ensinar-lhe a ser sensata e a manter na justa medida essa espécie de audácia que as circunstâncias haviam forçado Descartes a lhe dar. Sua teoria do mundo (não direi seu sistema) é hoje **[xxvii]** tão geralmente aceita que se começa a disputar ao autor a glória de tê-la inventado, pois primeiro acusa-se os grandes homens de se enganarem, para depois acusá-los de plágio. Deixo aos que encontram tudo nas obras dos antigos o prazer de descobrir nelas a gravitação

des planètes, quand elle n'y serait pas; mais en supposant même que les Grecs en aient eu l'idée, ce qui n'était chez eux qu'un système hasardé & romanesque, est devenu une démonstration dans les mains de Newton: cette démonstration qui n'appartient qu'à lui fait le mérite réel de sa découverte; & l'attraction sans un tel appui serait une hypothèse comme tant d'autres. Si quelque Écrivain célèbre s'avisait de prédire aujourd'hui sans aucune preuve qu'on parviendra un jour à faire de l'or, nos descendants auraient-ils droit sous ce prétexte de vouloir ôter la gloire du grand œuvre à un Chimiste qui en viendrait à bout? Et l'invention des lunettes en appartiendrait-elle moins à ses auteurs, quand même quelques anciens n'auraient pas cru impossible que nous étendissions un jour la sphère de notre vue?

D'autres Savants croient faire à Newton un reproche beaucoup plus fondé, en l'accusant d'avoir ramené dans la Physique les *qualités occultes* des Scolastiques & des anciens Philosophes. Mais les Savants dont nous parlons sont-ils bien sûrs que ces deux mots, vides de sens chez les Scolastiques, & destinés à marquer un Être dont ils croyaient avoir l'idée, fussent autre chose chez les anciens Philosophes que l'expression modeste de leur ignorance? Newton qui avait étudié la Nature, ne se flattait pas d'en savoir plus qu'eux sur la cause première qui produit les phénomènes; mais il n'employa pas le même langage, pour ne pas révolter des contemporains qui n'auraient pas manqué d'y attacher une autre idée que lui. Il se contenta de prouver que les tourbillons de Descartes ne pouvaient rendre raison du mouvement des planètes; que les phénomènes & les lois de la Mécanique s'unissaient pour les renverser; qu'il y a une force par laquelle les planètes tendent les unes vers les autres, & dont le principe nous est entièrement inconnu. Il ne rejeta point l'impulsion; il se borna à demander qu'on s'en servît plus heureusement qu'on n'avait fait jusqu'alors pour expliquer les mouvements des planètes. Ses désirs n'ont point encore été remplis, & ne le seront peut-être de longtemps. Après tout, quel mal aurait-il fait à la Philosophie, en nous donnant lieu de penser que la matière peut avoir des propriétés que nous ne lui soupçonnions pas, & en nous désabusant de la confiance ridicule où nous sommes de les connaître toutes?

À l'égard de la Métaphysique, il parait que Newton ne l'avait pas entièrement négligée. Il était trop grand Philosophe pour ne pas sentir qu'elle est la base de nos connaissances, & qu'il faut chercher dans elle seule des notions

dos planetas, mesmo que lá não esteja; mas mesmo supondo que os gregos tenham tido essa ideia, o que em suas mãos não passava de um sistema temerário e romanesco tornou-se nas de Newton uma demonstração. Essa demonstração, que cabe exclusivamente a ele, responde pelo mérito real de sua descoberta, e a atração, sem tal apoio, seria uma hipótese como tantas outras. Se algum escritor célebre se atrevesse a predizer, hoje, sem nenhuma prova, que se chegará um dia a fabricar o ouro, teriam por isso os nossos descendentes o direito de privar da glória desse feito um químico que o realizasse? E a invenção dos óculos pertenceria menos aos seus autores, porque alguns antigos não julgaram impossível que um dia se estendesse o alcance de nossa vista?

Outros sábios pensam lançar contra Newton uma censura mais bem fundamentada ao acusá-lo de ter introduzido na Física as *qualidades ocultas* dos escolásticos e dos filósofos da Antiguidade. Mas os sábios de que falamos terão mesmo certeza de que essas duas palavras, desprovidas de sentido para os escolásticos, destinadas a marcar um Ser de que julgavam ter uma ideia, fossem para os filósofos antigos algo além da modesta expressão de sua ignorância? Newton, que estudara a natureza, não se vangloriava de saber mais do que eles a respeito da causa primeira que produz os fenômenos; mas não usou a mesma linguagem, para não revoltar alguns contemporâneos que não teriam deixado de associar a ela uma ideia diferente. Contentou-se em provar que os turbilhões de Descartes não podiam explicar o movimento dos planetas, que os fenômenos e as leis da Mecânica uniam-se para derrubá-los, que há uma força pela qual os planetas tendem uns para os outros e cujo princípio desconhecemos inteiramente. Não rejeitou o impulso; limitou-se a pedir que dele se servissem com maior felicidade do que se havia feito até então para explicar os movimentos dos planetas. Seu desejo ainda não foi realizado, e talvez não o seja por algum tempo. Finalmente, que mal teria ele feito à Filosofia, levando-nos a pensar que a matéria pode ter propriedades que não supomos nela e provando-nos da ridícula presunção de conhecê-las inteiramente?

No que diz respeito à Metafísica, parece que Newton não chegou a negligenciá-la por completo. Era um filósofo demasiadamente grande para não sentir que ela é a base de nossos conhecimentos, e que somente nela

nettes & exactes de tout: il parait même par les ouvrages de ce profond Géomètre, qu'il était parvenu à se faire de telles notions sur les principaux objets qui l'avaient occupé. Cependant, soit qu'il fût peu content lui-même des progrès qu'il avait faits à d'autres égards dans la Métaphysique, soit qu'il crût difficile de donner au genre humain des lumières bien satisfaisantes ou bien étendues sur une science trop souvent incertaine & contentieuse, soit enfin qu'il craignît qu'à l'ombre de son autorité on n'abusât de sa Métaphysique comme on avait abusé de celle de Descartes pour soutenir des opinions dangereuses ou erronées, il s'abstint presque absolument d'en parler dans ceux de ses écrits qui sont le plus connus; & on ne peut guère apprendre ce qu'il pensait sur les différents objets de cette science, que dans les ouvrages de ses disciples. Ainsi comme il n'a causé sur ce point aucune révolution, nous nous abstiendrons de le considérer de ce côté-là.

Ce que Newton n'avait osé, ou n'aurait peut-être pu faire, LOCKE l'entreprit & l'exécuta avec succès. On peut dire qu'il créa la Métaphysique à peu près comme Newton avait créé la Physique. Il conçut que les abstractions & les questions ridicules qu'on avait jusqu'alors agitées, & qui avaient fait comme la substance de la Philosophie, étaient la partie qu'il fallait surtout proscrire. Il chercha dans ces abstractions & dans l'abus des signes les causes principales de nos erreurs, & les y trouva. Pour connaître notre âme, ses idées & ses affections, il n'étudia point les livres, parce qu'ils l'auraient mal instruit; il se contenta de descendre profondément en lui-même; & après s'être, pour ainsi dire, contemplé longtemps, il ne fit dans son Traité de l'entendement humain que présenter aux hommes le miroir dans lequel il s'était vu. En un mot il réduisit la Métaphysique à ce qu'elle doit être en effet, la Physique expérimentale de l'âme; espèce de Physique très différente de celle des corps non seulement par son objet, mais par la manière de l'envisager. Dans celle-ci on peut découvrir, & on découvre souvent des phénomènes inconnus; dans l'autre les faits aussi anciens que le monde existe également dans tous les hommes: tant pis pour qui croit en voir de nouveaux. La Métaphysique raisonnable ne peut consister, comme la Physique expérimentale, qu'à rassembler avec soin tous ces faits, à les réduire en un corps, à expliquer les uns par les autres, en distinguant ceux qui doivent tenir le premier rang & servir comme de base. En un mot les principes

é preciso procurar pelas noções precisas e exatas de tudo. Parece mesmo, tendo em vista as obras desse profundo geômetra, que chegara a adquirir tais noções sobre os principais objetos de que se ocupara. Contudo, seja porque estivesse pouco satisfeito com os progressos que ele mesmo realizara em outros pontos na Metafísica, seja porque acreditasse ser difícil propiciar ao gênero humano luzes muito satisfatórias ou extensas sobre uma ciência frequentemente incerta e controvertida, seja enfim porque temesse que, à sombra de sua autoridade, se abusasse de sua Metafísica como se abusara da de Descartes para defender opiniões perigosas ou erradas, absteve-se quase totalmente de falar a respeito dela em seus escritos mais conhecidos, e mal se pode apreender o que pensava sobre os diferentes objetos dessa ciência, a não ser nas obras de seus discípulos. Assim, como nesse ponto não causou nenhuma revolução, abster-nos-emos de considerá-lo sob esse aspecto.

O que Newton não ousara ou talvez não tivesse podido fazer, *Locke* empreendeu e executou com êxito. Pode-se dizer que ele criou a Metafísica mais ou menos como Newton criara a Física. Concebeu que as abstrações e as questões ridículas que haviam sido agitadas até então e que haviam sido como que a substância da Filosofia, constituíam a parte que sobretudo era preciso proscrever. Procurou, nessas abstrações e no abuso dos signos, as causas principais de nossos erros, e encontrou-as. Para conhecer nossa alma, suas ideias e suas afecções, não estudou os livros, porque não poderiam instruí-lo adequadamente, contentou-se em mergulhar profundamente em si mesmo, e após ter, por assim dizer, contemplado a si mesmo longamente, apenas apresentou aos homens, em seu *Ensaio sobre o entendimento humano*, o espelho em que se vira. Numa palavra, reduziu a Metafísica ao que ela deve ser de fato, uma Física experimental da alma, espécie de Física muito diferente daquela dos corpos, não somente por seu objeto como também pela maneira de considerá-lo. Nesta, podem-se descobrir e descobrem-se frequentemente fenômenos desconhecidos; naquela, os fatos, tão antigos quanto o mundo, existem igualmente em todos os homens: tanto pior para quem julgar ver outros novos. A Metafísica racional não pode consistir, como a Física experimental, senão em reunir com cuidado todos esses fatos, em reduzi-los a um corpo, em explicá-los uns pelos outros, distinguindo os que devem vir primeiro e servir como base. Numa palavra, os princípios

de la Métaphysique, aussi simples que les axiomes, sont les mêmes **[xxviii]** pour les Philosophes & pour le Peuple. Mais le peu de progrès que cette Science a fait depuis si longtemps, montre combien il est rare d'appliquer heureusement ces principes, soit par la difficulté que renferme un pareil travail, soit peut-être aussi par l'impatience naturelle qui empêche de s'y borner. Cependant le titre de Métaphysicien & même de grand Métaphysicien est encore assez commun dans notre siècle; car nous aimons à tout prodiguer: mais qu'il y a peu de personnes véritablement dignes de ce nom! Combien y en a-t-il qui ne le méritent que par le malheureux talent d'obscurcir avec beaucoup de subtilité des idées claires, & de préférer dans les notions qu'ils se forment l'extraordinaire au vrai, qui est toujours simple? Il ne faut pas s'étonner après cela si la plupart de ceux qu'on appelle *Métaphysiciens* font si peu de cas les uns des autres. Je ne doute point que ce titre ne soit bientôt une injure pour nos bons esprits, comme le nom de Sophiste, qui pourtant signifie *Sage*, avili en Grèce par ceux qui le portaient, fut rejeté par les vrais Philosophes.

Concluons de toute cette histoire, que l'Angleterre nous doit la naissance de cette Philosophie que nous avons reçue d'elle. Il y a peut-être plus loin des formes substantielles aux tourbillons, que des tourbillons à la gravitation universelle, comme il y a peut-être un plus grand intervalle entre l'Algèbre pure & l'idée de l'appliquer à la Géométrie, qu'entre le petit triangle de BARROW & le calcul différentiel.

Tels sont les principaux génies que l'esprit humain doit regarder comme ses maîtres, & à qui la Grèce eut élevé des statues, quand même elle eut été obligée pour leur faire place, d'abattre celles de quelques Conquérants.

Les bornes de ce Discours préliminaire nous empêchent de parler de plusieurs Philosophes illustres, qui sans se proposer des vues aussi grandes que ceux dont nous venons de faire mention, n'ont pas laissé par leurs travaux de contribuer beaucoup à l'avancement des Sciences, & ont pour ainsi dire levé un coin du voile qui nous cachait la vérité. De ce nombre sont; GALILÉE, à qui la Géographie doit tant pour ses découvertes Astronomiques, & la Mécanique pour sa Théorie de l'accélération; HARVEY, que la découverte de la circulation du sang rendra immortel; HUYGHENS, que nous avons déjà nommé, & qui par des ouvrages pleins de force & de génie a si bien mérité de la Géométrie & de la Physique; PASCAL, auteur d'un traité sur la Cycloïde, qu'on doit regarder comme un prodige de sagacité & de pénétration, & d'un traité de

da Metafísica, tão simples quanto os axiomas, são os mesmos [**xxviii**] para os filósofos e para o povo. Mas os pequenos progressos realizados por essa ciência em tão longo tempo mostram como é raro aplicar com felicidade esses princípios, seja pela dificuldade que encerra um tal trabalho, seja talvez também pela impaciência natural que impede limitar-se a eles. Contudo, o título de metafísico e mesmo de grande metafísico é ainda bastante comum em nosso século, pois amamos prodigar tudo: mas como há poucas pessoas verdadeiramente dignas desse nome! E quantas há que só o merecem pelo infeliz talento de, com muita sutileza, tornar obscuras ideias claras, e preferir, nas noções que adquirem, o extraordinário ao verdadeiro, que é sempre simples? Não devemos nos espantar, diante disso, que a maioria dos que chamamos *metafísicos* tenham tão pouca estima uns pelos outros. Não duvido que esse título seja em breve uma injúria para os espíritos favoráveis; assim como o nome de sofista, que, embora signifique *sábio*, aviltado na Grécia por aqueles que o usavam, foi rejeitado pelos verdadeiros filósofos.

Concluamos, de toda esta história, que a Inglaterra deve a nós o nascimento da filosofia que recebemos dela. Há, talvez, uma distância maior entre as formas substanciais e os turbilhões do que entre os turbilhões e a gravitação universal, como há talvez um intervalo maior entre a Álgebra pura e a ideia de aplicá-la à Geometria do que entre o pequeno triângulo de *Barrow* e o cálculo diferencial.

Tais são os principais gênios que o espírito humano deve considerar como seus mestres, e a quem a Grécia teria erguido estátuas, mesmo se tivesse sido obrigada, para dar-lhes lugar, a abater as de alguns conquistadores.

Os limites deste *Discurso preliminar* nos impedem de falar de vários filósofos ilustres que, sem se proporem perspectivas tão vastas quanto as que acabamos de mencionar, não deixaram, com seus trabalhos, de contribuir grandemente para o adiantamento das Ciências e, por assim dizer, levantaram uma ponta do véu que nos escondia a verdade. Fazem parte desse rol *Galileu*, a quem a Geografia deve tanto por suas descobertas astronômicas e a Mecânica por sua teoria da aceleração; *Harvey*, imortalizado pela descoberta da circulação do sangue; *Huyghens*, que já citamos, e que, com obras cheias de força e de gênio, tornou-se benemérito da Geometria e da Física; *Pascal*, autor de um tratado sobre a cicloide, que deve ser considerado um prodígio de sagacidade e penetração, e de um tratado sobre o

l'équilibre des liqueurs & de la pesanteur de l'air, qui nous a ouvert une science nouvelle: génie universel & sublime, dont les talents ne pourraient être trop regrettés par la Philosophie, si la religion n'en avait pas profité; MALEBRANCHE, qui a si bien démêlé les erreurs des sens, & qui a connu celles de l'imagination comme s'il n'avait pas été souvent trompé par la sienne; BOYLE, le père de la Physique expérimentale; plusieurs autres enfin, parmi lesquels doivent être comptés avec distinction les VESALE, les SYDENHAM, les BOERHAAVE, & une infinité d'Anatomistes & de Physiciens célèbres.

Entre ces grands hommes il en est un, dont la Philosophie aujourd'hui fort accueillie & fort combattue dans le Nord de l'Europe, nous oblige à ne le point passer sous silence; c'est l'illustre LEIBNITZ. Quand il n'aurait pour lui que la gloire, ou même que le soupçon d'avoir partagé avec Newton l'invention du calcul différentiel, il mériterait à ce titre une mention honorable. Mais c'est principalement par sa Métaphysique que nous voulons l'envisager. Comme Descartes, il semble avoir reconnu l'insuffisance de toutes les solutions qui avaient été données jusqu'à lui des questions les plus élevées, sur l'union du corps & de l'âme, sur la Providence, sur la nature de la matière; il parait même avoir eu l'avantage d'exposer avec plus de force que personne les difficultés qu'on peut proposer sur ces questions; mais moins sage que Locke & Newton, il ne s'est pas contenté de former des doutes, il a cherché à les dissiper, & de ce côté-là il n'a peut-être pas été plus heureux que Descartes. Son principe de *la raison suffisante*, très beau & très vrai en lui-même, ne paraît pas devoir être fort utile à des êtres aussi peu éclairés que nous le sommes sur les raisons premières de toutes choses; ses *Monades* prouvent tout au plus qu'il a vu mieux que personne qu'on ne peut se former une idée nette de la matière, mais elles ne paraissent pas faites pour la donner; son *Harmonie préétablie*, semble n'ajouter qu'une difficulté de plus à l'opinion de Descartes sur l'union du corps & de l'âme; enfin son système de l'*Optimisme* est peut-être dangereux par le prétendu avantage qu'il a d'expliquer tout.

Nous finirons par une observation qui ne paraîtra pas surprenante à des Philosophes. Ce n'est guère de leur vivant que les grands hommes dont nous venons de parler ont changé la face des Sciences. Nous avons déjà vu pourquoi Bacon n'a point été chef de secte; deux raisons se joignent à celle que nous en avons apportée. Ce grand Philosophe a écrit plusieurs de ses Ouvrages dans une retraite à laquelle ses ennemis l'avaient forcé,

equilíbrio dos fluidos e do peso do ar, que abriu para nós o campo de uma nova ciência, gênio universal e eminente, dotado de talentos cuja perda jamais poderia ser lamentada em demasia pela Filosofia, se a religião não tivesse se apropriado deles; *Malebranche*, que tão bem distinguiu os erros dos sentidos e conheceu os da imaginação, como se nunca tivesse sido enganado pela sua; *Boyle*, o pai da Física experimental; vários outros, enfim, entre os quais devem ser contados, com distinção, *Vessálio*, *Sydenham*, *Boerhaave* e uma infinidade de anatomistas e físicos célebres.

Entre esses grandes homens há um cuja filosofia, hoje em dia tão aceita quanto combatida no Norte da Europa, obriga-nos a não passá-lo sob silêncio: trata-se do ilustre *Leibniz*. Mesmo que tivesse para si apenas a glória ou até a suspeita de ter partilhado com Newton a invenção do cálculo diferencial, só por isso já mereceria uma menção honrosa. Mas é sobretudo por sua Metafísica que gostaríamos de considerá-lo. Como Descartes, parece ter reconhecido a insuficiência de todas as soluções até então dadas às questões mais elevadas, como a união do corpo e da alma, a Providência, a natureza da matéria. Parece mesmo ter desfrutado da vantagem de expor, com maior força do que outros, as dificuldades que se podem propor sobre essas questões, mas, menos sensato do que Locke ou Newton, não se contentou em levantar dúvidas, procurou dissipá-las, e, nesse ponto, talvez não tenha sido mais feliz do que Descartes. Seu princípio da *razão suficiente*, belíssimo e extremamente verdadeiro em si mesmo, não parece ser muito útil, a seres tão pouco esclarecidos quanto nós, para explicar as razões primeiras de todas as coisas; suas *mônadas* provam, quando muito, que viu melhor do que ninguém que não podemos formar uma ideia precisa da matéria, mas não parecem feitas para oferecê-la; sua *harmonia preestabelecida* parece apenas acrescentar uma dificuldade a mais, à opinião de Descartes sobre a união do corpo e da alma; por fim, seu sistema do *otimismo* é talvez perigoso, pela pretensa vantagem de tudo explicar.

Encerraremos com uma observação que não surpreenderá os filósofos. Não foi em vida que os grandes homens de que acabamos de falar transformaram a face das ciências. Já vimos por que Bacon não foi chefe de seita; duas razões se acrescentam à que apresentamos. Esse grande filósofo escreveu várias de suas obras num retiro, ao qual seus inimigos o haviam forçado,

& le mal qu'ils avaient fait à l'homme d'État n'a pu manquer de nuire à l'Auteur. D'ailleurs, uniquement occupé d'être utile, il a peut-être embrassé trop de matières, pour que ses contemporains [**xxix**] dussent se laisser éclairer à la fois sur un si grand nombre d'objets. On ne permet guère aux grands génies d'en savoir tant; on veut bien apprendre quelque chose d'eux sur un sujet borné: mais on ne veut pas être obligé à réformer toutes ses idées sur les leurs. C'est en partie pour cette raison que les Ouvrages de Descartes ont essuyé en France après sa mort plus de persécution que leur Auteur n'en avait souffert en Hollande pendant sa vie; ce n'a été qu'avec beaucoup de peine que les écoles ont enfin osé admettre une Physique qu'elles s'imaginaient être contraire à celle de Moïse. Newton, il est vrai, a trouvé dans ses contemporains moins de contradiction, soit que les découvertes géométriques par lesquelles il s'annonça, & dont on ne pouvait lui disputer ni la propriété, ni la réalité, eussent accoutumé à l'admiration pour lui, & à lui rendre des hommages qui n'étaient ni trop subits, ni trop forcés; soit que par sa supériorité il imposât silence à l'envi, soit enfin, ce qui paraît plus difficile à croire, qu'il eût affaire à une nation moins injuste que les autres. Il a eu l'avantage singulier de voir sa Philosophie généralement reçue en Angleterre de son vivant, & d'avoir tous ses compatriotes pour partisans & pour admirateurs. Cependant il s'en fallait bien que le reste de l'Europe fit alors le même accueil à ses Ouvrages. Non seulement ils étaient inconnus en France, mais la Philosophie scolastique y dominait encore, lorsque Newton avait déjà renversé la Physique Cartésienne, & les tourbillons étaient détruits avant que nous songeassions à les adopter. Nous avons été aussi longtemps à les soutenir qu'à les recevoir. Il ne faut qu'ouvrir nos Livres, pour voir avec surprise qu'il n'y a pas encore vingt ans qu'on a commencé en France à renoncer au Cartésianisme. Le premier qui ait osé parmi nous se déclarer ouvertement Newtonien, est l'auteur du Discours *sur la figure des Astres*, qui joint à des connaissances géométriques très étendues, cet esprit philosophique avec lequel elles ne se trouvent pas toujours, & ce talent d'écrire auquel on ne croira plus qu'elles nuisent, quand on aura lu ses Ouvrages. M. de MAUPERTUIS a cru qu'on pouvait être bon citoyen, sans adopter aveuglément la Physique de son pays; & pour attaquer cette Physique, il a eu besoin d'un courage dont on doit lui savoir gré.

e o mal que fizeram ao homem de Estado não pôde deixar de prejudicar o autor. Ocupado unicamente em ser útil, ele talvez tenha abarcado um número de matérias excessivo para que seus contemporâneos **[xxix]** se deixassem esclarecer ao mesmo tempo sobre todas elas. Não se permite aos grandes gênios saber tanto. Deseja-se sinceramente aprender alguma coisa com eles, sobre um assunto limitado, mas não se quer assumir a obrigação de reformar todas as ideias de acordo com as deles. Em parte por essa razão, as obras de Descartes sofreram na França, após a sua morte, uma perseguição maior do que a enfrentada em vida pelo autor na Holanda. Apenas com muita dificuldade as escolas enfim ousaram admitir uma Física que antes imaginavam contrária à de Moisés. Newton, é verdade, encontrou oposição menor de seus contemporâneos, seja porque as descobertas geométricas, pelas quais se tornou conhecido e das quais não era possível disputar a propriedade ou a realidade, tivessem tornado um hábito admirá-lo e render-lhe homenagens que não eram nem demasiado súbitas nem demasiado forçadas, seja porque, por sua superioridade, impusesse silêncio à inveja, seja enfim, o que parece mais difícil de acreditar, porque tivesse de lidar com uma nação menos injusta do que outras anteriores. Teve o singular privilégio de ver, ainda em vida, sua filosofia reconhecida na Inglaterra e de ter todos seus compatriotas como partidários e admiradores. Todavia, faltava muito para que o resto da Europa desse a mesma acolhida a suas obras. Não somente eram desconhecidas na França, como a filosofia escolástica ainda dominava quando Newton já derrubara a Física cartesiana; os turbilhões haviam sido destruídos antes que pensássemos em adotá-los. Levamos tanto tempo para defendê-los quanto para aceitá-los. Basta abrir nossos livros para ver com surpresa que apenas há vinte anos é que na França começamos a renunciar ao cartesianismo. O primeiro entre nós que ousou se declarar abertamente newtoniano foi o autor do *Discours sur la figure des astres*, que reúne conhecimentos geométricos muito extensos a um espírito filosófico com o qual eles nem sempre se encontram e a um talento para escrever que não mais se julgarão nocivos quando se tiverem lido suas obras. O Sr. *Maupertuis* pensou que podia ser bom cidadão sem adotar cegamente a Física de seu país, e, para atacar essa Física, precisou de uma coragem pela qual lhe devemos ser gratos.

Lucotte Del. 　　　　Benard Fecit.

Tourneur, Attelier

Lucotte Del.

Benard Fecit

Tourneur, Divers Ouvrages réunis.

Torneiro. Diversas obras.

En effet notre nation, singulièrement avide de nouveautés dans les matières de goût, est au contraire en matière de Science très attachée aux opinions anciennes. Deux dispositions si contraires en apparence ont leur principe dans plusieurs causes, & surtout dans cette ardeur de jouir, qui semble constituer notre caractère. Tout ce qui est du ressort du sentiment n'est pas fait pour être longtemps cherché, & cesse d'être agréable, dès qu'il ne se présente pas tout d'un coup: mais aussi l'ardeur avec laquelle nous nous y livrons s'épuise bientôt, & l'âme dégoûtée aussitôt que remplie, vole vers un nouvel objet qu'elle abandonnera de même. Au contraire, ce n'est qu'à force de méditation que l'esprit parvient à ce qu'il cherche: mais par cette raison il veut jouir aussi longtemps qu'il a cherché, surtout lorsqu'il ne s'agit que d'une Philosophie hypothétique & conjecturale, beaucoup moins pénible que des calculs & des combinaisons exactes. Les Physiciens attachés à leurs théories, avec le même zèle & par les mêmes motifs que les artisans à leurs pratiques, ont sur ce point beaucoup plus de ressemblance avec le peuple qu'ils ne s'imaginent. Respectons toujours Descartes; mais abandonnons sans peine des opinions qu'il eût combattues lui-même un siècle plus tard. Surtout ne confondons point sa cause avec celle de ses sectateurs. Le génie qu'il a montré en cherchant dans la nuit la plus sombre une route nouvelle quoique trompeuse, n'était qu'à lui: ceux qui l'ont osé suivre les premiers dans les ténèbres, ont au moins marqué du courage; mais il n'y a plus de gloire à s'égarer sur ses traces depuis que la lumière est venue. Parmi le peu de Savants qui défendent encore sa doctrine, il eût désavoué lui-même ceux qui n'y tiennent que par un attachement servile à ce qu'ils ont appris dans leur enfance, ou par je ne sais quel préjugé national, la honte de la Philosophie. Avec de tels motifs on peut être le dernier de ses partisans; mais on n'aurait pas eu le mérite d'être son premier disciple, ou plutôt on eût été son adversaire, lorsqu'il n'y avait que de l'injustice à l'être. Pour avoir le droit d'admirer les erreurs d'un grand homme, il faut savoir les reconnaître, quand le temps les a mises au grand jour. Aussi les jeunes gens qu'on regarde d'ordinaire comme d'assez mauvais juges, sont peut-être les meilleurs dans les matières philosophiques & dans beaucoup d'autres, lorsqu'ils ne sont pas dépourvus de lumière; parce que tout leur étant également nouveau, ils n'ont d'autre intérêt que celui de bien choisir.

De fato, nossa nação, singularmente ávida de novidades em matéria de gosto, é, em matéria de ciência, pelo contrário, muito afeita a opiniões antigas. Duas disposições aparentemente tão opostas têm seu princípio em várias causas, sobretudo nesse ardor pelo gozo que parece constituir nosso caráter. Tudo o que é da alçada do sentimento não é feito para ser procurado por muito tempo, e deixa de ser agradável a partir do momento em que não se apresenta de uma só vez; mas também o ardor com que nos entregamos se esgota cedo, e a alma, enfastiada logo que se sente preenchida, acode a um novo objeto, que depois abandonará da mesma maneira. Pelo contrário, é somente à força de meditação que o espírito alcança o que procura. Mas, por essa razão, quer gozar por tanto tempo quanto durou a procura, sobretudo quando se trata apenas de uma filosofia hipotética e conjetural, muito menos penosa do que cálculos e combinações exatas. Os físicos, presos às suas teorias com o mesmo zelo e pelos mesmos motivos que os artesãos às suas práticas, têm nesse ponto muito mais semelhança com o povo do que imaginam. Respeitemos sempre Descartes, mas abandonemos sem dificuldade opiniões que ele mesmo teria combatido um século mais tarde. Sobretudo, não confundamos sua causa com a de seus partidários. O gênio que ele mostrou ao procurar, na mais profunda noite, uma estrada nova, embora enganadora, era exclusivamente seu. Os primeiros que ousaram segui-lo nas trevas pelo menos mostraram coragem, mas já não há glória em perder-se sobre suas pegadas depois que a luz chegou. Entre os poucos sábios que ainda defendem sua doutrina, ele mesmo teria renegado os que o fazem apenas por um apego servil ao que aprenderam na infância ou por não sei qual preconceito nacional, vergonha da Filosofia. Com tais motivos, pode-se ser o último de seus partidários; mas jamais se poderia ter o mérito de ser o seu primeiro discípulo, ou, antes, ter-se-ia sido seu adversário quando não havia senão injustiça em sê-lo. Para ter o direito de admirar os erros de um grande homem, é preciso saber reconhecê-los quando o tempo os revela. Por isso, os jovens, que consideramos de ordinário juízes bastante ruins, são talvez os melhores em matérias filosóficas e em muitas outras, desde que não sejam desprovidos de luzes, pois como tudo lhes é igualmente novo, e o seu único interesse é o de escolher bem.

Ce sont en effet les jeunes Géomètres, tant de France que des pays étrangers, qui ont réglé le sort des deux Philosophies. L'ancienne est tellement proscrite, que ses plus zélés partisans n'osent plus même nommer ces tourbillons dont ils remplissaient autrefois leurs Ouvrages. Si le Newtonianisme venait à être détruit de nos jours par quelque cause que ce pût être, injuste ou légitime, les sectateurs nombreux qu'il a maintenant joueraient sans doute alors le même rôle qu'ils ont fait jouer à d'autres. Telle est la nature des esprits: telles sont les suites de l'amour propre qui gouverne les Philosophes du moins autant que les autres hommes, & de la contradiction que doivent éprouver toutes les découvertes, ou même ce qui en a l'apparence. **[xxx]**

Il en a été de Locke à peu près comme de Bacon, de Descartes, & de Newton. Oublié longtemps pour Rohaut & pour Regis, & encore assez peu connu de la multitude, il commence enfin à avoir parmi nous des lecteurs & quelques partisans. C'est ainsi que les personnages illustres souvent trop au-dessus de leur siècle, travaillent presque toujours en pure perte pour leur siècle même; c'est aux âges suivants qu'il est réservé de recueillir le fruit de leurs lumières. Aussi les restaurateurs des Sciences ne jouissent-ils presque jamais de toute la gloire qu'ils méritent; des hommes fort inférieurs la leur arrachent, parce que les grands hommes se livrent à leur génie, & les gens médiocres à celui de leur nation. Il est vrai que le témoignage que la supériorité ne peut s'empêcher de se rendre à elle-même, suffit pour la dédommager des suffrages vulgaires: elle se nourrit de sa propre substance; & cette réputation dont on est si avide, ne sert souvent qu'à consoler la médiocrité des avantages que le talent a sur elle. On peut dire en effet que la Renommée qui publie tout, raconte plus souvent ce qu'elle entend que ce qu'elle voit, & que les Poètes qui lui ont donné cent bouches, devaient bien aussi lui donner un bandeau.

La Philosophie, qui forme le goût dominant de notre siècle, semble par les progrès qu'elle fait parmi nous, vouloir réparer le temps qu'elle a perdu & se venger de l'espèce de mépris que lui avaient marqué nos Pères. Ce mépris est aujourd'hui retombé sur l'Érudition, & n'en est pas plus juste pour avoir changé d'objet. On s'imagine que nous avons tiré des Ouvrages des Anciens tout ce qu'il nous importait de savoir; & sur ce fondement on dispenserait volontiers de leur peine ceux qui vont encore les consulter. Il semble qu'on regarde

Foram os jovens geômetras, tanto na França quanto em países estrangeiros, que determinaram a sorte das duas filosofias. A antiga está de tal maneira proscrita que seus mais zelosos partidários não ousam sequer mencionar os turbilhões de que outrora as suas obras estavam repletas. Se o newtonianismo fosse destruído em nossos dias por uma causa qualquer, injusta ou legítima, os numerosos partidários que possui desempenhariam então, sem dúvida, o mesmo papel desempenhado por outros. É essa a natureza dos espíritos; são essas as consequências do amor-próprio, que governa os filósofos tanto quanto os outros homens, senão mais do que eles, e da contrariedade que devem sofrer todas as descobertas, verdadeiras ou aparentes. [xxx]

Aconteceu com Locke um pouco o que sucedeu a Bacon, Descartes e Newton. Esquecido por muito tempo em favor de Rohaut e Regis, ainda pouco conhecido pelo público, ele começa enfim a ter entre nós alguns leitores e partidários. É assim que os personagens ilustres, que muitas vezes estão muito acima de seu século, trabalham quase sempre inutilmente para esse mesmo século; cabe às épocas subsequentes colher o fruto de suas luzes. Por isso, os restauradores das ciências quase nunca usufruem de toda a glória que merecem; homens muito inferiores a usurpam, pois os grandes homens entregam-se a seu gênio e as pessoas medíocres, ao de sua nação. É verdade que o testemunho que a superioridade não pode deixar de prestar em prol de si mesma é suficiente para compensá-la dos sufrágios vulgares. Ela se nutre de sua própria substância, e essa reputação, tão avidamente desejada, muitas vezes não serve senão para consolar a mediocridade das vantagens que o talento tem sobre ela. Pode-se dizer, de fato, que a Fama, que publica tudo, narra mais frequentemente o que ouve do que o que vê, e que os poetas que lhe deram cem bocas deviam também dar-lhe uma venda.

A Filosofia, que forma o gosto dominante de nosso século, parece querer reparar, pelo progresso que faz entre nós, o tempo perdido e vingar-se da espécie de desprezo que lhe fora mostrado por nossos antepassados. Esse desprezo recai hoje sobre a erudição, e não é mais justo por ter trocado de objeto. Imagina-se que teríamos extraído das obras dos antigos tudo o que nos importava saber, e, com essa base, dispensar-se-ia de bom grado o trabalho dos que ainda vão consultá-los. Parece que se considera

l'antiquité comme un oracle qui a tout dit, & qu'il est inutile d'interroger; & l'on ne fait guère plus de cas aujourd'hui de la restitution d'un passage, que de la découverte d'un petit rameau de veine dans le corps humain. Mais comme il serait ridicule de croire qu'il n'y a plus rien à découvrir dans l'Anatomie, parce que les Anatomistes se livrent quelquefois à des recherches, inutiles en apparence, & souvent utiles par leurs suites; il ne serait pas moins absurde de vouloir interdire l'Érudition, sous prétexte des recherches peu importantes auxquelles nos Savants peuvent s'abandonner. C'est être ignorant ou présomptueux de croire que tout soit vu dans quelque matière que ce puisse être, & que nous n'ayons plus aucun avantage à tirer de l'étude & de la lecture des Anciens.

L'usage de tout écrire aujourd'hui en Langue vulgaire, a contribué sans doute à fortifier ce préjugé, & est peut-être plus pernicieux que le préjugé même. Notre Langue s'étant répandue par toute l'Europe, nous avons crû qu'il était temps de la substituer à la Langue latine, qui depuis la renaissance des Lettres était celle de nos Savants. J'avoue qu'un Philosophe est beaucoup plus excusable d'écrire en Français, qu'un Français de faire des vers Latins; je veux bien même convenir que cet usage a contribué à rendre la lumière plus générale, si néanmoins c'est étendre réellement l'esprit d'un Peuple, que d'en étendre la superficie. Cependant il résulte de-là un inconvénient que nous aurions bien dû prévoir. Les Savants des autres nations à qui nous avons donné l'exemple, ont crû avec raison qu'ils écriraient encore mieux dans leur Langue que dans la nôtre. L'Angleterre nous a donc imité; l'Allemagne, où le Latin semblait s'être réfugié, commence insensiblement à en perdre l'usage: je ne doute pas qu'elle ne soit bientôt suivie par les Suédois, les Danois, & les Russiens. Ainsi, avant la fin du dix-huitième siècle, un Philosophe qui voudra s'instruire à fond des découvertes de ses prédécesseurs, sera contraint de charger sa mémoire de sept à huit Langues différentes; & après avoir consumé à les apprendre le temps le plus précieux de sa vie, il mourra avant de commencer à s'instruire. L'usage de la Langue Latine, dont nous avons fait voir le ridicule dans les matières de goût, ne pourrait être que très utile dans les Ouvrages de Philosophie, dont la clarté & la précision doivent faire tout le mérite, & qui n'ont besoin que d'une Langue universelle & de convention. Il serait donc à souhaiter qu'on rétablit cet usage: mais il n'y a pas lieu de l'espérer. L'abus dont nous osons nous plaindre est trop favorable

a Antiguidade como um oráculo que disse tudo, e que é inútil interrogar; e não se dá mais importância ao restabelecimento de um texto do que à descoberta de uma veiazinha secundária no corpo humano. Mas como seria ridículo pensar que nada mais há a descobrir na Anatomia, só porque os anatomistas entregam-se às vezes a pesquisas aparentemente inúteis, mas na verdade com frequência úteis, por suas consequências! Não seria menos absurdo querer proibir a erudição sob pretexto das pesquisas pouco importantes a que nossos sábios se entreguem. Acreditar que tudo foi visto em não importa qual matéria e que não teríamos mais nenhum proveito a extrair do estudo e da leitura dos antigos é um sinal de ignorância e presunção.

O costume atual de tudo escrever em língua vulgar contribuiu, sem dúvida, para fortalecer esse preconceito, e é talvez mais pernicioso do que o preconceito em si. Como nossa língua se propagou por toda a Europa, pensamos que era tempo de substituir por ela a língua latina, que, desde o renascimento das letras, foi a de nossos sábios. Confesso que um filósofo é muito mais desculpável por escrever em francês do que um francês por fazer versos latinos, e reconheço que esse costume contribuiu para tornar a luz mais generalizada, se é mesmo verdade que estender o espírito de um povo é estender sua superfície. Contudo, resulta disso um inconveniente, que deveríamos ter previsto. Os sábios das outras nações, a quem demos o exemplo, julgaram com razão que escreveriam ainda melhor em sua língua do que na nossa. A Inglaterra, portanto, imitou-nos; o latim, que parecia ter buscado refúgio na Alemanha, começa insensivelmente a perder seu uso; e não duvido que em breve este último país seja imitado pelos suecos, dinamarqueses e russos. Assim, antes do final do século XVIII, um filósofo que queira se instruir a fundo sobre as descobertas de seus predecessores será obrigado a sobrecarregar a memória com sete ou oito línguas diferentes, e, após ter consumido, para aprendê-las, o mais precioso tempo de sua vida, morrerá antes que tenha começado a se instruir. O uso da língua latina, da qual mostramos o ridículo nas matérias de gosto, poderia ser utilíssimo nas obras de Filosofia, nas quais todo o mérito está na clareza e na precisão, e que não precisam senão de uma língua universal e de convenção. Seria portanto desejável que se restabelecesse esse uso; mas não se deve esperar que isso aconteça. O abuso de que nos queixamos é por demais favorável

à la vanité & à la paresse, pour qu'on se flatte de le déraciner. Les Philosophes, comme les autres Écrivains, veulent être lus, & surtout de leur nation. S'ils se servaient d'une Langue moins familière, ils auraient moins de bouches pour les célébrer, & on ne pourrait pas se vanter de les entendre. Il est vrai qu'avec moins d'admirateurs, ils auraient de meilleurs juges: mais c'est un avantage qui les touche peu, parce que la réputation tient plus au nombre qu'au mérite de ceux qui la distribuent.

En récompense, car il ne faut rien outrer, nos Livres de Science semblent avoir acquis jusqu'à l'espèce d'avantage qui semblait devoir être particulier aux Ouvrages de Belles-Lettres. Un Écrivain respectable que notre siècle a encore le bonheur de posséder, & dont je louerais ici les différentes productions, si je ne me bornais pas à l'envisager comme Philosophe, a appris aux Savants à secouer le joug du pédantisme. Supérieur dans l'art de mettre en leur jour les idées les plus abstraites, il a su par beaucoup de méthode, de précision, & de clarté les abaisser à la portée des esprits qu'on aurait crû le moins fait pour les saisir. Il a **[xxxi]** même osé prêter à la Philosophie les ornements qui semblaient lui être les plus étrangers; & qu'elle paraissait devoir s'interdire le plus sévèrement; & cette hardiesse a été justifiée par le succès le plus général & le plus flatteur. Mais semblable à tous les Écrivains originaux, il a laissé bien loin derrière lui ceux qui ont crû pouvoir l'imiter.

L'Auteur de l'Histoire Naturelle a suivi une route différente. Rival de Platon & de Lucrèce, il a répandu dans son Ouvrage, dont la réputation croît de jour en jour, cette noblesse & cette élévation de style qui sont si propres aux matières philosophiques, & qui dans les écrits du Sage doivent être la peinture de son âme.

Cependant la Philosophie, en songeant à plaire, paraît n'avoir pas oublié qu'elle est principalement faite pour instruire; c'est par cette raison que le goût des systèmes, plus propre à flatter l'imagination qu'à éclairer la raison, est aujourd'hui presque absolument banni des bons Ouvrages. Un de nos meilleurs Philosophes semble lui avoir porté les derniers coups.* L'esprit d'hypothèse & de conjecture pouvait être autrefois fort utile, & avait même été nécessaire pour la renaissance de la Philosophie; parce qu'alors il s'agissait encore moins de bien penser, que d'apprendre à penser par soi-même. Mais les temps sont changés, & un Écrivain qui ferait parmi nous l'éloge des Systèmes viendrait trop tard. Les avantages que cet esprit

* M. l'Abbé de Condillac, de l'Académie royale des Sciences de Prusse, dans son *Traité des Systèmes*.

à vaidade e à preguiça para que nos vangloriemos de desenraizá-lo. Os filósofos, como os demais escritores, querem ser lidos, sobretudo em suas respectivas nações. Se usassem uma língua menos familiar, teriam menos bocas para celebrá-los, e não poderíamos nos orgulhar de compreendê-los. É verdade que, com menos admiradores, teriam juízes melhores, mas é uma vantagem que mal os toca, pois a reputação depende mais do número do que do mérito dos que a conferem.

Em compensação, pois não devemos exagerar, nossos livros de ciência parecem ter adquirido uma espécie de vantagem que poderia parecer exclusiva das obras de belas-letras. Um escritor respeitável [o Sr. Fontenelle] que o nosso século tem a felicidade de ainda possuir, e cujas diferentes produções eu louvaria aqui, se não me limitasse a encará-lo como filósofo, ensinou os sábios a sacudir o jugo do pedantismo. Superior na arte de iluminar as ideias mais abstratas, ele soube, com muito método, precisão e clareza, trazê-las ao alcance dos espíritos que se teriam imaginado menos próprios para aprendê-las. [**xxxi**] Ousou mesmo dar à Filosofia os ornamentos que pareciam mais estranhos a ela e que ela julgava necessário, com máxima severidade, proibir a si mesma. Essa ousadia foi justificada pelo êxito mais generalizado e mais lisonjeiro que se poderia esperar. E, a exemplo do que acontece com todos os escritores originais, deixou para trás os que julgaram poder imitá-lo.

O autor da *História Natural* [o Sr. Buffon] seguiu uma estrada diferente. Rival de Platão e de Lucrécio, infundiu em sua obra, cuja fama cresce dia a dia, a nobreza, a elevação de estilo tão apropriadas a matérias filosóficas, e que, nos escritos do sábio, são a pintura de sua alma.

Mas a Filosofia, ao querer agradar, parece não ter esquecido que é feita sobretudo para instruir, e por essa razão o gosto dos sistemas, mais próprio para lisonjear a imaginação do que para iluminar a razão, encontra-se hoje quase que absolutamente banido das boas obras. Um dos nossos melhores filósofos parece ter-lhe dado os golpes derradeiros.* O espírito de hipótese e de conjetura podia ser outrora muito útil e foi mesmo necessário para o renascimento da Filosofia, porque então se tratava menos de pensar corretamente que de aprender a pensar por si mesmo. Mas os tempos mudaram, e um escritor que elogiasse os sistemas estaria na época errada. As vantagens que esse espírito

* O abade de *Condillac*, da Academia Real de Ciências da Prússia, em seu *Tratado dos sistemas*. (N. A.)

peut procurer maintenant sont en trop petit nombre pour balancer les inconvénients qui en résultent; & si on prétend prouver l'utilité des Systèmes par un très petit nombre de découvertes qu'ils ont occasionnées autrefois, on pourrait de même conseiller à nos Géomètres de s'appliquer à la quadrature du cercle, parce que les efforts de plusieurs Mathématiciens pour la trouver, nous ont produit quelques théorèmes. L'esprit de Système est dans la Physique ce que la Métaphysique est dans la Géométrie. S'il est quelquefois nécessaire pour nous mettre dans le chemin de la vérité, il est presque toujours incapable de nous y conduire par lui-même. Éclairé par l'observation de la Nature, il peut entrevoir les causes des phénomènes: mais c'est au calcul à assurer pour ainsi dire l'existence de ces causes, en déterminant exactement les effets qu'elles peuvent produire, & en comparant ces effets avec ceux que l'expérience nous découvre. Toute hypothèse dénuée d'un tel secours acquiert rarement ce degré de certitude, qu'on doit toujours chercher dans les Sciences naturelles, & qui néanmoins se trouve si peu dans ces conjectures frivoles qu'on honore du nom de Systèmes. S'il ne pouvait y en avoir que de cette espèce, le principal mérite du Physicien serait, à proprement parler, d'avoir l'esprit de Système, & de n'en faire jamais. À l'égard de l'usage des Systèmes dans les autres Sciences, mille expériences prouvent combien il est dangereux.

La Physique est donc uniquement bornée aux observations & aux calculs; la Médecine à l'histoire du corps humain, de ses maladies, & de leurs remèdes; l'Histoire Naturelle à la description détaillée des végétaux, des animaux, & des minéraux; la Chimie à la composition & à la décomposition expérimentale des corps: en un mot, toutes les Sciences renfermées dans les faits autant qu'il leur est possible, & dans les conséquences qu'on en peut déduire, n'accordent rien à l'opinion, que quand elles y sont forcées. Je ne parle point de la Géométrie, de l'Astronomie, & de la Mécanique, destinées par leur nature à aller toujours en se perfectionnant de plus en plus.

On abuse des meilleures choses. Cet esprit philosophique, si à la mode aujourd'hui, qui veut tout voir & ne rien supposer, s'est répandu jusques dans les Belles-Lettres; on prétend même qu'il est nuisible à leurs progrès, & il est difficile de se le dissimuler. Notre siècle porté à la combinaison & à l'analyse, semble vouloir introduire les discussions froides & didactiques dans les choses de sentiment. Ce n'est pas que les passions & le goût n'ayent

pode obter hoje são muito exíguas para compensar os inconvenientes que dele resultam, e se quisermos provar a utilidade dos sistemas por um número mínimo de descobertas que ocasionaram outrora, poderíamos, da mesma maneira, aconselhar nossos geômetras a se dedicarem à quadratura do círculo, pois os esforços de vários matemáticos para encontrá-la nos deram alguns teoremas. O espírito de sistema está para a Física como a Metafísica está para a Geometria. Se por vezes é necessário, para nos pôr no caminho da verdade, é quase sempre incapaz de por si mesmo nos conduzir a ela. Iluminado pela observação da natureza, pode entrever as causas dos fenômenos, mas cabe ao cálculo assegurar, por assim dizer, a existência dessas causas, determinando exatamente os efeitos que elas podem produzir e comparando esses efeitos com os que a experiência nos descobre. Uma hipótese destituída desse recurso raramente adquire o grau de certeza que se deve sempre procurar nas ciências naturais, mas que mal se encontra nas conjeturas frívolas que honramos com o nome de sistemas. Se só houvesse sistemas dessa espécie, o principal mérito do físico seria, a bem da verdade, ter espírito de sistema, mas nunca elaborar sistemas. Quanto ao uso dos sistemas nas outras ciências, mil experiências provam como ele é perigoso.

A Física restringe-se assim às observações e aos cálculos; a Medicina, à história do corpo humano, de suas doenças e dos remédios para estas; a História Natural, à descrição detalhada dos vegetais, dos animais e dos minerais; a Química, à composição e decomposição experimental dos corpos. Em suma, todas as ciências, restritas, tanto quanto possível, aos fatos e às consequências que deles se podem deduzir, nada concedem à opinião, a não ser que sejam forçadas a tanto. Não falo da Geometria, da Astronomia e da Mecânica, destinadas por sua natureza a aperfeiçoarem-se cada vez mais.

Abusa-se das melhores coisas. O espírito filosófico hoje em voga, que quer tudo ver e nada supor, propagou-se até as belas-letras. Afirma-se que ele seria prejudicial a seus progressos, e é difícil não perceber que é assim. Nosso século, levado à combinação e à análise, parece querer introduzir as discussões frias e didáticas nas coisas do sentimento. Não é que as paixões e o gosto

une Logique qui leur appartient: mais cette Logique a des principes tout différents de ceux de la Logique ordinaire: ce sont ces principes qu'il faut démêler en nous, & c'est, il faut l'avouer, de quoi une Philosophie commune est peu capable. Livrée toute entière à l'examen des perceptions tranquilles de l'âme, il lui est bien plus facile d'en démêler les nuances que celles de nos passions, ou en général des sentiments vifs qui nous affectent; & comment cette espèce de sentiments ne serait-elle pas difficile à analyser avec justesse? Si d'un côté, il faut se livrer à eux pour les connaître, de l'autre, le temps où l'âme en est affectée est celui où elle peut les étudier le moins. Il faut pourtant convenir que cet esprit de discussion a contribué à affranchir notre littérature de l'admiration aveugle des Anciens; il nous a appris à n'estimer en eux que les beautés que nous serions contraints d'admirer dans les Modernes. Mais c'est peut-être aussi à la même source que nous devons je ne sais quelle Métaphysique du cœur, qui s'est emparée de nos théâtres; s'il ne fallait pas l'en bannir entièrement, encore moins fallait-il l'y laisser régner. Cette anatomie de l'âme s'est glissée jusque dans nos conversations; on y disserte, on n'y parle plus; & nos sociétés ont perdu leurs principaux agréments, la chaleur & la gaieté. **[xxxii]**

Ne soyons donc pas étonnés que nos Ouvrages d'esprit soient en général inférieurs à ceux du siècle précédent. On peut même en trouver la raison dans les efforts que nous faisons pour surpasser nos prédécesseurs. Le goût & l'art d'écrire font en peu de temps des progrès rapides, dès qu'une fois la véritable route est ouverte; à peine un grand génie a-t-il entrevu le beau, qu'il l'aperçoit dans toute son étendue; & l'imitation de la belle Nature semble bornée à de certaines limites qu'une génération, ou deux tout au plus, ont bien tôt atteintes: il ne reste à la génération suivante que d'imiter: mais elle ne se contente pas de ce partage; les richesses qu'elle a acquises autorisent le désir de les accroître; elle veut ajouter à ce qu'elle a reçu, & manque le but en cherchant à le passer. On a donc tout à la fois plus de principes pour bien juger, un plus grand fonds de lumières, plus de bons juges, & moins de bons Ouvrages; on ne dit point d'un Livre qu'il est bon, mais que c'est le Livre d'un homme d'esprit. C'est ainsi que le siècle de Démétrios de Phalère a succédé immédiatement à celui de Démosthène, le siècle de Lucain & de Sénèque à celui de Cicéron & de Virgile, & le nôtre à celui de Louis XIV.

não tenham uma lógica própria, mas essa lógica possui princípios completamente diferentes dos da Lógica ordinária. São esses princípios que é preciso distinguir em nós, e disso, deve-se reconhecer, uma Filosofia comum é bem pouco capaz. Dedicada exclusivamente ao exame das percepções tranquilas da alma, é mais fácil para ela distinguir suas nuanças do que as de nossas paixões, ou, em geral, as dos sentimentos vivos que nos afetam. E quão difícil não seria analisar com precisão essa espécie de sentimento! Se por um lado é preciso se entregar a eles para conhecê-los, por outro lado o momento em que a alma é afetada é aquele em que ela menos tem condições de estudá-los. Mesmo assim, é preciso convir que esse espírito de discussão contribuiu para libertar nossa literatura da cega admiração pelos antigos e nos ensinou a estimar neles somente as belezas que teríamos de admirar nos modernos. Mas talvez à mesma fonte devamos não sei que Metafísica do coração, que tomou conta de nossos teatros. Se não fosse necessário bani-la por completo, jamais poderíamos permitir que ela reinasse. Essa anatomia da alma infiltrou-se até em nossas conversas; não se fala sobre ela, disserta-se a seu respeito; e nossos círculos perderam seus principais atrativos, o calor e a alegria. **[xxxii]**

Não nos espantemos, pois, se nossas obras de espírito são em geral inferiores às do século precedente. Podemos mesmo encontrar a razão disso em nossos esforços para superar nossos antecessores. O gosto e a arte de escrever realizam rápidos progressos em pouco tempo, a partir do momento em que a verdadeira estrada estiver aberta; e um grande gênio, mal tenha entrevisto o belo, percebe-o em toda a sua extensão. A imitação da bela natureza parece estar contida dentro de certos limites, que uma geração ou duas, no máximo, em breve atingirão: à geração seguinte restará apenas o trabalho de imitar. Mas não se contentará com essa partilha; as riquezas que adquiriu autorizam o desejo de aumentá-las; quer acrescentar ao que recebeu e erra o alvo ao querer ultrapassá-lo. Há, portanto, ao mesmo tempo, um número maior de princípios para julgar corretamente um maior repertório de luzes, um número maior de bons juízes e um número menor de boas obras. Não se diz de um livro que ele é bom, mas que é o livro de um homem de espírito. Foi assim que o século de Demétrio de Falera sucedeu imediatamente ao de Demóstenes, o de Lucano e de Sêneca ao de Cícero e de Virgílio, e o nosso ao de Luís XIV.

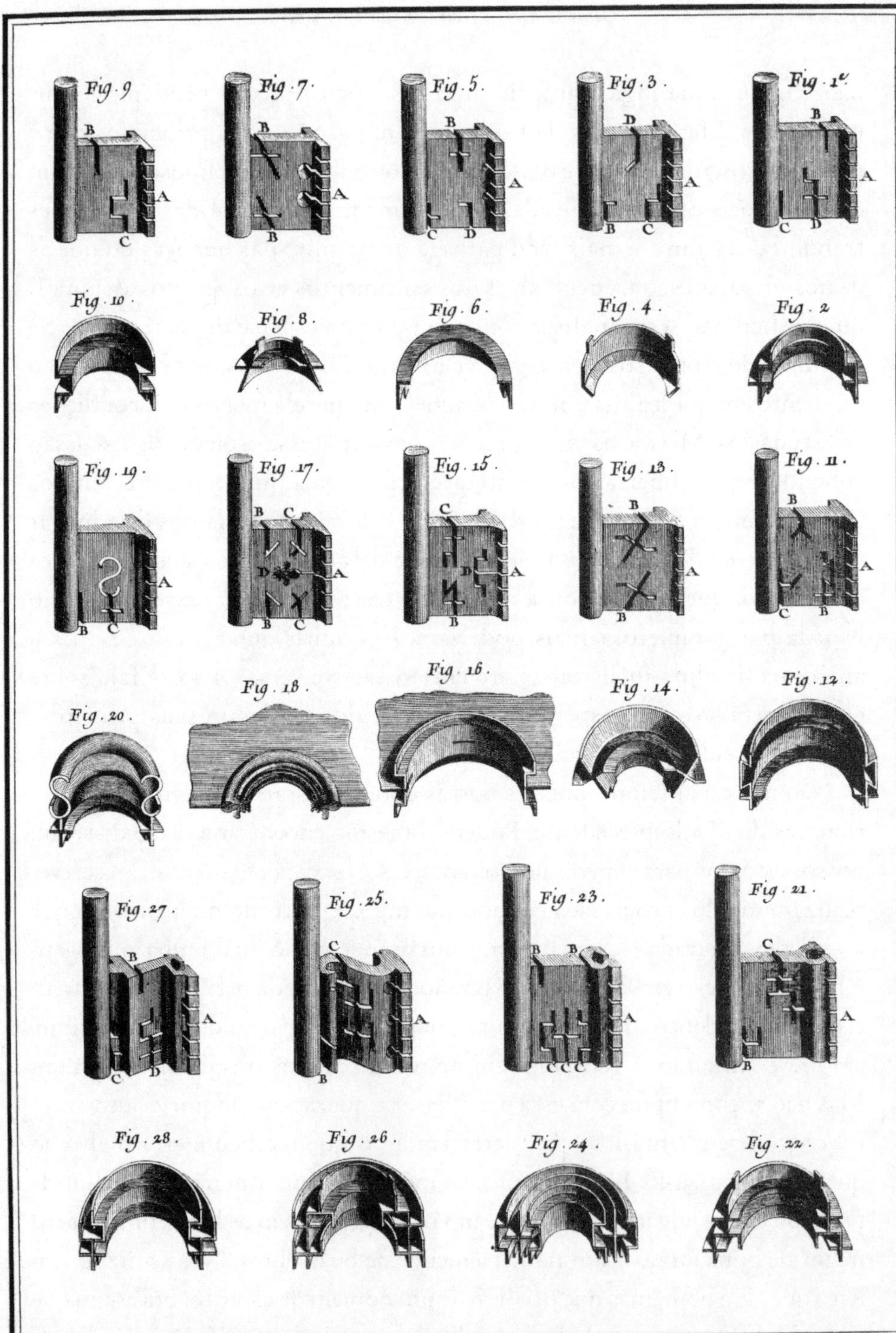

Lucotte Del. Benard Fecit.

Serrurerie, Clefs Forées et leurs Garnitures.

Fabricação de fechaduras. Chaves perfuradas e seus acabamentos.

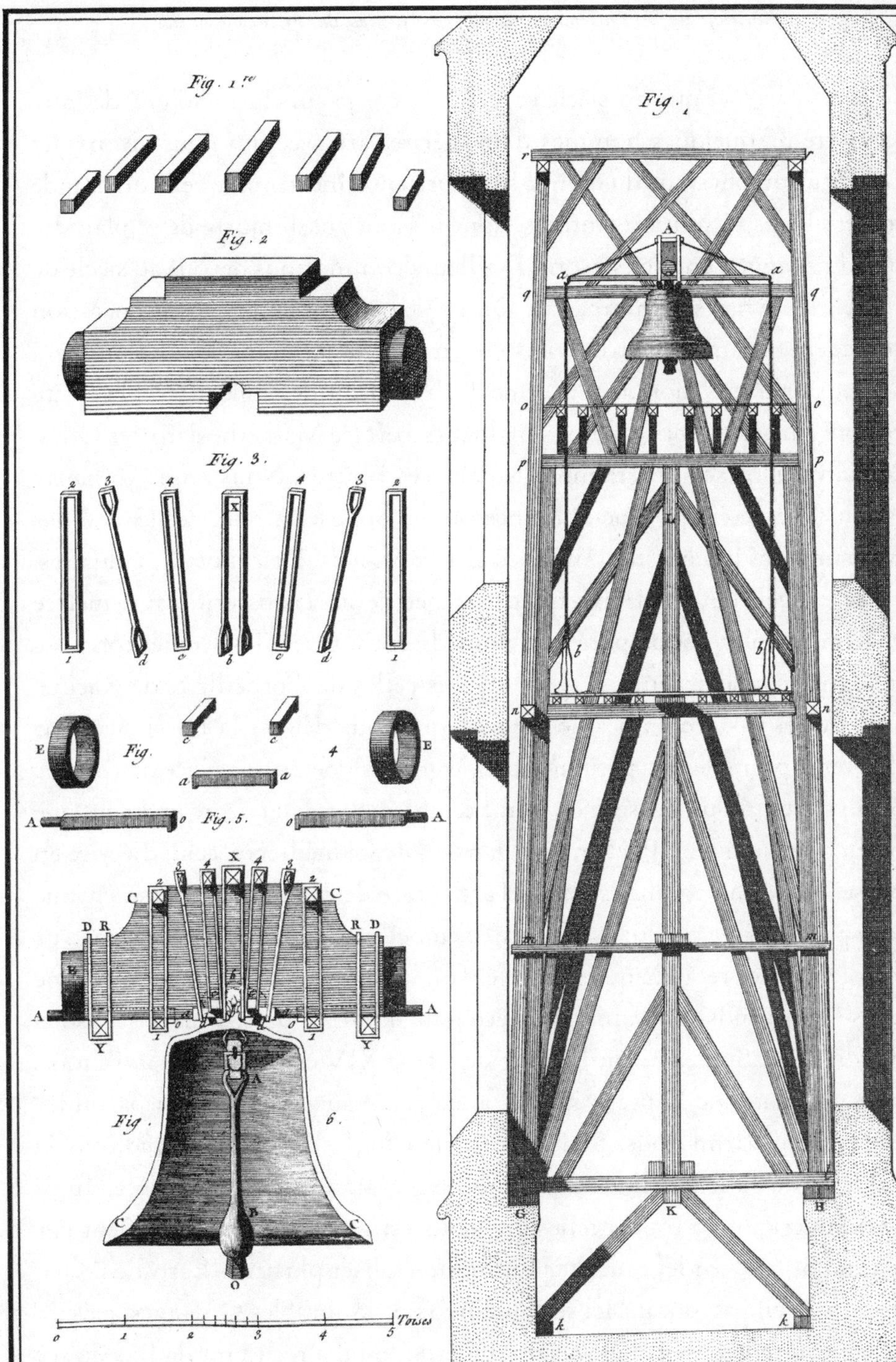

Goußier Del.

Benard Fecit

Fonte des Cloches

Suspension des Cloches et Coupe Longitudinalle du Beffroy

Fundição de sinos. Corte longitudinal de Beffroy.

Je ne parle ici que du siècle en général: car je suis bien éloigné de faire la satyre de quelques hommes d'un mérite rare avec qui nous vivons. La constitution physique du monde littéraire entraîne, comme celle du monde matériel, des révolutions forcées, dont il serait aussi injuste de se plaindre que du changement des saisons. D'ailleurs comme nous devons au siècle de Pline les ouvrages admirables de Quintilien & de Tacite, que la génération précédente n'aurait peut-être pas été en état de produire, le nôtre laissera à la postérité des monuments dont il a bien droit de se glorifier. Un Poète célèbre par ses talents & par ses malheurs a effacé Malherbe dans ses Odes, & Marot dans ses Épigrammes & dans ses Épîtres. Nous avons vu naître le seul Poème épique que la France puisse opposer à ceux des Grecs, des Romains, des Italiens, des Anglais & des Espagnols. Deux hommes illustres, entre lesquels notre nation semble partagée, & que la postérité saura mettre chacun à sa place, se disputent la gloire du cothurne, & l'on voit encore avec un extrême plaisir leurs Tragédies après celles de Corneille & de Racine. L'un de ces deux hommes, le même à qui nous devons la HENRIADE, sur d'obtenir parmi le très petit nombre de grands Poètes une place distinguée & qui n'est qu'à lui, possède en même temps au plus haut degré un talent que n'a eu presque aucun Poète même dans un degré médiocre, celui d'écrire en prose. Personne n'a mieux connu l'art si rare de rendre sans effort chaque idée par le terme qui lui est propre, d'embellir tout sans se méprendre sur le coloris propre à chaque chose; enfin, ce qui caractérise plus qu'on ne pense les grands Écrivains, de n'être jamais ni au-dessus, ni au-dessous de son sujet. Son essai sur le siècle de Louis XIV est un morceau d'autant plus précieux que l'Auteur n'avait en ce genre aucun modèle ni parmi les Anciens, ni parmi nous. Son histoire de Charles XII.par la rapidité & la noblesse du style est digne du Héros qu'il avait à peindre; ses pièces fugitives supérieures à toutes celles que nous estimons le plus, suffiraient par leur nombre & par leur mérite pour immortaliser plusieurs Écrivains. Que ne puis-je en parcourant ici ses nombreux & admirables Ouvrages, payer à ce génie rare le tribut d'éloges qu'il mérite, qu'il a reçu tant de fois de ses compatriotes, des étrangers & de ses ennemis, & auquel la postérité mettra le comble quand il ne pourra plus en jouir!

Falo aqui apenas do século em geral. Longe de mim satirizar os homens de mérito com os quais vivemos. Na constituição física do mundo literário, como na do mundo material, ocorrem revoluções inevitáveis, de que seria tão injusto se queixar quanto da mudança das estações. Assim como devemos ao século de Plínio as obras admiráveis de um Quintiliano e de um Tácito, que a geração precedente talvez não estivesse em condição de produzir, o nosso legará à posteridade monumentos pelos quais tem todo o direito de se vangloriar. O [Sr. Jean-Baptiste Rousseau] poeta célebre por seus talentos e por sua infelicidade eclipsou Malherbe em suas odes e Marot em seus epigramas e epístolas. Vimos nascer o único poema épico [a *Henriade*, do Sr. Voltaire] que a França poderia opor aos gregos, aos romanos, aos italianos, aos ingleses e aos espanhóis. Dois homens ilustres [o Sr. Voltaire e o Sr. Crébillon], entre os quais nossa nação parece dividida, e que a posteridade saberá colocar em seus respectivos lugares, disputam a glória do coturno, e suas tragédias são assistidas com extremo prazer, mesmo após as de Corneille ou de Racine. Um desses dois homens, o mesmo a quem devemos a *Henriade*, certo de obter um lugar eminente entre o exíguo número de grandes poetas, lugar que só a ele pertence, possui ao mesmo tempo, e no mais alto grau, um talento que quase nenhum poeta teve, mesmo em grau mediano: o de escrever em prosa. Ninguém conhece melhor a arte tão rara de expressar sem esforço cada ideia pelo termo que lhe é próprio, de tudo embelezar sem enganar-se sobre o colorido próprio de cada coisa, e, o que é mais característico do que se costuma pensar dos grandes escritores, nunca está acima ou abaixo de seu tema. Seu ensaio sobre o século de Luís XIV é um texto tanto mais precioso porquanto o autor não tivesse, nesse gênero, nenhum modelo, entre os antigos ou entre nós. Sua história de Carlos XII, pela rapidez e nobreza de estilo, é digna do herói que pinta; suas composições breves, superiores a todas as que mais estimamos, bastariam, por seu número e por seu mérito, para imortalizar vários escritores. Ah! se eu pudesse, percorrendo aqui suas numerosas e admiráveis obras, prestar a esse raro gênio o tributo dos elogios que ele merece, que tantas vezes recebeu de seus compatriotas, dos estrangeiros, e mesmo dos seus inimigos, e que a posteridade levará ao apogeu, quando não puder mais gozar deles!

Ce ne sont pas là nos seules richesses. Un Écrivain judicieux, aussi bon citoyen que grand Philosophe, nous a donné sur les principes des Lois un ouvrage décrié par quelques Français, & estimé de toute l'Europe. D'excellents auteurs ont écrit l'histoire; des esprits justes & éclairés l'ont approfondie: la Comédie a acquis un nouveau genre, qu'on aurait tort de rejeter, puisqu'il en résulte un plaisir de plus, & qui n'a pas été aussi inconnu des anciens qu'on voudrait nous le persuader; enfin nous avons plusieurs Romans qui nous empêchent de regretter ceux du dernier siècle.

Les beaux Arts ne sont pas moins en honneur dans notre nation. Si j'en crois les Amateurs éclairés, notre école de Peinture est la première de l'Europe, & plusieurs ouvrages de nos Sculpteurs n'auraient pas été désavoués par les Anciens. La Musique est peut-être de tous ces Arts celui qui a fait depuis quinze ans le plus de progrès parmi nous. Grâces aux travaux d'un génie mâle, hardi & fécond, les Étrangers qui ne pouvaient souffrir nos symphonies, commencent à les goûter, & les Français paraissent enfin persuadés que Lulli avait laissé dans ce genre beaucoup à faire. M. Rameau, en poussant la pratique de son Art à un si haut degré de perfection, est devenu tout ensemble le modèle & l'objet de la jalousie d'un grand nombre d'Artistes, qui le décrient en s'efforçant de l'imiter. Mais ce qui le distingue plus particulièrement, c'est d'avoir réfléchi avec beaucoup de succès sur la théorie de ce même Art; d'avoir su trouver dans la Basse fondamentale le principe de l'harmonie & de la mélodie; d'avoir réduit par ce moyen à des lois plus certaines & plus simples, une science livrée avant lui à des règles arbitraires, ou dictées par une expérience aveugle. Je saisis avec empressement l'occasion de célébrer cet Artiste philosophe, dans un discours **[xxxiii]** destiné principalement à l'éloge des grands Hommes. Son mérite, dont il a forcé notre siècle à convenir, ne sera bien connu que quand le temps aura fait taire l'envie; & son nom, cher à la partie de notre nation la plus éclairée, ne peut blesser ici personne. Mais dût-il déplaire à quelques prétendus Mécènes, un Philosophe serait bien à plaindre, si même en matière de sciences & de goût, il ne se permettait pas de dire la vérité.

Voilà les biens que nous possédons. Quelle idée ne se formera-t-on pas de nos trésors littéraires, si l'on joint aux Ouvrages de tant de grands Hommes les travaux de toutes les Compagnies savantes, destinées à maintenir le goût

Não são essas as nossas únicas riquezas. O [Sr. Montesquieu,] escritor sensato, bom cidadão e grande filósofo deu-nos, sobre os princípios das leis, uma obra depreciada por alguns franceses e estimada por toda a Europa. Excelentes autores escreveram a história, espíritos justos e esclarecidos a aprofundaram. A comédia adquiriu um gênero novo, que seria errado rejeitar, visto que dele resulta um prazer a mais e que não foi tão desconhecido dos antigos quanto desejariam nos convencer. Por fim, temos vários romances que nos impedem de suspirar pelos do século passado.

As belas-artes não são menos admiradas em nossa nação. A nos fiarmos pelos *connaisseurs* mais esclarecidos, nossa escola de Pintura é a primeira da Europa e várias obras de nossos escultores não teriam sido renegadas pelos antigos. A Música é talvez, de todas essas artes, a que nos últimos quinze anos realizou entre nós os maiores progressos. Graças aos trabalhos de um gênio viril, ousado e fecundo, os estrangeiros, que não suportavam as nossas sinfonias, começam a apreciá-las, e os franceses parecem enfim persuadidos de que Lulli deixara muito por fazer nesse gênero. O Sr. *Rameau*, levando a prática de sua arte a um alto grau de perfeição, tornou-se ao mesmo tempo o modelo e o objeto de inveja de um grande número de artistas que o depreciam ao mesmo tempo que se esforçam por imitá-lo. Mas o que o distingue em particular é o fato de ter refletido com muito êxito sobre a teoria dessa mesma arte, de ter sabido encontrar no baixo fundamental o princípio da harmonia e da melodia, e de ter reduzido, por esse meio, a leis mais certas e mais simples, uma ciência que antes dele estava entregue a regras arbitrárias ou ditadas por uma experiência cega. Aproveito a ocasião para celebrar esse artista filósofo, num discurso **[xxxiii]** destinado principalmente ao elogio dos grandes homens. Seu mérito, que nosso século foi forçado a reconhecer, só será devidamente avaliado quando o tempo tenha calado a inveja. O seu nome, caro à parte mais esclarecida de nossa nação, não pode ferir ninguém por constar destas páginas. Mas, mesmo que desagradasse a alguns pretensos mecenas, seria de lamentar um filósofo que não se permitisse dizer a verdade em matéria de ciência como em de gosto.

Tais são os bens que possuímos. Que ideia não teremos de nossos tesouros literários, se acrescentarmos às obras de tantos grandes homens os trabalhos de todas as sociedades eruditas, destinadas a manter o gosto

des Sciences & des Lettres, & à qui nous devons tant d'excellents Livres! De pareilles Sociétés ne peuvent manquer de produire dans un État de grands avantages; pourvu qu'en les multipliant à l'excès, on n'en facilite point l'entrée à un trop grand nombre de gens médiocres; qu'on en bannisse toute inégalité propre à éloigner ou à rebuter des hommes faits pour éclairer les autres; qu'on n'y connaisse d'autre supériorité que celle du génie; que la considération y soit le prix du travail; enfin que les récompenses y viennent chercher les talents, & ne leur soient point enlevées par l'intrigue. Car il ne faut pas s'y tromper: on nuit plus aux progrès de l'esprit, en plaçant mal les récompenses qu'en les supprimant. Avouons même à l'honneur des lettres, que les Savants n'ont pas toujours besoin d'être récompensés pour se multiplier. Témoin l'Angleterre, à qui les Sciences doivent tant, sans que le Gouvernement fasse rien pour elles. Il est vrai que la Nation les considère, qu'elle les respecte même; & cette espèce de récompense, supérieure à toutes les autres, est sans doute le moyen le plus sûr de faire fleurir les Sciences & les Arts; parce que c'est le Gouvernement qui donne les places, & le Public qui distribue l'estime. L'amour des Lettres, qui est un mérite chez nos voisins, n'est encore à la vérité qu'une mode parmi nous, & ne sera peut-être jamais autre chose; mais quelque dangereuse que soit cette mode, qui pour un Mécène éclairé produit cent Amateurs ignorants & orgueilleux, peut-être lui sommes-nous redevables de n'être pas encore tombés dans la barbarie où une foule de circonstances tendent à nous précipiter.

On peut regarder comme une des principales, cet amour du faux bel esprit, qui protège l'ignorance, qui s'en fait honneur, & qui la répandra universellement tôt ou tard. Elle sera le fruit & le terme du mauvais goût; j'ajoute qu'elle en sera le remède. Car tout a des révolutions réglées, & l'obscurité se terminera par un nouveau siècle de lumière. Nous serons plus frappés du grand jour, après avoir été quelque temps dans les ténèbres. Elles seront comme une espèce d'anarchie très funeste par elle-même, mais quelquefois utile par ses suites. Gardons-nous pourtant de souhaiter une révolution si redoutable; la barbarie dure des siècles, il semble que ce soit notre élément; la raison & le bon goût ne font que passer.

das ciências e das letras, e às quais devemos tantos livros excelentes! Sociedades como essas não podem deixar de trazer grandes benefícios ao Estado, contanto que, ao multiplicarem-se, não se facilite o ingresso nelas de um número demasiado grande de pessoas medíocres; que delas se exclua toda desigualdade, própria a afastar ou a causar desgosto em homens feitos para esclarecer os outros; que não se adote senão o gênio como critério de superioridade; que a consideração seja o preço do trabalho; contanto, enfim, que recompensas atraiam os talentos e que estes não sejam privadas delas pela intriga. Não nos iludamos: prejudica-se mais o progresso do espírito com a má distribuição das recompensas do que com a sua supressão. Reconheçamos, em defesa das letras, que os sábios não precisam sempre ser recompensados para se multiplicar. A Inglaterra, a quem as ciências tanto devem, sem que o governo tenha feito algo por elas, é testemunho disso. É verdade que a nação os considera, que os respeita mesmo; e essa espécie de recompensa, superior a todas as outras, é sem dúvida o meio mais seguro para que floresçam as ciências e as artes, pois é o governo que confere os postos, e é o público que distribui a estima. O amor das letras, que é um mérito entre nossos vizinhos, é na verdade, entre nós, apenas uma moda, e talvez nunca passe disso. Mas, por mais perigosa que seja, e que para cada mecenas esclarecido surjam cem amadores ignorantes e orgulhosos, talvez devamos a ela o fato de ainda não termos caído na barbárie em que inúmeras circunstâncias tendem a nos precipitar.

Uma dessas circunstâncias é a admiração pela pessoa falsamente culta, que acalenta a ignorância, vangloria-se dela e cedo ou tarde a disseminará por toda parte. Ela será o fruto e o termo do mau gosto; acrescento também que será seu remédio. Pois tudo tem suas revoluções regulares, e a obscuridade se encerrará num novo século de luz. A claridade nos impressionará mais, após termos permanecido por algum tempo nas trevas. Serão como uma espécie de anarquia muito funesta em si mesma, mas às vezes útil por suas consequências. Evitemos, contudo, desejar uma revolução tão temível; a barbárie dura séculos, parece ser nosso elemento; a razão e o bom gosto passam.

Ce serait peut-être ici le lieu de repousser les traits qu'un Écrivain éloquent & philosophe* a lancé depuis peu contre les Sciences & les Arts, en les accusant de corrompre les mœurs. Il nous siérait mal d'être de son sentiment à la tête d'un Ouvrage tel que celui-ci; & l'homme de mérite dont nous parlons semble avoir donné son suffrage à notre travail par le zèle & le succès avec lequel il y a concouru. Nous ne lui reprocherons point d'avoir confondu la culture de l'esprit avec l'abus qu'on en peut faire; il nous répondrait sans doute que cet abus en est inséparable: mais nous le prierons d'examiner si la plupart des maux qu'il attribue aux Sciences & aux Arts, ne sont point dus à des causes toutes différentes, dont l'énumération serait ici aussi longue que délicate. Les Lettres contribuent certainement à rendre la société plus aimable; il serait difficile de prouver que les hommes en sont meilleurs, & la vertu plus commune: mais c'est un privilège qu'on peut disputer à la Morale même; & pour dire encore plus, faudra-t-il proscrire les lois, parce que leur nom sert d'abri à quelques crimes, dont les auteurs seraient punis dans une république de Sauvages? Enfin, quand nous serions ici au désavantage des connaissances humaines un aveu dont nous sommes bien éloignés, nous le sommes encore plus de croire qu'on gagnât à les détruire: les vices nous resteraient, & nous aurions l'ignorance de plus.

Finissons cette histoire des Sciences, en remarquant que les différentes formes de gouvernement qui influent tant sur les esprits & sur la culture des Lettres, déterminent aussi les espèces de connaissances qui doivent principalement y fleurir, & dont chacune a son mérite particulier. Il doit y avoir en général dans une République plus d'Orateurs, d'Historiens, & de Philosophes; & dans une Monarchie, plus de Poètes, de Théologiens, & de Géomètres. Cette règle n'est pourtant pas si absolue, qu'elle ne puisse être altérée & modifiée par une infinité de causes.

Après les réflexions & les vues générales que nous avons crû devoir placer à la tête **[xxxiv]** de cette Encyclopédie, il est temps enfin d'instruire

* M. Rousseau de Genève, Auteur de la Partie de l'Encyclopédie qui concerne la Musique, & dont nous espérons que le Public sera très satisfait, a composé un Discours fort éloquent, pour prouver que le rétablissement des Sciences & des Arts a corrompu les mœurs. Ce Discours a été couronné en 1750 par l'Académie de Dijon, avec les plus grands éloges; il a été imprimé à Paris au commencement de cette année 1751, & a fait beaucoup d'honneur à son Auteur.

Seria talvez este o lugar para repelir os golpes que um escritor e filósofo eloquente* dirigiu, há não muito tempo, contra as ciências e as artes, acusando-as de corromper os costumes. Não conviria compartilhar seus sentimentos no início de uma obra como esta, e o homem de mérito de que falamos parece ter dado sufrágio ao nosso trabalho, pelo zelo e pelo êxito com que contribuiu para ele. Não lhe censuramos, em absoluto, o fato de ter confundido a cultura do espírito com o abuso que pode ser feito dela. Ele nos responderia, sem dúvida, que tal abuso é inseparável dessa cultura; mas lhe rogaríamos então que examinasse se a maioria dos males que atribui às ciências e às artes não se deve a causas completamente diferentes, cuja enumeração seria tão longa quanto delicada. As letras certamente contribuem para tornar a sociedade mais amável; seria difícil provar que tornam os homens melhores e a virtude mais comum; mas é um privilégio que se pode disputar à própria moral. Para irmos ainda mais longe, seria preciso proscrever as leis, pois seu nome serve de abrigo a crimes pelos quais os autores seriam punidos numa república de selvagens. Enfim, mesmo que, em detrimento dos conhecimentos humanos, fizéssemos aqui uma confissão que estamos longe de aceitar, estamos ainda mais longe de crer que se ganharia algo com a destruição das artes e ciências: restar-nos-iam os vícios e, além deles, teríamos a ignorância.

Terminaremos esta história das ciências observando que as diferentes formas de governo que tanto influem sobre os espíritos e sobre o cultivo das letras determinam também as espécies de conhecimento que devem sobretudo florescer e que têm, cada um deles, seu mérito particular. Numa república, deve haver em geral mais oradores, historiadores e filósofos; numa monarquia, mais poetas, teólogos e geômetras. Entretanto, esta regra não é tão absoluta que não possa ser alterada ou modificada por mil causas.

Após as reflexões e as considerações gerais que julgamos necessárias na abertura desta [**xxxiv**] *Enciclopédia*, é chegado o momento de informar

* O Sr. *Rousseau* de Genebra, autor da parte da *Enciclopédia* que concerne à música, e que esperamos que satisfaça o público, compôs um discurso muito eloquente para provar que o restabelecimento das ciências e das artes corrompeu os costumes. Esse discurso, coroado em 1750 pela Academia de Dijon com os maiores elogios, foi impresso em Paris no início deste ano de 1751 e muito honrou seu autor. (N. A.)

plus particulièrement le public sur l'Ouvrage que nous lui présentons. Le *Prospectus* qui a déjà été publié dans cette vue, & dont M. DIDEROT mon collègue est l'Auteur, ayant été reçu de toute l'Europe avec les plus grands éloges, je vais en son nom le remettre ici de nouveau sous les yeux du Public, avec les changements & les additions qui nous ont paru convenables à l'un & à l'autre.

ON NE PEUT DISCONVENIR que depuis le renouvellement des Lettres parmi nous, on ne doive en partie aux Dictionnaires les lumières générales qui se sont répandues dans la société, & ce germe de Science qui dispose insensiblement les esprits à des connaissances plus profondes. L'utilité sensible de ces sortes d'ouvrages les a rendus si communs, que nous sommes plutôt aujourd'hui dans le cas de les justifier que d'en faire l'éloge. On prétend qu'en multipliant les secours & la facilité de s'instruire, ils contribueront à éteindre le goût du travail & de l'étude. Pour nous, nous croyons être bien fondés à soutenir que c'est à la manie du bel Esprit & à l'abus de la Philosophie, plutôt qu'à la multitude des Dictionnaires, qu'il faut attribuer notre paresse & la décadence du bon goût. Ces sortes de collections peuvent tout au plus servir à donner quelques lumières à ceux qui sans ce secours n'auraient pas eu le courage de s'en procurer: mais elles ne tiendront jamais lieu de Livres à ceux qui chercheront à s'instruire; les Dictionnaires par leur forme même ne sont propres qu'à être consultés, & se refusent à toute lecture suivie. Quand nous apprendrons qu'un homme de Lettres, désirant d'étudier l'Histoire à fond, aura choisi pour cet objet le Dictionnaire de Moréri, nous conviendrons du reproche que l'on veut nous faire. Nous aurions peut-être plus de raison d'attribuer l'abus prétendu dont on se plaint, à la multiplication des méthodes, des éléments, des abrégés, & des bibliothèques, si nous n'étions persuadés qu'on ne saurait trop faciliter les moyens de s'instruire. On abrégerait encore davantage ces moyens, en réduisant à quelques volumes tout ce que les hommes ont découvert jusqu'à nos jours dans les Sciences & dans les Arts. Ce projet, en y comprenant même les faits historiques réellement utiles, ne serait peut-être pas impossible dans l'exécution; il serait du moins à souhaiter qu'on le tentât, nous ne prétendons aujourd'hui que l'ébaucher; & il nous débarrasserait enfin de tant de Livres, dont les Auteurs n'ont fait que se copier les uns les autres. Ce qui doit nous rassurer contre la satyre

ao público maiores detalhes a respeito da obra que ora lhe oferecemos. O *Prospecto*, publicado anteriormente com essa finalidade, e cujo autor é meu colega, o Sr. *Diderot*, foi recebido em toda a Europa com os maiores elogios, e por isso irei, em seu nome, inseri-lo aqui, diante dos olhos do público, com as modificações e adições que ambos julgamos convenientes.[3]

É irrecusável que desde a renovação das letras entre nós se devem aos dicionários, ao menos em parte, as luzes que em geral se disseminaram pela sociedade bem como o germe de ciência que imperceptivelmente predispõe os espíritos a conhecimentos mais profundos. A utilidade evidente dessa espécie de obras tornou-as tão comuns, que hoje somos mais propensos a justificá-las do que a elogiá-las. Alega-se que, multiplicando-se os meios e a facilidade para instruir-se, terminar-se-á por eliminar o gosto pelo trabalho e pelo estudo. De nossa parte, julgamos ter boas razões para afirmar que a preguiça e a decadência do bom gosto se devem antes à mania do pedantismo e ao abuso da Filosofia do que à abundância dos dicionários. Coleções dessa espécie podem, quando muito, trazer algumas luzes àqueles que, sem o seu auxílio, não teriam coragem para obtê-las. Mas elas não substituem os livros, para os que buscam por instrução, pois os dicionários, por sua própria forma, servem apenas para serem consultados e são refratários a uma leitura continuada. Se algum dia nos disserem que um letrado desejoso de estudar a fundo a História consultou para tanto o dicionário de Moreri, concordaremos com a censura que nos dirigem. Teríamos talvez mais razão em atribuir o pretenso abuso do qual se queixam à multiplicação dos métodos, elementos, compêndios e bibliotecas, se não estivéssemos persuadidos de que nunca é demais facilitar os meios de instrução. Tais meios seriam abreviados ainda mais se tudo o que os homens descobriram até os nossos dias, nas ciências e nas artes, fosse reduzido a alguns volumes. Um projeto como esse, que incluiria os fatos históricos realmente relevantes, talvez não fosse impossível na prática; seria pelo menos desejável que fosse tentado, e pretendemos apenas esboçá-lo; se tivesse êxito, ele enfim nos libertaria de tantos livros cujos autores não fizeram mais do que se copiar uns aos outros. O que deve nos tranquilizar quanto à zombaria dirigida

3 Início do texto redigido por Diderot. (N. E.)

des Dictionnaires, c'est qu'on pourrait faire le même reproche sur un fondement aussi peu solide aux Journalistes les plus estimables. Leur but n'est-il pas essentiellement d'exposer en raccourci ce que notre siècle ajoute de lumières à celles des siècles précédents; d'apprendre à se passer des originaux, & d'arracher par conséquent ces épines que nos adversaires voudraient qu'on laissât? Combien de lectures inutiles dont nous serions dispensés par de bons extraits?

Nous avons donc crû qu'il importait d'avoir un Dictionnaire qu'on pût consulter sur toutes les matières des Arts & des Sciences, & qui servît autant à guider ceux qui se sentent le courage de travailler à l'instruction des autres, qu'à éclairer ceux qui ne s'instruisent que pour eux-mêmes.

Jusqu'ici personne n'avait conçu un Ouvrage aussi grand, ou du moins personne ne l'avait exécuté. Leibnitz, de tous les Savants le plus capable d'en sentir les difficultés, désirait qu'on les surmontât. Cependant on avait des Encyclopédies; & Leibnitz ne l'ignorait pas, lorsqu'il en demandait une.

La plupart de ces Ouvrages parurent avant le siècle dernier, & ne furent pas tout-à-fait méprisés. On trouva que s'ils n'annonçaient pas beaucoup de génie, ils marquaient au moins du travail & des connaissances. Mais que serait-ce pour nous que ces Encyclopédies? Quel progrès n'a-t-on pas fait depuis dans les Sciences & dans les Arts? Combien de vérités découvertes aujourd'hui, qu'on n'entrevoyait pas alors? La vraie Philosophie était au berceau; la Géométrie de l'Infini n'était pas encore; la Physique expérimentale se montrait à peine; il n'y avait point de Dialectique; les lois de la saine Critique étaient entièrement ignorées. Les Auteurs célèbres en tout genre dont nous avons parlé dans ce Discours, & leurs illustres disciples, ou n'existaient pas, ou n'avaient pas écrit. L'esprit de recherche & d'émulation n'animait pas les Savants; un autre esprit moins fécond peut-être, mais plus rare, celui de justesse & de méthode, ne s'était point soumis les différentes parties de la Littérature; & les Académies, dont les travaux ont porté si loin les Sciences & les Arts, n'étaient pas instituées.

Si les découvertes des grands hommes & des compagnies savantes, dont nous venons de parler, offrirent dans la suite de puissants secours pour former un Dictionnaire encyclopédique; il faut avouer aussi que l'augmentation prodigieuse des matières rendit à d'autres égards un tel Ouvrage

aos dicionários é que a mesma censura poderia ser feita, igualmente sem fundamento, aos nossos jornalistas mais estimados. Pois não é sua finalidade, no fundo, expor o resumo das luzes que nosso século acrescenta às dos séculos precedentes, ensinar-nos a prescindir dos originais e extirpar, por conseguinte, as mesmas dificuldades que nossos adversários gostariam que permanecessem? De quantas leituras inúteis as boas resenhas não nos dispensariam!

Julgamos, portanto, que seria importante ter um dicionário que pudesse ser consultado a respeito de todas as matérias relativas às artes e ciências e que servisse tanto para guiar os que têm a coragem de se empenhar para instruir os outros quanto para esclarecer os que se instruem por si mesmos.

Até agora, ninguém concebera uma obra tão grande ou, pelo menos, ninguém a executara. Leibniz, que foi, dentre os sábios, o que melhor percebeu as dificuldades de uma empreitada como essa, expressou seu anseio de que elas fossem superadas; mas havia enciclopédias, e Leibniz não ignorava a existência delas quando reclamou por uma.

A maioria dessas obras, publicadas antes do século passado, não foram de todo desprezadas. Julgou-se que, se não eram geniais, pelo menos davam mostra de empenho e de conhecimentos. Mas de que nos valem essas enciclopédias? Quantos progressos não ocorreram desde então, nas ciências e nas artes? Quantas verdades, hoje descobertas, não haviam sequer sido entrevistas? A verdadeira Filosofia estava no berço, a Geometria do infinito ainda não existia, a Física experimental mal despontava, não havia dialética, as leis da crítica sã eram completamente ignoradas. Os autores célebres em todos os gêneros de que falamos neste Discurso e seus ilustres discípulos ou não existiam ou nada haviam escrito. O espírito de pesquisa e de emulação não animava os sábios; outro espírito, talvez menos fecundo, certamente mais raro, de precisão e método, não se impusera às diferentes partes da literatura; e as academias, cujos trabalhos levaram tão longe as ciências e as artes, ainda não haviam sido instituídas.

Se as descobertas dos grandes homens e das sociedades doutas de que acabamos de falar ofereceram poderosos auxílios para formar um dicionário enciclopédico, é preciso também confessar que o prodigioso aumento de materiais tornou muito mais difícil, de outros pontos de vista, a execução

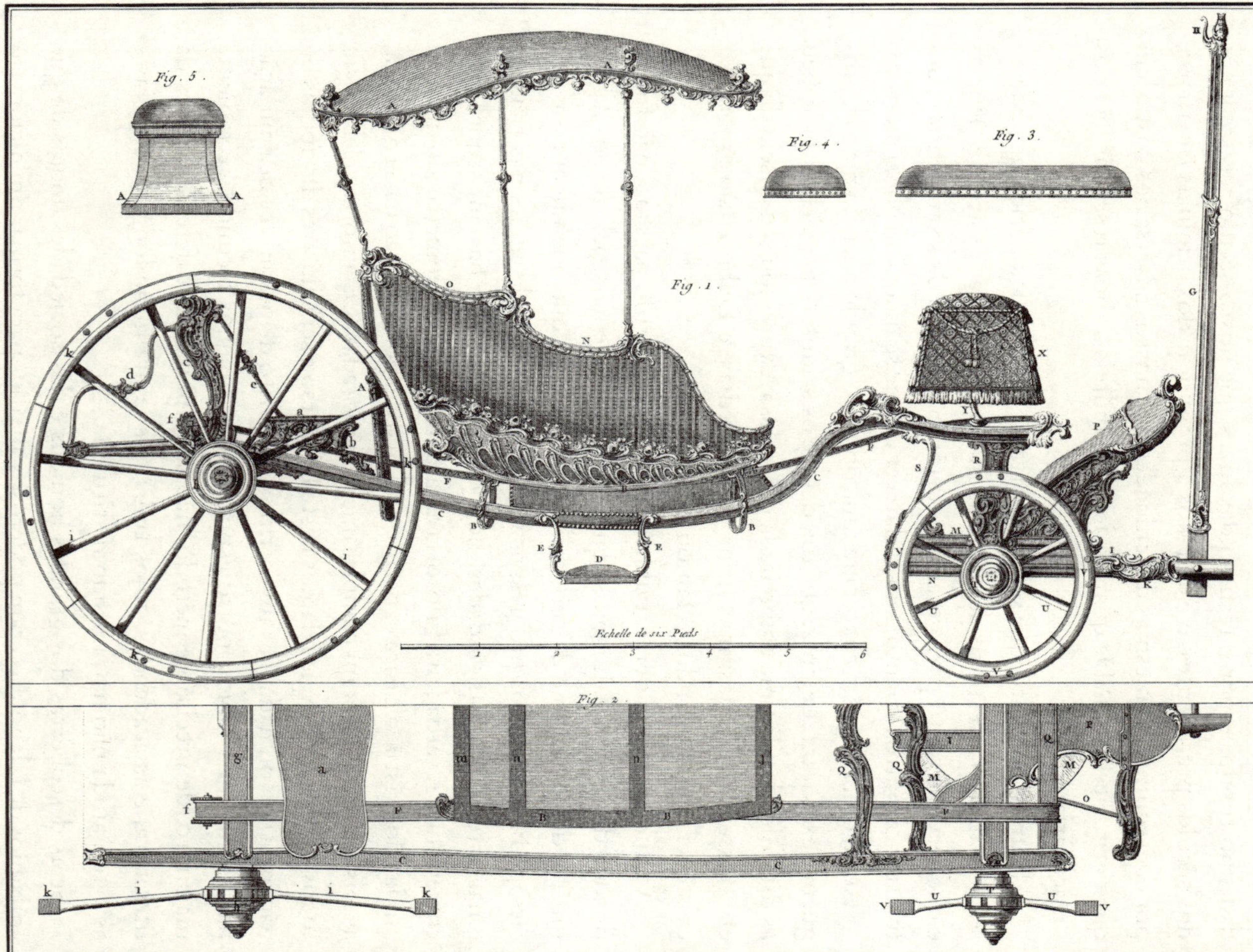

Sellier - Carossier, Calèche en Gondole

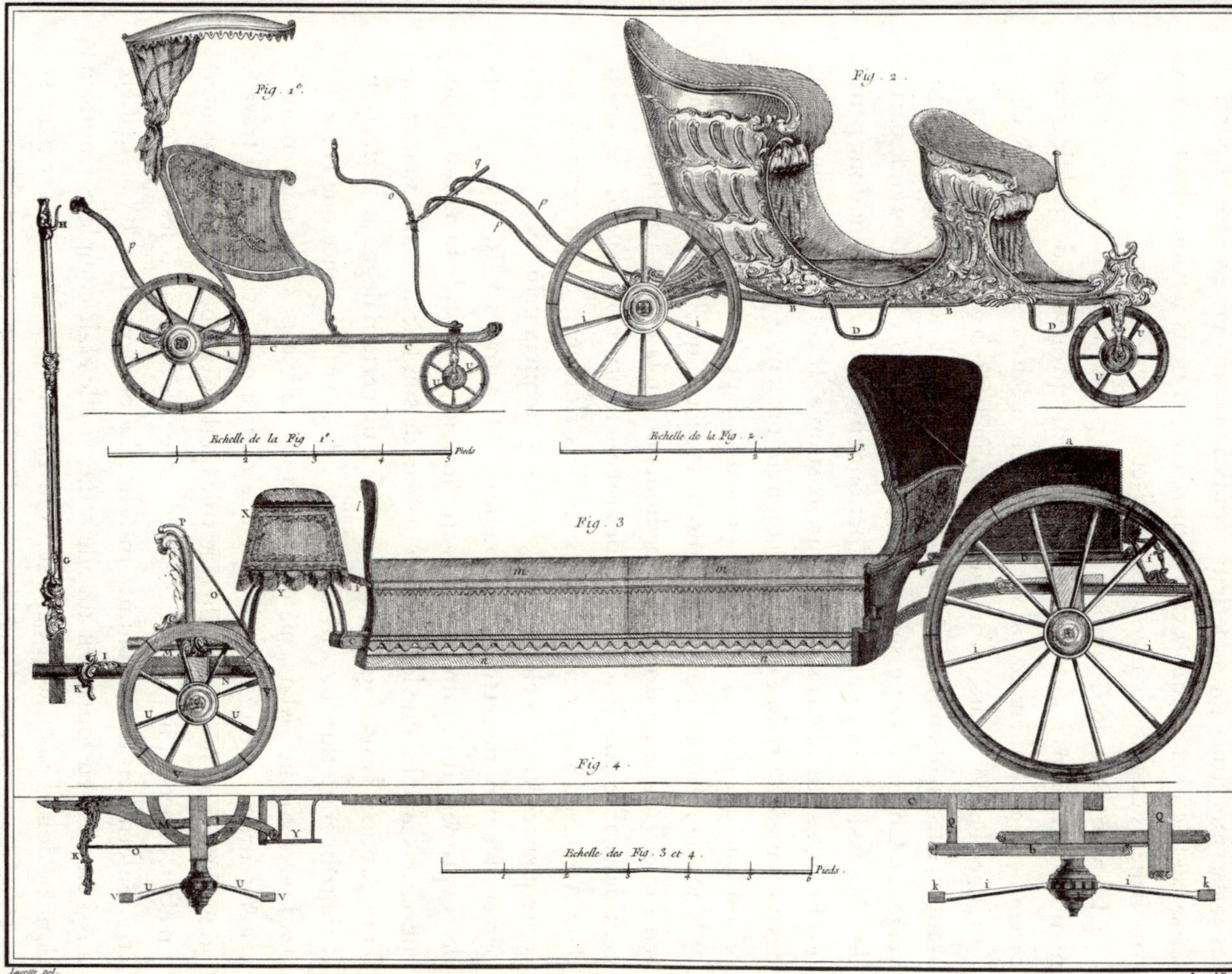

Sellier-Carossier, Carosses de Jardin et Vource ou Voiture de chasse.

Fabricante de selas e carruagens. Carruagens de jardim e da "linguiça", ou de caça.

beaucoup plus difficile. Mais ce n'est point à nous à juger si les successeurs des premiers Encyclopédistes ont été hardis ou présomptueux; & nous les laisserions tous jouir de leur réputation, sans en excepter Ephraïm CHAMBERS le plus connu **[xxxv]** d'entre eux, si nous n'avions des raisons particulières de peser le mérite de celui-ci.

L'Encyclopédie de Chambers dont on a publié à Londres un si grand nombre d'Éditions rapides; cette Encyclopédie qu'on vient de traduire tout récemment en Italien, & qui de notre aveu mérite en Angleterre & chez l'étranger les honneurs qu'on lui rend, n'eût peut-être jamais été faite, si avant qu'elle parut en Anglais, nous n'avions eu dans notre Langue des Ouvrages où Chambers a puisé sans mesure & sans choix la plus grande partie des choses dont il a composé son Dictionnaire. Qu'en auraient donc pensé nos Français sur une traduction pure & simple? Il eût excité l'indignation des Savants & le cri du Public, à qui on n'eût présenté sous un titre fastueux & nouveau, que des richesses qu'il possédait depuis longtemps.

Nous ne refusons point à cet Auteur la justice qui lui est due. Il a bien senti le mérite de l'ordre encyclopédique, ou de la chaîne par laquelle on peut descendre sans interruption des premiers principes d'une Science ou d'un Art jusqu'à ses conséquences les plus éloignées, & remonter de ses conséquences les plus éloignées jusqu'à ses premiers principes; passer imperceptiblement de cette Science ou de cet Art à un autre, & s'il est permis de s'exprimer ainsi, faire sans s'égarer le tour du monde littéraire. Nous convenons avec lui que le plan & le dessein de son Dictionnaire sont excellents, & que si l'exécution en était portée à un certain degré de perfection, il contribuerait plus lui seul aux progrès de la vraie Science que la moitié des Livres connus. Mais, malgré toutes les obligations que nous avons à cet Auteur, & l'utilité considérable que nous avons retirée de son travail, nous n'avons pu nous empêcher de voir qu'il restait beaucoup à y ajouter. En effet, conçoit-on que tout ce qui concerne les Sciences & les Arts puisse être renfermé en deux Volumes in-folio? La nomenclature d'une matière aussi étendue en fournirait un elle seule, si elle était complète. Combien donc ne doit-il pas y avoir dans son Ouvrage d'articles omis ou tronqués?

Ce ne sont point ici des conjectures. La Traduction entière du Chambers nous a passé sous les yeux, & nous avons trouvé une multitude prodigieuse de choses à désirer dans les Sciences; dans les Arts libéraux, un mot où il fallait

de uma obra como essa. Mas não nos cabe julgar se os que sucederam os primeiros enciclopedistas foram ousados ou presunçosos; gostaríamos que todos eles gozassem de sua reputação, sem excluir Ephraim *Chambers*, o mais conhecido, [**xxxv**] se não tivéssemos razões particulares para avaliar o mérito deste último.

A enciclopédia de Chambers, de que foram publicadas em Londres numerosas edições, que foi recentemente traduzida para o italiano, e que, em nossa opinião, merece, na Inglaterra e no exterior, as honras que se lhe são prestadas, talvez nunca tivesse sido feita, se, antes de ser publicada em inglês, não tivéssemos tido, em nossa língua, obras das quais Chambers extraiu, sem limites e indiscriminadamente, a maior parte das coisas com que compôs seu dicionário. Diante disso, o que não teriam pensado, de uma tradução pura e simples, nossos compatriotas franceses? Ela teria excitado a indignação dos sábios e o clamor do público, diante de riquezas que, oferecidas com um título faustoso e novo, há muito possuíam.

Não recusamos a esse autor a justiça que lhe é devida. Ele percebeu muito bem o mérito da ordem enciclopédica ou da corrente pela qual é possível descer, sem interrupção, dos primeiros princípios de uma ciência ou arte até suas consequências mais longínquas e remontar destas até aqueles, ou passar imperceptivelmente dessa ciência ou arte a uma outra, e, permita-se que eu me exprima assim, percorrer, de uma ponta a outra, sem se perder, a totalidade do mundo literário. Reconhecemos que o plano e o desenho de seu dicionário são excelentes, e que se sua execução fosse levada a um certo grau de perfeição, sozinho ele teria contribuído mais para os progressos da verdadeira ciência do que a metade dos livros conhecidos. Mas, apesar de tudo o que devemos a esse autor e da utilidade considerável de seu trabalho, não pudemos deixar de ver que havia muito a acrescentar. E na verdade, como conceber que tudo o que concerne às ciências e às artes pudesse ser contido em dois volumes *in-fólio*? A nomenclatura de uma matéria tão extensa forneceria por si mesma um volume, caso fosse completa; quantos verbetes omitidos ou truncados não deve haver em sua obra?

Estas não são conjeturas. Tivemos sob os olhos a tradução completa de Chambers e encontramos um número prodigioso de coisas incompletas nas ciências; nas artes liberais, vimos uma palavra quando seriam necessárias

des pages; & tout à suppléer dans les Arts mécaniques. Chambers a lu des Livres, mais il n'a guère vu d'artistes; cependant il y a beaucoup de choses qu'on n'apprend que dans les ateliers. D'ailleurs il n'en est pas ici des omissions comme dans un autre Ouvrage. Un article omis dans un Dictionnaire commun le rend seulement imparfait. Dans une Encyclopédie, il rompt l'enchaînement, & nuit à la forme & au fond; & il a fallu tout l'art d'Ephraïm Chambers pour pallier ce défaut.

Mais, sans nous étendre davantage sur l'Encyclopédie Anglaise, nous annonçons que l'Ouvrage de Chambers n'est point la base unique sur laquelle nous avons élevé; que l'on a refait un grand nombre de ses articles; que l'on n'a employé presque aucun des autres sans addition, correction, ou retranchement, & qu'il rentre simplement dans la classe des Auteurs que nous avons particulièrement consultés. Les éloges qui furent donnés il y a six ans au simple projet de la Traduction de l'Encyclopédie Anglaise, auraient été pour nous un motif suffisant d'avoir recours à cette Encyclopédie, autant que le bien de notre Ouvrage n'en souffrirait pas.

La Partie Mathématique est celle qui nous a paru mériter le plus d'être conservée: mais on jugera par les changements considérables qui y ont été faits, du besoin que cette Partie & les autres avaient d'une exacte révision.

Le premier objet sur lequel nous nous sommes écartés de l'Auteur Anglais, c'est l'Arbre généalogique qu'il a dressé des Sciences & des Arts, & auquel nous avons crû devoir en substituer un autre. Cette partie de notre travail a été suffisamment développée plus haut. Elle présente à nos lecteurs le canevas d'un Ouvrage qui ne se peut exécuter qu'en plusieurs Volumes in-folio, & qui doit contenir un jour toutes les connaissances des hommes.

À l'aspect d'une matière aussi étendue, il n'est personne qui ne fasse avec nous la réflexion suivante. L'expérience journalière n'apprend que trop combien il est difficile à un Auteur de traiter profondément de la Science ou de l'Art dont il a fait toute sa vie une étude particulière. Quel homme peut donc être assez hardi & assez borné pour entreprendre de traiter seul de toutes les Sciences & de tous les Arts?

Nous avons inféré de-là que pour soutenir un poids aussi grand que celui que nous avions à porter, il était nécessaire de le partager; & sur le champ nous avons jeté les yeux sur un nombre suffisant de Savants & d'Artistes; d'Artistes habiles & connus par leurs talents; de Savants exercés dans les genres

páginas; e constatamos que tudo precisava ser substituído nas artes mecânicas. Chambers leu livros, mas quase não viu artistas; todavia, muitas coisas só se aprendem em oficinas. Omissões, numa enciclopédia, não têm o mesmo valor do que em outras obras. Um verbete omitido num dicionário comum torna-o apenas imperfeito. Numa enciclopédia, interrompe o encadeamento e prejudica a forma e o fundo; foi necessário todo o engenho de Ephraim Chambers para paliar esse defeito.

Sem nos estendermos a respeito da enciclopédia inglesa, diremos que a obra de Chambers não é a única base sobre a qual construímos; refizemos um bom número de seus verbetes; não aproveitamos quase nenhum dos outros sem adições, correções ou supressões; em suma, ele pertence à classe dos autores que consultamos em especial. Os elogios, dirigidos há seis anos, ao simples projeto da tradução da enciclopédia inglesa, seriam motivo suficiente para recorrermos a essa obra, desde que isso não prejudicasse a nossa.[4]

A parte matemática é a que nos pareceu mais digna de ser preservada; julgar-se-á, pelas consideráveis modificações introduzidas, a necessidade, que as demais não tinham, de uma revisão cuidadosa.

O primeiro ponto em que nos afastamos do autor inglês foi a árvore genealógica que ele traçou das ciências e das artes, que julgamos que conviria substituir por uma outra. Essa parte de nosso trabalho foi suficientemente desenvolvida anteriormente. Ela apresenta a nossos leitores o esboço de uma obra que só pode ser executada em vários volumes *in-fólio* e que um dia deve conter todos os conhecimentos dos homens.

Diante de uma matéria tão extensa, não há quem não faça a seguinte reflexão. A experiência diária ensina muito bem como é difícil para um autor tratar em profundidade da ciência ou da arte que ele tomou como objeto de um estudo particular por toda uma vida. Haveria alguém suficientemente ousado e sem limites para tratar sozinho de todas as ciências e de todas as artes?

Inferimos, portanto, que para sustentar um peso tão grande quanto o que devíamos carregar, seria preciso dividi-lo, e imediatamente procuramos um número suficiente de sábios e de artistas; de artistas hábeis e conhecidos por seus talentos, de sábios adestrados precisamente nos gêneros

4 O próximo parágrafo e o seguinte são de d'Alembert. (N. E.)

particuliers qu'on avait à confier à leur travail. Nous avons distribué à chacun la partie qui lui convenait; quelques-uns même étaient en possession de la leur, avant que nous nous chargeassions de cet Ouvrage. Le Public verra bientôt leurs noms, & nous ne craignons point qu'il nous les reproche. Ainsi, chacun n'ayant été occupé que de ce qu'il entendait, a été en état de juger sainement de ce qu'en ont écrit les Anciens & les Modernes, & d'ajouter aux secours qu'il en a tirés, des connaissances puisées **[xxxvi]** dans son propre fonds. Personne ne s'est avancé sur le terrain d'autrui, & ne s'est mêlé de ce qu'il n'a peut-être jamais appris; & nous avons eu plus de méthode, de certitude, d'étendue, & de détails, qu'il ne peut y en avoir dans la plupart des Lexicographes. Il est vrai que ce plan a réduit le mérite d'Éditeur à peu de chose; mais il a beaucoup ajouté à la perfection de l'Ouvrage, & nous penserons toujours nous être acquis assez de gloire, si le Public est satisfait. En un mot, chacun de nos Collègues a fait un Dictionnaire de la Partie dont il s'est chargé, & nous avons réuni tous ces Dictionnaires ensemble.

Nous croyons avoir eu de bonnes raisons pour suivre dans cet Ouvrage l'ordre alphabétique? Il nous a paru plus commode & plus facile pour nos lecteurs, qui désirant de s'instruire sur la signification d'un mot, le trouveront plus aisément dans un Dictionnaire alphabétique que dans tout autre. Si nous eussions traité toutes les Sciences séparément, en faisant de chacune un Dictionnaire particulier, non seulement le prétendu désordre de la succession alphabétique aurait eu lieu dans ce nouvel arrangement; mais une telle méthode aurait été sujette à des inconvénients considérables par le grand nombre de mots communs à différentes Sciences, & qu'il aurait fallu répéter plusieurs fois, ou placer au hasard. D'un autre côté, si nous eussions traité de chaque Science séparément & dans un discours suivi, conforme à l'ordre des idées, & non à celui des mots, la forme de cet Ouvrage eût été encore moins commode pour le plus grand nombre de nos lecteurs, qui n'y auraient rien trouvé qu'avec peine; l'ordre encyclopédique des Sciences & des Arts y eût peu gagné, & l'ordre encyclopédique des mots, ou plutôt des objets par lesquels les Sciences se communiquent & se touchent, y aurait infiniment perdu. Au contraire, rien de plus facile dans le plan que nous avons suivi que de satisfaire à l'un & à l'autre; c'est ce que nous avons détaillé ci-dessus. D'ailleurs, s'il eût été question de faire de chaque Science & de chaque Art un traité particulier dans la forme ordinaire, & de réunir seulement ces différents traités

que confiaríamos a seu trabalho. Atribuímos a cada um a parte que lhe convinha, alguns até já possuíam a sua antes mesmo que lhes fosse encomendada. O público verá os seus nomes, e não temos nenhum receio de que nos censure pela escolha que fizemos. Cada um, ocupando-se apenas daquilo que entendia, teve condições de julgar com sensatez o que os antigos e os modernos escreveram sobre o assunto e de acrescentar, ao auxílio que deles recebeu, conhecimentos extraídos **[xxxvi]** de seu próprio cabedal. Ninguém invadiu o terreno alheio nem se intrometeu no que talvez não soubesse, e o resultado foi mais método, mais certeza, mais profundidade e mais detalhes do que se poderia exigir da maioria dos lexicógrafos. É verdade que esse plano reduziu o mérito do editor a pouca coisa, mas acrescentou muito à perfeição da obra, e pensaremos ter conquistado uma glória suficiente se o público estiver satisfeito. Em suma, cada um de nossos colegas fez um dicionário da parte de que foi encarregado, e reunimos todos esses dicionários num mesmo.

Julgamos ter boas razões para adotar, nesta obra, a ordem alfabética. Pareceu-nos mais cômoda e mais fácil para nossos leitores, que, desejando instruir-se sobre a significação de uma palavra, encontrá-la-iam mais facilmente num dicionário alfabético do que em qualquer outro gênero. Se tivéssemos tratado as ciências separadamente, fazendo de cada uma um dicionário particular, não somente a pretensa desordem da sucessão alfabética ter-se-ia tornado realidade nessa nova disposição como um tal método estaria sujeito a inconvenientes consideráveis, pelo grande número de palavras comuns a diferentes ciências que teria sido necessário repetir várias vezes ou dispor ao acaso. Por outro lado, se tivéssemos tratado cada ciência separadamente e num discurso ordenado, segundo a ordem das ideias e não das palavras, a forma da obra teria sido ainda menos cômoda para a maioria de nossos leitores, que nada poderiam encontrar sem dificuldade; a ordem enciclopédica das ciências e das artes pouco teria se beneficiado, e a ordem enciclopédica das palavras, ou antes dos objetos pelos quais as ciências se comunicam e se tocam, teria perdido muitíssimo. Ao contrário, nada mais fácil, para satisfazer a todos, do que o plano que seguimos, como explicamos anteriormente. Aliás, se tivesse sido o caso de fazer de cada ciência e de cada arte um tratado particular de forma usual, e reunir esses diferentes tratados

sous le titre d'Encyclopédie, il eût été bien plus difficile de rassembler pour cet Ouvrage un si grand nombre de personnes, & la plupart de nos Collègues auraient sans doute mieux aimé donner séparément leur Ouvrage, que de le voir confondu avec un grand nombre d'autres. De plus, en suivant ce dernier plan, nous eussions été forcés de renoncer presque entièrement à l'usage que nous voulions faire de l'Encyclopédie Anglaise, entraînés tant par la réputation de cet Ouvrage, que par l'ancien *Prospectus*, approuvé du Public, & auquel nous désirions de nous conformer. La Traduction entière de cette Encyclopédie nous a été remise entre les mains par les Libraires, qui avaient entrepris de la publier; nous l'avons distribuée à nos Collègues qui ont mieux aimé se charger de la revoir, de la corriger, & de l'augmenter, que de s'engager, sans avoir, pour ainsi dire, aucuns matériaux préparatoires. Il est vrai qu'une grande partie de ces matériaux leur a été inutile, mais du moins elle a servi à leur faire entreprendre plus volontiers le travail qu'on espérait d'eux; travail auquel plusieurs se seraient peut-être refusé, s'ils avaient prévu ce qu'il devait leur coûter de soins. D'un autre côté, quelques-uns de ces Savants, en possession de leur Partie longtemps avant que nous fussions Éditeurs, l'avaient déjà fort avancée en suivant l'ancien projet de l'ordre alphabétique; il nous eût par conséquent été impossible de changer ce projet, quand même nous aurions été moins disposés à l'approuver. Nous savions enfin, ou du moins nous avions lieu de croire qu'on n'avait fait à l'Auteur Anglais, notre modèle, aucunes difficultés sur l'ordre alphabétique auquel il s'était assujetti. Tout se réunissait donc pour nous obliger de rendre cet Ouvrage conforme à un plan que nous aurions suivi par choix, si nous en eussions été les maîtres.

La seule opération dans notre travail qui suppose quelque intelligence, consiste à remplir les vides qui séparent deux Sciences ou deux Arts, & à renouer la chaîne dans les occasions où nos Collègues se sont reposés les uns sur les autres de certains articles, qui paraissent appartenir également à plusieurs d'entre eux, n'ont été faits par aucun. Mais afin que la personne chargée d'une partie ne soit point comptable des fautes qui pourraient se glisser dans des morceaux surajoutés, nous aurons l'attention de distinguer ces morceaux par une étoile. Nous tiendrons exactement la parole que nous avons donnée; le travail d'autrui sera sacré pour nous, & nous ne manquerons pas de consulter l'Auteur, s'il arrive dans le cours de l'Édition que son ouvrage nous paraisse demander quelque changement considérable.

sob o título de enciclopédia, teria sido muito mais difícil encontrar, para a confecção da obra, um número tão grande de pessoas, e a maioria de nossos colegas teria sem dúvida preferido apresentar uma obra à parte a vê-la confundida com um grande número de outras. Além disso, ao seguir esse último plano, teríamos sido forçados a renunciar quase que por completo ao uso que desejávamos fazer da enciclopédia inglesa, arrastados tanto pela reputação dessa obra quanto pelo antigo *Prospecto*, aprovado pelo público e ao qual desejávamos nos conformar. A tradução completa dessa enciclopédia foi colocada em nossas mãos pelos editores que haviam empreendido sua publicação; distribuímo-la aos nossos colegas, que preferiram encarregar-se de revê-la, corrigi-la e aumentá-la, a lançar-se ao trabalho sem ter, por assim dizer, um material preliminar. É verdade que boa parte desses materiais se mostrou inútil, mas, pelo menos, serviu-lhes para que empreendessem com boa vontade o trabalho que se esperava deles e ao qual vários ter-se-iam talvez recusado, se tivessem previsto os cuidados que lhes custariam. Por outro lado, alguns desses sábios, tendo em mãos a sua parte muito tempo antes que nos tornássemos editores, tinham o trabalho já adiantado e de acordo com o plano da ordem alfabética. Por conseguinte, ter-nos-ia sido impossível alterar o projeto, mesmo que não estivéssemos dispostos a aprová-lo. Sabíamos, enfim, ou pelo menos tínhamos razões para crer, que, ao autor inglês, nosso modelo não levantara nenhuma objeção quanto à ordem alfabética por ele adotada. Tudo conspirou, portanto, para que fôssemos obrigados a conformar esta obra a um plano que teríamos seguido por escolha, se a tivéssemos concebido.

A única operação em nosso trabalho que supõe alguma inteligência consiste em preencher as lacunas que separam duas ciências ou artes e restituir a corrente, nas ocasiões em que nossos colegas confiaram nos outros em relação a certos verbetes, que, por poderem caber a vários deles, não foram feitos por nenhum. Mas, para que a pessoa encarregada de uma parte não seja responsabilizada por eventuais erros em trechos posteriormente acrescentados, teremos o cuidado de assinalar a inserção de tais trechos com um asterisco. Manteremos a nossa palavra, o trabalho alheio será sagrado para nós, e não deixaremos de consultar o autor, se, no curso da edição, concluirmos que sua contribuição requereria algum reparo considerável.

Les différentes mains que nous avons employées ont apposé à chaque article comme le sceau de leur style particulier, ainsi que celui du style propre à la matière & à l'objet d'une partie. Un procédé de Chimie ne sera point du même ton que la description des bains & des théâtres anciens, ni la manœuvre d'un Serrurier, exposée comme les recherches d'un Théologien, sur un point de dogme ou de discipline. Chaque chose a son coloris, & ce serait confondre les genres que de les réduire à une certaine uniformité. La pureté du style, la clarté, & la précision, sont les seules qualités qui puissent être communes à tous les articles, & nous espérons qu'on les y remarquera. S'en permettre davantage, ce serait s'exposer [**xxxvii**] à la monotonie & au dégoût qui sont presque inséparables des Ouvrages étendus, & que l'extrême variété des matières doit écarter de celui-ci.

Nous en avons dit assez pour instruire le Public de la nature d'une entreprise à laquelle il a paru s'intéresser; des avantages généraux qui en résulteront, si elle est bien exécutée; du bon ou du mauvais succès de ceux qui l'ont tentée avant nous; de l'étendue de son objet; de l'ordre auquel nous nous sommes assujettis; de la distribution qu'on a faite de chaque partie, & de nos fonctions d'Éditeurs. Nous allons maintenant passer aux principaux détails de l'exécution.

Toute la matière de l'Encyclopédie peut se réduire à trois chefs; les Sciences, les Arts libéraux, & les Arts mécaniques. Nous commencerons par ce qui concerne les Sciences & les Arts libéraux; & nous finirons par les Arts mécaniques.

On a beaucoup écrit sur les Sciences. Les traités sur les Arts libéraux se sont multipliés sans nombre; la république des Lettres en est inondée. Mais combien peu donnent les vrais principes? combien d'autres les noient dans une affluence de paroles, ou les perdent dans des ténèbres affectées? Combien dont l'autorité en impose, & chez qui une erreur placée à côté d'une vérité, ou décrédite celle-ci, ou s'accrédite elle-même à la faveur de ce voisinage? On eût mieux fait sans doute d'écrire moins & d'écrire mieux.

Entre tous les Écrivains, on a donné la préférence à ceux qui sont généralement reconnus pour les meilleurs. C'est de-là que les principes ont été tirés. A leur exposition claire & précise, on a joint des exemples ou des autorités constamment reçues. La coutume vulgaire est de renvoyer aux sources, ou de citer d'une manière vague, souvent infidèle,

As diferentes mãos que utilizamos aplicaram a cada verbete como que a cunha de seu estilo particular, além daquela do estilo apropriado à matéria e ao objeto. Um processo químico não tem nem poderia ter o mesmo tom que a descrição dos banhos e teatros antigos; o trabalho de um serralheiro não será exposto como as pesquisas de um teólogo sobre uma questão de dogma ou de disciplina. Cada coisa tem o seu colorido, e reduzir os gêneros a uma certa uniformidade seria confundi-los. A pureza de estilo, a clareza e a precisão, tais são as únicas qualidades que poderiam ser comuns a todos os verbetes, e esperamos que sejam notadas. Permitir-se algo diferente seria se expor [**xxxvii**] à monotonia e ao enfado, quase que inevitáveis em obras extensas, mas que a extrema variedade de matérias deve afastar desta.

Dissemos o suficiente para informar o público quanto à natureza de um empreendimento que pareceu interessá-lo, as vantagens gerais que dele resultarão, se for bem executado, o maior ou menor êxito dos que o tentaram antes de nós, a extensão do objeto, a ordem a que nos sujeitamos, a função de cada parte e as nossas funções como editores. Passemos agora aos principais detalhes da execução.

A matéria da *Enciclopédia* como um todo pode ser reduzida a três pontos capitais: as ciências, as artes liberais e as artes mecânicas. Começaremos pelo que diz respeito às ciências e às artes liberais, e terminaremos com as artes mecânicas.

Escreveu-se muito sobre as ciências. Tratados sobre as artes liberais multiplicaram-se ao infinito, a república das letras foi inundada por eles. Mas como são poucos os que oferecem princípios verdadeiros! Quantos outros não os abafam com uma torrente de palavras ou não os põem a perder em trevas simuladas? Quantos não há, cuja autoridade ilude, e nos quais um erro posto ao lado de uma verdade a desacredita ou lhe dá crédito, graças a essa vizinhança? Melhor teria sido, sem dúvida, escrever menos e escrever melhor.

Entre os escritores, demos preferência aos que geralmente são reconhecidos como os melhores. Deles extraíram-se os princípios. À sua exposição clara e precisa acrescentamos exemplos ou autoridades consagradas. É um hábito remeter às fontes ou citá-las de maneira vaga, frequentemente infiel

& presque toujours confuse; en sorte que dans les différentes parties dont un article est composé, on ne sait exactement quel Auteur on doit consulter sur tel ou tel point, ou s'il faut les consulter tous, ce qui rend la vérification longue & pénible. On s'est attaché, autant qu'il a été possible, à éviter cet inconvénient, en citant dans le corps même des articles les Auteurs sur le témoignage desquels on s'est appuyé; rapportant leur propre texte quand il est nécessaire; comparant partout les opinions; balançant les raisons; proposant des moyens de douter ou de sortir de doute; décidant même quelquefois; détruisant autant qu'il est en nous les erreurs & les préjugés; & tâchant surtout de ne les pas multiplier, & de ne les point perpétuer, en protégeant sans examen des sentiments rejetés, ou en proscrivant sans raison des opinions reçues. Nous n'avons pas craint de nous étendre quand l'intérêt de la vérité & l'importance de la matière le demandaient, sacrifiant l'agrément toutes les fois qu'il n'a pu s'accorder avec l'instruction.

Nous ferons ici sur les définitions une remarque importante. Nous nous sommes conformés dans les articles généraux des Sciences à l'usage constamment reçu dans les Dictionnaires & dans les autres Ouvrages, qui veut qu'on commence en traitant d'une Science par en donner la définition. Nous l'avons donnée aussi, la plus simple même & la plus courte qu'il nous a été possible. Mais il ne faut pas croire que la définition d'une Science, surtout d'une Science abstraite, en puisse donner l'idée à ceux qui n'y sont pas du moins initiés. En effet, qu'est-ce qu'une Science? sinon un système de règles ou de faits relatifs à un certain objet; & comment peut-on donner l'idée de ce système à quelqu'un qui serait absolument ignorant de ce que le système renferme? Quand on dit de l'Arithmétique, que c'est la Science des propriétés des nombres, la fait-on mieux connaître à celui qui ne la sait pas, qu'on ne ferait connaître la pierre philosophale, en disant que c'est le secret de faire de l'or? La définition d'une Science ne consiste proprement que dans l'exposition détaillée des choses dont cette Science s'occupe, comme la définition d'un corps est la description détaillée de ce corps même; & il nous semble d'après ce principe, que ce qu'on appelle définition de chaque Science serait mieux placé à la fin qu'au commencement du livre qui en traite: ce serait alors le résultat extrêmement réduit de toutes les notions qu'on aurait acquises. D'ailleurs, que contiennent ces définitions

e quase sempre confusa, de maneira que nas diferentes partes de que é composto um verbete não se sabe exatamente qual autor consultar a respeito de um ponto ou se é preciso consultá-los a todos, numa verificação longa e penosa. Procurou-se, na medida do possível, evitar esse inconveniente, citando-se no próprio corpo dos verbetes os autores sobre cujo testemunho nos apoiamos; trazendo seu próprio texto quando necessário; comparando-se por toda parte as opiniões; pesando-se as razões; propondo-se meios de duvidar ou de resolver a dúvida, decidindo mesmo, algumas vezes; destruindo-se, tanto quanto estivesse aos nosso alcance, os erros e os preconceitos, procurando sobretudo não multiplicá-los e absolutamente não perpetuá-los, ao proteger sem exame sentimentos rejeitados ou ao proscrever sem razão opiniões aceitas. Não hesitamos em nos estender, sempre que o interesse da verdade e a importância da matéria o exigissem, sacrificando o prazer todas as vezes que ele não pudesse ser conciliado com a instrução.[5]

Uma observação importante sobre as definições. Nos verbetes gerais das ciências, seguimos o uso, aceito em dicionários e outras obras, de começar a tratar uma ciência dando sua definição. Também a demos, e a mais simples e curta que nos foi possível. Mas não se deve acreditar que a definição de uma ciência, sobretudo de uma ciência abstrata, possa oferecer uma ideia dela aos que já não sejam pelo menos iniciados. Que é uma ciência, senão um sistema de regras ou de fatos, relativos a um certo objeto? Como dar uma ideia desse sistema a alguém que ignore por completo o que esse sistema encerra? Quando se diz da Aritmética que ela é a ciência das propriedades dos números, daríamos assim uma ideia dela para quem não a conhece, mais do que se daria conhecer a pedra filosofal dizendo que ela é o segredo da fabricação do ouro? A definição de uma ciência consiste propriamente na exposição detalhada das coisas de que tal ciência se ocupa, assim como a definição de um corpo é a descrição detalhada desse mesmo corpo; e parece-nos, segundo esse princípio, que o que se chama definição de cada ciência estaria mais bem colocado no final do que no início do livro que tratasse dessa ciência, pois então a definição seria o resultado extremamente condensado das noções que se tivessem adquirido. E o que contêm a maioria dessas definições,

5 O parágrafo seguinte é de d'Alembert. (N. E.)

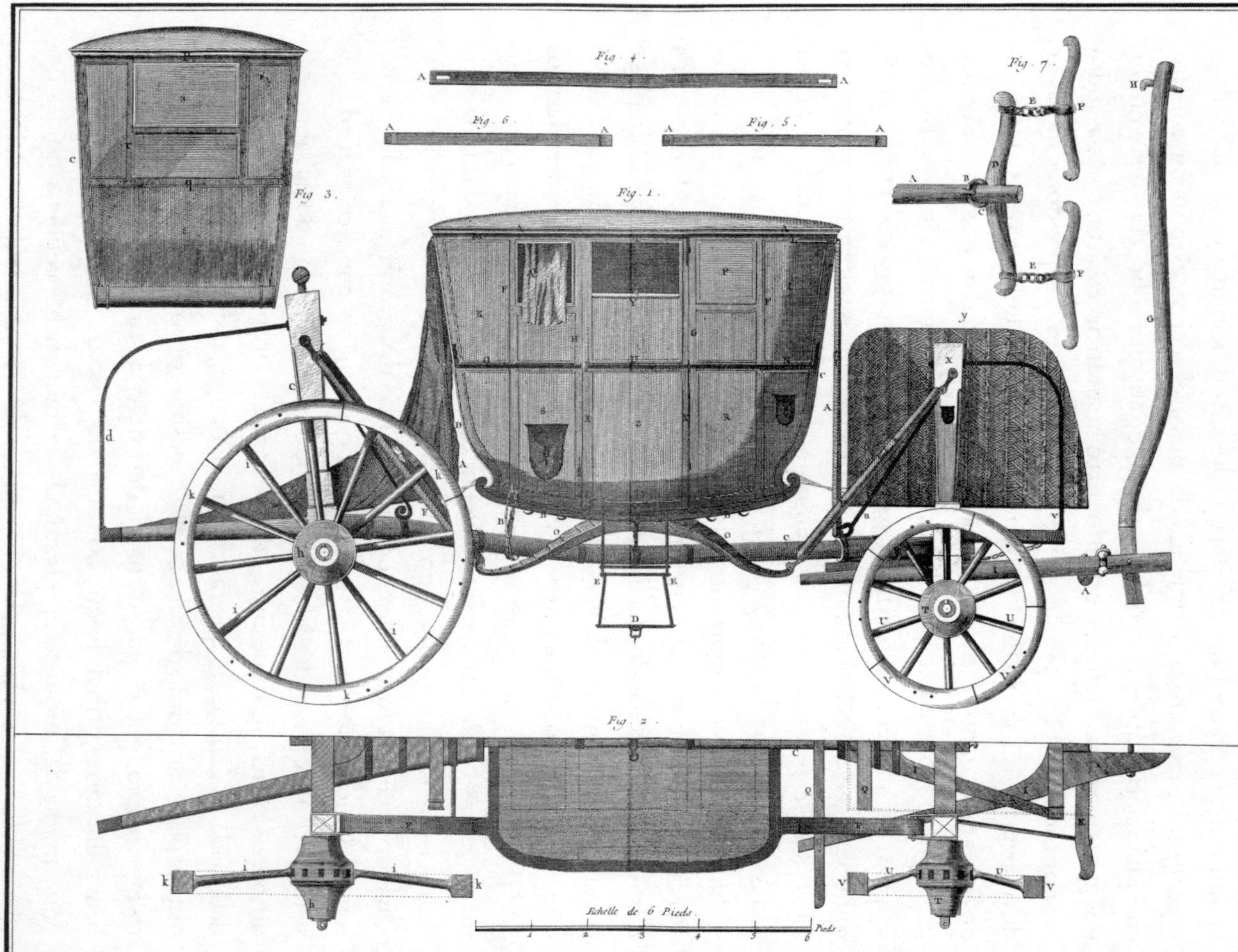

Lucotte Del. Benard Fecit

Sellier-Carossier, Diligence de Lyon.

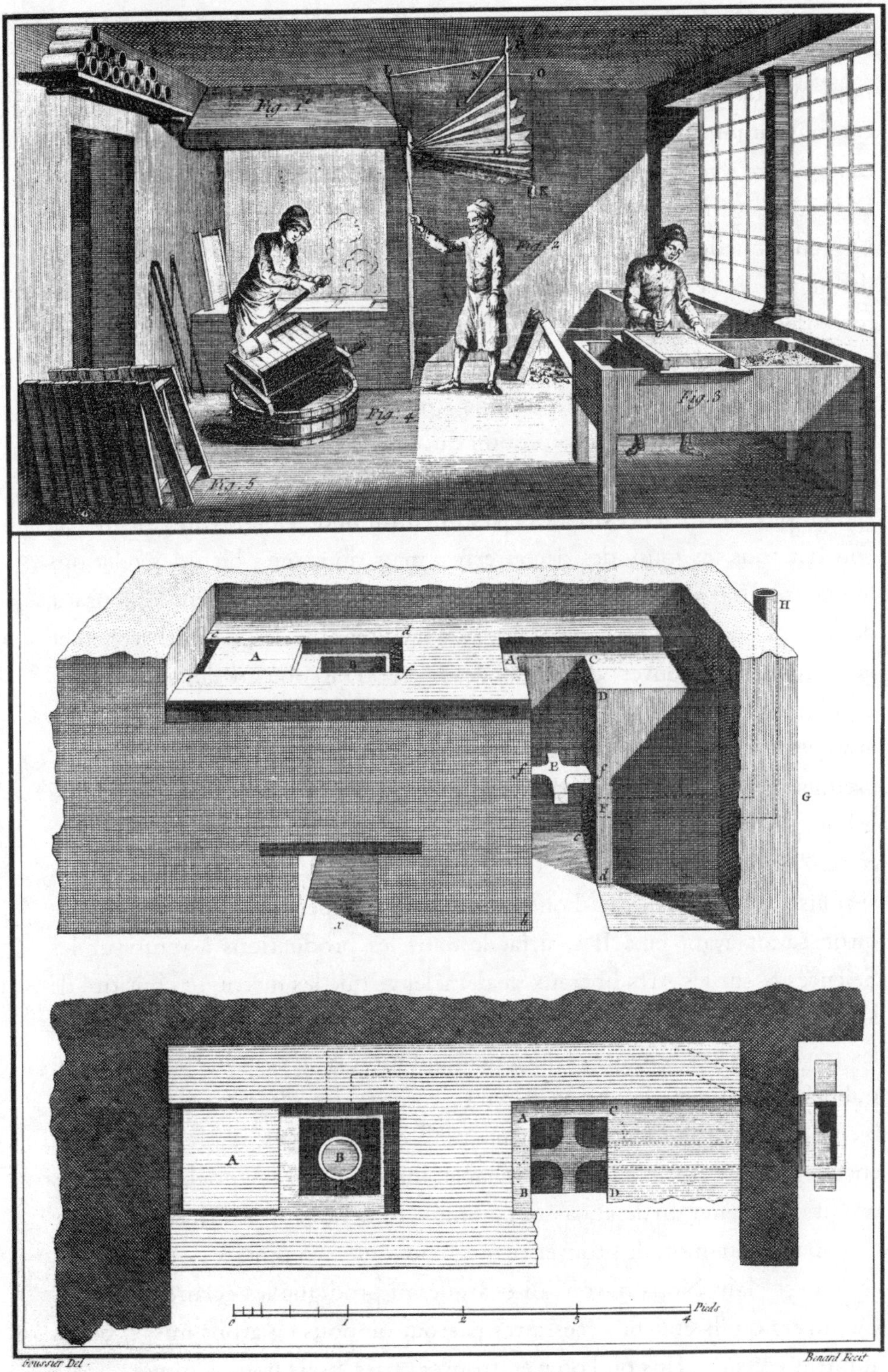

Goussier Del. Benard Fecit

Fondeur en Sable.

Fundidor. Areia de fundição.

pour la plupart, sinon des expressions vagues & abstraites, dont la notion est souvent plus difficile à fixer que celles de la Science même? Tels sont les mots, *science, nombre,* & *propriété,* dans la définition déjà citée de l'Arithmétique. Les termes généraux sans doute sont nécessaires, & nous avons vu dans ce Discours quelle en est l'utilité: mais on pourrait les définir un abus forcé des signes, & la plupart des définitions, un abus tantôt volontaire, tantôt forcé des termes généraux. Au reste nous le répétons: nous nous sommes conformés sur ce point à l'usage, parce que ce n'est pas à nous à le changer, & que la forme même de ce Dictionnaire nous en empêchait. Mais en ménageant les préjugés, nous n'avons point dû appréhender d'exposer ici des idées que nous croyons saines. Continuons à rendre compte de notre Ouvrage.

L'empire des Sciences & des Arts est un monde éloigné du vulgaire où l'on fait tous les jours des découvertes, mais dont on a bien des relations fabuleuses. Il était important d'assurer les vraies, de prévenir sur les fausses, de fixer des points d'où l'on partît, & de faciliter ainsi la [**xxxviii**] recherche de ce qui reste à trouver. On ne cite des faits, on ne compare des expériences, on n'imagine des méthodes, que pour exciter le génie à s'ouvrir des routes ignorées, & à s'avancer à des découvertes nouvelles, en regardant comme le premier pas celui où les grands hommes ont terminé leur course. C'est aussi le but que nous nous sommes proposé, en alliant aux principes des Sciences & des Arts libéraux l'histoire de leur origine & de leurs progrès successifs; & si nous l'avons atteint, de bons esprits ne s'occuperont plus à chercher ce qu'on savait avant eux. Il sera facile dans les productions à venir sur les Sciences & sur les Arts libéraux de démêler ce que les inventeurs ont tiré de leur fonds d'avec ce qu'ils ont emprunté de leurs prédécesseurs: on appréciera les travaux; & ces hommes avides de réputation & dépourvus de génie, qui publient hardiment de vieux systèmes comme des idées nouvelles, seront bientôt démasqués. Mais, pour parvenir à ces avantages, il a fallu donner à chaque matière une étendue convenable, insister sur l'essentiel, négliger les minuties, & éviter un défaut assez commun, celui de s'appesantir sur ce qui ne demande qu'un mot, de prouver ce qu'on ne conteste point, & de commenter ce qui est clair. Nous n'avons ni épargné, ni prodigué les éclaircissements. On jugera qu'ils étaient nécessaires partout où nous en avons mis, & qu'ils auraient été superflus où l'on n'en trouvera pas. Nous nous sommes encore

senão expressões vagas e abstratas, cuja noção é frequentemente mais difícil de fixar do que as da própria ciência? Tais são as palavras *ciência*, *número* e *propriedade*, na já citada definição da Aritmética. Os termos gerais, sem dúvida, são necessários, e vimos neste Discurso qual a sua utilidade; mas poderíamos defini-los como um abuso forçado de signos, e a maioria das definições como um abuso ora voluntário, ora forçado, de termos gerais. De resto, repetimo-lo: nesse ponto, seguimos o uso, pois não cabe a nós alterá-lo, e a própria forma deste Dicionário nos impediria de fazê-lo. Mas, respeitando os preconceitos, não precisamos recear a exposição das ideias que julguemos sãs. Continuemos a explicar a nossa obra.

O império das ciências e das artes é um mundo estranho ao vulgo, em que todos os dias são realizadas novas descobertas, das quais, porém, há muitos relatos fabulosos. É importante confirmar as verdadeiras, evitar as falsas, fixar pontos de partida e facilitar assim **[xxxviii]** a pesquisa do que resta a encontrar. Citam-se fatos, comparam-se experiências, imaginam-se métodos para incitar o gênio a desbravar caminhos ignorados e avançar rumo a novas descobertas, considerando-se como um primeiro passo aquele em que os grandes homens terminaram sua marcha. Foi esse também o objetivo a que nos propusemos, aliando aos princípios das ciências e aos das artes liberais a história de sua origem e de seus progressos sucessivos; e, se o atingimos, espíritos favoráveis não se ocuparão mais em procurar o que se sabia antes deles. Será fácil, nas futuras produções sobre as ciências e as artes liberais, separar o que os inventores extraíram de seu próprio cabedal daquilo que tiraram de seus predecessores: apreciar-se-ão os trabalhos, e esses homens ávidos de reputação e desprovidos de gênio, que ousam publicar velhos sistemas como se fossem ideias novas, em breve serão desmascarados. Mas, para chegar a esses resultados, foi necessário dar, a cada matéria, uma extensão conveniente, insistir no essencial, negligenciar as minúcias e evitar um defeito bastante comum, o de insistir no que só exige uma palavra, provar o que ninguém contesta e comentar o que é claro. Não poupamos nem prodigamos os esclarecimentos. Julgar-se-á se eram necessários em todos os lugares em que os colocamos e que teriam sido supérfluos onde não serão encontrados. Tivemos ainda o cuidado

bien gardés d'accumuler les preuves où nous avons crû qu'un seul raisonnement solide suffisait, ne les multipliant que dans les occasions où leur force dépendait de leur nombre & de leur concert.

Les articles qui concernent les éléments des Sciences ont été travaillés avec tout le soin possible; ils sont en effet la base & le fondement des autres. C'est par cette raison que les éléments d'une Science ne peuvent être bien faits que par ceux qui ont été fort loin au-delà; car ils renferment le système des principes généraux qui s'étendent aux différentes parties de la Science; & pour connaître la manière la plus favorable de présenter ces principes, il faut en avoir fait une application très étendue & très variée.

Ce sont là toutes les précautions que nous avions à prendre. Voilà les richesses sur lesquelles nous pouvions compter: mais il nous en est survenu d'autres que notre entreprise doit, pour ainsi dire, à sa bonne fortune. Ce sont des manuscrits qui nous ont été communiqués par des Amateurs, ou fournis par des Savants, entre lesquels nous nommerons ici M. FORMEY, Secrétaire perpétuel de l'Académie royale des Sciences & des Belles-Lettres de Prusse. Cet illustre Académicien avait médité un Dictionnaire tel à-peu-près que le nôtre, & il nous a généreusement sacrifié la partie considérable qu'il en avait exécutée, & dont nous ne manquerons pas de lui faire honneur. Ce sont encore des recherches, des observations, que chaque Artiste ou Savant, chargé d'une partie de notre Dictionnaire, renfermait dans son cabinet, & qu'il a bien voulu publier par cette voie. De ce nombre seront presque tous les articles de Grammaire générale & particulière. Nous croyons pouvoir assurer qu'aucun Ouvrage connu ne sera ni aussi riche, ni aussi instructif que le nôtre sur les règles & les usages de la Langue Française, & même sur la nature, l'origine & le philosophique des Langues en général. Nous ferons donc part au Public, tant sur les Sciences que sur les Arts libéraux, de plusieurs fonds littéraires dont il n'aurait peut-être jamais eu connaissance.

Mais ce qui ne contribuera guère moins à la perfection de ces deux branches importantes, ce sont les secours obligeants que nous avons reçus de tous côtés; protection de la part des Grands, accueil & communication de la part de plusieurs Savants; bibliothèques publiques, cabinets particuliers, recueils, portefeuilles, *&c.* tout nous a été ouvert, & par ceux qui cultivent les Lettres, & par ceux qui les aiment. Un peu d'adresse &

de não acumular provas, quando julgamos que uma única argumentação sólida seria suficiente, e as multiplicamos tão somente nas ocasiões em que sua força dependia de seu número e da concordância entre elas.[6]

Os verbetes que concernem os elementos das ciências foram trabalhados com todo o cuidado possível, pois são a base e o fundamento dos outros. Isso explica porque os elementos de uma ciência só podem ser bem feitos por aqueles que foram além, pois encerram o sistema dos princípios gerais que se estendem às diferentes partes da ciência, e para conhecer a maneira mais favorável de apresentar esses princípios é preciso tê-los aplicado de maneira bastante extensa e variada.

Tais são as precauções que tivemos que tomar; tais são as riquezas com que podíamos contar. Mas outras se apresentaram, que nosso empreendimento deve, por assim dizer, à boa sorte. São manuscritos que nos foram enviados por *connaisseurs* ou fornecidos por doutos, entre os quais citaremos aqui o Sr. *Formey*, secretário perpétuo da Academia Real de Ciências e de Belas-Letras da Prússia. Esse ilustre acadêmico meditara um dicionário mais ou menos como o nosso e generosamente concedeu-nos uma parte considerável do que executara e que não deixaremos de atribuir a ele.

Há ainda pesquisas e observações, que cada artista ou sábio, encarregado de uma parte de nosso *Dicionário*, possuía em seu gabinete e gentilmente desejou publicar por esta via. Pertencem a esse número quase todos os verbetes de Gramática Geral e Particular. Pensamos poder assegurar que nenhuma obra conhecida será tão rica ou instrutiva quanto a nossa, no que diz respeito às regras e aos usos da língua francesa e mesmo à natureza, à origem e à filosofia das línguas em geral. Comunicaremos portanto ao público, a respeito das ciências bem como das artes liberais, acervos literários de distinção dos quais provavelmente ele não tem conhecimento.

Contribuirão igualmente para a perfeição desses dois ramos importantes os auxílios prestimosos que recebemos de todos os lados, a proteção da parte dos grandes, a acolhida e a comunicação de vários doutos; bibliotecas públicas, gabinetes particulares, coletâneas, manuscritos etc., tudo nos foi aberto tanto pelos que cultivam as letras e pelos que as amam. Um pouco de habilidade e

6 O parágrafo seguinte é de d'Alembert. (N. E.)

beaucoup de dépense ont procuré ce qu'on n'a pu obtenir de la pure bienveillance; & les récompenses ont presque toujours calmé, ou les inquiétudes réelles, ou les alarmes simulées de ceux que nous avions à consulter.

Nous sommes principalement sensibles aux obligations que nous avons à M. l'Abbé SALLIER, Garde de la Bibliothèque du Roi: il nous a permis, avec cette politesse qui lui est naturelle, & qu'animait encore le plaisir de favoriser une grande entreprise, de choisir dans le riche fonds dont il est dépositaire, tout ce qui pouvait répandre de la lumière ou des agréments sur notre Encyclopédie. On justifie, nous pourrions même dire qu'on honore le choix du Prince, quand on sait se prêter ainsi à ses vues. Les Sciences & les Beaux-Arts ne peuvent donc trop concourir à illustrer par leurs productions le règne d'un Souverain qui les favorise. Pour nous, spectateurs de leurs progrès & leurs historiens, nous nous occuperons seulement à les transmettre à la postérité. Qu'elle dise à l'ouverture de notre Dictionnaire, tel était alors l'état des Sciences & des Beaux-Arts. Qu'elle ajoute ses découvertes à celles que nous aurons enregistrées, & que l'histoire de l'esprit humain & de ses productions aille d'âge en âge jusqu'aux siècles les plus reculés. Que l'Encyclopédie devienne un sanctuaire où les connaissances des hommes soient à l'abri des temps & des révolutions. Ne serons-nous pas trop flattés d'en avoir posé les fondements? Quel avantage n'aurait-ce pas été pour nos Pères & pour nous, si les travaux des Peuples anciens, des Égyptiens, des Chaldéens, des Grecs, des Romains, *&c.* **[xxxix]** avaient été transmis dans un Ouvrage encyclopédique, qui eût exposé en même temps les vrais principes de leurs Langues! Faisons donc pour les siècles à venir ce que nous regrettons que les siècles passés n'aient pas fait pour le nôtre. Nous osons dire que si les Anciens eussent exécuté une Encyclopédie, comme ils ont exécuté tant de grandes choses, & que ce manuscrit se fût échappé seul de la fameuse bibliothèque d'Alexandrie, il eût été capable de nous consoler de la perte des autres.

Voilà ce que nous avions à exposer au Public sur les Sciences & les Beaux--Arts. La partie des Arts mécaniques ne demandait ni moins de détails, ni moins de soins. Jamais peut-être il ne s'est trouvé tant de difficultés rassemblées, & si peu de secours dans les Livres pour les vaincre. On a trop écrit sur les Sciences: on n'a pas assez bien écrit sur la plupart des Arts

muitas despesas conseguiram o que não se pôde obter da pura benevolência, e as recompensas quase sempre acalmaram as inquietações reais ou os temores insinuados dos que tivemos que consultar.

Somos muito gratos sobretudo ao abade *Sallier*, guardião da Biblioteca do Rei, que nos permitiu escolher, com a polidez que lhe é natural, animada pelo prazer de favorecer um grande empreendimento, no rico acervo de que é depositário, tudo o que pudesse espalhar luz ou prazer sobre nossa *Enciclopédia*. Justifica, poderíamos mesmo dizer honra o discernimento do Príncipe, que alguém assim esteja à sua disposição. As ciências e as belas-artes concorrem admiravelmente para ilustrar, com suas produções, o reinado do soberano que as favorece. Quanto a nós, espectadores de seu progresso e seus historiadores, ocupar-nos-emos tão somente de transmiti-las à posteridade. Que ela possa dizer, ao abrir as páginas de nosso *Dicionário*: tal era o estado das ciências e das belas-artes. Que acrescente suas descobertas às que teremos registrado, e que a história do espírito humano e de suas produções possa chegar, ao longo dos tempos, até os séculos mais longínquos. Que a *Enciclopédia* se torne um santuário, em que os conhecimentos dos homens estejam ao abrigo dos tempos e das revoluções. Lisonjeia-nos termos deitado as suas fundações. Que privilégio não teria sido, para nossos antepassados e para nós, se os trabalhos dos povos antigos, dos egípcios, dos caldeus, dos gregos, dos romanos etc. **[xxxix]** tivessem sido transmitidos numa obra enciclopédica, que ao mesmo tempo tivesse exposto os verdadeiros princípios de suas línguas! Façamos, pois, para os séculos vindouros, o que lamentamos que os séculos passados não fizeram para o nosso. Ousamos dizer que se os antigos tivessem executado uma enciclopédia como executaram tantas grandes coisas, e se o manuscrito de uma obra como essa fosse o único a ter escapado da famosa biblioteca de Alexandria, teria sido suficiente para consolar-nos da perda dos demais.

É o que tínhamos a expor ao público com relação às ciências e às belas-artes. A parte das artes mecânicas não exigia menos detalhes ou cuidados. Provavelmente, nunca se encontraram tantas dificuldades reunidas e tão pouco auxílio dos livros para vencê-las. Escreveu-se muito a respeito das ciências; não se escreveu suficientemente bem sobre a maioria das artes

libéraux; on n'a presque rien écrit sur les Arts mécaniques; car qu'est-ce que le peu qu'on en rencontre dans les Auteurs, en comparaison de l'étendue & de la fécondité du sujet? Entre ceux qui en ont traité, l'un n'était pas assez instruit de ce qu'il avait à dire, & a moins rempli son sujet que montré la nécessité d'un meilleur Ouvrage. Un autre n'a qu'effleuré la matière, en la traitant plutôt en Grammairien & en homme de Lettres, qu'en Artiste. Un troisième est à la vérité plus riche & plus ouvrier: mais il est en même temps si court, que les opérations des Artistes & la description de leurs machines, cette matière capable de fournir seule des Ouvrages considérables, n'occupe que la très petite partie du sien. Chambers n'a presque rien ajouté à ce qu'il a traduit de nos Auteurs. Tout nous déterminait donc à recourir aux ouvriers.

On s'est adressé aux plus habiles de Paris & du Royaume; on s'est donné la peine d'aller dans leurs ateliers, de les interroger, d'écrire sous leur dictée, de développer leurs pensées, d'en tirer les termes propres à leurs professions, d'en dresser des tables, de les définir, de converser avec ceux de qui on avait obtenu des mémoires, & (précaution presque indispensable) de rectifier dans de longs & fréquents entretiens avec les uns, ce que d'autres avaient imparfaitement, obscurément, & quelquefois infidèlement expliqué. Il est des Artistes qui sont en même temps gens de Lettres, & nous en pourrions citer ici: mais le nombre en serait fort petit. La plupart de ceux qui exercent les Arts mécaniques, ne les ont embrassés que par nécessité, & n'opèrent que par instinct. A peine entre mille en trouve-t-on une douzaine en état de s'exprimer avec quelque clarté sur les instruments qu'ils emploient & sur les ouvrages qu'ils fabriquent. Nous avons vu des ouvriers qui travaillent depuis quarante années, sans rien connaître à leurs machines. Il a fallu exercer avec eux la fonction dont se glorifiait Socrate, la fonction pénible & délicate de faire accoucher les esprits, *obstetrix animorum*.

Mais il est des métiers si singuliers & des manœuvres si déliées, qu'à moins de travailler soi-même, de mouvoir une machine de ses propres mains, & de voir l'ouvrage se former sous ses propres yeux, il est difficile d'en parler avec précision. Il a donc fallu plusieurs fois se procurer les machines, les construire, mettre la main à l'œuvre, se fendre, pour ainsi dire, apprenti, & faire soi-même de mauvais ouvrages pour apprendre aux autres comment on en fait de bons.

C'est ainsi que nous nous sommes convaincus de l'ignorance dans laquelle on est sur la plupart des objets de la vie, & de la difficulté de sortir de

liberais, e quase nada sobre as artes mecânicas; pois o que é o pouco que se encontra nos autores, em comparação com a extensão e a fecundidade do assunto? Entre os que trataram delas, um não era suficientemente instruído sobre o que tinha a dizer, e menos cumpriu seu objetivo do que mostrou a necessidade de uma obra melhor; outro apenas aflorou a matéria, tratando-a antes como gramático e letrado do que como artista; um terceiro, na verdade mais rico e mais artesão, é, ao mesmo tempo, tão breve que as operações dos artistas e a descrição de suas máquinas, única matéria capaz de fornecer obras consideráveis, ocupam uma minúscula parte da sua. Chambers quase nada acrescentou ao que traduziu de nossos autores. Sendo assim, tudo recomendava que recorrêssemos aos artesãos.

Dirigimo-nos aos mais hábeis de Paris e do reino; tivemos o trabalho de ir até suas oficinas, de interrogá-los, escrever o que ditavam, desenvolver seus pensamentos, extrair deles os termos de suas profissões, estabelecer o índices destes, defini-los, conversar com aqueles de quem havíamos obtido memórias, e, precaução quase indispensável, retificar, em longas e frequentes conversas com alguns, o que outros haviam explicado de maneira imperfeita, obscura e por vezes infiel. Há artistas que também são homens de letras, e poderíamos citá-los; mas são poucos. A maioria dos que exercem as artes mecânicas as abraçaram unicamente por necessidade e operam por instinto. Em mil deles, mal encontramos uma dúzia em condições de se expressar com alguma clareza sobre os instrumentos que utilizam e as obras que realizam. Vimos operários que trabalham há quarenta anos sem nada conhecer a respeito de suas máquinas. Foi-nos necessário exercer com eles a função de que se orgulhava Sócrates, a penosa e delicada função de dar à luz os espíritos: *obstetrix animorum*, "parteiro das almas".

Mas há ofícios tão singulares e manobras tão precisas que, a menos que se trabalhe pessoalmente, que se opere uma máquina com as *próprias mãos* e que se veja a obra se formar sob os próprios olhos, é difícil falar dela com exatidão. Foi portanto necessário, várias vezes, obter máquinas, construí-las, pôr mãos à obra, tornar-se, por assim dizer, aprendiz, e fazer pessoalmente obras más, para ensinar aos outros como se fazem as boas.

Foi assim que nos convencemos da ignorância em que nos encontramos a respeito da maioria dos objetos da vida, bem como da necessidade de superar

cette ignorance. C'est ainsi que nous nous sommes mis en état de démontrer que l'homme de Lettres qui sait le plus sa Langue, ne connaît pas la vingtième partie des mots; que quoique chaque Art ait la sienne, cette langue est encore bien imparfaite; que c'est par l'extrême habitude de converser les uns avec les autres, que les ouvriers s'entendent, & beaucoup plus par le retour des conjonctures que par l'usage des termes. Dans un atelier c'est le moment qui parle, & non l'artiste.

Voici la méthode qu'on a suivie pour chaque Art. On a traité, 1°. de la matière, des lieux où elle se trouve, de la manière dont on la prépare, de ses bonnes & mauvaises qualités, de ses différentes espèces, des opérations par lesquelles on la fait passer, soit avant que de l'employer, soit en la mettant en œuvre.

2°. Des principaux ouvrages qu'on en fait, & de la manière de les faire.

3°. On a donné le nom, la description, & la figure des outils & des machines, par pièces détachées & par pièces assemblées; la coupe des moules & d'autres instruments, dont il est à propos de connaître l'intérieur, leurs profils, *&c.*

4°. On a expliqué & représenté la main-d'œuvre & les principales opérations dans une ou plusieurs Planches, où l'on voit tantôt les mains seules de l'artiste, tantôt l'artiste entier en action, & travaillant à l'ouvrage le plus important de son art.

5°. On a recueilli & défini le plus exactement qu'il a été possible les termes propres de l'art.

Mais le peu d'habitude qu'on a & d'écrire, & de lire des écrits sur les Arts, rend les choses difficiles à expliquer d'une manière intelligible. De-là naît le besoin de Figures. On pourrait démontrer par mille exemples, qu'un Dictionnaire pur & simple de définitions, quelque bien **[xl]** qu'il soit fait, ne peut se passer de figures, sans tomber dans des descriptions obscures ou vagues; combien donc à plus forte raison ce secours ne nous était-il pas nécessaire? Un coup d'œil sur l'objet ou sur sa représentation en dit plus qu'une page de discours.

On a envoyé des Dessinateurs dans les ateliers. On a pris l'esquisse des machines & des outils. On n'a rien omis de ce qui pouvait les montrer distinctement aux yeux. Dans le cas où une machine mérite des détails par l'importance de son usage & par la multitude de ses parties, on a passé du simple au composé. On a commencé par assembler dans une première figure autant d'éléments qu'on en pouvait apercevoir sans confusion. Dans une seconde figure, on voit les mêmes éléments avec quelques autres. C'est ainsi qu'on

essa ignorância. Foi assim que nos colocamos em condições de demonstrar que o letrado que melhor sabe sua língua não conhece a vigésima parte das palavras, que embora cada arte tenha a sua língua, ela é ainda bem imperfeita, que é pelo hábito de conversar uns com os outros que os operários se entendem, muito mais pela repetição de conjunturas do que pelo uso dos termos. Numa oficina é o momento que fala, não o artista.

Eis o método que seguimos para cada arte. Tratou-se: 1º) Da matéria, dos locais em que ela se encontra, da maneira pela qual é preparada, de suas boas e más qualidades, de suas diferentes espécies, das operações às quais é submetida antes de ser utilizada ou ao ser trabalhada.

2º) Das principais obras que com ela são feitas, e da maneira de fazê-las.

3º) Forneceram-se o nome, a descrição e a figura das ferramentas e das máquinas, por peças isoladas e por peças reunidas, o corte dos moldes e de outros instrumentos dos quais é preciso conhecer o interior, os perfis etc.

4º) Explicaram-se e foram representados o trabalho e as principais operações, em uma ou em várias pranchas, onde se veem ora somente as mãos do artista, ora o artista inteiro em ação, trabalhando na obra mais importante de sua arte.

5º) Recolheram-se e se definiram, o mais exatamente possível, os termos próprios da arte.

Mas a falta de hábito de escrever e ler escritos sobre as artes torna as coisas difíceis de explicar de maneira inteligível. Daí a necessidade de figuras. Poder-se-ia demonstrar, por mil exemplos, que um dicionário puro e simples de definições, por bem-feito que seja, **[xl]** não pode se privar de figuras sem cair em definições obscuras ou vagas; com mais forte razão esse socorro nos é necessário. Um olhar sobre o objeto ou sua representação diz mais do que uma página inteira de exposição.

Enviaram-se desenhistas às oficinas. Tomou-se o esboço das máquinas e das ferramentas. Nada foi omitido que pudesse mostrá-las distintamente aos olhos. No caso de uma máquina merecer detalhes pela importância de seu uso e pelo grande número de suas partes, passou-se do simples ao complexo. Começou-se por reunir, numa primeira figura, tantos elementos quantos se pudessem perceber sem confusão. Numa segunda figura, veem-se os mesmos elementos, com alguns outros. Foi assim que

a formé successivement la machine la plus compliquée, sans aucun embarras ni pour l'esprit ni pour les yeux. Il faut quelquefois remonter de la connaissance de l'ouvrage à celle de la machine, & d'autres fois descendre de la connaissance de la machine à celle de l'ouvrage. On trouvera à l'article ART quelques réflexions sur les avantages de ces méthodes, & sur les occasions où il est à propos de préférer l'une à l'autre.

Il y a des notions qui sont communes à presque tous les hommes, & qu'ils ont dans l'esprit avec plus de clarté qu'elles n'en peuvent recevoir du discours. Il y a aussi des objets si familiers, qu'il serait ridicule d'en faire des figures. Les Arts en offrent d'autres fil composés, qu'on les représenterait inutilement. Dans les deux premiers cas, nous avons supposé que le lecteur n'était pas entièrement dénué de bon sens & d'expérience; & dans le dernier, nous renvoyons à l'objet même. Il est en tout un juste milieu, & nous avons tâché de ne le point manquer ici. Un seul art dont on voudrait tout représenter & tout dire, fournirait des volumes de discours & de planches. On ne finirait jamais si l'on se proposait de rendre en figures tous les états par lesquels passe un morceau de fer avant que d'être transformé en aiguille. Que le discours suive le procédé de l'artiste dans le dernier détail, à la bonne heure. Quant aux figures, nous les avons restreintes aux mouvements importants de l'ouvrier & aux seuls moments de l'opération, qu'il est très facile de peindre & très difficile d'expliquer. Nous nous en sommes tenus aux circonstances essentielles, à celles dont la représentation, quand elle est bien faite, entraîne nécessairement la connaissance de celles qu'on ne voit pas. Nous n'avons pas voulu ressembler à un homme qui ferait planter des guides à chaque pas dans une route, de crainte que les voyageurs ne s'en écartassent. Il suffit qu'il y en ait partout où ils seraient exposés à s'égarer.

Au reste, c'est la main-d'œuvre qui fait l'artiste, & ce n'est point dans les Livres qu'on peut apprendre à manœuvrer. L'artiste rencontrera seulement dans notre Ouvrage des vues qu'il n'eût peut-être jamais eues, & des observations qu'il n'eût faites qu'après plusieurs années de travail. Nous offrirons au lecteur studieux ce qu'il eût appris d'un artiste en le voyant opérer, pour satisfaire sa curiosité; & à l'artiste, ce qu'il serait à souhaiter qu'il apprit du Philosophe pour s'avancer à la perfection.

Nous avons distribué dans les Sciences & dans les Arts libéraux les figures & les Planches, selon le même esprit & la même œconomie que dans

se formou sucessivamente a máquina mais complicada, sem nenhuma dificuldade para o espírito ou para os olhos. É preciso algumas vezes remontar do conhecimento da obra ao da máquina e outras vezes descer do conhecimento da máquina ao da obra. Encontrar-se-ão, no verbete *Arte*, reflexões filosóficas sobre as vantagens desses métodos e sobre as ocasiões em que é oportuno preferir um ao outro.

Certas noções são comuns a quase todos os homens, eles trazem-nas no espírito com maior clareza do que poderiam recebê-las através das palavras. Há também objetos tão familiares que seria ridículo desenhá-los. As artes oferecem outros tão complexos que seria inútil representá-los: nos dois primeiros casos supusemos que o leitor não é completamente desprovido de bom senso e de experiência, e no último, remetemos ao próprio objeto. Em tudo há um meio-termo, e procuramos não esquecê-lo aqui. Uma única arte, a respeito da qual se quisesse representar tudo e tudo dizer, forneceria volumes de discursos e pranchas. Não acabaríamos nunca, se nos propuséssemos representar em figuras todos os estados pelos quais um pedaço de ferro passa antes de ser transformado em agulha. Que o discurso siga o procedimento do artista nos menores detalhes; já era tempo. Quanto às figuras, restringimo-las aos movimentos mais importantes do operário e unicamente aos momentos da operação, muito fáceis de pintar e muito difíceis de explicar. Ativemo-nos às circunstâncias essenciais, cuja representação, quando bem-feita, traz necessariamente o conhecimento das que não se veem. Não quisemos nos parecer com um homem que mandasse fincar balizas a cada passo numa estrada para que os viajantes não se perdessem; basta que elas estejam lá, onde o risco de se perder é maior.

De resto, a execução faz o artista, e não é nos livros que se aprende a executar. O artista não encontrará em nossa obra senão ideias que provavelmente jamais lhe teriam ocorrido e observações que só poderiam ser feitas após muitos anos de trabalho. Oferecemos ao leitor estudioso o que ele teria aprendido com um artista vendo-o operar para satisfazer sua curiosidade; e ao artista, o que ele poderia aprender do filósofo para aproximar-se da perfeição.

Distribuímos nas ciências e nas artes liberais as figuras e as pranchas segundo o mesmo espírito e com a mesma economia com que o fizemos

Glaces, l'Opération de Verser et de Rouler.

Espelhos. Operação de verter e de rolar.

Verrerie en bois, l'Opération de retirer de l'Arche les Ferraces remplies de différentes Marchandises de Verrerie pour les porter au Magasin

Fabricação de vidros com lenha. Operação de retirar do forno recipientes cheios de diferentes mercadorias de vidro para levá-las ao comércio.

les Arts mécaniques; cependant nous n'avons pu réduire le nombre des unes & des autres, à moins de six cents. Les deux volumes qu'elles formeront ne seront pas la partie la moins intéressante de l'Ouvrage, par l'attention que nous aurons de placer au *verso* d'une Planche l'explication de celle qui sera vis-à-vis, avec des renvois aux endroits du Dictionnaire auxquels chaque figure sera relative. Un lecteur ouvre un volume de Planches, il aperçoit une machine qui pique sa curiosité: c'est, si l'on veut, un moulin à poudre, à papier, à soie, à sucre, *&c.* il lira vis-à-vis, figure 50. 51. ou 60. *&c.* moulin à poudre, moulin à sucre, moulin à papier, moulin à soie, *&c.* il trouvera ensuite une explication succincte de ces machines avec les renvois aux articles POUDRE, PAPIER, SUCRE, SOIE, *&c.*

La Gravure répondra à la perfection des desseins, & nous espérons que les Planches de notre Encyclopédie surpasseront autant en beauté celles du Dictionnaire Anglais, qu'elles les surpassent en nombre. Chambers a trente Planches; l'ancien projet en promettait cent vingt, & nous en donnerons six cents au moins. Il n'est pas étonnant que la carrière se soit étendue sous nos pas; elle est immense, & nous ne nous flattons pas de l'avoir parcourue.

Malgré les secours & les travaux dont nous venons de rendre compte, nous déclarons sans peine, au nom de nos Collègues & au nôtre, qu'on nous trouvera toujours disposés à convenir de notre insuffisance, & à profiter des lumières qui nous seront communiquées. Nous les recevrons avec reconnaissance, & nous nous y conformerons avec docilité, tant nous sommes persuadés que la perfection dernière d'une Encyclopédie est l'ouvrage des siècles. Il a fallu des siècles pour commencer; il en faudra pour finir: mais nous serons satisfaits d'avoir contribué à jeter les fondements d'un Ouvrage utile.

Nous aurons toujours la satisfaction intérieure de n'avoir rien épargné pour réussir: une des preuves que nous en apporterons, c'est qu'il y a des parties dans les Sciences & dans les [**xli**] Arts qu'on a refaites jusqu'à trois fois. Nous ne pouvons nous dispenser de dire à l'honneur des Libraires associés, qu'ils n'ont jamais refusé de se prêter à ce qui pouvait contribuer à les perfectionner toutes. Il faut espérer que le concours d'un aussi grand nombre de circonstances, telles que les lumières de ceux qui ont travaillé à l'Ouvrage, les secours des personnes qui s'y sont intéressées, & l'émulation des Éditeurs & des Libraires, produira quelque bon effet.

nas artes mecânicas; contudo, não podemos reduzir o número de umas e de outras a menos de seiscentos. Os dois volumes que formarão não serão a parte menos interessante da obra, pelo cuidado que teremos em colocar, no *verso* de uma prancha, a explicação daquela que lhe estará defronte, com remissões aos textos do *Dicionário* referentes a cada figura. Um leitor abre um volume de pranchas, percebe uma máquina que aguça sua curiosidade: é, se quisermos, uma máquina de fabricar pólvora, papel, seda, açúcar etc., e lerá defronte, figura 50, 51, 60 etc., máquina de fabricar pólvora, engenho de açúcar, máquina de fabricar papel, fiação de seda etc. Encontrará em seguida uma explicação sucinta dessas máquinas, com remissões aos verbetes *Pólvora*, *Papel*, *Açúcar*, *Seda* etc.

A gravura corresponderá à perfeição dos desenhos, e esperamos que as pranchas de nossa *Enciclopédia* ultrapassem as do dicionário inglês tanto em beleza quanto em número. Chambers possui 30 pranchas; o antigo projeto prometia 120, e apresentaremos 600, pelo menos. Não admira que o caminho tenha se estendido sob nossos passos: ele é imenso, e não nos gabamos de tê-lo percorrido.

Apesar do auxílio e dos trabalhos que acabamos de relatar, declaramos sem dificuldade, em nome de nossos colegas e no nosso, que estaremos sempre dispostos a reconhecer nossa insuficiência e a aproveitar as luzes que nos serão transmitidas. Recebê-las-emos com gratidão e a elas nos conformaremos com docilidade, pois estamos persuadidos de que a perfeição final de uma enciclopédia é obra dos séculos. Foram necessários séculos para começar; serão necessários muitos outros para terminar; mas estaremos satisfeitos, se tivermos contribuído para deitar os alicerces de uma obra útil.

Isto é certo, estamos satisfeitos conosco, por nada termos poupado para o êxito de nossa empreitada. Prova disso, entre outras, é que há trechos nos verbetes de ciências e **[xli]** artes que foram refeitos três vezes. Não podemos deixar de dizer, em favor dos editores associados, que nunca deixaram de se prontificar para o que pudesse contribuir para aperfeiçoá-los. Esperemos que o concurso de numerosas circunstâncias, como as luzes dos que trabalharam na obra, a ajuda das pessoas que se interessaram por ela, e a emulação dos editores e dos livreiros, tenha produzido bons efeitos.

De tout ce qui précède, il s'ensuit que dans l'Ouvrage que nous annonçons, on a traité des Sciences & des Arts, de manière qu'on n'en suppose aucune connaissance préliminaire; qu'on y expose ce qu'il importe de savoir sur chaque matière; que les articles s'expliquent les uns par les autres, & que par conséquent la difficulté de la nomenclature n'embarrasse nulle part. D'où nous inférerons que cet Ouvrage pourra, du moins un jour, tenir lieu de bibliothèque dans tous les genres à un homme du monde; & dans tous les genres, excepté le sien, à un Savant de profession; qu'il développera les vrais principes des choses; qu'il en marquera les rapports; qu'il contribuera à la certitude & au progrès des connaissances humaines; & qu'en multipliant le nombre des vrais Savants, des Artistes distingués, & des Amateurs éclairés, il répandra dans la société de nouveaux avantages.

Il ne nous reste plus qu'à nommer les Savants à qui le Public doit cet Ouvrage autant qu'à nous. Nous suivrons autant qu'il est possible, en les nommant, l'ordre encyclopédique des matières dont ils se sont chargés. Nous avons pris ce parti, pour qu'il ne paraisse point que nous cherchions à assigner entre eux aucune distinction de rang & de mérite. Les articles de chacun seront désignés dans le corps de l'Ouvrage par des lettres particulières, dont on trouvera la liste immédiatement après ce Discours.

Nous devons l'*Histoire Naturelle* à M. DAUBENTON, Docteur en Médecine, de l'Académie Royale des Sciences, Garde & Démonstrateur du Cabinet d'Histoire naturelle, recueil immense, rassemblé avec beaucoup d'intelligence & de soin, & qui dans des mains aussi habiles ne peut manquer d'être porté au plus haut degré de perfection. M. Daubenton est le digne collègue de M. de Buffon dans le grand Ouvrage sur l'Histoire Naturelle, dont les trois premiers volumes déjà publiés, ont eu successivement trois éditions rapides, & dont le Public attend la suite avec impatience. On a donné dans le Mercure de Mars 1751 l'article *Abeille*, que M. Daubenton a fait pour l'Encyclopédie, & le succès général de cet article nous a engagé à insérer dans le second volume du Mercure de Juin 1751 l'article *Agate*. On a vu par ce dernier que M. Daubenton sait enrichir l'Encyclopédie par des remarques & des nouvelles vues & importantes sur la partie dont il s'est chargé, comme on a vu dans l'article *Abeille* la précision & la netteté avec lesquelles il sait présenter ce qui est connu.

De tudo o que foi dito, conclui-se que na obra que anunciamos as ciências e as artes foram tratadas de forma a não pressupor nenhum conhecimento antecedente; que se expõe nela o que importa saber a respeito de cada matéria; que os verbetes se explicam uns pelos outros, e que, por conseguinte, a complexidade da nomenclatura em nenhum momento trouxe dificuldades. Do que inferimos que esta obra poderá servir de biblioteca, em todos os gêneros, a um homem da sociedade, e em todos os gêneros, excetuando o seu, a um sábio de profissão; que desenvolverá os verdadeiros princípios das coisas; que apontará para suas relações; que contribuirá para a certeza e para o progresso dos conhecimentos humanos; e que, multiplicando o número dos verdadeiros sábios, dos artistas notáveis e dos amadores esclarecidos, disseminará benefícios pela sociedade.[7]

Falta-nos apenas nomear os sábios a quem o público, tanto quanto nós, deve esta obra. Ao nomeá-los, seguiremos na medida do possível a ordem enciclopédica das matérias de que se encarregaram. Tomamos essa decisão para que não se pense que procuramos determinar entre eles uma distinção de posição e mérito. Os verbetes de cada um serão assinalados no corpo da obra por letras próprias, cuja lista encontra-se imediatamente depois deste Discurso.

Devemos a *História Natural* ao Sr. *Daubenton*, doutor em Medicina, da Academia Real de Ciências, curador e demonstrador do Gabinete de História Natural, essa coleção imensa, reunida com muita inteligência e cuidado, e que, em mãos hábeis como as suas, não só poderia ter chegado ao mais alto grau de perfeição. O Sr. Daubenton é o digno colega do Sr. Buffon, autor da grande obra *Histoire naturelle*, cujos três primeiros volumes já publicados chegaram rapidamente a três tiragens e cuja continuação o público espera com impaciência. O verbete *Abelha*, que o Sr. Daubenton escreveu para a *Enciclopédia*, foi publicado no *Mercure* de março de 1751, e o êxito retumbante dessa peça levou a que se publicasse, do mesmo autor, no segundo volume do *Mercure* de junho de 1751, o verbete *Ágata*. Viu-se por este último que o Sr. Daubenton enriquece a *Enciclopédia* com observações e ideias novas e importantes sobre a parte de que se encarregou, assim como se viu, no verbete *Abelha*, a precisão e a clareza com que apresenta o que já é conhecido.

7 A seção final é de d'Alembert. (N. E.)

La *Théologie* est de M. l'Abbé MALLET, Docteur en Théologie de la Faculté de Paris, de la Maison & Société de Navarre, & Professeur royal en Théologie à Paris. Son savoir & son mérite seul, sans aucune sollicitation de sa part, l'ont fait nommer à la chaire qu'il occupe, ce qui n'est pas un petit éloge dans le siècle où nous vivons. M. l'Abbé Mallet est aussi l'Auteur de tous les articles d'*Histoire ancienne & moderne*, matière dans laquelle il est tres versé, comme on le verra bientôt par l'Ouvrage important & curieux qu'il prépare en ce genre. Au reste, on observera que les articles d'*Histoire* de notre Encyclopédie ne s'étendent pas aux noms de Rois, de Savants, & de Peuples, qui sont l'objet particulier du Dictionnaire de Moréri, & qui auraient presque doublé le nôtre. Enfin, nous devons encore à M. l'Abbé Mallet tous les articles qui concernent la *Poésie*, l'*Éloquence*, & en général la *Littérature*. Il a déjà publié en ce genre deux Ouvrages utiles & remplis de réflexions judicieuses. L'un est son *Essai sur l'étude des Belles-Lettres*, & l'autre ses *Principes pour la lecture des Poètes*. On voit par le détail où nous venons d'entrer, combien M. l'Abbé Mallet par la variété de ses connaissances & de ses talents, a été utile à ce grand Ouvrage & combien l'Encyclopédie lui a d'obligation. Elle ne pouvait lui en trop avoir.

La *Grammaire* est de M. DU MARSAIS, qu'il suffit de nommer.

La *Métaphysique*, la *Logique*, & la *Morale*, de M. l'Abbé YVON. Métaphysicien profond, & ce qui est encore plus rare, d'une extrême clarté. On peut en juger par les articles qui sont de lui dans ce premier volume, entre autres par l'article *Agir* auquel nous renvoyons, non par préférence; mais parce qu'étant court, il peut faire juger en un moment combien la Philosophie de M. l'Abbé Yvon est saine, & sa Métaphysique nette & précise. M. l'Abbé PESTRÉ, digne par son savoir & par son mérite de seconder M. l'Abbé Yvon, l'a aidé dans plusieurs articles de Morale. Nous saisissons cette occasion d'avertir que M. l'Abbé Yvon prépare conjointement avec M. l'Abbé DE PRADES, un Ouvrage sur la Religion, d'autant plus intéressant, qu'il sera fait par deux hommes d'esprit & par deux Philosophes.

La *Jurisprudence* est de M. TOUSSAINT, Avocat en Parlement & membre de l'Académie royale des Sciences & des Belles-Lettres de Prusse; titre qu'il doit à l'étendue de ses connaissances, & à son talent pour écrire, qui lui ont fait un nom dans la Littérature. **[xlii]**

A *Teologia* coube ao abade *Mallet*, doutor em Teologia da Faculdade de Paris, da Casa e Sociedade de Navarra e professor real de Teologia em Paris. Seu saber e seu mérito, sem nenhuma solicitação de sua parte, explicam porque foi nomeado para a cátedra que ocupa, o que não é um pequeno elogio, no século em que vivemos. O abade Mallet é também autor de todos os verbetes de *História Antiga e Moderna*, matéria em que é profundamente versado, como se verá em breve pela obra importante e curiosa que ele prepara nesse gênero. De resto, observar-se-á que os verbetes de *História* de nossa *Enciclopédia* não se estendem aos nomes dos reis, dos sábios e dos povos, que são objeto particular do dicionário de Moreri e teriam quase que duplicado a extensão do nosso. Por fim, devemos ainda ao abade Mallet todos os verbetes que concernem a *Poesia*, a *Eloquência* e a *Literatura* em geral. Já publicou ele, nesse gênero, duas obras úteis, repletas de reflexões criteriosas. Uma é o *Essai sur l'étude des belles-lettres*, a outra, *Principes pour la lecture des poètes*. Vê-se, pelos detalhes que acabamos de dar, como o abade Mallet, pela variedade de seus conhecimentos e de seus talentos, foi útil a esta grande obra, e quanto a *Enciclopédia* lhe deve. Não poderia lhe estar mais agradecida.

A *Gramática* coube ao Sr. *Dumarsais*, cujo nome diz tudo.

À *Metafísica*, a *Lógica* e a *Moral* couberam ao abade *Yvon*, metafísico profundo e, o que é ainda mais raro, de extrema clareza. É o que podemos julgar pelos verbetes que escreveu para este primeiro volume, entre outros pelo verbete *Agir*, ao qual remetemos não por preferência mas porque, por ser curto, permite julgar num instante o quão sã é a Filosofia do abade Yvon, e o quão clara e precisa é a sua metafísica. O abade *Pestré*, digno, por seu saber e por seu mérito, de auxiliar o abade Yvon, ajudou-o em vários verbetes de Moral. Aproveitamos da ocasião para avisar que o abade Yvon prepara, com o abade *Prades*, uma obra sobre a religião, tão mais interessante por ser de autoria de dois homens de espírito e filósofos.

A *Jurisprudência* é do Sr. *Toussaint*, advogado do Parlamento e membro da Academia Real de Ciências e Belas-Letras da Prússia, título que deve à extensão de seus conhecimentos e a seu talento para escrever, que lhe fizeram um nome na literatura. [xlii]

Le *Blason* est de M. EIDOUS ci-devant Ingénieur des Armées de Sa Majesté Catholique, & à qui la république des Lettres est redevable de la traduction de plusieurs bons Ouvrages de différents genres.

L'*Arithmétique* & la *Géométrie élémentaire* ont été revues par M. l'Abbé DE LA CHAPELLE, Censeur royal & membre de la Société royale de Londres. Ses *Institutions de Géométrie*, & son *Traité des Sections coniques*, ont justifié par leur succès l'approbation que l'Académie des Sciences a donnée à ces deux Ouvrages.

Les articles de *Fortification*, de *Tactique*, & en général d'*Art militaire*, sont de M. LE BLOND, Professeur de Mathématiques des Pages de la grande Écurie du Roi, très connu du Public par plusieurs Ouvrages justement estimés, entre autres par ses *Éléments de Fortification* réimprimés plusieurs fois; par son *Essai sur la Castramétation;* par ses *Éléments de la Guerre des Sièges*, & par son *Arithmétique & Géométrie de l'Officier*, que l'Académie des Sciences a approuvée avec éloge.

La *Coupe des Pierres* est de M. GOUSSIER, très versé & très intelligent dans toutes les parties des Mathématiques & de la Physique, & à qui cet Ouvrage a beaucoup d'autres obligations, comme on le verra plus bas.

Le *Jardinage* & l'*Hydraulique* sont de M. D'ARGENVILLE, Conseiller du Roi en ses Conseils Maître ordinaire en sa Chambre des Comptes de Paris, des Sociétés royales des Sciences de Londres & de Montpellier, & de l'Académie des Arcades de Rome. Il est Auteur d'un Ouvrage intitulé, *Théorie & Pratique du Jardinage, avec un Traité d'Hydraulique*, dont quatre éditions faites à Paris, & deux traductions, l'une en Anglais, l'autre en Allemand, prouvent le mérite & l'utilité reconnue. Comme cet Ouvrage ne regarde que les jardins de propreté, & que l'Auteur n'y a considéré l'Hydraulique que par rapport aux jardins, il a généralisé ces deux matières dans l'Encyclopédie, en parlant de tous les jardins fruitiers, potagers, légumiers; on y trouvera encore une nouvelle méthode de tailler les arbres, & de nouvelles figures de son invention. Il a aussi étendu la partie de l'Hydraulique, en parlant des plus belles machines de l'Europe pour élever les eaux, ainsi que des écluses, & autres bâtiments que l'on construit dans l'eau. M. d'Argenville est encore avantageusement connu du Public par plusieurs Ouvrages dans différents genres, entre autres par son *Histoire Naturelle éclaircie dans deux de ses principales parties, la Lithologie & la Conchyliologie*. Le succès de la première partie de cette Histoire a engagé l'Auteur à donner dans peu la seconde, qui traitera des minéraux.

O *Brasão* coube ao Sr. *Eidous*, antigo engenheiro das Forças Armadas de sua Majestade, a quem a república das letras deve a tradução de boas obras em diferentes gêneros.

A *Aritmética* e a *Geometria elementar* foram revisadas pelo abade *La Chapelle*, censor real e membro da Sociedade Real de Londres. Suas *Institutions de Géométrie* e seu *Traité des sections coniques* justificaram, com seu sucesso, a aprovação que a Academia de Ciências conferiu a essas duas obras.

Os verbetes *Fortificação, Tática* e sobre *Arte Militar* em geral são do Sr. *Le Blond*, professor de Matemática dos Pajens da Grande Cavalaria do Rei, muito conhecido do público por várias obras justamente estimadas, entre outras por seus *Elemens de fortification*, reimpressos várias vezes; por seu *Essai sur la Castramétation*, por seus *Elemens de la Guerre des Siéges*, e por sua *Arithmétique et Géométrie de l'officier*, que a Academia de Ciências aprovou com elogios.

O *Talhe das Pedras* coube ao Sr. *Goussier*, profundamente versado e perspicaz em todas as partes da Matemática e da Física, e a quem esta obra deve muito mais, como veremos.

A *Jardinagem* e a *Hidráulica* couberam ao Sr. *d'Argenville*, conselheiro do Rei, *maître* ordinário de seu Tribunal de Contas de Paris, membro das sociedades reais de ciências de Londres e de Montpellier, e da Academia das Arcadas de Roma. É o autor de uma obra intitulada *Théorie et pratique de jardinage, avec un Traité d'Hydraulique*, da qual quatro edições publicadas em Paris e duas traduções, uma em inglês, outra em alemão, provam o mérito e a utilidade reconhecida. Como essa obra só diz respeito aos jardins utilitários e como nela o autor só considerou a Hidráulica em relação aos jardins, generalizou ele essas duas matérias na *Enciclopédia*, falando de todos os jardins frutíferos e das hortas; encontrar-se-á ainda um novo método de podar as árvores e novas figuras de sua invenção. Ampliou também a parte referente à Hidráulica, falando das mais belas máquinas da Europa para elevar a água, assim como das represas e outras edificações que se constroem na água. O Sr. d'Argenville é ainda conhecido do público por várias obras em diferentes gêneros, entre outras por sua *Histoire Naturelle éclaircie dans deux de ses principales parties, la Lithologie et la Conchyliologie*. O sucesso da primeira parte dessa *História* levou o autor a publicar em seguida a segunda, que trata dos minerais.

La *Marine* est de M. BELLIN, Censeur royal & Ingénieur ordinaire de la Marine, aux travaux duquel sont dues plusieurs Cartes que les Savants & les Navigateurs ont reçues avec empressement. On verra par nos Planches de *Marine* que cette partie lui est bien connue.

L'*Horlogerie* & la *description des instruments astronomiques* sont de M. J. B. LE ROY, qui est l'un des fils du célèbre M. Julien le Roy, & qui joint aux instructions qu'il a reçues en ce genre d'un père si estimé dans toute l'Europe, beaucoup de connaissances des Mathématiques & de la Physique, & un esprit cultivé par l'étude des Belles-Lettres.

L'*Anatomie* & la *Physiologie* sont de M. TARIN, Docteur en Médecine, dont les Ouvrages sur cette matière sont connus & approuvés des Savants.

La *Médecine*, la *Matière medicale*, & la *Pharmacie*, de M. DE VANDENESSE, Docteur Régent de la Faculté de Médecine de Paris, très versé dans la théorie & la pratique de son art.

La *Chirurgie* de M. LOUIS, Chirurgien gradué, Démonstrateur royal au Collège de Saint Côme, & Conseiller Commissaire pour les extraits de l'Académie royale de Chirurgie. M. Louis déjà très estimé, quoique fort jeune, par les plus habiles de ses confrères, avait été chargé de la partie chirurgicale de ce Dictionnaire par le choix de M. de la Peyronie, à qui la Chirurgie doit tant, & qui a bien mérité d'elle & de l'Encyclopédie, en procurant M. Louis à l'une & à l'autre.

La *Chimie* est de M. MALOUIN, Docteur Régent de la Faculté de Médecine de Paris, Censeur royal, & membre de l'Académie royale des Sciences; Auteur d'un *Traité de Chimie* dont il y a eu deux éditions, & d'une *Chimie médicinale* que les François & les étrangers ont fort goûtée.

La *Peinture*, la *Sculpture*, la *Gravure*, sont de M. LANDOIS, qui joint beaucoup d'esprit & de talent pour écrire à la connaissance de ces beaux Arts.

L'*Architecture* de M. BLONDEL, Architecte célèbre, non seulement par plusieurs Ouvrages qu'il a fait exécuter à Paris, & par d'autres dont il a donné les desseins, & qui ont été exécutés chez différents Souverains, mais encore par son *Traité de la Décoration des Édifices*, dont il a gravé lui-même les Planches qui sont très estimées. On lui doit aussi la dernière édition de *Daviler*, & trois volumes de l'*Architecture Française* en six cens Planches: ces trois volumes seront suivis de cinq autres. L'amour du bien public & le désir de contribuer à l'accroissement des Arts en France, lui a fait établir en 1744 une école

A *Náutica* coube ao Sr. *Bellin*, censor real e engenheiro ordinário da Marinha, a cujo trabalho se devem vários mapas que os sábios e os navegadores receberam com solicitude. Ver-se-á, através de nossas pranchas sobre *Náutica*, que ele conhece muito bem o assunto.

A *Relojoaria* e a *descrição dos instrumentos astronômicos* couberam ao Sr. *J. B. Le Roy*, um dos filhos do célebre Sr. Julien Le Roy, que acrescenta, às instruções que recebeu nesse assunto de um pai tão estimado em toda a Europa, muitos conhecimentos sobre Matemática e Física e um espírito cultivado pelo estudo das belas-letras.

A *Anatomia* e a *Fisiologia* couberam ao Sr. *Tarin*, doutor em Medicina, cujas obras, sobre essa matéria, são conhecidas e aprovadas pelos sábios.

A *Medicina*, a *Matéria Médica* e a *Farmácia* couberam ao Sr. *Vandenesse*, doutor regente da Faculdade de Medicina de Paris, profundamente versado na teoria e na prática de sua arte.

A *Cirurgia* coube ao Sr. *Louis*, cirurgião graduado, demonstrador real no Colégio de Saint Côme e conselheiro comissário para os extratos da Academia Real de Cirurgia. O Sr. Louis, já muito estimado, embora jovem, pelos mais hábeis de seus colegas, foi encarregado da parte cirúrgica deste *Dicionário* por escolha do Sr. de la Peyronie, a quem a Cirurgia deve tanto, e que é seu benemérito e da *Enciclopédia*.

A *Química* coube ao Sr. *Malouin*, doutor regente da Faculdade de Medicina de Paris, censor real e membro da Academia Real de Ciências, autor de um *Traité de Chimie* de que foram publicadas duas edições e de uma *Chimie médicale* que os franceses e os estrangeiros apreciaram muito.

A *Pintura*, a *Escultura*, a *Gravura* couberam ao Sr. *Landois*, que ao escrever une, ao conhecimento dessas artes, muito espírito e talento.

A *Arquitetura* coube ao Sr. *Blondel*, arquiteto célebre não somente por várias obras em Paris, e por outras de que forneceu os desenhos e que foram executadas para diferentes soberanos, como também por seu *Traité de la décoration des édifices*, do qual ele mesmo gravou as pranchas, muito apreciadas. Devemos-lhe também a última edição de *Daviler* e três volumes da *Arquitetura francesa*, em seiscentas pranchas; esses três volumes serão seguidos por outros cinco. O amor do bem público e o desejo de contribuir para o progresso das artes na França levaram-no a estabelecer, em 1744, uma escola

d'Architecture, [**xliii**] qui est devenue en peu de temps très fréquentée. M. Blondel, outre l'Architecture qu'il y enseigne à ses élèves, fait professer dans cette école par des hommes habiles les parties des Mathématiques, de la Fortification, de la Perspective, de la Coupe des Pierres, de la Peinture, de la Sculpture, *&c.* relatives à l'art de bâtir. On ne pouvait donc à toutes sortes d'égards faire un meilleur choix pour l'Encyclopédie.

M. ROUSSEAU *de Genève*, dont nous avons déjà parlé, & qui possède en Philosophe & en homme d'esprit la théorie & la pratique de *la Musique*, nous a donné les articles qui concernent cette Science. Il a publié il y a quelques années un Ouvrage intitulé, *Dissertation sur la Musique moderne*. On y trouve une nouvelle manière de noter la Musique, à laquelle il n'a peut-être manqué pour être reçue, que de n'avoir point trouvé de prévention pour une plus ancienne.

Outre les Savants que nous venons de nommer, il en est d'autres qui nous ont fourni pour l'Encyclopédie des articles entiers & très importants, dont nous ne manquerons pas de leur faire honneur.

M. LE MONNIER des Académies royales des Sciences de Paris & de Berlin, & de la Société royale de Londres, & Médecin ordinaire de S. M. à Saint-Germain-en-Laye, nous a donné les articles qui concernent l'*Aimant* & l'*Électricité*, deux matières importantes qu'il a étudiées avec beaucoup de succès, & sur lesquelles il a donné d'excellents mémoires à l'Académie des Sciences dont il est membre. Nous avons averti dans ce volume que les articles AIMANT & AIGUILLE AIMANTE'E sont entièrement de lui, & nous ferons de même pour ceux qui lui appartiendront dans les autres volumes.

M. DE CAHUSAC de l'Académie des Belles-Lettres de Montauban, Auteur de *Zeneide* que le Public revoit & applaudit si souvent sur la scène Française, des *Fêtes de l'Amour & de l'Hymen*, & de plusieurs autres Ouvrages qui ont eu beaucoup de succès sur le Théâtre lyrique, nous a donné les articles BALLET, DANSE, OPERA, DÉCORATION, & plusieurs autres moins considérables qui se rapportent à ces quatre principaux; nous aurons soin d'avertir de chacun de ceux que nous lui devons. On trouvera dans le second volume l'article BALLET qu'il a rempli de recherches curieuses & d'observations importantes; nous espérons qu'on verra dans tous l'étude approfondie & raisonnée qu'il a faite du Théâtre lyrique.

de Arquitetura [**xliii**] que em pouco tempo se tornou muito procurada. O Sr. Blondel, além de ensinar Arquitetura a seus alunos, faz ministrar nessa escola, por homens hábeis, as partes da Matemática, da Fortificação, da Perspectiva, do Talho das Pedras, da Pintura, da Escultura etc. que têm relação com a arte de construir. Por tudo isso, não poderia ter sido feita melhor escolha para a *Enciclopédia*.

O Sr. *Rousseau*, de *Genebra*, de quem já falamos, e que domina, como filósofo e como homem de espírito, a teoria e a prática da *Música*, deu-nos verbetes que concernem a essa ciência. Publicou há alguns anos uma obra intitulada *Dissertation sur la musique moderne*. Nela encontramos uma nova maneira de notar a música, à qual talvez só tenha faltado, para ser aceita por todos, o fato de não ter encontrado prevenções em favor de outra, mais antiga.

Além dos sábios que acabamos de citar, outros forneceram para a *Enciclopédia* verbetes inteiros e muito importantes, que não deixaremos de lhes atribuir.

O Sr. *Monnier*, das Academias reais de Ciências de Paris e de Berlim, da Sociedade Real de Londres, e médico ordinário de S. M. em Saint-Germain-em-Laye, forneceu-nos verbetes sobre o *Ímã* e a *Eletricidade*, duas matérias importantes que ele estudou com êxito e a respeito das quais enviou excelentes memórias à Academia de Ciências, de que é membro. Indicamos neste volume que os verbetes *Ímã* e *Agulha imantada* são de sua inteira autoria, e faremos a mesma coisa em relação aos que lhe caibam em outros volumes.

O Sr. *Cahusac*, da Academia de Belas-Letras de Montauban, autor de *Zeneide*, que o público revê e aplaude tão frequentemente na cena francesa, das *Fêtes de l'amour et de l'hymen* e de várias outras obras, que tiveram muito sucesso no teatro lírico, deu-nos os verbetes *Balé*, *Dança*, *Ópera*, *Decoração* e vários outros, menos consideráveis, que se referem a esses quatro principais; teremos o cuidado de assinalar cada um dos que lhe devemos. Encontrar-se-á no segundo volume o verbete *Balé*, repleto de pesquisas curiosas e observações importantes; esperamos que transpareça em todos o estudo minucioso e razoado que fez do teatro lírico.

Radel Del. Benard Fecit

Verrerie en bois, l'Opération de Chauffer la Bosse pour l'Ouvrir et en faire le Plat et le porter à la plotte.

Fabricação de vidro com lenha. Operação de aquecer a esfera para abri-la, fazer dela um prato e levá-la para a bacia metálica.

Radel Del. Benard Fecit

Verrerie en bois, l'Opération de tirer le Pot hors de l'Arche, et l'Opération de le porter au Four

Fabricação de vidro com lenha. Operação de tirar o pote para fora da arca e de levá-la ao fogo.

J'ai fait ou revu tous les articles de *Mathématique & de Physique*, qui ne dépendent point des parties dont il a été parlé ci-dessus; j'ai aussi suppléé quelques articles, mais en très petit nombre, dans les autres parties. Je me suis attaché dans les articles de *Mathématique transcendante* à donner l'esprit général des méthodes, à indiquer les meilleurs Ouvrages où l'on peut trouver sur chaque objet les détails les plus importants, & qui n'étaient point de nature à entrer dans cette Encyclopédie; à éclaircir ce qui m'a paru n'avoir pas été éclairci suffisamment, ou ne l'avoir point été du tout; enfin à donner, autant qu'il m'a été possible, dans chaque matière, des principes métaphysiques exacts, c'est-à-dire, simples. On peut en voir un essai dans ce volume aux articles *Action, Application, Arithmétique universelle*, &c.

Mais ce travail, tout considérable qu'il est, l'est beaucoup moins que celui de M. DIDEROT mon collègue. Il est Auteur de la partie de cette Encyclopédie la plus étendue, la plus importante, la plus désirée du Public, & j'ose le dire, la plus difficile à remplir; c'est la description des Arts. M. Diderot l'a faite sur des mémoires qui lui ont été fournis par des ouvriers ou par des amateurs, dont on lira bientôt les noms, ou sur les connaissances qu'il a été puiser lui-même chez les ouvriers, ou enfin sur des métiers qu'il s'est donné la peine de voir, & dont quelquefois il a fait construire des modèles pour les étudier plus à son aise. A ce détail qui est immense, & dont il s'est acquitté avec beaucoup de soin, il en a joint un autre qui ne l'est pas moins, en suppléant dans les différentes parties de l'Encyclopédie un nombre prodigieux d'articles qui manquaient. Il s'est livré à ce travail avec un désintéressement qui honore les Lettres, & avec un zèle digne de la reconnaissance de tous ceux qui les aiment ou qui les cultivent, & en particulier des personnes qui ont concouru au travail de l'Encyclopédie. On verra par ce volume combien le nombre d'articles que lui doit cet Ouvrage est considérable. Parmi ces articles, il y en a de très étendus, comme ACIER, AIGUILLE, ARDOISE, ANATOMIE, ANIMAL, AGRICULTURE, *&c.* Le grand succès de l'article ART qu'il a publié séparément il y a quelques mois, l'a encouragé à donner aux autres tous ses soins; & je crois pouvoir assurer qu'ils sont dignes d'être comparés à celui-là, quoique dans des genres différents. Il est inutile de répondre ici à la critique injuste de quelques gens du monde, qui peu accoutumés sans doute à tout ce qui demande la plus légère attention, ont trouvé cet article ART trop raisonné & trop métaphysique, comme s'il était possible que cela fût autrement.

Escrevi ou revi todos os verbetes de *Matemática* e de *Física* que não dependem dos autores acima mencionados; supri também alguns verbetes, mas em pequeno número, para outras partes. Tive o cuidado, nos verbetes de *Matemática transcendente*, de dar o espírito geral dos métodos, de indicar as melhores obras em que se podem encontrar sobre cada assunto, com detalhes importantes que, por sua natureza, não cabiam nesta *Enciclopédia*; de esclarecer o que me pareceu não estar suficientemente claro, enfim, de oferecer, tanto quanto me foi possível, em cada matéria, princípios metafísicos exatos, isto é, simples. Pode-se ver uma tentativa, neste volume, nos verbetes *Ação*, *Aplicação de uma ciência a outra*, *Aritmética universal* etc.

Por mais considerável que esse trabalho seja, o é muito menos que o do Sr. *Diderot*, meu colega. É ele o autor, nesta *Enciclopédia*, da parte mais extensa, mais importante, mais ansiada pelo público, e, se ouso dizer, mais difícil de ser realizada: a descrição das artes. O Sr. Diderot realizou-a a partir das memórias que lhe foram fornecidas por operários ou amadores, cujos nomes ler-se-ão em breve, ou a partir de conhecimentos que obteve ele mesmo dos operários, ou ainda, por fim, a partir dos ofícios que se deu ao trabalho de testemunhar e dos quais chegou mesmo a encomendar modelos, para estudá-los mais à vontade. A essa tarefa, que é imensa, e que ele realizou com muito cuidado, acrescente-se outra, não menos enorme, e que consiste em suprir, nas diferentes partes da *Enciclopédia*, um número prodigioso de verbetes que faltavam. Entregou-se a essa tarefa com um desinteresse que honra as letras e com um zelo digno da gratidão de todos os que as amam ou as cultivam, em particular as pessoas que concorreram para o trabalho da *Enciclopédia*. Ver-se-á, por este volume, o considerável número de verbetes que a obra lhe deve. Entre eles, há alguns bastante extensos, como *Aço*, *Agulha*, *Ardósia*, *Anatomia*, *Animal*, *Agricultura* etc. A ótima acolhida do verbete *Arte*, que ele publicou em separado há alguns meses, incentivou-o a dar aos outros todo o seu cuidado, e creio poder assegurar que são dignos de serem comparados ao primeiro, embora em gêneros diferentes. É inútil responder aqui à crítica injusta de alguns membros da sociedade que, sem dúvida, pouco acostumados a tudo o que exija a menor atenção, julgaram o verbete *Arte* por demais razoado e por demais metafísico, como se pudesse ser de outra maneira.

Tout article qui a pour objet un terme abstrait & général ne peut être bien traité sans remonter à des principes philosophiques, toujours un peu difficiles pour ceux qui ne sont pas dans l'usage de réfléchir. Au reste, nous devons avouer ici que nous avons vu avec plaisir un très grand nombre de gens du monde entendre parfaitement cet article. À **[xliv]** l'égard de ceux qui l'ont critiqué, nous souhaitons que sur les articles qui auront un objet semblable, ils aient le même reproche à nous faire.

Plusieurs autres personnes, sans nous avoir fourni des articles entiers, ont procuré à l'Encyclopédie des secours importants. Nous avons déjà parlé dans le *Prospectus* & dans ce Discours de M. l'Abbé SALLIER & de M. FORMEY.

M. le Comte D'HEROUVILLE DE CLAYE, Lieutenant Général des Armées du Roi, & Inspecteur Général d'Infanterie, que ses connaissances profondes dans l'Art militaire n'empêchent point de cultiver les Lettres & les Sciences avec succès, a communiqué des mémoires très curieux sur la *Minéralogie*, dont il a fait exécuter en relief plusieurs travaux, comme le *cuivre*, *l'alun*, le *vitriol*, la *couperose*, &c. en quatorze usines. On lui doit aussi des mémoires sur le *Colzat*, *la Garance*, &c.

M. FALCONET, Médecin Consultant du Roi & membre de l'Académie royale des Belles-Lettres, possesseur d'une Bibliothèque aussi nombreuse & aussi étendue que ses connaissances, mais dont il fait un usage encore plus estimable, celui d'obliger les Savants en la leur communiquant sans réserve, nous a donné à cet égard tous les secours que nous pouvions souhaiter. Cet homme de Lettres citoyen, qui joint à l'érudition la plus variée les qualités d'homme d'esprit & de Philosophe, a bien voulu aussi jeter les yeux sur quelques uns de nos articles, & nous donner des conseils & des éclaircissements utiles.

M. DUPIN Fermier Général, connu par son amour pour les Lettres & pour le bien public, a procuré sur les *Salines* tous les éclaircissements nécessaires.

M. MORAND, qui fait tant d'honneur à la Chirurgie de Paris, & aux différentes Académies dont il est membre, a communiqué quelques observations importantes; on en trouvera une dans ce volume à l'article ARTÉRIOTOMIE.

MM. DE PRADES & YVON dont nous avons déjà parlé avec l'éloge qu'ils méritent, ont fourni plusieurs mémoires relatifs à l'*Histoire de la Philosophie* & quelques uns sur *la Religion*. M. l'Abbé PESTRÉ nous a aussi donné quelques mémoires sur *la Philosophie*, que nous aurons soin de désigner dans les volumes suivants.

Todo verbete que tenha por assunto um termo abstrato e geral não pode ser bem tratado sem remontar a princípios filosóficos, sempre mais difíceis para os que não têm o hábito de refletir. De resto, devemos confessar que vimos com prazer um número muito grande de pessoas da sociedade compreender perfeitamente o dito verbete. **[xliv]** Quanto aos que o criticaram, pedimos que nos censurem igualmente pelos verbetes que tratem de um assunto semelhante.

Muitas outras pessoas, sem nos terem fornecido verbetes completos, obtiveram para a *Enciclopédia* importantes auxílios. Já falamos, no *Prospecto* e neste *Discurso*, do abade *Sallier* e do Sr. *Formey*.

O Sr. Conde *D'Herouville de Claye*, tenente-geral das Forças Armadas do Rei e inspetor geral de Infantaria, cujos conhecimentos profundos na arte militar não impedem de cultivar com sucesso as letras e as ciências, enviou memórias extremamente curiosas sobre *Mineralogia*, de que mandou executar, em relevo, vários trabalhos, como *Cobre*, *Alume*, *Vitríolo*, *Caparrosa* etc., em catorze fábricas. Devemos-lhe também memórias sobre a *Colza*, a *Ruiva* etc.

O Sr. *Falconet*, médico pessoal do Rei e membro da Academia Real de Belas-Letras, possuidor de uma biblioteca tão numerosa e extensa quanto seus conhecimentos, mas de que faz um uso, ainda mais apreciável, de obsequiar os sábios, permitindo-lhes empréstimos ilimitados, deu-nos nesse sentido todo o auxílio que poderíamos desejar. Este homem letrado e cívico, que une à mais variada erudição as qualidades de homem de espírito e de filósofo, teve também a bondade de correr os olhos por alguns de nossos verbetes e de nos dar conselhos e esclarecimentos úteis.

O Sr. *Dupin*, coletor dos impostos régios, conhecido por seu amor pelas letras e pelo bem público, obteve sobre as *Salinas* todos os esclarecimentos necessários.

O Sr. *Morand*, que tanto honra a Cirurgia de Paris e as diferentes academias de que é membro, enviou algumas observações importantes; encontrar-se-á uma neste volume, no verbete *Arteriometria*.

Os Srs. *Prades* e *Yvon*, de quem já falamos com os elogios que merecem, forneceram várias memórias relativas à *História da Filosofia* e algumas sobre a *Religião*. O abade *Pestré* deu-nos também algumas memórias sobre *Filosofia*, que teremos o cuidado de designar nos volumes seguintes.

M. Deslandes, ci-devant Commissaire de la *Marine*, a fourni sur cette matière des remarques importantes dont on a fait usage. La réputation qu'il s'est acquise par ses différents Ouvrages, doit faire rechercher tout ce qui vient de lui.

M. Le Romain, Ingénieur en chef de l'Île de la Grenade, a donné toutes les lumières nécessaires sur les *Sucres*, & sur plusieurs autres machines qu'il a eu occasion de voir & d'examiner dans ses voyages en Philosophe & en Observateur attentif.

M. Venelle, très versé dans la Physique & dans la Chimie, sur laquelle il a présenté à l'Académie des Sciences d'excellents mémoires, a fourni des éclaircissements utiles & importants sur la *Minéralogie*.

M. Goussier, déjà nommé au sujet de la *Coupe des pierres*, & qui joint la pratique du Dessein à beaucoup de connaissances de la Mécanique, a donné à M.Diderot la figure *de plusieurs Instruments* & leur explication. Mais il s'est particulièrement occupé des figures de l'Encyclopédie qu'il a toutes revues & presque toutes dessinées; de la *Lutherie* en général, & de la *facture de l'Orgue*, machine immense qu'il a détaillée sur les mémoires de M. Thomas son associé dans ce travail.

M. Rogeau, habile Professeur de Mathématiques, a fourni des matériaux sur le *Monnoyage*, & plusieurs figures qu'il a dessinées lui-même ou auxquelles il a veillé.

On juge bien que sur ce qui concerne l'Imprimerie & la Librairie, les Libraires associés nous ont donné par eux-mêmes tous les secours qu'il nous était possible de désirer.

M. Prevost, Inspecteur des *Verreries*, a donné des lumières sur cet Art important.

La *Brasserie* a été faite sur un mémoire de M. Longchamp, qu'une fortune considérable & beaucoup d'aptitude pour les Lettres n'ont point détaché de l'état de ses pères.

M. Buisson, Fabriquant de Lyon, & ci - devant Inspecteur de Manufactures, a donné des mémoires sur la *Teinture*, sur la *Draperie*, sur la *Fabrication des étoffes riches*, sur le travail de la *Soie, son tirage*, *moulinage*, *ovalage*, &c. & des observations sur les Arts relatifs aux précédents, comme ceux de *dorer les lingots*, de *battre l'or & l'argent*, de *les tirer*, de les *filer*, &c.

M. La Basseé a fourni les articles de *Passementerie*, dont le détail n'est bien connu que de ceux qui s'en sont particulièrement occupés.

O Sr. *Deslandes*, antigo comissário da Marinha, forneceu sobre essa matéria observações importantes de que fizemos uso. A reputação que adquiriu com suas diferentes obras certamente fará com que se procure conhecer tudo o que vem dele.

O Sr. *Le Romain*, engenheiro-chefe da Ilha da Grenade, forneceu os conhecimentos necessários sobre *Engenhos de açúcar* e várias outras máquinas que teve ocasião de ver e de examinar em suas viagens, como filósofo e como observador atento.

O Sr. *Venelle*, profundamente versado em Física e em Química, sobre as quais apresentou à Academia de Ciências excelentes memórias, forneceu esclarecimentos úteis e importantes sobre *Mineralogia*.

O Sr. *Goussier*, já citado em referência ao *Talho das Pedras*, e que une a prática do Desenho a conhecimentos de Mecânica, forneceu ao Sr. Diderot a figura de *vários instrumentos* e sua explicação. Mas ocupou-se particularmente com as figuras da *Enciclopédia*, que reviu, a todas, e quase todas desenhou, com a *Violaria* em geral e com o *fabrico do Órgão*, máquina imensa que pormenorizou partindo das memórias do Sr. *Thomas*, seu associado nesse trabalho.

O Sr. *Rogeau*, hábil professor de Matemática, forneceu materiais sobre a *Moedagem* e várias figuras que ele mesmo desenhou ou supervisionou.

Pode-se imaginar que, no que diz respeito à imprensa e à livraria, os editores associados nos deram espontaneamente todo o auxílio que nos era possível desejar.

O Sr. *Prevost*, inspetor das *Vidrarias*, forneceu esclarecimentos sobre essa arte importante.

Para o verbete *Cervejaria*, utilizamos uma memória do Sr. *Longchamp*, que uma fortuna considerável e uma aptidão considerável para as letras não afastaram da profissão de seus antepassados.

O Sr. *Buisson*, fabricante de Lyon e antigo inspetor de manufaturas, forneceu memórias sobre a *Tintura*, sobre a *Tecelagem*, sobre a *Fabricação de tecidos ricos*, sobre o trabalho da *Seda*, sua tiragem, fiação, torcedura etc., além de observações sobre as artes ligadas às precedentes, como as de *dourar os lingotes*, de *bater o ouro e a prata*, de *tirá-los* e *passá-los à fieira* etc.

O Sr. *Labassée* forneceu os verbetes sobre *Passamanaria*, ofício cujos detalhes só são conhecidos pelos que dela se ocupam em particular.

M. DOUET s'est prêté à tout ce qui pouvait instruire sur l'Art du *Gazier* qu'il exerce.

M. BARRAT, ouvrier excellent dans son genre, a monté & démonté plusieurs fois en présence de M. Diderot le *métier à bas*, machine admirable.

M. PICHARD, Marchand Fabriquant Bonnetier, a donné des lumières sur la *Bonneterie*. **[xlv]**

MM. BONNET & LAURENT ouvriers en *Soie*, ont monté & fait travailler sous les yeux de M. Diderot, un métier *à velours*, &c. & un autre en *étoffe brochée*: on en verra le détail à l'article VELOURS.

M. PAPILLON, célèbre *Graveur en bois*, a fourni un mémoire sur l'histoire & la pratique de son Art.

M. FOURNIER, très - habile *Fondeur de caractères d'Imprimerie*, en a fait autant pour la *Fonderie des caractères*.

M. FAVRE a donné des mémoires sur la *Serrurerie*, *Taillanderie*, *Fonte des canons*, &c. dont il est bien instruit.

M. MALLET, Potier d'*étain* à Melun, n'a rien laissé à désirer sur la connaissance de son Art.

M. HILL, Anglais de nation, a communiqué une *Verrerie* Anglaise exécutée en relief, & tous ses instruments avec les explications nécessaires.

MM. DE PUISIEUX, CHARPENTIER, MABILE, & DE VIENNE, ont aidé M. Diderot dans la description de plusieurs Arts. M. EIDOUS a fait en entier les articles de *Maréchallerie* & de *Manège*, & M. ARNAULD *de Senlis*, ceux qui concernent la *Pèche* & la *Chasse*.

Enfin un grand nombre d'autres personnes bien intentionnées ont instruit M. Diderot sur la fabrication des *Ardoises*, les *Forges*, la *Fonderie*, *Refendrie*, *Trifilerie*, &c. La plupart de ces personnes étant absentes, on n'a pu disposer de leur nom sans leur consentement; on les nommera pour peu qu'elles le désirent. Il en est de même de plusieurs autres dont les noms ont échappé. À l'égard de celles dont les secours n'ont été d'aucun usage, on se croit dispensé de les nommer.

Nous publions ce premier volume dans le temps précis pour lequel nous l'avions promis. Le second volume est déjà sous presse; nous espérons que le Public n'attendra point les autres, ni les volumes des Figures; notre exactitude à lui tenir parole ne dépendra que de notre vie, de notre santé,

O Sr. *Douet* auxiliou com tudo o que pudesse esclarecer sobre a *Fabricação da gaze*, arte que ele exerce.

O Sr. *Barrat*, excelente operário em seu gênero, montou e desmontou várias vezes, na presença do Sr. Diderot, o *tear para meias*, máquina admirável.

O Sr. *Pichard*, fabricante de malhas, forneceu informações sobre a *Malharia*. [xlv]

Os Srs. *Bonnet* e *Laurent*, operários da fabricação da *Seda*, montaram e fizeram funcionar, sob os olhos do Sr. Diderot, um tear para *veludo* e outro para *brocados*. Os detalhes encontram-se no verbete *Veludo*.

O Sr. *Pappilon*, célebre *Gravador em madeira*, forneceu uma memória sobre a história e a prática de sua arte.

O Sr. *Fournier*, muito hábil *Fundidor de caracteres tipográficos*, fez o mesmo para a *Fundição dos caracteres*.

O Sr. *Favre* forneceu memórias sobre a *Serralheria*, a *Ferraria*, a *Fundição de canhões* etc., ofícios que conhece bem.

O Sr. *Mallet*, fabricante de objetos de *estanho* em Melun, nada deixou a desejar quanto ao conhecimento de sua arte.

O Sr. *Hill*, de nacionalidade inglesa, enviou uma *Vidraria* inglesa executada em relevo e todos os seus instrumentos com as explicações necessárias.

Os Srs. *Puissieux*, *Charpentier*, *Mabile*, e *De Vienne* ajudaram o Sr. Diderot na descrição de várias artes. O Sr. *Eidous* escreveu inteiramente os verbetes sobre *Alveitaria* e *Adestramento* e o Sr. *Arnauld*, de Senlis, os que dizem respeito à *Pesca* e à *Caça*.

Finalmente, um grande número de outras pessoas bem-intencionadas instruíram o Sr. Diderot sobre a fabricação das *Ardósias*, das *Forjas*, sobre a *Fundição*, a *Arte de fasquiar*, a *Fabricação do fio metálico* etc. Estando a maior parte dessas pessoas ausente, não pudemos dispor de seu nome sem o seu consentimento; nomeá-las-emos à menor expressão desse desejo. O mesmo acontece com muitas outras, cujos nomes faltaram aqui. Quanto àqueles cujo auxílio não teve nenhuma serventia, julgamo-nos dispensados de citá-los.

Publicamos este primeiro volume dentro do prazo que havíamos estipulado. O segundo volume já se encontra no prelo; esperamos que o público não tenha de esperar muito pelos outros, nem pelos volumes das figuras. O cumprimento preciso de nossa palavra só dependerá de vivermos, termos saúde

& de notre repos. Nous avertissons aussi au nom des Libraires associés qu'en cas d'une seconde édition, les additions & corrections seront données dans un volume séparé à ceux qui auront acheté la première. Les personnes qui nous fourniront quelques secours pour la suite de cet Ouvrage, seront nommées à la tête de chaque volume.

VOILA ce que nous avions à dire sur cette collection immense. Elle se présente avec tout ce qui peut intéresser pour elle; l'impatience que l'on a témoignée de la voir paraître; les obstacles qui en ont retardé la publication; les circonstances qui nous ont forcés à nous en charger; le zèle avec lequel nous nous sommes livrés à ce travail comme s'il eût été de notre choix; les éloges que les bons citoyens ont donnés à l'entreprise; les secours innombrables & de toute espèce que nous avons reçus; la protection du Gouvernement; des ennemis tant faibles que puissants, qui ont cherché, quoiqu'en vain, à étouffer l'Ouvrage avant sa naissance; enfin des Auteurs sans cabale & sans intrigue, qui n'attendent d'autre récompense de leurs soins & de leurs efforts, que la satisfaction d'avoir bien mérité de leur patrie. Nous ne chercherons point à comparer ce Dictionnaire aux autres; nous reconnaissons avec plaisir qu'ils nous ont tous été utiles, & notre travail ne consiste point à décrier celui de personne. C'est au Public qui lit à nous juger: nous croyons devoir le distinguer de celui qui parle.

FIN DU DISCOURS PRÉLIMINAIRE.

e tempo à disposição. Advertimos também, em nome dos editores associados, que, em caso de uma segunda edição, os acréscimos e correções serão enviados, num volume à parte, aos que tiverem adquirido a primeira. As pessoas que nos auxiliarem para dar continuidade a esta obra serão citadas no início de cada volume.

É o que tínhamos a dizer sobre esta imensa coleção. Ela se apresenta com tudo o que tenha interesse a seu respeito: a impaciência que se mostrou por vê-la publicada; os obstáculos que atrasaram sua publicação; as circunstâncias que nos forçaram a encarregar-nos dela; o zelo com que nos entregamos a este trabalho, como se o tivéssemos escolhido; os elogios que os bons cidadãos fizeram ao empreendimento; os numerosos auxílios, e de todos os tipos, que recebemos; a proteção do governo; os inimigos, tanto fracos quanto poderosos, que procuraram, ainda que em vão, sufocar a obra antes que ela nascesse; enfim, dos autores, sem cabala e sem intrigas, que não esperam outra recompensa para seus cuidados e esforços a não ser a satisfação de serem beneméritos de sua pátria. Não compararemos este *Dicionário* com outros. Reconhecemos de bom grado que todos nos foram úteis, e nosso trabalho não consiste em desabonar o de ninguém. Ao público leitor cabe julgar-nos; pareceu-nos necessário distingui-lo daquele que só fala, mas não lê.

FIM DO DISCURSO PRELIMINAR.

(Tradução: Fúlvia Moretto)[8]

8 Doravante FM.

Explicação detalhada do sistema dos conhecimentos humanos

Os *seres físicos* atuam sobre os sentidos. As impressões desses seres excitam percepções deles no entendimento. O entendimento ocupa-se de suas percepções de três maneiras, segundo suas três faculdades principais, a memória, a razão, a imaginação. Ou o entendimento realiza uma enumeração pura e simples de suas percepções através da memória; ou as examina, as compara, as assimila pela razão; ou se compraz em imitá-las e a contrafazê-las pela imaginação. Do que resulta uma divisão geral do conhecimento humano, que parece bem fundamentada, em *História*, que se refere à *memória*, *Filosofia*, que emana da *razão*, e *Poesia*, que nasce da *imaginação*.

Memória, por conseguinte, História

A **história** são os fatos, e os fatos são de *Deus*, do *homem* ou da *natureza*. Os fatos que são de Deus pertencem à *História Sagrada*. Os fatos que são do homem pertencem à *História Civil*. Os fatos que são da natureza se referem à *História Natural*.

História, I. Sagrada, II. Civil, III. Natural

I. A **História Sagrada** divide-se em *História Sagrada* e *Eclesiástica*; a *História das Profecias*, em que a narração precedeu o acontecimento, é um ramo da *História Sagrada*.

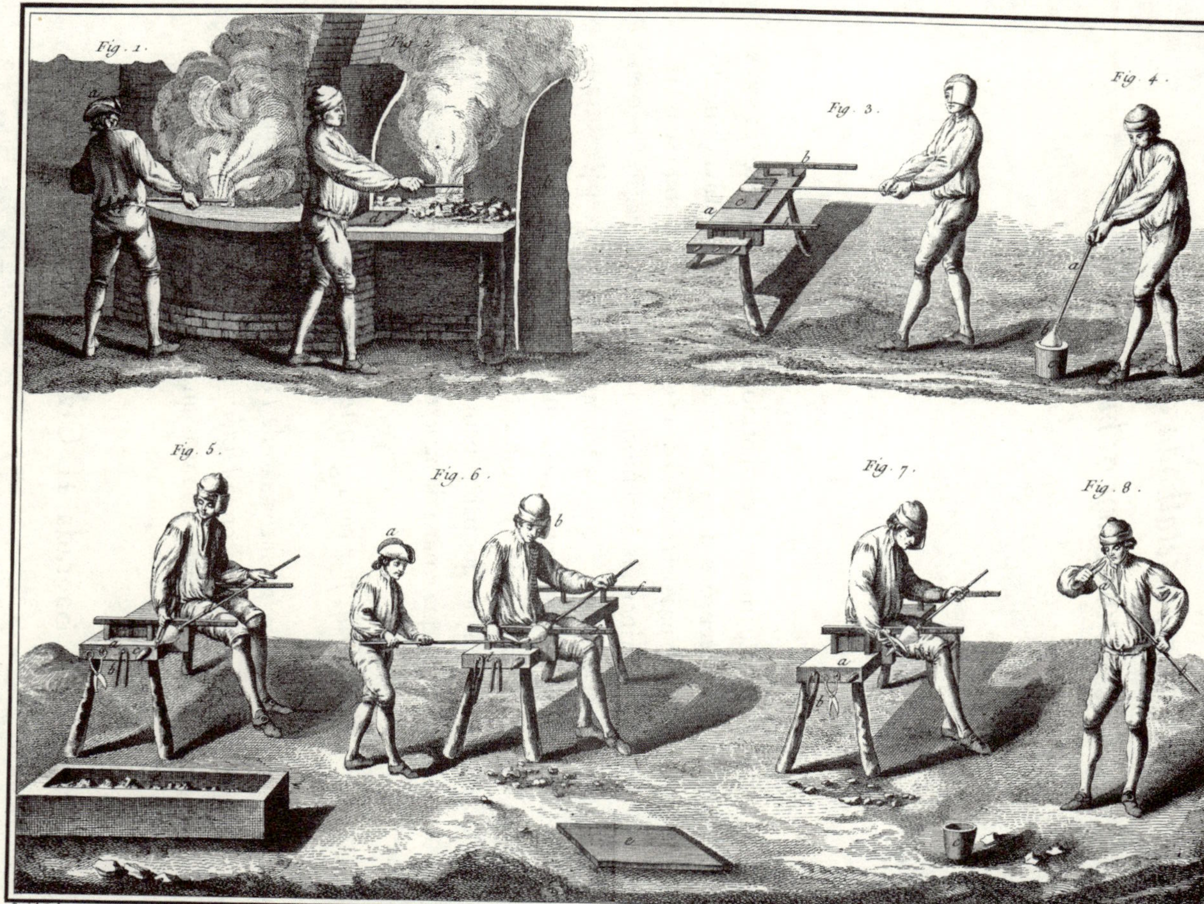

Verrerie en bois, l'Opération de remuer la Composition dans le Pot de fonte, de cueillir la matiere ou Poste, de la rouler sur le Marbre, de la souffler dans le moule, et autres Opérations relatives à la façon d'un Verre.

Fabricação de vidro com lenha. Operação de remexer a composição no pote de fundição, de colher a matéria,

Radel Del. Benard Fecit

Verrerie en bois, Grande Verrerie en Plats. Intérieur d'une Halle et différentes Opérations de la Verrerie à Vitres.

Fabricação de vidro com lenha. Grande fábrica de pratos. Interior de um salão e diferentes operações da fabricação de vidros.

II. A **História Civil**, esse ramo da História Universal, "cujo testemunho reúne os exemplos dos antepassados, as mudanças dos acontecimentos, as bases do saber popular e, finalmente, o nome e a reputação dos homens", *cujus fidei exempla majorum, vicissitudinesrerum, fundamenta prudentioe civilis, hominum denique nomem & fama comissa sunt*, divide-se, segundo seus objetos, em *História Civil propriamente dita* e *História Literária*.

As ciências são obra da reflexão e da luz natural dos homens. Lorde Bacon tem portanto razão quando diz, em sua admirável obra *De dignitate et augmento scientiarum*, que a História do mundo, sem a História dos sábios, é uma estátua de Polifemo à qual se arrancou o olho.

A *História Civil* propriamente dita subdivide-se em *Memória*, *Antiguidades* e *História Completa*. Se é verdade que a História é a pintura dos tempos passados, as *Antiguidades* são seus traços quase sempre danificados, e a *História Completa* é um quadro de que as *Memórias* são os estudos.

III. A divisão da **História Natural** é fornecida pela diferença entre *fatos* da natureza e *estados* da natureza. Ou a natureza é uniforme e segue um curso determinado, tal como o observamos geralmente nos *corpos celestes*, nos *animais*, nos *vegetais* etc., ou ela parece forçada a se desviar de seu curso ordinário, como nos *monstros*, ou é constrangida e submetida a diferentes usos, como nas *artes*. A natureza faz tudo ou em seu *curso ordinário e determinado* ou em seus *desvios* ou em seu *uso*. *Uniformidade da Natureza*, primeira parte da História Natural. *Erros* ou *Desvios da Natureza*, segunda parte da História Natural. *Usos da Natureza*, terceira parte da História Natural.

É desnecessário estendermo-nos sobre as vantagens da *História da Natureza Uniforme*. Mas, se nos perguntarem para que pode servir a *História da Natureza Monstruosa*, responderemos, para passar dos prodígios e *desvios* às maravilhas da *arte*; para perdê-la ainda mais ou para recolocá-la em seu caminho; e sobretudo para corrigir proposições gerais, "para retificar a iniquidade dos axiomas", *ut axiomatum corrigatur iniquitas*.

Quanto à *História da Natureza Submetida a Diferentes Usos*, poder-se-ia fazer um ramo da História Civil, pois a arte em geral é o engenho do homem aplicado, por suas necessidades ou por seu luxo, às produções da natureza. Seja como for, essa aplicação só pode ser feita de duas maneiras, aproximando-se os corpos naturais ou os afastando. O homem pode algo ou nada pode, à

medida que a aproximação ou o afastamento dos corpos naturais for ou não possível.

A História da Natureza Uniforme divide-se, de acordo com seus principais objetos, em *História Celeste* ou *dos Astros, de seus movimentos, aparências sensíveis* etc., sem explicar sua causa através de sistemas, de hipóteses etc.; trata-se aqui somente de fenômenos puros; em *História dos Meteoros*, como *ventos, chuvas, tempestades, trovões, auroras boreais* etc.; em *História da Terra e do Mar* ou *das Montanhas, dos rios, dos afluentes, das correntes, do fluxo e refluxo, das areias, das terras, das florestas, das ilhas, das figuras dos continentes* etc.; em *História dos Minerais, História dos Vegetais* e *História dos Animais*. Do que resulta uma *História dos Elementos, da Natureza Aparente, dos efeitos sensíveis, dos movimentos* etc., *do Fogo, do Ar, da Terra* e *da Água*.

A *História da Natureza Monstruosa* deve seguir a mesma divisão. A natureza pode realizar prodígios nos céus, na atmosfera, na superfície da Terra, em suas entranhas, no fundo dos mares etc., em tudo e em toda parte.

A *História da Natureza Utilizada* é tão extensa quanto os diferentes usos que fazem os homens de suas produções nas artes, nos ofícios e nas manufaturas. Não há efeito do engenho do homem que não possa ser referido a alguma produção da natureza. Referir-se-ão ao trabalho e ao emprego do ouro e da prata as artes do *moedeiro*, do *bate-folha*, do *ourives*, do *tirador de ouro*, do *aplainador* etc.; ao trabalho e uso das pedras **[xlviii]** preciosas, as artes do *lapidador*, do *diamantista*, do *joalheiro*, do *gravador de pedras preciosas* etc.; ao trabalho e uso do ferro, as *grandes forjas*, a *serralheria*, a *ferria*, o fabrico de *armas e arcabuzes*, a *cutelaria* etc.; ao trabalho e uso do vidro, a *vidraria*, as *vidraças*, a arte do *espelheiro*, do *vidraceiro* etc.; ao trabalho e uso das peles, as artes do *curtidor*, do *surrador*, do *peleteiro* etc.; ao trabalho e uso da lã e da seda, sua *tiragem*, sua *fiação*, as artes dos *tecelões*, dos *passamaneiros*, dos *galoeiros*, dos *botoeiros, operários de veludos, cetins, damascos, brocados, lustrinas* etc.; ao trabalho e uso da terra, a *olaria*, a *faiança*, a *porcelana* etc.; ao trabalho e uso da pedra, a parte mecânica do *arquiteto*, do *escultor*, do *estucador* etc.; ao trabalho e uso da madeira, a *marcenaria*, a *carpintaria*, a *marchetaria*, a *tableteria*, e assim para todas as outras matérias e artes, que ultrapassam o número de 250. Vimos no *Discurso preliminar* como nos propusemos a tratar cada uma.

Eis o *histórico* completo do conhecimento humano, o que deve ser referido à memória e o que deve ser a matéria-prima do filósofo.

Razão, por conseguinte, Filosofia

A **Filosofia**, ou a parte do conhecimento humano que deve ser referida à razão, é muito extensa. Não há quase objeto percebido pelos sentidos que, uma vez refletido, não tenha redundado numa ciência. Dentre o sem-número desses objetos, há alguns que se fazem notar por sua importância, "através dos quais abre-se o infinito", *quibus abscinditur infinitum*, e aos quais podem-se referir todas as ciências. Esses pontos capitais são *Deus*, a cujo conhecimento o homem elevou-se pela reflexão sobre a História Natural e a História Sagrada; o *homem*, que tem certeza de sua existência pela consciência ou sentido interior; a *natureza*, cuja história o homem aprendeu através do uso dos sentidos exteriores. *Deus*, o *homem* e a *natureza* fornecer-nos-ão, portanto, a divisão geral da *Filosofia* ou da *Ciência* (pois essas palavras são sinônimas), e a *Filosofia* ou *Ciência* será *Ciência de Deus*, *Ciência do Homem* e *Ciência da Natureza*.

Filosofia da Ciência, I. Ciência de Deus, II. Ciência do Homem, III. Ciência da Natureza

I. **Ciência de Deus.** O progresso natural do espírito humano é elevar-se dos indivíduos às espécies, das espécies aos gêneros, dos gêneros próximos aos afastados e formar, a cada passo, uma ciência; ou, pelo menos, acrescentar um novo ramo a alguma ciência já formada: assim, a noção de uma inteligência não criada, infinita etc., que encontramos na natureza e que a História Sagrada nos anuncia, e a de uma inteligência criada, finita e unida a um corpo, que percebemos no homem e que supomos no bruto, conduziram-nos à noção de uma inteligência criada, finita, que não teria corpo, e desta, à noção geral de Espírito. Além disso, as propriedades gerais dos seres, tanto espirituais quanto corporais, sendo a *existência*, a *possibilidade*, a *duração*, a *substância*, o *atributo* etc., foram examinadas e formou-se a *Ontologia* ou *Ciência do Ser em geral*. Tivemos, portanto, em ordem inversa,

primeiro a *Ontologia*, em seguida a *Ciência do Espírito* ou *Pneumatologia*, comumente chamada de *Metafísica particular*. Esta última dividiu-se em *Ciência de Deus* ou *Teologia Natural*, que Deus houve por bem retificar e santificar pela *Revelação*, da qual vieram a *Religião*, e a *Teologia propriamente dita*, da qual veio, por abuso, a *Superstição*; em *doutrina dos espíritos benéficos e maléficos* ou *dos anjos e dos demônios*, da qual vieram a *adivinhação* e a *magia negra*; em *Ciência da Alma*, que foi subdividida em *Ciência da Alma Racional*, que concebe, e *Ciência da Alma Sensitiva*, que se limita às sensações.

II. **Ciência do Homem**. A divisão da Ciência do Homem nos é fornecida pela de suas faculdades. As faculdades principais do homem são o *entendimento* e a *vontade*; o *entendimento*, que deve ser dirigido para a *verdade*, a *vontade*, que deve ser submetida à *virtude*. Um é o objeto da *Lógica*, o outro é o da *Moral*.

A ***Lógica*** pode dividir-se em *Arte de Pensar*, em *Arte de Reter os Pensamentos* e em *Arte de Comunicá-los*.

A *Arte de Pensar* tem tantos ramos quantas forem as operações principais do entendimento. Distinguem-se no entendimento quatro operações principais: a *apreensão*, o *julgamento*, o *raciocínio* e o *método*. Pode-se referir à *apreensão* a *doutrina das ideias* ou *percepções*; ao *julgamento*, a das *proposições*; ao *raciocínio* e ao *método*, a da *indução* e da *demonstração*. Na *demonstração* ou remonta-se da coisa a ser demonstrada aos primeiros princípios ou se desce dos primeiros princípios à coisa a ser demonstrada, do que nascem, respectivamente, a *análise* e a *síntese*.

A *Arte de Reter* tem dois ramos, a *Ciência da própria Memória* e a *Ciência dos Suplementos da Memória*. A memória, que consideramos a princípio como uma faculdade puramente passiva e que entendemos aqui como um poder ativo que a razão pode aperfeiçoar, é *natural* ou *artificial*. A *memória natural* é uma afecção dos órgãos; a *artificial* consiste na *antecipação* e no *emblema*; a *antecipação*, sem a qual nada em particular está presente no espírito, e o *emblema*, pelo qual a *imaginação* é chamada a auxiliar a memória.

As *representações artificiais* são os *suplementos da memória*. A *escrita* é uma dessas representações, mas, ao escrever, servimo-nos de *caracteres correntes* ou de *caracteres particulares*. À coleção dos primeiros chama-se *alfabeto*, os outros chamam-se *algarismos*. Nascem daí as artes de *Ler*, de *Escrever*, de *Decifrar*, e a ciência da *Ortografia*.

A *Arte de Transmitir* divide-se em *Ciência do Instrumento do Discurso* e em *Ciência das Qualidades do Discurso*. A Ciência do Instrumento do Discurso chama-se *Gramática*, a Ciência das Qualidades do Discurso, *Retórica*.

A *Gramática* divide-se em Ciência dos *Signos*, da *Pronúncia*, da *Construção* e da *Sintaxe*. Os *signos* são os sons articulados; a *pronúncia* ou *prosódia*, a arte de articulá-los; a *sintaxe*, a arte de aplicá-los às diferentes percepções do espírito, e a [**xlix**] *construção*, o conhecimento da ordem que devem ter no discurso, baseada no uso e na reflexão. Mas há outros signos do pensamento além dos sons articulados, ou seja, o *gesto* e os *caracteres*. Os *caracteres* são *ideais*, *hieroglíficos* ou *heráldicos*. *Ideais*, como os dos indianos, que marcam cada um uma ideia e que é preciso, por conseguinte, multiplicar tanto quanto houver seres reais; *hieroglíficos*, que são a escrita do mundo em sua infância; *heráldicos*, que formam o que chamamos a *Ciência do Brasão*.

É também à *Arte de Transmitir* que se devem referir a *Crítica*, a *Pedagogia* e a *Filologia*. A *Crítica*, que restabelece nos autores os trechos alterados, fornece edições etc. A *Pedagogia*, que trata da escolha dos estudos e da maneira de ensinar. A *Filologia*, que se ocupa do conhecimento da literatura universal. É à *Arte de Embelezar* o *Discurso* que se deve referir a *versificação* ou a *mecânica da poesia*. Omitiremos a divisão da Retórica em suas diferentes partes porque dela não derivam nem ciência nem arte, a não ser, talvez, a *pantomima*, do gesto, e, do gesto e da voz, a *declamação*.

A ***Moral***, que consideramos como a segunda parte da *Ciência do Homem*, é *geral* ou *particular*. Esta última divide-se em *Jurisprudência Natural*, *Econômica* e *Política*. A *Jurisprudência Natural* é a ciência dos deveres do homem sozinho; a *Econômica*, a ciência dos deveres do homem em família; a *Política*, a dos deveres do homem em sociedade. Mas a *Moral* estaria incompleta se esses tratados não fossem precedidos pelo da *realidade do bem e do mal moral*, pela *necessidade de cumprir os próprios deveres*, e de *ser bom*, *justo*, *virtuoso* etc.; este é o objeto da *Moral geral*.

Se considerarmos que as sociedades não estão menos obrigadas que os indivíduos a serem virtuosas, veremos nascer os deveres das sociedades, que chamaremos *Jurisprudência Natural* de uma sociedade; *Econômica* de uma sociedade; *Comércio interior, exterior, de terra e mar*; e *Política* de uma sociedade.

III. **Ciência da Natureza**. Dividiremos a Ciência da Natureza em *Física* e *Matemática*. Essa divisão decorre da reflexão e de nossa inclinação para a generalização. Alcançamos através dos sentidos o conhecimento dos indivíduos reais: *Sol*, *Lua*, *Sírio* etc., astros; *ar*, *fogo*, *terra*, *água* etc., elementos; *chuva*, *neve*, *granizo*, *trovões* etc., meteoros; e assim para o resto da História Natural. Ao mesmo tempo, tomamos conhecimento dos abstratos: *cor*, *som*, *sabor*, *odor*, *densidade*, *rarefação*, *calor*, *frio*, *moleza*, *dureza*, *fluidez*, *solidez*, *rigidez*, *elasticidade*, *peso*, *leveza* etc.; *figura*, *distância*, *movimento*, *repouso*, *duração*, *extensão*, *quantidade*, *impenetrabilidade*.

Pela reflexão, vemos que, desses abstratos, uns convêm a todos os indivíduos corpóreos, como extensão, movimento, impenetrabilidade etc., os tomamos como objeto da *Física geral* ou metafísica dos corpos; e essas mesmas propriedades, consideradas em cada indivíduo em particular, com as variedades que os distinguem, como a *dureza*, a *elasticidade*, a *fluidez* etc., perfazem o objeto da *Física particular*.

Outra propriedade mais geral dos corpos, e que todas as outras supõem, a *quantidade*, tornou-se o objeto da *Matemática*. Chama-se *quantidade* ou *grandeza* tudo o que pode ser aumentado ou diminuído.

A *quantidade*, objeto da *Matemática*, pode ser considerada sozinha ou independentemente dos indivíduos reais e dos indivíduos abstratos dos quais nos vem seu conhecimento, ou nesses indivíduos reais e abstratos, ou em seus efeitos, investigados a partir das causas reais ou supostas. Este segundo aspecto da reflexão dividiu a *Matemática* em *Matemática pura*, *Matemática mista*, *Físico-Matemática*.

A *quantidade abstrata*, objeto da *Matemática pura*, é *numerável* ou *extensa*. A *quantidade abstrata numerável* tornou-se objeto da *Aritmética*, e a *quantidade abstrata extensa*, da *Geometria*.

A *Aritmética* divide-se em *Aritmética numérica* ou *por algarismos*, e em *Álgebra* ou *Aritmética universal* por *Letras*, que é o cálculo das grandezas em geral, cujas operações são operações aritméticas, indicadas de forma abreviada.Pois para falar com exatidão, só há cálculo de números.

A *Álgebra* é *elementar* ou *infinitesimal*, segundo a natureza das quantidades a que é aplicada. A *infinitesimal* é *diferencial* ou *integral*: *diferencial* quando se trata de descer da expressão de uma quantidade finita, ou considerada tal, à ex-

pressão de seu aumento ou de sua diminuição instantânea; *integral*, quando se trata de remontar dessa expressão à própria quantidade finita.

A *Geometria* tem por objeto primeiro as propriedades do círculo e da linha reta, ou então abarca, em suas especulações, todo tipo de curvas, o que a divide em *elementar* e em *transcendente*.

A *Matemática mista* tem tantas divisões e subdivisões quantos forem os seres reais nos quais a *quantidade* possa ser considerada. A *quantidade* considerada nos corpos enquanto móveis ou tendendo para o movimento é o objeto da *Mecânica*. A *Mecânica* tem dois ramos, a *Estática* e a *Dinâmica*. A *Estática* tem por objeto a *quantidade* considerada nos corpos em equilíbrio e tendendo apenas ao movimento. A *Dinâmica* tem por objeto a *quantidade* considerada nos corpos atualmente em movimento. A *Estática* e a *Dinâmica* têm cada uma duas partes. A *Estática* divide-se em *Estática propriamente dita*, que tem por objeto a *quantidade* considerada nos corpos sólidos em equilíbrio e apenas tendendo ao movimento, e *Hidrostática*, que tem por objeto a *quantidade* considerada nos corpos fluidos em equilíbrio e apenas tendendo ao movimento. A *Dinâmica* divide-se em *Dinâmica propriamente dita*, que tem por objeto a *quantidade* considerada nos corpos sólidos atualmente em movimento, e em *Hidrodinâmica*, que tem por objeto a *quantidade* considerada nos corpos fluidos atualmente em movimento. Mas, se considerarmos a *quantidade* nas *águas* atualmente movidas, a *Hidrodinâmica* toma então o nome de *Hidráulica*. Poder-se-ia referir a *navegação* à Hidrodinâmica, e a *balística*, ou o jato das bombas, à Mecânica.

A *quantidade* considerada nos movimentos dos corpos celestes dá a *Astronomia* geométrica; e, por conseguinte, a *Cosmografia* ou *descrição do Universo*, que se divide em *Uranografia* ou *descrição do céu*, em *Hidrografia* ou *descrição das águas*, e em *Geografia*, de onde, ainda, a *Cronologia* e a *Gnomônica* ou *arte de construir quadrantes*.

A *quantidade* considerada na luz dá a *Ótica*; considerada no movimento da luz, os diferentes ramos da *Ótica*. Luz movida em linha reta, *Ótica propriamente dita*; luz refletida num único e mesmo meio, *Catóptrica*; luz partida passando de um meio a outro, *Dióptrica*. É à *Ótica* que se deve referir a *perspectiva*. [I]

A *quantidade* considerada no som, em sua intensidade, movimento, graus, reflexões, velocidade etc. dá a *Acústica*.

A *quantidade* considerada no ar, seu peso, movimento, condensação, rarefação etc., dá a *Pneumática*.

A *quantidade* considerada na possibilidade dos acontecimentos dá a *arte de conjeturar*, de onde nasce a *análise dos jogos de azar*.

Sendo o objeto das ciências matemáticas puramente intelectual, não devemos nos espantar com a exatidão de suas divisões.

A *Física particular* deve seguir a mesma divisão da História Natural. Da História, apreendida através dos sentidos, dos *astros*, de *seus movimentos*, *aparências sensíveis* etc., a reflexão passa à pesquisa de sua origem, das causas de seus fenômenos etc., e produz a ciência chamada *Astronomia Física*, à qual deve-se referir a *ciência de suas influências*, que chamamos *Astrologia*; de onde a *Astrologia Física* e a quimera da *Astrologia Judiciária*. Da História, apreendida pelos sentidos, dos *ventos*, das *chuvas*, *granizos*, *trovões* etc., a reflexão passa à pesquisa de suas origens, causas, efeitos etc. e produz a ciência que chamamos *Meteorologia*.

Da História, apreendida pelos sentidos, do *mar*, da *terra*, dos *rios*, dos *afluentes*, das *montanhas*, *dos fluxos* e *refluxos* etc., a reflexão passa à pesquisa de suas causas, origens etc. e origina a *Cosmologia* ou *ciência do Universo*, que se divide em *Uranologia* ou *ciência do céu* e *Aerologia* ou *ciência do ar*, em *Geologia* ou *ciência dos continentes* e em *Hidrologia* ou *ciência das águas*. Da História das *minas*, apreendida pelos sentidos, a reflexão passa à pesquisa de sua formação, trabalho etc. e origina a ciência chamada *Mineralogia*. Da História das *plantas*, apreendida pelos sentidos, a reflexão passa à pesquisa de sua economia, propagação, cultura, vegetação etc. e engendra a *Botânica*, da qual a *Agricultura* e a *Jardinagem* são dois ramos.

Da História dos *animais*, apreendida pelos sentidos, a reflexão passa à pesquisa de sua conservação, propagação, uso, organização etc. e produz a ciência chamada *Zoologia*, de onde emanam a *Medicina*, a *Veterinária* e o *adestramento*; a *caça*, a *pesca* e a *falcoaria*, a *Anatomia Simples* e *Comparada*. A *Medicina* (segundo a divisão de Boerhaave) ocupa-se da economia do corpo humano e *considera* sua anatomia, de onde nasce a *Fisiologia*, ou então ocupa-se da maneira de defendê-lo das doenças e chama-se *Higiene*, ou considera o corpo doente e trata das causas, das diferenças e dos sintomas das doenças e chama-se *Patologia*, ou tem por objeto os *signos* da vida, da saúde e das

doenças, seu diagnóstico e prognóstico e adquire o nome de *Semiótica*; ou ensina a arte de curar e subdivide-se em *Dieta, Farmácia* e *Cirurgia*, os três ramos da *Terapêutica*.

A *Higiene* pode ser considerada em relação à *saúde* do corpo, à sua *beleza* e às suas *forças* e subdividir-se em *Higiene propriamente dita*, em *Cosmética* e em *Atlética*. A *Cosmética* dará a *Ortopedia* ou a *arte de obter para os membros uma bela conformação*; e a *Atlética* dará a *Ginástica* ou a *arte de exercitá-los*.

Do conhecimento experimental ou da História, apreendida pelos sentidos, das *qualidades exteriores, sensíveis, aparentes* etc., dos *corpos naturais*, a reflexão conduz à pesquisa artificial de suas propriedades interiores e ocultas, e essa arte chama-se *Química*. A *Química* imita a natureza e rivaliza com ela; seu objeto é quase tão extenso quanto o desta; ela *decompõe* os seres, *revivifica-os, transforma-os* etc. A *Química* origina a *Alquimia* e a *magia natural*. A *Metalurgia* ou a *arte de tratar os metais em grande escala* é um ramo importante da *Química*. Pode-se ainda referir a essa arte a *tintura*.

A natureza tem seus desvios e a razão, seus abusos. Referimos os *monstros* aos desvios da natureza; ao abuso da razão devem ser referidas todas as ciências e todas as artes que mostram a avidez, a maldade, a superstição do homem, e que o desonram.

Eis todo o *filosófico* do conhecimento humano e o que dele deve ser referido à razão.

Imaginação, por conseguinte, Poesia

A **História** tem por objeto os indivíduos que existem realmente ou que existiram, e a Poesia, os indivíduos imaginados, a imitação dos seres históricos. Não seria portanto espantoso que a Poesia seguisse uma das divisões da História. Mas os diferentes gêneros de Poesia e a diferença entre seus temas oferecem-nos duas divisões muito naturais. Ou o tema de um poema é *sagrado* ou é *profano*; ou o poeta conta coisas passadas ou as torna presentes, pondo-as em ação, ou dá corpo a seres abstratos e intelectuais. A primeira dessas poesias será *Narrativa*, a segunda, *Dramática*, a terceira, *Parabólica*. O *poema épico*, o *madrigal*, o *epigrama* etc., são geralmente Poesia *Narrativa*. A *tragédia*, a *comédia*, a *ópera*, a *égloga* etc., Poesia *Dramática*, e as *alegorias* etc., Poesia *Parabólica*.

Poesia, I. Narrativa, II. Dramática, III. Parabólica.

Entendemos aqui por *Poesia* somente o que é ficção. Como pode haver versificação sem Poesia e Poesia sem versificação, pensamos dever considerar a *versificação* como uma qualidade de estilo e remetê-la à arte oratória. Em compensação, referiremos a *Arquitetura*, a *Música*, a *Pintura*, a *Escultura*, a *Gravura* etc., à Poesia, pois não é menos verdade dizer que o pintor é um poeta do que dizer que o poeta é um pintor e que o escultor ou gravador é um pintor em relevo ou em côncavo, que o músico é um pintor pelos sons. O *poeta*, o *músico*, o *pintor*, o *escultor*, o *gravador*, imitam ou contrafazem a natureza, mas um usa o *discurso*, o outro, as *cores*, o terceiro, o *mármore*, o *bronze* etc., e o último, o *instrumento* ou a *voz*. A *Música* é *teórica* ou *prática*, *instrumental* ou *vocal*. Quanto ao *arquiteto*, somente imita a natureza imperfeitamente, pela simetria de suas obras. Ver o *Discurso preliminar*.

A Poesia tem seus monstros como a natureza; é preciso colocar entre eles todas as produções da imaginação [li] desregrada, e pode haver tais espécies de produção em todos os gêneros.

Eis a *parte poética* do conhecimento humano, o que dele pode ser referido à *imaginação* e, com isso, eis o fim de nossa divisão genealógica (ou, se quisermos, mapa-múndi) das ciências e das artes que temeríamos, talvez, ter especificado demais, se não fosse da maior importância conhecermo-nos bem a nós mesmos e expormos claramente aos outros o objeto de uma **Enciclopédia**.

(FM)

Observação sobre a divisão das ciências por Lorde Bacon

I. Reconhecemos, em várias passagens do *Prospecto*, que o *principal débito* de nossa árvore enciclopédica era para com Lorde Bacon. O elogio desse grande homem que pôde ser lido no *Prospecto* parece mesmo ter contribuído para introduzir várias pessoas nas obras do filósofo inglês. Assim, após uma confissão tão explícita, não é lícito nos acusar de plágio nem lançar tal suspeita sobre nós.

II. Essa confissão não impede, todavia, que haja um número *muito* grande de coisas, sobretudo no ramo filosófico, que absolutamente não devemos a Bacon: ao leitor é fácil julgar. Mas, para perceber a relação e a diferença entre as duas árvores, não se deve apenas examinar se nelas se falou das mesmas coisas, é preciso ver se a disposição ali é a mesma. Todas as árvores enciclopédicas assemelham-se necessariamente pela matéria; só a ordem e a disposição dos ramos podem distingui-las. Encontram-se mais ou menos os mesmos nomes das ciências na árvore de Chambers e na nossa. Nada, contudo, é mais diferente do que elas.

III. Não se trata aqui, em absoluto, das razões que tivemos para seguir outra ordem que não a de Bacon. Expusemos algumas; levaria muito tempo para que pormenorizássemos as outras, sobretudo numa matéria em que o arbítrio não poderia ser totalmente excluído. Seja como for, cabe aos filósofos, isto é, a um número limitadíssimo de pessoas, julgar-nos neste ponto.

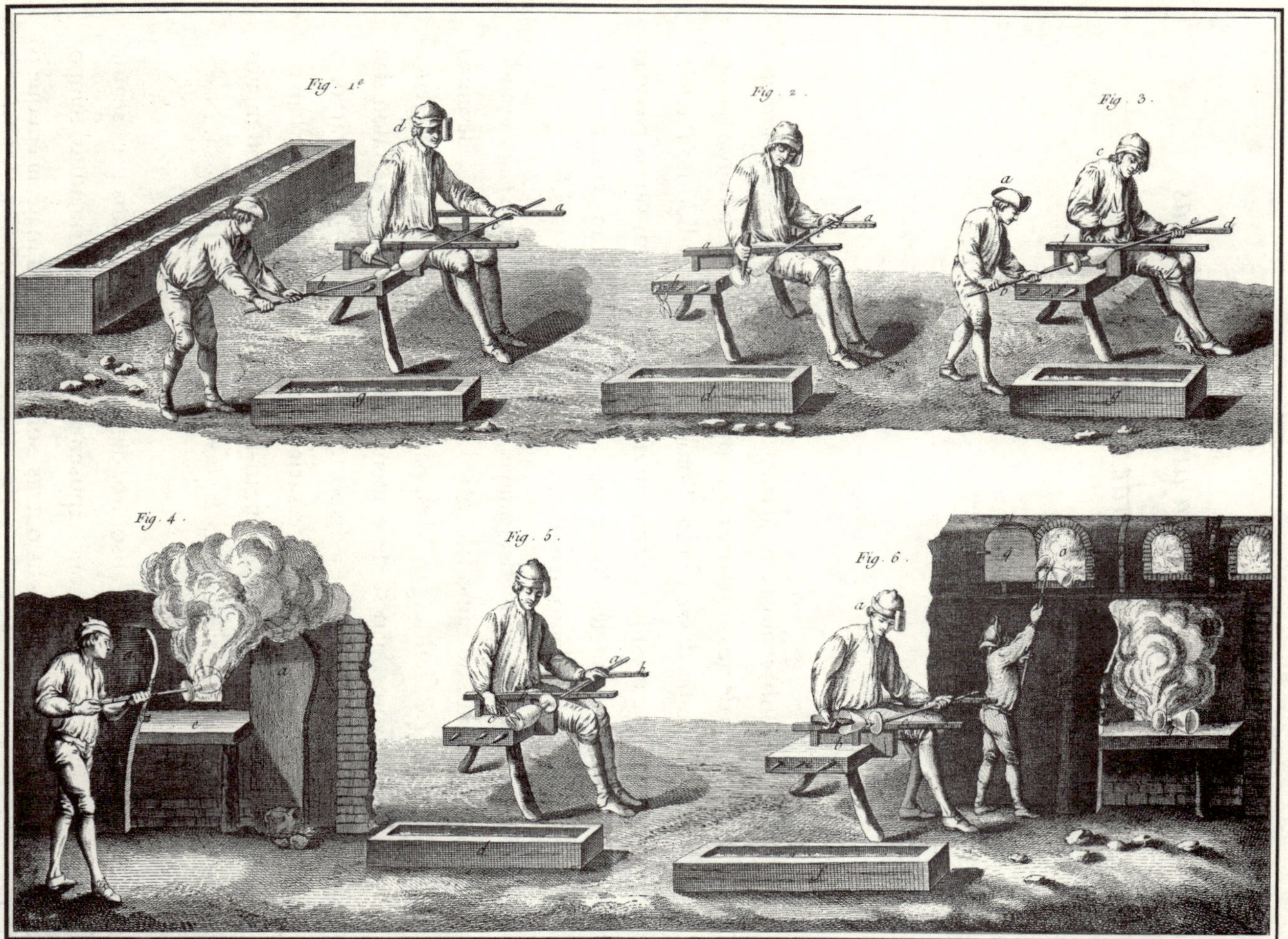

Radel Del. Benard Fecit.

Verrerie en bois, Suite des dernieres Opérations pour la façon d'un Verre.

Histoire Naturelle Coupe et Vue Générale d'une Mine.

História Natural. Corte e vista geral de uma mina.

IV. Algumas divisões, como as da Matemática, em pura e mista, que temos em comum com Bacon, encontram-se por toda parte e pertencem, por conseguinte, a todo o mundo. Nossa divisão da Medicina é de Boerhaave, como advertimos no *Prospecto*.

V. Enfim, como fizemos algumas modificações na árvore do *Prospecto*, os que quiserem comparar essa árvore do *Prospecto* com a de Bacon devem levar em consideração essas modificações.

VI. Eis os princípios dos quais se deve partir para fazer um paralelo entre as duas árvores com um pouco de equidade e de Filosofia.

Sistema Geral do Conhecimento humano segundo Lorde Bacon

Divisão geral da ciência humana em *História*, *Poesia* e *Filosofia*, segundo as três faculdades do entendimento: *memória*, *imaginação*, *razão*.

Bacon observa que essa divisão pode também aplicar-se à Teologia. Havíamos seguido num trecho do *Prospecto* essa última ideia, mas a abandonamos em seguida, porque pareceu mais engenhosa do que sólida.

I. Divisão da *História* em *Natural* e *Civil*.

História Natural divide-se em História das *Produções da Natureza*, História dos *Desvios da Natureza*, História dos *Empregos da Natureza*, ou das *Artes*.

Segunda divisão da História Natural, extraída de *sua finalidade* e de *seu uso*, em *História propriamente dita* e *História razoada*.

Divisão das produções da natureza em *História das Coisas Celestes*, dos *Meteoros*, do *Ar*, da *Terra* e do *Mar*, dos *Elementos*, das *Espécies Particulares de Indivíduos*.

Divisão da História Civil em *Eclesiástica*, *Literária* e *Civil* propriamente dita.

Primeira divisão da História Civil propriamente dita em *Memórias*, *Antiguidades* e *História Completa*.

Divisão da História Completa em *Crônicas*, *Vidas* e *Relatos*.

Divisão da História dos tempos em *Geral* e *Particular*.

Outra divisão da História dos tempos em *Anais* e *Jornais*.

Segunda divisão da História Civil em *Pura* e *Mista*. Divisão da História Eclesiástica em História *Eclesiástica Particular*, *História das Profecias*, que contém

a profecia e a realização, e *História* do que Bacon chama *Nêmesis* ou *Providência*, isto é, da concordância que se observa algumas vezes [lii] entre a vontade revelada de Deus e sua vontade secreta.

Divisão da parte da História que versa sobre os *ditos notáveis* dos homens em *Letras* e *Apotegmas*.

II. Divisão da Poesia em *Narrativa, Dramática* e *Parabólica*.

III. Divisão geral da Ciência em *Teologia Sagrada* e *Filosofia*.

Divisão da Filosofia em *Ciência de Deus, Ciência da Natureza, Ciência do Homem*.

Filosofia Primeira ou *Ciência dos Axiomas*, que se estende a todos os ramos da Filosofia. Outro ramo dessa Filosofia Primeira que trata das qualidades *transcendentes* dos seres, *pouco, muito, semelhante, diferente, ser, não ser* etc.

Ciência dos Anjos e dos Espíritos, continuação da Ciência de Deus ou *Teologia Natural*.

Divisão da Ciência da Natureza, ou Filosofia Natural, em *especulativa* e *prática*.

Divisão da Ciência especulativa da Natureza em *Física Particular* e *Metafísica*; a primeira tendo por objeto a causa eficiente e a matéria; e a Metafísica, a causa final e a forma.

Divisão da Física em *Ciência dos Princípios das Coisas, Ciência da Formação das Coisas* ou *do Mundo* e *Ciência da Variedade das Coisas*.

Divisão da Ciência da Variedade das Coisas em *Ciência dos Concretos* e *Ciência dos abstratos*.

Divisão da Ciência dos Concretos nos mesmos ramos que a História Natural.

Divisão da Ciência dos Abstratos em *Ciência das Propriedades Particulares dos Diferentes Corpos*, como *densidade, leveza, peso, elasticidade, moleza* etc., e *Ciência dos Movimentos*, de que Lorde Bacon faz uma enumeração bastante longa, em conformidade com as ideias dos escolásticos.

Ramos da Filosofia especulativa que consistem nos *Problemas Naturais* e nos *Sentimentos dos Antigos Filósofos*.

Divisão da Metafísica em *Ciência das Formas* e *Ciência das Causas Finais*.

Divisão da Ciência prática da Natureza em *Mecânica* e *Magia Natural*.

Ramos da Ciência prática da Natureza que consistem na *enumeração das riquezas humanas, naturais ou artificiais*, de que os homens gozam ou de que gozaram, e o *catálogo das policresias*.

Ramo considerável da Filosofia Natural, tanto especulativa quanto prática, chamado *Matemática*. Divisão da Matemática em *pura* e em *mista*. Divisão da Matemática pura em *Geometria* e *Aritmética*. Divisão da Matemática mista em *Perspectiva*, *Música*, *Astronomia*, *Cosmografia*, *Arquitetura*, *Ciências das Máquinas* e algumas outras.

Divisão da Ciência do Homem em *Ciência do Homem* propriamente dita e *Ciência Civil*.

Divisão da Ciência do Homem em *Ciência do Corpo Humano* e *Ciência da Alma Humana*.

Divisão da Ciência do Corpo Humano em *Medicina*, *Cosmética*, *Atlética* e *Ciências dos Prazeres dos Sentidos*.

Divisão da Medicina em três partes, *Arte de Conservar a Saúde*, *Arte de Curar as Doenças*, *Arte de Prolongar a Vida*, *Pintura*, *Música* etc., ramos da Ciência dos Prazeres.

Divisão da Ciência da Alma em Ciência do *Sopro Divino*, de onde saiu a alma *racional*, e Ciência da Alma *Irracional*, que nos é comum com os brutos e que é produzida pelo limo da terra.

Outra divisão da Ciência da Alma em *Ciência da Substância da Alma*, *Ciência de suas faculdades* e *Ciência do uso e do objeto dessas faculdades*: desta última procedem a *adivinhação natural e artificial* etc.

Divisão das faculdades da alma sensível em *movimento* e *sentimento*.

Divisão da Ciência do Uso e do Objeto das Faculdades da Alma em *Lógica* e *Moral*.

Divisão da Lógica em *Arte de Inventar*, de *Julgar*, de *Reter* e de *Comunicar*.

Divisão da Arte de Inventar em *invenção das ciências* ou *das artes* e *invenção dos argumentos*.

Divisão da Arte de Julgar em *julgamentos por indução* e *julgamento por silogismo*.

Divisão da Arte do Silogismo em *análise* e princípios para distinguir facilmente o verdadeiro do falso.

Ciência da Analogia, ramo da Arte de Julgar. Divisão da Arte de Reter em Ciência *do que pode ajudar a memória* e Ciência da *própria Memória*.

Divisão da Ciência da Memória em *antecipação* e *emblema*.

Divisão da Ciência de Comunicar em *Ciência do Instrumento do Discurso*, *Ciência do Método do Discurso* e *Ciência dos Ornamentos do Discurso* ou *Retórica*.

Divisão da Ciência do Instrumento do Discurso em *Ciência Geral dos Signos* e em *Gramática*, que se divide em *Ciência da Linguagem* e *Ciência da Escrita*.

Divisão da Ciência dos Signos em *hieróglifos e gestos* e em *caracteres reais*.

Segunda divisão da Gramática em *literária e filosófica*.

Arte da Versificação e Prosódia, ramos da Ciência da Linguagem.

Arte de Decifrar, ramo da Arte de Escrever.

Crítica e Pedagogia, ramos da Arte de Comunicar.

Divisão da Moral em *Ciência do Objeto* que a alma deve propor-se, isto é, do bem moral, e *Ciência da Cultura da Alma*. Sobre esse assunto, o autor apresenta muitas divisões, o que é inútil relatar.

Divisão da Ciência Civil em *Ciência da Conversação*, *Ciência dos Negócios* e *Ciência do Estado*. Omitimos suas divisões.

O autor encerra com reflexões sobre o uso da *Teologia Sagrada*, que não divide em nenhum ramo.

Eis em sua ordem natural e sem desmembramento ou mutilação a Árvore de Lorde Bacon. Vê-se que o verbete *Lógica* é aquele em que mais o seguimos; mesmo assim, pensamos que seria necessário introduzir várias modificações. Quanto ao resto, repetimo-lo, cabe aos filósofos julgar-nos sobre as modificações que fizemos: nossos demais leitores sem dúvida não têm muito interesse por essa questão, que, contudo, era necessário esclarecer; lembrarão apenas a confissão que fizemos no *Prospecto*, de *o principal débito* de nossa árvore é para com Lorde Bacon, confissão que deve angariar para nós a opinião favorável de qualquer juiz imparcial e desinteressado.

(FM)

SISTEMA FIGURADO DOS CONHECIMENTOS HUMANOS

ENTENDIMENTO

MEMÓRIA

- HISTÓRIA
  - SAGRADA (HISTÓRIA DAS PROFECIAS)
  - ECLESIÁSTICA
  - CIVIL ANT. E MODERNA
    - HISTÓRIA CIVIL *propriamente dita*
      - MEMÓRIAS
      - ANTIGUIDADES
      - HISTÓRIA COMPLETA
    - HISTÓRIA LITERÁRIA
  - NATURAL
    - UNIFORMIDADE DA NATUREZA
      - HISTÓRIA CELESTE
      - HISTÓRIA
        - DOS METEOROS
        - DA TERRA E DO MAR
        - DOS MINERAIS
        - DOS VEGETAIS
        - DOS ANIMAIS
        - DOS ELEMENTOS
    - DESVIOS DA NATUREZA
      - PRODÍGIOS CELESTES
      - METEOROS PRODIGIOSOS
      - PRODÍGIOS NA TERRA E NO MAR
      - MINERAIS MONSTRUOSOS
      - VEGETAIS MONSTRUOSOS
      - ANIMAIS MONSTRUOSOS
      - PRODÍGIOS DOS ELEMENTOS
    - *TRABABALHO E USOS DO OURO E PRATA*
      - MOEDEIRO
      - BATE-FOLHA
      - FIANDEIRO DE OURO
      - TIRADOR DE OURO
      - OURIVES
      - APLANADOR
      - ENGASTADOR ETC.
    - *TRABALHO E USOS DAS PEDRAS FINAS E PRECIOSAS*
      - LAPIDADOR
      - DIAMANTISTA
      - JOALHEIRO ETC.
    - *TRABALHO E USOS*
      - GRANDES FORJAS
      - SERRALHERIA
      - FERRARIA

RAZÃO

- [FI]LOSOFIA
  - METAFÍSICA GERAL *ou* ONTOLOGIA *ou* CIÊNCIA DO SER EM GERAL, DA POSSIBILIDADE, DA EXISTÊNCIA, DA DURAÇÃO ETC.
  - CIÊNCIA DE DEUS
    - TEOLOGIA NATURAL
    - TEOLOGIA REVELADA
      - RELIGIÃO, *donde, por abuso,*
      - SUPERSTIÇÕES
    - CIÊNCIA DOS ESPÍRITOS BENÉFICOS E MALÉFICOS
      - ADIVINHAÇÃO
      - MAGIA NEGRA
  - CIÊNCIA DO HOMEM
    - PNEUMATOLOGIA *ou* CIÊNCIA DA ALMA
      - RACIONAL
      - SENSITIVA
    - LÓGICA
      - ARTE DE PENSAR
        - *APREENSÃO* — CIÊNCIA DAS IDEIAS
        - *JULGAMENTO* — CIÊNCIA DAS PROPOSIÇÕES
        - *RACIOCÍNIO* — INDUÇÃO
        - *E MÉTODO* — DEMONSTRAÇÃO
          - ANÁLISE
          - SÍNTESE
      - ARTE DE RETER
        - *MEMÓRIA*
          - NATURAL
          - ARTIFICIAL
            - PRENOÇÃO
            - EMBLEMA
        - *SUPLEMENTO DA MEMÓRIA*
          - ESCRITA
          - IMPRENSA
            - ALFABETO
            - ALGARISMOS
              - ARTE DE ESCREVER, DE IMPRIMIR, DE LER DE DECIFRAR
                - ORTOGRAFIA
      - ARTE DE COMUNICAR
        - *CIÊNCIA DO INSTRUMENTO DO DISCURSO*
          - GRAMÁTICA
            - SIGNOS
              - GESTO
                - PANTOMIMA
                - DECLAMAÇÃO
              - CARACTERES
                - IDEAIS
                - HIEROGLÍFICOS
                - HERÁLDICOS OU BRASÃO
            - PROSÓDIA
            - CONSTRUÇÃO
            - SINTAXE
            - FILOLOGIA
            - CRÍTICA
            - PEDAGÓGICA
              - ESCOLHA DOS ESTUDOS
              - MANEIRAS DE ENSINAR
        - *CIÊNCIA DAS QUALIDADES DO DISCURSO*
          - RETÓRICA
          - MECÂNICA DA POESIA OU VERSIFICAÇÃO
    - [MO]RAL
      - GERAL
        - *CIÊNCIA DO BEM E DO MAL EM GERAL. DOS DEVERES EM GERAL DA VIRTUDE. DA NECESSIDADE DE SER VIRTUOSO ETC.*
      - NATURAL

IMAGINAÇÃO

- POESIA
  - PROFANA
  - SAGRADA
    - NARRATIVA
      - POEMA ÉPICO
      - MADRIGAL
      - EPIGRAMA
      - ROMANCE
      - ETC.
    - DRAMÁTICA
      - TRAGÉDIA
      - COMÉDIA
      - ÓPERA
      - PASTORAIS ETC.
    - PARABÓLICA
      - ALEGORIAS
  - *MÚSICA*
    - TEÓRICA
    - PRÁTICA
    - INSTRUMENTAL
    - VOCAL
  - *PINTURA*
  - *ESCULTURA*
  - *ARQUITETURA CIVIL*
  - *GRAVURA*

- Usos da Natureza
  - Artes, Ofícios, Manufaturas
    - *Trabalho e Usos do Vidro*
      - Vidraças
      - Espelheiro
      - Óptico
      - Vidraceiro etc.
    - *Trabalho e Usos das Peles*
      - Surrador
      - Curtidor
      - Peleteiro
      - Luveiro etc.
    - *Trabalho e Usos da Pedra, do Gesso, da Ardósia etc.*
      - Arquitetura Prática
      - Escultura Prática
      - Pedreiro
      - Telhador etc.
    - *Trabalho e Usos da Seda*
      - Tiragem
      - Fiação
      - Trabalhos como Veludos, Droguetes, Brocados etc.
    - *Trabalho e Usos da Lã*
      - Tecelagem
      - Malharia etc.
    - *Trabalho e Usos etc.*

Da Impenetrabilidade, do Movimento, do Vazio etc.

- Ciência da Natureza
  - Matemática
    - Pura
      - *Aritmética*
        - *Numérica*
        - *Álgebra*
          - Elementar
          - Infinitesimal
            - Diferencial
            - Integral
      - *Geometria*
        - *Elementar* (Arquitetura Militar, Tática)
        - *Transcendente* (Teoria das Curvas)
    - Mista
      - *Mecânica*
        - Estática
          - Estática *propriamente dita*
          - Hidrostática
        - Dinâmica
          - Dinâmica *propriamente dita*
          - Balística
          - Hidrodinâmica
            - Hidráulica
            - Navegação, Arquitetura Naval
      - *Astronomia Geométrica*
        - Cosmografia
          - Uranografia
          - Geografia
          - Hidrografia
        - Cronologia
        - Gnomônica
      - *Ótica*
        - Ótica *propriamente dita*
        - Dióptrica Perspectiva
        - Catóptrica
      - *Acústica*
      - *Pneumática*
      - *Arte de conjeturar*. Análise dos acasos
    - Física Matemática
  - Física Particular
    - *Zoologia*
      - Anatomia
        - Simples
        - Comparada
      - Fisiologia
      - Medicina
        - Higiene
          - Higiene *propriamente dita*
          - Cosmética (Ortopedia)
          - Atlética (Ginástica)
        - Patologia
        - Semiótica
        - Terapêutica
          - Dieta
          - Cirurgia
          - Farmácia
      - Veterinária
      - Adestramento
      - Caça
      - Pesca
      - Falcoaria
    - *Astronomia física*. Astrologia
      - Astrologia Judiciária
      - Astrologia Física
    - *Meteorologia*
    - *Cosmologia*
      - Uranologia
      - Aerologia
      - Geologia
      - Hidrologia
    - *Botânica*
      - Agricultura
      - Jardinagem
    - *Mineralogia*
    - *Química*
      - Química *propriamente dita* (Pirotecnia, Tintura etc.)
      - Metalurgia
      - Alquimia
      - Magia natural

Advertência dos editores (1753), d'Alembert [03, i]

A veemência com que nos foi solicitada a continuação deste dicionário foi o único motivo que pôde nos determinar a retomá-lo. O governo parecia desejar que um empreendimento desta natureza não fosse abandonado, e a nação usou do direito que tinha de exigir tal coisa de nós. Sem dúvida, é principalmente a nossos colegas que a *Enciclopédia* deve a marca de uma estima tão honrosa. Mas, se fazemos justiça a nós mesmos, isso não nos impede de reconhecer a confiança do público. Cremos não ser indignos dela, pelo desejo de merecê-la. Dispostos a preservá-la cada vez mais, ousaremos aqui, pela primeira e última vez, falar de nós mesmos aos nossos leitores. As circunstâncias constrangem-nos a isso, a *Enciclopédia* exige-o, o reconhecimento obriga-nos. Que possamos, ao mostrarmo-nos como somos, engajar em nosso favor a opinião de nossos concidadãos. Sua vontade teve tanto mais poder sobre nós, pois ao se oporem à nossa retirada pareciam aprovar nossos motivos. Sem uma autoridade tão venerável, os inimigos de nossa obra teriam facilmente levado-nos a violar obrigações cuja força sentíamos, mas cujo perigo não havíamos previsto.

Circunstâncias inesperadas e motivos que talvez nos honrassem, se pudéssemos publicá-los, levaram-nos involuntariamente à direção da *Enciclopédia*. Foi principalmente o apoio que recebemos de todas as partes que nos deu coragem para entrar neste vasto caminho. Contudo, por mais considerável que fosse esse apoio, não aspirávamos ao sucesso, só pedíamos

indulgência. É um efeito, não diríamos da malignidade, apenas da condição humana, que os empreendimentos úteis, por maior que seja a modéstia com que se apresentem, se exponham a contradições e imperfeições. A *Enciclopédia* não está imune a isso. Tão logo a obra foi anunciada, tornou-se objeto da sátira de escritores aos quais não tínhamos feito nenhum mal, mas cuja aprovação não havíamos pensado em pedir. Se alguns homens de letras conseguem, por meio dessa arte desprezível, tornar louváveis produções que ao cabo de um mês estarão esquecidas, essa é uma arte que fazemos questão de ignorar. Com efeito, que nos seja permitido declarar, sem dissimulação, fel ou afetação: atualmente, na república das letras, o direito de louvar e maldizer pertence ao primeiro que se aproprie dele, e nada é mais desprezível do que a inépcia das sátiras, exceto pela tolice dos louvores.

Desde que o primeiro volume da *Enciclopédia* se tornou público, o desejo invejoso que se tinha de prejudicá-lo antes mesmo que ele existisse se aproveitou do alimento que lhe foi oferecido. Esse desejo, pouco satisfeito com as feridas superficiais que os ataques da crítica causaram à obra, empregou a mão da religião para torná-las profundas. Recorreu, para lhe servir de pretexto, a um pequeno número de expressões equivocadas, que facilmente poderiam nos ter escapado em dois volumes de tamanho considerável. Não procuraremos justificar o sentido que se quis atribuir a algumas dessas expressões: diremos somente, e mostraremos,* que talvez fosse fácil e justo lhes atribuir um outro; mas é mais fácil tudo envenenar. Aliás, as expressões que mais haviam chocado tinham sido extraídas de uma obra respeitada, revestida de um privilégio e de uma aprovação autêntica,** louvada como edificante mesmo pelos nossos críticos; por fim, elas se encontravam, o que nos importa sobretudo assinalar, em verbetes dos quais não éramos autores, e tínhamos julgado apropriado nos restringir quase unicamente, em um, à parte matemática, em outro, à descrição das artes, dois objetos dos quais a ortodoxia mais escrupulosa não tem nada a temer. Algumas passagens fornecidas à *Enciclopédia* pelo autor de uma tese de Teologia da qual muito se falava na ocasião bastaram para que nos atribuíssem essa tese, que nem sequer tínha-

* Ver a errata. (N. A.)

** Ver a errata. (N. A.)

mos lido durante o tempo em que se serviram dela para tentar nos desacreditar. A declaração que ora fazemos persuadirá as pessoas honestas, para as quais nossa [ii] sinceridade não está sob suspeita. A reputação de nossa sinceridade talvez seja por demais bem conhecida, mas é um mal que não nos aflige e um defeito de que não podemos nos arrepender. Todavia, não duvidamos que, apesar de um protesto tão solene, livre e verdadeiro, algumas pessoas tenham resolvido não mostrar nenhuma consideração por ele. Só lhes pedimos um favor, o de acusarem-nos por escrito e se identificarem.

Convenhamos que a *Enciclopédia* foi objeto de um grande escândalo, e malditos sejam os que o promoveram, mas certamente não fomos nós. Tomando as medidas adequadas para fazê-lo cessar, a autoridade era justa e esclarecida, e não poderia acreditar que éramos os culpados. Ao prevenir as consequências que os espíritos fracos ou inquietos poderiam tirar de alguns termos obscuros ou pouco exatos, ela percebeu que não podíamos, não devíamos e não queríamos ser responsáveis por eles. E se devemos perdoar os nossos inimigos, é a sua intenção somente, não a realização desta.

Entretanto, como mesmo a autoridade mais sábia e equânime pode se enganar, o medo de ficarmos novamente expostos nos fez tomar o partido de renunciar para sempre à glória penosa, fútil e perigosa de sermos os editores da *Enciclopédia*. Newton, desgostoso por causa de meras disputas literárias, muito menos temíveis e vivas que ataques pessoais e teológicos, em meio às homenagens de sua nação por suas descobertas e por seu mérito, censurava-se por ter deixado de lado seu repouso, essencial para um filósofo, *para correr atrás de uma sombra*. O quanto nosso repouso nos deveria ser mais caro, a nós que nada poderia recompensar por tê-lo perdido! Dois motivos acrescentaram-se a um interesse fundamental. De um lado, esse orgulho justo e necessário, tão distante da presunção e da baixeza, o qual não se deve glorificar nem ao qual se deve resistir, pois é vergonhoso renunciar a ele, que deveria constituir o caráter dos homens de letras, e convém à nobreza de sua condição; de outro lado, essa desconfiança de nós mesmos, da qual não nos ressentimos menos, e a pouca solicitude que temos em fazer com que outras pessoas se ocupem de nós, sentimentos que hão de ser a consequência natural do trabalho e do estudo, pois deve-se aprender antes de tudo a apreciar os conhecimentos e as opiniões humanas. O sábio, e aquele

que aspira a sê-lo, trata a reputação literária assim como trata os homens: sabe usufruir dela, mas também sabe viver sem ela. A respeito dos conhecimentos que servem para adquiri-la, e cujo gozo e a própria comunicação é um dos recursos pouco numerosos que a natureza nos proporcionou contra a infelicidade e o tédio, é permitido, sem dúvida, e mesmo bom, procurar comunicá-los aos outros, é quase a única maneira pela qual os homens de letras podem ser úteis. Mas, se não se deve jamais ter ciúmes desse bem a ponto de querer reservar sua posse só para si, também não se deve estimá-lo tanto a ponto de ser zeloso demais para partilhá-lo com alguém.

Quem acreditaria que a *Enciclopédia*, com tais sentimentos da parte dos autores, e talvez com algum mérito da sua parte (pois ela é, sim, nosso bem, de modo que podemos falar dela como de um outro bem qualquer), tivesse obtido algum apoio em nosso tempo? Um tempo em que os homens de letras têm tantos falsos amigos, que os acariciam por vaidade, mas que os sacrificariam sem vergonha e sem remorso ao menor sinal de ambição ou de interesse? Que talvez, fingindo amá-los, os odeiam, seja por necessidade, seja pelo temor que tem deles? Mas a verdade nos obriga a dizê-lo. E que outro motivo poderia nos arrancar essa confissão? As dificuldades que nos desencorajavam e nos afastavam desapareceram pouco a pouco, e, sem nenhum movimento de nossa parte, não restaram outros obstáculos para a continuação da *Enciclopédia* além dos que poderiam vir de nós mesmos. Seríamos tão culpados se colocássemos obstáculos quanto seríamos desculpáveis por temer os que podem vir de fora. Incapazes de faltar para com a nossa pátria, que é o único objeto do qual a experiência e a Filosofia não nos separaram, tranquilizados sobretudo pela confiança do Ministério público naqueles que se encarregaram de cuidar deste dicionário, não nos teríamos ocupado senão de reunir nossos esforços aos talentos daqueles que queiram nos auxiliar, e cujo número cresce dia a dia. Seríamos felizes se, por nosso ardor e nossos cuidados, pudéssemos contar com todos os homens de letras para contribuir para a perfeição desta obra, com a nação para protegê-la e com os outros para deixar que ela fosse feita; digamos antes, para fazê-la melhor. Eles teriam podido nos suceder, e ainda o podem. Mas, sobretudo, ficaríamos muito honrados se nossos primeiros ensaios pudessem engajar os doutos e os escritores mais célebres a retomar nosso

trabalho no ponto em que ele se encontra hoje; apagaríamos com alegria nosso nome do frontispício da *Enciclopédia* para torná-la melhor. Que os séculos futuros ignorem esse preço, o que fizemos e o que sofremos por ela!

Esperando que ela possa usufruir de todos esses benefícios, que poderíamos facilmente obter, se pudéssemos fazê-lo, tudo nos leva a redobrar nossos esforços para assegurar [**iii**] o seu êxito. Percebeu-se, pela superioridade do segundo volume em relação ao primeiro, a qualidade das novas contribuições. Mas tais contribuições, por consideráveis que sejam, não são nada, em comparação com as que recebemos para este terceiro volume. Um grande número de homens de letras, todos respeitáveis por seus talentos e suas luzes, contribuíram para enriquecê-lo, cada um querendo fazer melhor que o outro. Acreditamos, pois, poder afirmar que ele é superior aos precedentes; esperamos que os próximos o sejam mais ainda. E, por mais difícil que o nosso trabalho seja, ficaríamos suficientemente recompensados se pudéssemos fazer com que os críticos dissessem, a cada publicação de um novo volume, *ab ipso ducit opes animumque ferro* [Recebe do próprio ferro mais força e mais vida].

Depois de tudo o que se passou com esta obra, não devemos nos espantar que este volume tenha surgido muito mais tarde do que deveria. Além das causas morais, retardaram a sua publicação circunstâncias que podemos chamar de materiais. Algumas partes consideráveis, com as quais o público pareceu menos satisfeito, foram inteiramente ou quase inteiramente refeitas. Essa reforma exigiu muito tempo e necessariamente tornou a impressão mais lenta. Não acreditamos dever nos desculpar por um prazo com o qual este dicionário só saiu ganhando: esperamos, podemos mesmo garantir, que os outros volumes seguirão este muito mais rapidamente do que ele se seguiu aos primeiros; não assumimos neste ponto nenhum outro compromisso; a única coisa que podemos oferecer é a assiduidade de nosso trabalho e o emprego severo de nosso tempo. Mas como nos encontramos, por assim dizer, no começo de uma nova ordem de coisas, estamos determinados a doravante tudo sacrificar pelo bem da *Enciclopédia*, até mesmo a prontidão com que gostaríamos de servir ao público. Estamos tanto mais dispostos a isto quanto nos parece que nossos leitores não nos impõem nenhuma lei a respeito, e preferem ter um pouco mais tarde o seu volume e tê-lo melhor.

Benard Fecit

Minéralogie, Ardoiserie de la Meuse.

Differentes Figures de Plans, Coupes et Elévations relatives a l'art d'exploiter les Ardoises de la Meuse.

Mineralogia, pedreira de ardósias. Diferentes figuras de planos, cortes e elevações relativas à arte de explorar as ardósias.

De la Rue Del. Benard Fecit.

Histoire Naturelle, Fig. 1. *Manière de tracer les Concessions des Mines.*
Fig. 2. *Première fouille des Mines.* A A. *Filons qui se croisent.* BB. *Filons perpendiculaires et isolés.*

História Natural. Fig. 1: Método de delimitação da exploração de minas. Fig. 2: Escavação inicial. AA – Filões que se cruzam. BB – Filões perpendiculares.

A quantidade prodigiosa de grandes verbetes contidos neste volume nos impediu de introduzir a terceira letra do alfabeto, que fornece, sem comparação, mais verbetes do que qualquer uma das outras. Várias razões particulares, aliás, nos obrigaram a proceder desse modo. Uma das principais foi o temor de publicar muito tarde este terceiro volume, que nos pareceu ser esperado com impaciência. Contudo, embora as três primeiras letras do alfabeto devam ocupar mais de três volumes, não acreditamos que a obra se estenda muito para além do número que havíamos prometido. À medida que avançarmos, os verbetes serão menos numerosos e mais curtos, porque a maioria das outras letras fornece menos palavras do que as primeiras, e porque, de resto, as remissões serão menos frequentes. Faremos com que, na medida do possível, as mesmas matérias não sejam tratadas duas vezes, e, com esse cuidado, nos esforçaremos para fazer com que tudo caminhe para economizar o tempo, os volumes e as despesas. Também não devemos nos esquecer de repetir aqui o que já anunciamos, em nome dos livreiros associados, que, no caso de uma segunda edição, as adições e correções serão distribuídas separadamente para os que tenham comprado a primeira.

Para não interromper o que temos a dizer, colocaremos na sequência desta *Advertência* os nomes daqueles que quiseram concorrer para a execução deste volume e dos seguintes. Os verbetes curiosos e profundos com os quais ornaram a *Enciclopédia* serão suficientes para o seu louvor, e são o melhor que podemos lhes dar. Mas temos obrigações essenciais para com o Sr. *Jaucourt* e o Sr. *Boucher d'Argis*,* de modo que faltaríamos em relação a nós mesmos se não fizéssemos uma menção particular a eles. Graças aos cuidados do Sr. Boucher d'Argis, conhecido por suas excelentes obras, a *Jurisprudência*, essa ciência infelizmente tão necessária e ao mesmo tempo tão vasta, aparecerá doravante na *Enciclopédia* com o detalhe e a dignidade que merece. Duvidamos que algum livro desta espécie seja tão completo, tão rico e tão exato sobre essa importante matéria. A *Medicina*, não menos necessária do que a Jurisprudência, a *Física geral*, e quase todas as partes da literatura, devem, neste volume, um grande número de textos ao Sr. Jaucourt.

---

* Advogado do Parlamento de Paris e conselheiro no Conselho soberano de Dombes. (N. A.)

São um testemunho da extensão e da variedade de seus conhecimentos. E cremos poder prever o seu sucesso por aquele dos excelentes verbetes que ele já havia contribuído para o segundo volume. O Sr. Jaucourt dedicou-se a esse trabalho penoso com um amor do bem público que não pode encontrar sua verdadeira recompensa senão nesse mesmo bem. Mas a *Enciclopédia* lhe deve muito, e deve pelo menos lhe apresentar aqui as marcas de seu reconhecimento. Ao celebrar seus talentos, não poderia deixar suas virtudes no esquecimento.

Entremos agora mais detalhadamente neste terceiro volume, ou melhor, neste dicionário em geral. Deve-se considerá-lo sob dois pontos de vista: o das matérias de que trata e o das pessoas a quem é principalmente destinado. Como esses [**iv**] pontos de vista são relativos um ao outro, cremos que não seria lícito separá-los.

As matérias que este dicionário deve conter são de duas espécies, a saber, os conhecimentos que os homens adquirem pela leitura e pela sociedade, e os que obtêm por suas próprias reflexões, ou seja, em poucas palavras, a ciência dos fatos e a ciência das coisas. Quando as consideramos sem nenhuma atenção à sua relação mútua, a primeira dessas ciências é bem inútil e muito extensa, a segunda, bem necessária e muito limitada, tanto a natureza nos tratou pouco favoravelmente. É verdade que ela nos deu com o que nos recompensar até certo ponto, pela analogia e ligação que podemos estabelecer entre a ciência dos fatos e a ciência das coisas. É certo – relativamente a esta – que a *Enciclopédia* deve visar àquela. Reduzido à ciência das coisas, este dicionário não seria quase nada; reduzido à ciência dos fatos, ele seria em grande parte um campo vazio e estéril; sustentando e esclarecendo uma pela outra, poderá ser útil sem ser imenso.

Tal era o plano do dicionário inglês de *Chambers*, que toda a Europa erudita parece ter aprovado, e ao qual só faltou a execução. Esforçando-nos para remediar essa lacuna, tivemos o cuidado de nos conformar a esse plano, pois nos parecia o melhor. É desse ponto de vista que se acreditou necessário excluir desta obra uma multidão de nomes próprios que só a teriam engrossado inutilmente; que se conservaram e se completaram vários verbetes de História e de Mitologia que pareceram necessários para o conhecimento das diferentes seitas de filósofos, de diferentes religiões, de

alguns costumes antigos e modernos, que, aliás, dão com frequência ocasião a reflexões filosóficas, para as quais o público parece ter hoje em dia mais gosto do que nunca. Por essa razão, vamos nos esforçar para distinguir este dicionário principalmente pelo espírito filosófico. É por conta dele, sobretudo, que ele obterá os sufrágios aos quais somos mais sensíveis.

Assim, algumas pessoas ficaram espantadas sem razão ao encontrar verbetes para os filósofos e não para os padres da Igreja. Há uma grande diferença entre uns e outros. Os primeiros foram criadores de opiniões, algumas vezes boas, outras vezes más, mas dos quais nosso plano nos obriga a falar. Foram evocadas em poucas palavras, e ocasionalmente, algumas circunstâncias de sua vida. Foi feita a história de seus pensamentos mais do que de suas pessoas. Os padres da Igreja, encarregados do patrimônio precioso e inviolável da fé e da tradição, não puderam nem deveriam ensinar nada de novo aos homens sobre matérias importantes de que se ocuparam. Assim, a doutrina de santo Agostinho, que não é senão a da Igreja, será encontrada nos verbetes *Predestinação*, *Graça*, *Pelagianismo*; mas, como bispo de Hipona, filho de santa Mônica, ele mesmo santo, seu lugar no martirológio é preferível em todos os aspectos ao lugar que lhe poderia ser dado na *Enciclopédia*.

Portanto, não se encontrarão nesta obra, como observou sutilmente um jornalista, a *vida dos santos*, que o Sr. Baillet escreveu de modo satisfatório, e que não é de modo algum nosso objeto, ou a *genealogia das grandes famílias*, mas a genealogia das ciências, mais preciosa para quem sabe pensar; as aventuras pouco interessantes dos literatos antigos e modernos, mas o fruto de seus trabalhos e de suas descobertas; a descrição detalhada de cada cidade, tal como alguns eruditos se dão o trabalho de fazer hoje em dia, mas uma notícia sobre o comércio das províncias e das principais cidades, e detalhes curiosos sobre sua história natural; os *conquistadores* que desolaram a terra, mas os gênios imortais que a esclareceram; por fim, a multidão de *soberanos* que a história deveria proscrever. O nome mesmo dos príncipes e dos grandes não tem o direito de estar na *Enciclopédia*, a não ser pelo bem que fizeram às ciências, pois a *Enciclopédia* deve tudo aos talentos, nada aos títulos, e é a história do espírito humano, não da vaidade dos homens.

Mas, para precavermo-nos contra as censuras que nos poderiam ser feitas por termos seguido o plano de Chambers sem nos afastarmos dele, relatamos o julgamento de um crítico cujo discernimento e apoio não queremos diminuir nem valorizar, mas cuja boa vontade pelo menos não nos é suspeita. Ele falava assim da obra de Chambers no mês de maio de 1745, quando a sua tradução foi proposta para subscrição:

"Eis dois dos mais importantes empreendimentos da literatura que foram feitos depois de muito tempo. O primeiro é do senhor Chambers, autor da obra que anunciamos, e o outro é do senhor Mills, que trabalha na qualidade de diretor para nos dar a sua tradução. Tanto um quanto o outro são ingleses, mas o senhor Mills desenvolveu relações com a França que nos fazem considerá-lo como uma *conquista da Inglaterra*. Os ingleses estão hoje em dia em situação de perder muito em relação a nós" (não mudamos nada na expressão); [v] "o fundo é verdadeiramente uma enciclopédia, e é ao mesmo tempo um dicionário e um tratado de tudo o que o espírito humano *pode desejar* saber. Como dicionário, ele apresenta tudo sob a forma alfabética; como tratado contínuo e razoado relativo às ciências, mostra as relações que os diversos objetos de nossos conhecimentos podem ter uns com os outros. Como dicionário, é composto de partes separadas e mesmo díspares; como tratado metódico, aproxima as diferentes partes que compõem o todo de uma ciência; como dicionário, dá primeiro as definições elementares; como tratado doutrinário, entra em detalhe sobre o que há de *mais profundo e mais digno da atenção dos curiosos*. Ora, eis como isto é executado. Procura-se, por exemplo, *Atmosfera*, e se encontra que é uma substância fluida elástica, que chamamos de *ar*, e que envolve o globo terrestre até uma altura considerável, gravita em direção ao centro e à superfície deste mesmo globo etc. Como aqui se fala de ar, de terra, de gravitação, o autor remete aos verbetes do dicionário nos quais estas palavras são explicadas e a uma quantidade de outros verbetes que têm relação com a atmosfera, por exemplo, *Éter, Céu, Barômetro, Refração, Vácuo, Bomba, Pressão, Sifão etc*".

"A julgar pelo *Prospecto* que anunciamos, e que cita quatro verbetes para servir de modelos, a saber, *Atmosfera, Fábula, Sangue, Tintura*, não há nada mais útil, mais fecundo, mais bem analisado, mais denso, numa palavra, não há nada mais *perfeito e mais belo do que este dicionário*; e este é o presente que

o senhor Mills dá à França, sua pátria por adoção, honrando a Inglaterra, sua pátria de fato."

É verdade que esse mesmo autor, depois de tantos elogios ao simples projeto (que podemos ler) da tradução *francesa* de Chambers, empreendimento de um *inglês* auxiliado por um *alemão*, não anunciou do mesmo modo, no mês de dezembro de 1750, a nova *Enciclopédia*, empreendida e executada por uma *Sociedade de Homens Letrados* que, na verdade, não é uma conquista da Inglaterra pela França. Não procuraremos os motivos dessa conduta. Longe de nós reclamar em favor da enciclopédia francesa os elogios que acabamos de ler, e que consideramos excessivos; acreditamos somente que esta mereceria um tratamento mais favorável. Mas Chambers estava morto, e era estrangeiro.

O verbete *Atmosfera* é um dos quatro oferecidos como modelo no projeto de tradução de Chambers. Foi conservado na enciclopédia francesa com duas adições de alguma consequência. Suplicamos aos leitores que o comparem com uma multidão de outros verbetes, e o julguem. Gostaríamos de pedir mesmo os detratores mais ardentes desta obra a tentar fazer pelo menos o paralelo entre as duas enciclopédias. É um convite que nos será permitido fazer de passagem, e que cremos dever à verdade, à nossa nação e a nós mesmos.

Se temos alguma coisa a nos censurar, talvez seja termos seguido com excessiva exatidão o plano de Chambers, sobretudo em relação à História, e nem sempre termos sido suficientemente breves nesse assunto. Tudo indica que, quanto mais este dicionário se aperfeiçoar, mais perderá do lado dos meros fatos e mais ganhará, ao contrário, do lado das coisas, ou pelo menos dos fatos que levam a elas.

Por exemplo, poderá ser muito rico em Física geral e em Química, pelo menos quanto à parte que concerne às observações e à experiência; pois, no que concerne às causas, ao contrário, ele não poderia ser senão muito reservado e moderado, e a divisa de Montaigne* no alto de quase todos os verbetes deste gênero estaria muito bem posta aí. Entretanto, não serão recusadas as conjecturas, sobretudo nos verbetes cujo objeto é útil ou ne-

* O que sei? (N. A.)

cessário, tais como a Medicina, em que se é obrigado a conjecturar, pois a natureza urge à ação e impede que se veja. A metafísica das ciências, pois não há ciência que não tenha a sua, fundada sobre princípios simples e noções comuns a todos os homens, consistirá, como esperamos, um dos principais méritos desta obra. A metafísica da Gramática e sobretudo a da Geometria Sublime serão expostas com uma clareza que não deixará nada a desejar e pela qual talvez ainda estejam esperando. A respeito da Metafísica propriamente dita, que supostamente foi valorizada em demasia nos primeiros volumes, é reduzida, nos subsequentes, ao que contém de verdadeiro e útil, ou seja, a muito pouco. Enfim, na parte das artes, tão extensa, tão delicada, tão importante e tão pouco conhecida, a *Enciclopédia* começará a fazer algo que as gerações seguintes terminarão ou aperfeiçoarão. Fará a história das riquezas de nosso século nesse gênero; e o fará para este século que a ignora e para os séculos que virão, os quais ela colocará em condição de avançar mais. As artes, esses monumentos preciosos da indústria humana, não precisarão mais temer a noite do esquecimento. Os fatos não mais ficarão presos nos ateliês e nas [**vi**] mãos dos artistas, serão revelados ao filósofo, e a reflexão poderá enfim esclarecer e simplificar uma prática cega.

Tal é, em poucas palavras, o nosso plano, que acreditamos dever colocar diante dos olhos dos leitores. Assim, este dicionário, sem que pretendêssemos lhe dar primazia em relação a qualquer outro, será muito diferente de todos, por seu objeto. Muitos homens de letras denunciam a multiplicação dessa espécie de obras e de outras, como os jornais. A nos fiarmos por eles, ocorre com essa multiplicação o mesmo que com a das academias: será tão funesta ao verdadeiro progresso das ciências quanto foi útil a sua primeira instituição. Empenhamo-nos, no *Discurso preliminar*, em defender os dicionários contra a crítica que os acusa de aniquilar entre nós o gosto pelo estudo. Entretanto, mesmo se essas críticas fossem merecidas, a *Enciclopédia* nos pareceria resguardada. Entre os vários textos destinados a instruir a multidão, ela conterá um grande número de verbetes que exigirão uma leitura assídua, séria e aprofundada. Será, pois, tão útil aos ignorantes quanto aos que não o são.

Alguns doutos, é verdade, tais como os sacerdotes do Egito que escondiam do resto da nação seus fúteis mistérios, gostariam que os livros

fossem unicamente para seu uso e que se escondesse do povo a mais fraca luz, mesmo nas matérias mais indiferentes; luz que, contudo, não se deve recusar, pois o povo precisa muito dela, e não há por que temer que um dia ela se torne forte demais. Acreditamos que temos que pensar de outro modo, como cidadãos, e talvez mesmo como homens de letras.

Com efeito, se interrogarmos os homens, quase todos concordarão, se forem de boa-fé, com as luzes que lhes foram fornecidas pelos dicionários, jornais, extratos, comentários e mesmo com as compilações de toda espécie. A maioria saberia menos, se tivesse se limitado aos livros estritamente necessários. Em matéria de ciências exatas, bastam algumas obras lidas e meditadas profundamente; em matéria de erudição, os originais antigos, cujo número não é, com algumas exceções, infinito, e sua leitura, feita com reflexão, dispensa a de todos os modernos; pois estes, quando são fiéis, só podem ser o eco de seus predecessores. Não falamos das belas-letras, para as quais são necessários o gênio e alguns modelos, ou seja, pouca leitura. A multiplicação dos livros é, pois, para a maioria de nossos literatos, um suplemento à sagacidade e mesmo ao trabalho, e nenhum deles deve ter inveja de outros pelos benefícios que extraiu de auxílios tão valiosos.

Assim, não julgamos conveniente limitar, como queriam algumas pessoas, os verbetes deste dicionário a simples tábuas e notícias das diferentes obras em que as matérias são mais bem tratadas. A vantagem de tal trabalho teria sido, sem dúvida, muito grande, mas para poucas pessoas.

Outro inconveniente que tivemos de evitar é o de ser demasiadamente extensos em cada uma das diferentes ciências que devem constar deste dicionário ou de sê-lo excessivamente em algumas delas, em detrimento de outras. O volume, caso se possa falar assim, que cada ciência ocupa aqui, deve ser proporcional à extensão dessa ciência e à extensão do plano que propomos. A *Enciclopédia* satisfará suficientemente cada um desses dois pontos se encontrarmos nela os princípios fundamentais bem desenvolvidos, os detalhes essenciais bem expostos e bem aproximados dos princípios, pontos de vista novos, seja sobre os princípios, seja sobre os detalhes, e a indicação das fontes às quais se deve recorrer para se instruir mais a fundo. Não ignoramos, contudo, que, a respeito desse assunto, será impossível satisfazer plenamente os diversos tipos de leitores. O literato encontrará na

Enciclopédia muito pouca erudição; o cortesão, moral e erudição em demasia; o teólogo, Matemática demais; o matemático, excesso de Teologia; uns como outros encontrarão excesso de Jurisprudência e de Medicina. Mas devemos assinalar que este dicionário é uma espécie de obra cosmopolita, que ficaria prejudicada se mostrasse alguma preferência ou predileção acentuada. Cremos que será suficiente que cada um encontre na *Enciclopédia* a ciência de que se ocupa, discutida e aprofundada sem prejuízo de outras, das quais lhe será fácil talvez obter um conhecimento mais ou menos extenso. Em relação aos que não se dêem por satisfeitos com este plano, como última resposta os remetemos à sábia parábola de Malherbe a Racan.*

O império das ciências e artes é um palácio irregular, imperfeito e, de algum modo, monstruoso, em que certas partes são admiradas por sua magnificência, solidez e ousadia, outras parecem massas informes, outras, enfim, que a arte nem mesmo esboçou, esperam pelo gênio ou pelo acaso. As principais partes desse edifício são elevadas por um pequeno número de grandes homens, enquanto os demais trazem alguns materiais ou limitam-se à simples descrição. Nós nos [**vii**] esforçaremos para reunir esses últimos objetos, traçar o plano do templo e preencher ao mesmo tempo alguns espaços vazios. Deixaremos muito a ser preenchido por outros; nossos descendentes se encarregarão disso e chegarão ao último andar, se ousarem ou se puderem.

A *Enciclopédia* deve, pois, por sua natureza, conter um grande número de coisas que não são novas. Tanto pior, para uma obra tão vasta, se se quiser fazer dela uma obra de invenção! Quando se escreve sobre um assunto particular e limitado, deve-se, na medida do possível, apresentar somente coisas novas, pois escreve-se principalmente para os que conhecem a matéria, aos quais não cabe ensinar o que já sabem. É a máxima que vários autores da *Enciclopédia* se orgulham de ter praticado em suas obras particulares. Mas ela não poderia ser a máxima num dicionário. Estaríamos enganados se objetássemos que isso seria dar de novo os mesmos livros ao público. E o que fazem os jornalistas – cujo trabalho em si mesmo é útil – senão dar ao público o que ele já tem, dar de novo, até mesmo várias vezes, o que não

* Ver as fábulas de La Fontaine, livro III, fábula I. (N. A.)

deveria ser dado senão uma vez? Não é uma censura que dirigimos a eles; nós mesmos estamos nesse caso, já que nossa obra é destinada a expor não somente o progresso real dos conhecimentos humanos, mas algumas vezes também o que retardou esse progresso. Tudo é útil na literatura, até o papel do historiador dos pensamentos dos outros. Existe apenas uma maior ou menor autoridade, na proporção da justiça com a qual a exercemos, dos talentos do historiador, de sua sagacidade, de suas perspectivas e das provas que ele deu de que poderia ser outra coisa.

Dessas reflexões resulta que a *Enciclopédia* deve com frequência conter, em fragmentos ou por inteiro, várias passagens das melhores obras em cada gênero. Ao público importa apenas que essa escolha seja feita com clareza e economia. Mas aos autores importa citar exatamente os originais, tanto para colocar o leitor em condição de consultá-los quanto para dar a cada um o que lhe pertence. Foi assim que se conduziram vários de nossos colegas. Desejaríamos que todos tivessem se conformado a isso. De resto, quando um verbete é bem-feito, nós o aproveitamos, não importa a mão que o forneceu. O inconveniente da falta de citação, sempre grande em relação ao autor, é ainda maior neste dicionário.

O falecido senhor Rollin, cidadão respeitável a quem a Universidade de Paris deve em parte a superioridade que os estudos nela ainda conservam sobre o que se faz em outros lugares, e cujas obras compostas para a instrução da juventude fizeram com que tantas outras fossem esquecidas, permitia-se inserir em seus escritos, por inteiro, as mais belas passagens dos autores antigos e modernos. Em seus prefácios, contentava-se em advertir de modo geral a respeito dessa espécie de pequeno furto, que pela própria confissão deixava de sê-lo, e pelo qual o público lhe agradecia, pois seu trabalho era útil. Ousariam os autores da *Enciclopédia* afirmar que o seu caso é ainda mais favorável? Ela não é, e não deve ser, em sua maior parte, senão *uma obra recolhida dos melhores autores*.* Quisesse Deus que ela fosse de fato uma coletânea de tudo o que os outros livros contêm de excelente, e só lhe faltassem as aspas!

Iremos mais longe do que nossos censores a respeito da natureza dos empréstimos que tomamos. Longe de censurar esses empréstimos, ou ao

* É o título mesmo sob o qual a anunciamos no frontispício do *Prospecto*. (N. A.)

menos o que eles produziram, fizeram-lhes os maiores elogios. Quanto a nós, cabe-nos ser mais exigentes e mais sinceros. O autor do verbete *Alma* confessa, por exemplo, que precisou tornar-se mais severo em passagens extraídas de uma obra, aliás muito útil.* Juízes excelentes consideraram essas passagens bem inferiores às do próprio autor. Não era necessário, sobretudo num verbete de dicionário, em que se deve tentar ser breve, acumular um grande número de provas para demonstrar uma verdade tão clara, a espiritualidade da alma. Como ela pertence ao número das verdades que chamamos de fundamentais e primitivas, deve ser suscetível de provas muito simples e sensíveis mesmo para os espíritos mais comuns. Tantos argumentos inúteis, deslocados, alguns até obscuros, embora conclusivos para quem sabe apreender, só serviram para tornar duvidosa a evidência, se é que isso seria possível. Um único raciocínio, extraído da natureza devidamente conhecida das duas substâncias, teria sido suficiente.

Do mesmo modo, o verbete *Amizade*, cujo final é extraído de um escritor moderno muito estimável,** mostra que esse autor não era um lógico tão bom nessa matéria quanto em outras. Não seria excessivo de sua parte dar liberdade e extensão a essa igualdade tão doce e necessária sem a qual a amizade não existe absolutamente, e pela qual ela aproxima e mistura as condições mais diferentes. Não se deveria sobretudo contar, segundo esse autor, [**viii**] a resposta de um *grande príncipe* a um homem de sua casa,*** sem ver ao mesmo tempo o quanto essa resposta era injuriosa e deslocada, o quanto o *grande príncipe* do qual se tratava estava longe de sê-lo nessa ocasião; em suma, sem qualificar mais ou menos severamente essa resposta segundo a reserva que se deve ao príncipe que a deu, e que nos é desconhecido, mas com o respeito maior ainda que se deve ao verdadeiro, à decência e à humanidade.

Longe de nós queixarmo-nos dos que apontaram defeitos de citação na *Enciclopédia*; é uma crítica que agradecemos, pois levará os que os cometeram

* *Dissertations sur l'existence de Dieu*, por M. Jaquelot, La Haye, 1697. (N. A.)

** O padre Bussier, jesuíta, cujas obras forneceram, aliás, alguns excelentes verbetes para a *Enciclopédia*. (N. A.)

*** Esse homem mostrava ao *grande príncipe* a estátua equestre de um herói, seu ancestral comum: *aquele que está por baixo, respondeu o príncipe, é o vosso; o que está em cima é o meu*. (N. A.)

a ser mais cuidadosos no futuro. Mas cremos que o exame rigoroso das passagens tomadas de empréstimo, sem levar em conta nomes nem pessoas, teria sido ainda mais útil. Seria singular que um verbete qualquer, condenado de início quando se acreditava que ele vinha de uma mão indiferente ou pouco amiga,* tivesse sido em seguida louvado (como o merecia) quando o verdadeiro autor tornou-se conhecido. Não diremos mais nada a respeito; desejamos somente que ninguém tenha uma crítica a fazer a si mesmo e que a diversidade de interesses, dos tempos e dos cuidados não tenha se exercido na linguagem.

Das diferentes obras que a *Enciclopédia* foi acusada de colocar a seu serviço, nomearam-se sobretudo os dicionários. Concordamos que teríamos de ter feito um uso mais sóbrio deles, pois não são fontes primordiais, e a *Enciclopédia* deve buscá-las acima de tudo. Entretanto, que nos permitam algumas reflexões a respeito. Em primeiro lugar, é fácil provar que a maioria de nós, de modo algum, recorreu a essa espécie de obras. Em segundo lugar, a semelhança que se encontra por vezes entre um verbete da *Enciclopédia* e o de algum dicionário vem da natureza do assunto, sobretudo quando o verbete é curto e só consiste numa definição ou num fato histórico pouco considerável. Isso é tão verdadeiro que, num grande número de verbetes, a maioria dos dicionários se parece, e não poderia ser de outro modo. O *Dicionário de Trévoux*, em particular, é o que deve menos censurar os *empréstimos* da *Enciclopédia*, pois esse dicionário é, em sua origem, e continua sendo em boa parte uma cópia do Furetière de Basnage, como este último mostrou, numa queixa inserida em sua história das obras dos doutos.** A tradução de Chambers forneceu à *Enciclopédia* alguns materiais. Ora, Chambers havia recorrido não somente aos dicionários franceses, mas também a outras obras, em que os próprios dicionários franceses haviam bebido; seria fácil dar exemplos. Nesse caso, não seria de modo algum com outros dicionários que a *Enciclopédia* se pareceria diretamente, mas com as fontes comuns entre ela e esses outros dicionários. É ainda por essa razão que diversos verbetes do *Dicionário de Medicina* se encontram nos primeiros volumes da *Enciclo-*

---

* Ver na errata o que está dito sobre o verbete *Agir*. (N. A.)

** Julho de 1704. Ver o final da errata. (N. A.)

pédia, pois esses verbetes são extraídos inteiros de nossas obras francesas sobre a Medicina, e, além disso, a descrição de uma planta, a receita de um remédio, supondo que sejam bem-feitas, não têm duas maneiras de ser. O mesmo ocorre com um grande número de verbetes, tais como a avaliação das moedas, a explicação das diferentes peças e diferentes mecanismos de um navio, e outros semelhantes.

Como imaginar que num dicionário em que se enterra, por assim dizer, como um tesouro, o seu próprio bem, houvesse o desígnio de se apropriar do bem alheio? Chambers, esse Chambers tão louvado, e excessivamente louvado, colheu em toda parte, sem discernimento ou medida, e não citou ninguém. Na *Enciclopédia* francesa, as fontes primitivas foram citadas com frequência; foi feito um esforço para substituir as citações menos necessárias por informações gerais e suficientes. Mas tentar-se-á a partir de agora tornar os empréstimos menos frequentes e as citações mais exatas. Esperamos que isso seja percebido neste volume. Enfim, esta confissão é uma resposta definitiva; os autores da *Enciclopédia* consentem em não se apropriar neste dicionário a não ser daquilo que se teria vergonha de suprimir, e ousam vangloriar-se de que sua parte será ainda muito boa.

Com efeito, se a *Enciclopédia* não tem a vantagem de reunir sem exceção todas as riquezas reais das demais obras, ela ao menos encerra várias que lhe são próprias. Quantos verbetes, em número maior do que se pensa, de Teologia, de belas-artes, de Poética, de História Natural, de Gramática, de Música, de Química, de Matemática elementar e transcendente, de Física, de Astronomia, de tática, de relojoaria, de Ótica, de jardinagem, de Cirurgia e de diversas outras ciências, certamente não se encontram em nenhum dicionário, não foram fornecidos por nenhum livro? Sobretudo, quantos verbetes imensos de descrição das artes, para os quais não houve outro recurso além das luzes dos amadores e dos artistas, [**ix**] e a frequentação dos ateliês? Em que obra se encontrará a explicação detalhada de oitocentas gravuras e mais de 12 mil figuras sobre as ciências e as artes? Quantos verbetes, enfim, bastaria aproximar dos outros dicionários para ver com que cuidado tratou-se dos mesmos objetos e para se assegurar de que nos próprios verbetes, mesmo os que se parecem em alguma passagem, a vantagem está quase sempre do lado da *Enciclopédia*, seja pela maior exatidão e

Grosses Forges, Lavage de la Mine, Vue perspective d'un Patouillet

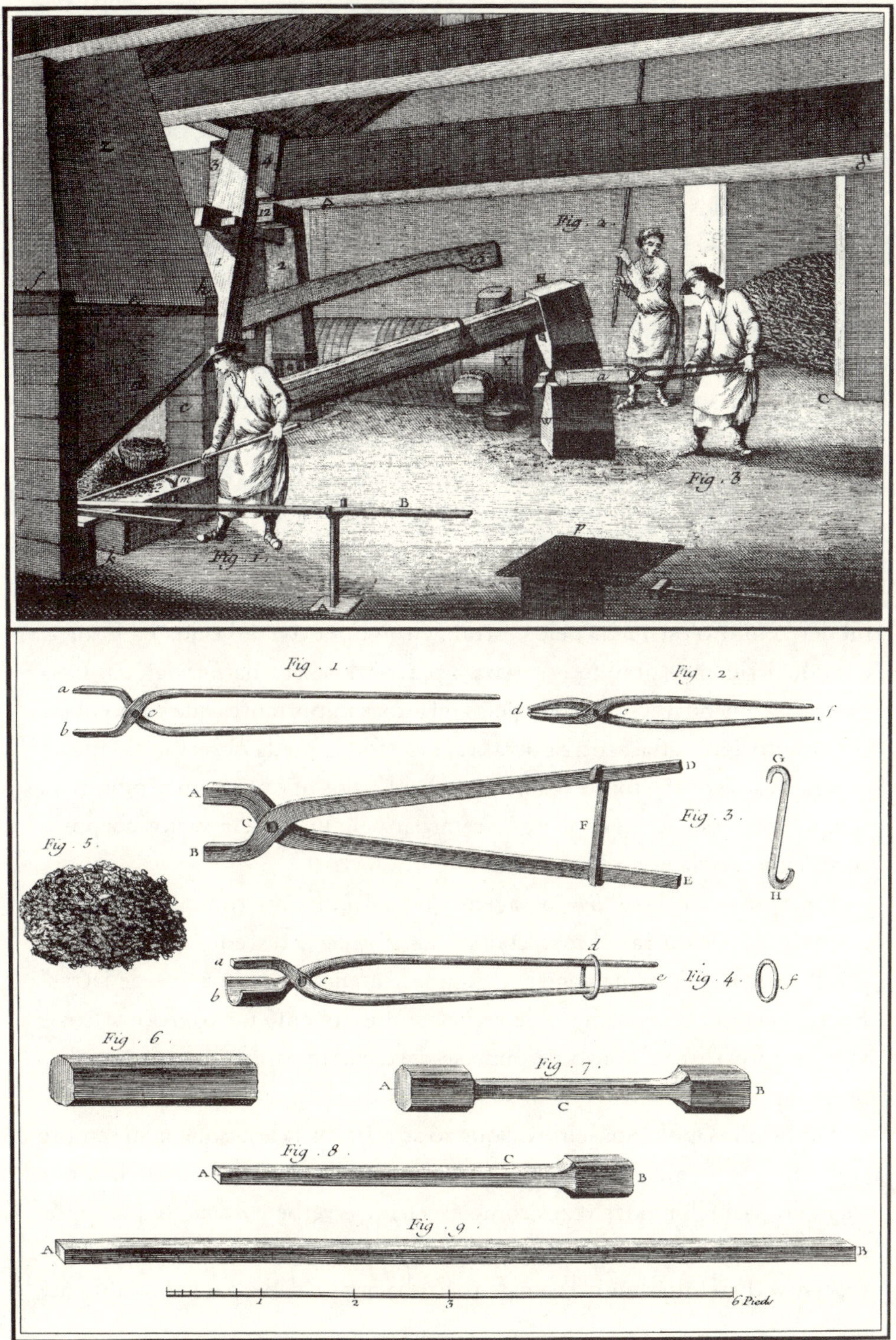

Goussier Del. Defehrt Fecit

Forges, 4e Section, Cingler le Renard.

Forjas, 4ª seção, forja do escoadouro (artesanal).

precisão, seja pelas perspectivas e reflexões, que os outros dicionários aparentemente não pretendem reivindicar? No verbete *Anatomia*, por exemplo, um dos que os especialistas pareceram aprovar em nosso primeiro volume, a cronologia dos anatomistas foi feita a partir de uma memória do ilustre Falconet, que se interessa por nossa obra. Essa cronologia é mais completa, mais segura e mais instrutiva do que a do Sr. James. Convidamos nossos leitores a comparar o verbete de que falamos com o verbete *Anatomia* do *Dicionário de Medicina*, que passa por um dos melhores; mas pedimos que façam eles mesmos o paralelo, sem se preocupar com tudo o que se poderia dizer de vago a favor ou contra esse assunto. Não citaremos mais, de todas as passagens atacadas, senão o verbete *Aristotelismo*. Se o autor acreditou poder semear ali algumas passagens da obra do Sr. Deslandes, essas passagens constituem apenas sua décima parte. O resto é extraído de modo substancial e razoado da *História da Filosofia* de [Johann Jakob] Brucker, obra moderna muito estimada pelos estrangeiros e pouco conhecida na França, e da qual fizemos grande uso para a parte filosófica da *Enciclopédia*. Essa parte é recomendável sobretudo pelas reflexões importantes que parecem ter sido muito apreciadas, entre outras razões, por causa da observação sensata contra os abusos tão inveterados quanto ridículos que parecem proibir para sempre a diversos bons espíritos e retardar pelo menos em vários corpos o conhecimento da verdadeira Filosofia.*

Em suma, são boas as passagens que a *Enciclopédia* tomou ou tomará emprestadas de outras obras? O que a *Enciclopédia* acrescenta quase sempre por si mesma a essas passagens é digno da atenção dos homens de letras? Encerra ela um bom número de verbetes inteiramente novos, filosóficos e interessantes? Eis o ponto de onde se deve partir para apreciar uma obra desta espécie; eis sobre o que o *público que lê* e que pensa dever se pronunciar.

Suplicamos, pois, aos leitores, que só se refiram a eles, e que nem sempre confiem nos elogios, por menos suspeitos que pareçam. Um crítico, por exemplo, assinalou duas vezes como excelente o verbete *Acorde*, o que supõe que tenha lido esse verbete com cuidado, que entenda da matéria. Entretanto, esse verbete, aliás muito bem-feito, tinha necessidade, para ser realmente

* Ver o primeiro volume, p.664. (N. A.)

excelente, de uma enumeração mais exata dos acordes fundamentais. Falta, na enumeração que foi dada, o acorde de sétima ou *dominante simples*, muito diferente por si mesmo e pelas suas reversões, do acorde de sétima ou dominante, de outro modo chamado de *acorde de dominante tônica*. São esses os primeiros elementos da harmonia e não há aluno de Música que não se espante logo de início com essa omissão. Por essa razão, não se deve de modo algum imputá-la a Rousseau, autor desse belo verbete; basta lê-lo, e se inteirar do que ali se trata, para reconhecer que é um erro de copista. Rousseau pediu-nos que fizéssemos essa advertência e encontraremos o erro corrigido na errata do segundo volume e na própria tábua dos acordes um pouco mais simplificada e tão geral quanto no verbete do qual se trata. Sem sair da própria *Enciclopédia*, poderíamos oferecer outros exemplos da maneira como se louva e, consequentemente, como se critica hoje em dia.* Mas o pouco que acabamos de dizer é suficiente para levar os leitores esclarecidos a se manter vigilantes, a desconfiar do louvor e da condenação e do próprio silêncio, pois o silêncio também tem sua malignidade e sua injustiça.

E por que não teria? Os elogios também as têm. Um escritor ataca uma obra antes de conhecê-la. A obra é publicada, o público parece apreciá-la. O censor precoce não vai querer contradizer muito abertamente o público, nem a si mesmo, por uma retratação por demais acentuada. O que fará, pois, para não violar essa imparcialidade que, segundo diz, ele sempre professou? Censurando adequadamente ou não várias passagens da obra, ele se contentará em louvar um pequeno número de outras, mais ou menos levemente, e com todas as nuances da predileção e da reserva.

De resto, qualquer que seja o julgamento a respeito desta obra, já fizemos várias vezes uma observação que nos parece muito importante para não repeti-la aqui. Nossa função de editores consiste unicamente em *pôr em ordem e publicar* os verbetes que nos foram fornecidos por nossos colegas; em complementar os que não foram feitos, pois eram comuns a ciências diferentes; em refundir algumas vezes num só os verbetes que foram feitos sobre o mesmo assunto por pessoas diferentes, designadas todas, nesse caso, no final do verbete. Eis ao [x] que se resume o nosso trabalho. Longe de

* Ver o verbete *Anatomia*. (N. A.)

exibir uma ciência universal, que seria para nós o meio mais seguro de nada saber, não nos comprometemos a corrigir as faltas que podem se introduzir nas passagens que nos foram fornecidas, nem recorrer aos livros que nossos colegas puderam consultar. Cada autor é aqui responsável por sua obra; é por isto que se designou o trabalho de cada um por sinais distintivos. Em suma, ninguém responde por nossos verbetes a não ser nós mesmos, e não respondemos senão pelos nossos. A *Enciclopédia* está, a esse respeito, na mesma situação das coletâneas de nossas academias. Cabe ao leitor justo pôr-se no nosso lugar e julgar imparcialmente as dificuldades de toda espécie pelas quais tivemos de passar para fazer com que tantas pessoas concorressem para um mesmo objetivo. Nunca se esperou que tudo tivesse a mesma força na *Enciclopédia*, e isso seria impossível por uma infinidade de razões. Mas pelo menos o caminho está aberto, o que talvez seja alguma coisa. Outros, mais felizes do que nós, arrancarão em paz os espinhos que ainda restam nesta terra que o destino severo ou propício nos deu para ser cultivada. Diz Lorde Bacon que as crianças são fracas e imperfeitas quando nascem, e as grandes obras são filhas do tempo.

Por essa razão, declaramos sinceramente que considerávamos que este dicionário estaria longe da perfeição que talvez um dia atinja. Ignoramos com que intenção nos fizeram falar uma linguagem inteiramente oposta. Julgou-se ainda estranho que uma sociedade considerável de homens de letras e artistas pudesse dar início a tal obra. Essa crítica é tão mais singular por ter sido feita por um escritor que se encarrega de julgar sozinho ou quase sozinho tudo o que é publicado em matéria de artes e de ciências, que por meio de um relato fiel e um exame profundo deve dar ao público condições de julgar, e que, consequentemente, deve estar perfeitamente informado sobre uma infinidade de matérias. Por que a natureza não teria dividido entre muitos o que ela pôde reunir num só?

Havíamos testemunhado em nome de nossos colegas e do nosso, e testemunhamos mais uma vez nosso reconhecimento a todos os que queiram apontar nossas falhas. Esperamos somente que, por terem sido assinalados nossos erros nesta obra imensa, não se pretenda tê-la julgado. Além do mais, o reconhecimento de que falamos deve se estender, como é justo, aos que nos endereçarem direta e imediatamente suas observações. Tal

procedimento não pode ter como objeto senão o bem público e da obra, e essa espécie de observação, com efeito, é normalmente a mais importante. Pessoas bem-intencionadas se queixaram, por exemplo, e com razão, de que o autor do verbete *Amor*, tão censurado por outros, tivesse se esquecido de consagrar um verbete ao amor de Deus. Essa omissão, realmente considerável, será reparada no verbete *Caridade*, assim como no verbete *Afinidade*, em Química, há uma lacuna, que será remediada no verbete *Relação*, que é o seu verdadeiro lugar.

Outras omissões menos importantes e menos relevantes foram-nos censuradas de viva voz. Respondemos facilmente, mostrando na própria obra os lugares dos quais se tratava do assunto em sua ordem alfabética. O que há de extraordinário é que alguns dos que nos fizeram objeções nos haviam assegurado que tinham procurado esses verbetes. Seria demais, pois, insistir a nossos leitores para que se fiem unicamente por seu próprio exame, e que este seja feito a sério?

Não poderíamos nos vangloriar de não termos omitido algum verbete neste dicionário; mas isso só poderá ser devidamente julgado após a publicação completa da obra. Acreditamos pelo menos não ter esquecido nenhum dos verbetes essenciais, tais como *Arte*, *Aberração*, *Dinâmica* e vários outros que não se encontram na enciclopédia inglesa. É precisamente a eles que nos referíamos quando dissemos que um verbete omitido numa enciclopédia rompe o encadeamento e prejudica a forma e o conteúdo: o esquecimento de alguns verbetes menos importantes rompe somente alguns elos da corrente, sem cortá-la inteiramente.

Foram encontrados nesta obra alguns detalhes que não pareceram nobres. Tais detalhes, se reunidos, comporiam uma página dos dois primeiros volumes, mas parecerão talvez muito deslocados para um literato a quem longas dissertações sobre a cozinha e sobre o penteado dos antigos ou sobre a posição de uma aldeia arruinada, ou sobre o nome de batismo de algum escritor obscuro do século X, seriam muito interessantes e preciosas. De qualquer modo, devemos nos lembrar de que temos aqui não somente um dicionário das ciências e das belas-artes, mas também um dicionário econômico, um dicionário dos ofícios. Não pudemos excluir nenhum, pela mesma razão que se deu lugar entre as ciências à filosofia escolástica, ao brasão e à

Retórica, que ainda é ensinada em alguns colégios. De resto, escutaremos atentamente a voz do público a respeito; e, se ele julgar adequado, abreviaremos ou suprimiremos tais detalhes.

Muitos pensaram que há um número excessivo de verbetes de Geografia neste livro. Acreditamos que eram necessários porque se encontram na *Enciclopédia* a todo instante nomes de lugares, relativos ao comércio ou a outros objetos, e que seria cômodo não precisar procurá-los em outro lugar. [**xi**] Além disso, esses verbetes, extraídos, em sua maioria, muito abreviadamente, do dicionário *in-12* de Laurent Echard, não comporiam provavelmente a décima parte do *in-12* e talvez a ducentésima parte da *Enciclopédia*. Nosso guia para a Geografia neste volume e nos seguintes é o *Dicionário geográfico alemão* de Hubner, obra bastante completa e mais exata do que nossos dicionários franceses.

Após a advertência de que cada um dos que trabalharam nesta *Enciclopédia*, autores ou editores, é responsável por sua obra e só por ela, acrescentaremos que aqueles dentre nossos colegas que julguem conveniente responder a eventuais críticas aos seus verbetes poderão publicar suas respostas no início de cada volume. A respeito das críticas que forem endereçadas a autores ou à *Enciclopédia* em geral, distinguiremos três espécies.

Na primeira classe estão as críticas puramente literárias. Nós as aproveitaremos se forem boas, e as deixaremos de lado se forem ruins. Quase todas as que nos foram feitas até aqui, são, infelizmente, do último tipo, sobretudo as que têm por objeto matérias de raciocínio ou de belas-letras, nas quais só tínhamos seguido e exposto a opinião unânime de verdadeiros filósofos e verdadeiras pessoas de gosto. Mas há preconceitos que nem a Filosofia nem o gosto conseguiriam curar, e não devemos nos vangloriar de ter êxito onde uma e o outro não tiveram.

De resto, cremos que a democracia da república das letras deve se estender a tudo, permitindo e tolerando críticas, desde que não tenham nada de pessoal. É suficiente que essa liberdade produza boas críticas. Estas serão tão úteis às obras quanto as ruins serão prejudiciais aos que as fazem. Os escritores profundos e esclarecidos, que, por meio de críticas sensatas, prestaram ou ainda prestam um verdadeiro serviço às letras, devem fazer com que suportemos pacientemente esses censores subalternos, dentre os

quais não pretendemos designar nenhum, mas cujo número se multiplica a cada dia na Europa; que, sem que ninguém o exija, fazem resenhas de suas leituras, ou antes, do que não leram; que, tais como grandes senhores, que Molière pintou tão bem, sabem tudo sem ter aprendido nada e raciocinam quase tão bem sobre o que ignoram quanto sobre o que creem conhecer; que, se erigindo, sem direito e sem título, como um tribunal ao qual todos são intimados, sem que ninguém compareça, pronunciam em tom professoral decretos que a voz pública não ditou; que, devorados enfim por uma inveja baixa, o opróbrio do grandes talentos e a companhia ordinária dos medíocres, aviltam sua condição e sua pluma, caluniando trabalhos úteis.

Que uma crítica seja bem ou mal fundada, o partido mais sábio que o autor concernido deve tomar é o de não citar seus adversários em público. A melhor maneira de responder às críticas literárias que possam ser endereçadas à *Enciclopédia* em geral seria provar que se poderiam acrescentar outras. Ninguém talvez estaria mais em condições do que nós de fazer o exame desta obra e mostrar que a malignidade teria podido ser mais feliz. Que não se imagine que haja alguma vaidade nessa declaração. Se alguma vez uma crítica foi fácil, é de uma obra considerável e variada como esta; conhecemos a *Enciclopédia* intimamente, e não ignoramos o que lhe falta: talvez provemos isso se pudermos terminá-la. Será então o tempo e o lugar de expor o que resta a fazer, seja para aperfeiçoá-la, seja para impedir que não seja deteriorada por outros. Enquanto entramos nesse pormenor, deixemos que a crítica diga de nós o mal que quiser. Ou, se nos acontecer amiúde de responder a ela, que seja raramente, em poucas palavras, no próprio corpo da obra e para entrar em discussões realmente necessárias ou desaprovar elogios que não merecemos.

Colocaremos na segunda classe as imputações odiosas contra nossas opiniões e nossa pessoa, das quais cabe à própria *Enciclopédia* nos defender e aos homens honestos nos vingar.

O autor do *Discurso preliminar* não precisou se esforçar para tratar a religião com o respeito que ela merece e abordar as matérias mais importantes com uma exatidão pela qual ele ousa dizer que todos o cumprimentaram. Por essa razão, as pessoas de bem ficaram muito surpresas, para não dizer mais, com a crítica feita a ele, inserida no *Journal des Savants*, sem tê-la co-

municado, como devia sê-lo, [xii] à Sociedade do Jornal. Devemo-la a um escritor que até então não fizera mal a ninguém, mas que julgou conveniente se projetar na república das letras por termos nos queixado abertamente dele. Não lhe cabe, porém, sequer a triste glória de ser o autor dessa crítica, somente de ter impresso e desfigurado algumas observações escritas às pressas por um amigo, que aparentemente não as teria feito se tivesse previsto que seriam publicadas sem seu consentimento. O autor da primeira parte da passagem, que contradiz a segunda, tanto que seu continuador soube juntar habilmente uma à outra, não nos deixou ignorar suas opiniões sobre essa infidelidade. Cremos agradá-lo e estamos certos de honrá-lo, ao publicar a declaração expressa que ele com frequência reiterou, de não ter nenhuma parte numa produção que desaprova. Seria fácil demonstrar aqui, se isso já não tivesse sido feito em outro lugar, que o crítico não entendeu e talvez nem tenha lido a obra que censura. Por isso, os jornalistas do *Journal des Savants* não tardaram a desmentir seu confrade. Outra conduta não se esperava de seu discernimento, sobretudo da imparcialidade de um magistrado* amigo da ordem e dos homens de letras, ele mesmo um letrado que cultiva as ciências por gosto e não por ostentação, e que, pelo apoio que lhes concede, mostra que sabe perfeitamente distinguir os limites entre a liberdade e a licença, e cujo elogio não é aqui obra da adulação e do interesse. O autor do *Discurso preliminar*, desejando pôr de lado os ataques pessoais, os únicos que ferem, reclamou com confiança e sucesso as luzes e a autoridade de um tão excelente juiz, como homem que sempre respeitou a religião em seus escritos e que ousa desafiar qualquer leitor sensato a fazer a ele alguma crítica razoável sobre esse ponto.

Que nos seja permitido nos determos aqui um momento sobre essas vagas acusações de irreligião, feitas tanto de viva voz como por escrito, contra os homens de letras. Tais imputações, sempre sérias quanto ao seu objeto, com frequência são em si mesmas ridículas, quanto aos fundamentos sobre os quais se apoiam. Assim, embora a espiritualidade da alma seja enunciada e provada em vários lugares deste dicionário, não se teve vergonha de nos

* O senhor Moignon de Malesherbes, que preside a Biblioteca e o *Journal de Savants*. (N. A.)

taxar de materialismo, por termos sustentado que nossas ideias vêm dos sentidos, no que toda a Igreja acreditou durante doze séculos. Imputar-nos-ão absurdos nos quais nunca pensamos. Os leitores indiferentes e de boa-fé irão procurá-los na *Enciclopédia* e ficarão espantados de encontrar ali o contrário. Acumular-se-ão contra nós as acusações mais graves e mais opostas. É assim que um célebre escritor, que não é nem espinosista nem deísta, viu-se acusado numa gazeta, sem consentimento, de ser uma coisa e outra, embora seja tão impossível ser as duas coisas ao mesmo tempo quanto ser simultaneamente idólatra e judeu. O clamor ou o desprezo público nos dispensarão, sem dúvida, de renegar por nós mesmos tais ataques. Quanto à folha hebdomadária a que acabamos de nos referir, e que nos deu a mesma honra que a muitos outros, não podemos nos dispensar de revelar à república das letras quais são os homens fracos e perigosos dos quais ela deve mais desconfiar, e a espécie de adversários contra os quais ela deve se unir. Inimigos aparentes da perseguição, que na verdade gostariam muito de exercer, cansados de ultrajar os poderes espirituais e temporais, tomam hoje em dia o partido de condenar sem razão e sem medida aquilo que, para os estrangeiros, é a glória de nossa nação: os escritores mais célebres, as obras mais aplaudidas, os corpos literários mais estimados. Eles os atacam não por interesse pela religião, cujo primeiro preceito, o da verdade, o da caridade e da justiça, eles violam, mas, efetivamente, para retardar por alguns dias, por meio do nome de seus adversários, o esquecimento em que estão prestes a cair, como aventureiros infelizes que, não podendo sustentar a guerra em seu país, vão procurar longe combates e derrotas, ou antes, como uma luz prestes a se apagar, que reanima seus fracos restos para lançar um pouco de brilho antes de desaparecer.

Ousemos dizê-lo com sinceridade, e para o benefício da Filosofia e da própria religião, que seria necessário um escrito sério e razoado contra as pessoas mal-intencionadas e pouco instruídas, que abusam com frequência da religião para atacar despropositadamente os filósofos, ou seja, para prejudicar os seus interesses, transgredindo suas máximas. É uma obra que falta ao nosso século.

A última classe de críticas consiste nas queixas de algumas pessoas a quem não teríamos feito justiça. Estaremos sempre dispostos a reparar

prontamente o que possa ofender neste livro, não somente pessoas estimadas na literatura, como também as menos conhecidas, desde que a queixa seja fundada.* [**xiii**] Já demos provas disso. Ninguém é mais ávido do que nós pelo bem dos outros, e ninguém aplaude com tanto prazer seus trabalhos e seu sucesso. Na ausência de outras qualidades, vamos nos empenhar para merecer o apoio do público pelo cuidado que teremos de procurar a verdade, que nos é mais cara do que nossa obra e mais ainda do que nossa fortuna; de dizê-la ao mesmo tempo com a severidade que ela exige e com a moderação que nos compete; de nunca ultrajar ninguém, mas respeitar somente duas coisas, a religião e as leis (não falamos aqui da autoridade que se funda sobre elas); de fazer justiça mesmo aos inimigos da *Enciclopédia*; de sem afetação ou malignidade relegar os autores medíocres, mesmo os mais célebres, ao lugar que lhes foi atribuído pelo bons juízes e lhes será destinado por nossos descendentes; de distinguir, como é preciso, os que servem à república das letras sem julgá-la dos que a julgam sem servi-la; mas, sobretudo, de celebrar em todas as ocasiões os homens verdadeiramente ilustres de nosso século, aos quais a *Enciclopédia* deve sua própria existência. Ela se encarregará de lhes prestar a homenagem que eles quase nunca recebem de seus contemporâneos e que esperam receber da próxima geração, esperança que os sustenta e os consola. É um frágil expediente, sem dúvida (já que eles só começam propriamente a viver quando não existem mais), mas é o único facultado pela maldade dos homens. A *Enciclopédia* só lamenta uma coisa, que nosso sufrágio não tenha um valor tão alto para recompensá-los pelo que eles sofrem e nos limitemos a inocentá-los de suas penas sem poder aliviá-las. Mas se esse frágil monumento que procuramos lhes consagrar em vida não é na verdade necessário a eles, nem por isso é menos digno de honra para os que o elevam. Os séculos futuros, supondo que a *Enciclopédia* perdure, farão aos nossos sentimentos e à nossa coragem a mesma justiça que procuramos fazer ao gênio, à virtude e aos talentos. Cremos poder aplicar a nós mesmos as palavras de Cordus a Tibério: "Não se lembrarão somente de Bruto e de Cássio. Nós também seremos lembrados".

---

* Ver a Advertência do segundo volume. (N. A.)

O costume, tão ordinário e desprezível, de condenar contemporâneos e compatriotas, não nos impede de provar com o detalhe dos fatos de que a vantagem não ficou, não em todos os aspectos, do lado de nossos ancestrais, e que os estrangeiros talvez tenham mais motivos para nos invejar do que nós a eles. Enfim, empenhamo-nos, tanto quanto possível, para inspirar aos homens de letras esse espírito de liberdade e união que, sem torná-los perigosos, os tornarão estimáveis; que, mostrando-se em suas obras, pode colocar o nosso século ao abrigo da crítica de Bruto à eloquência de Cícero, de que não teria *rins* nem vigor; que parece fazer cada vez mais progressos entre nós, e dizemos isso com alegria; que alguns mecenas querem fazer passar por cínico, e que o será, se o quisermos, caso se associem ao termo *espírito de liberdade* ideias de ambição e permissividade. É verdade que essa maneira de pensar não é a via da ambição nem da fortuna. Mas a mediocridade dos desejos é a fortuna da Filosofia; e a independência em relação a tudo o mais, exceto os deveres, é a sua única ambição. Sensíveis à honra da república das letras, de que somos parte menos por nossos talentos que por nosso apreço por ela, decidimos reunir todas as nossas forças para afastar dela, tanto quanto dependa de nós, os perigos, a ruína e a degradação que a ameaçam. O que importa a voz de que ela se serve, se os seus verdadeiros interesses forem conhecidos pelos que a compõem?

Apesar dessas disposições, não esperamos reunir todos os sufrágios. Mas seria isso desejável? Uma obra como a *Enciclopédia* precisa de censores e mesmo de inimigos. É verdade que, até o presente, ela pôde desfrutar da vantagem de não contar dentre eles nenhum dos escritores célebres que esclarecem a nação e a honram; e talvez sua maior glória seja a lista de seus partidários e de seus adversários. Contudo, ela deve aos últimos mais do que eles pensam, não ousamos dizer mais do que eles gostariam. Deve-lhes o empenho e a emulação dos autores, a indulgência do público, que é limitada, e se indispõe mais pela animosidade do que pela sátira, que diverte. Se o público favoreceu **[xiv]** a realização desta obra, não é porque os defeitos lhe tenham escapado. Como poderiam lhe escapar? Percebeu, ao contrário, que o verdadeiro meio para animar os autores e contribuir ao bem e à perfeição deste dicionário seria não usar para conosco dessa severidade que às vezes demonstra, e que o desejo de agradá-lo nos teria feito suportar de bom grado.

A *Enciclopédia* deve muito, portanto, ao mal que se quis fazer a ela. Não pode deixar de interessar em geral a todos os homens de letras que não tenham preconceitos a sustentar, editores a proteger, compilações passadas, presentes ou futuras a valorizar. É também a eles que nos dirigimos, rogando uma última vez por suas luzes e seu apoio. Conclamamos novamente que se reúnam a nós na execução de uma obra que gostaríamos de transformar em obra nacional e para a qual nosso desprendimento e zelo pretendem atrair todas as pessoas honestas.

É o que tínhamos a dizer sobre a *Enciclopédia*, e sobre nós mesmos. Daqui por diante, pensaremos apenas em executar, no recolhimento e no silêncio, este monumento à glória da França e das letras. Estamos longe de aplicar-lhe os títulos faustosos que Horácio prodigava a suas próprias obras,* e que nossos adversários nos convidam a aplicar à nossa, quando a terminarmos, ao duvidar que algum dia a terminaremos. Ignoramos qual será a sua sorte e não procuramos prevê-la. Pelo menos nada parece se opor à continuação da *Enciclopédia*, e certamente nada se oporá a isso, não de nossa parte. A declaração expressa de que não nos responsabilizarmos por nada, a injustiça que seria exigi-lo de nós, sobretudo depois que as medidas tomadas pelo governo nos liberaram, a resolução que tomamos de buscar a recompensa de nosso trabalho em nosso próprio trabalho, a obscuridade, enfim, em que gostamos de viver, tudo parece assegurar a nossa tranquilidade. Só pedimos para ser úteis e esquecidos; e se, em nosso trabalho, obtivermos o primeiro desses benefícios, seria injusto que não pudéssemos obter o segundo. Se estivermos ao abrigo das únicas críticas verdadeiramente perigosas e realmente sensíveis que a malignidade possa nos dirigir, o que poderia ela contra dois homens de letras que há muito se acostumaram, pela reflexão, a não temer a injustiça nem a pobreza? Que, tendo aprendido, por uma triste experiência, não a desprezar, e sim a recear os homens, têm a coragem de amá-los e a prudência de evitá-los? Que se censuram por ter merecido inimigos, mas não se afligem por tê-los, e que só podem lamentar o ódio, porque não lhes priva de nada, ao excitar o seu remorso? Sólon se exilou quando não tinha mais nada a fazer por sua pátria. Não fizemos à nossa pátria o mesmo bem que esse grande

* *Exegi monumentum* [Erigi um monumento] etc. (N. A.)

homem fez à sua, mas somos mais afeiçoados a ela. Decididos a lhe consagrar nossas vigílias (a menos que ela deixe de desejá-las), trabalharemos em seu seio para dar à *Enciclopédia* todo o cuidado de que somos capazes, até que ela esteja boa o suficiente para passar para melhores mãos. Após ter sido a ocupação agitada e penosa dos anos mais preciosos de nossas vidas, quem sabe se ela não será a consolação dos últimos. Quando nossos inimigos e nós mesmos não existirmos mais, que ela seja um testemunho de nossos sentimentos e da injustiça deles! Que a posteridade possa nos amar como pessoas de bem, se não nos estimar como homens de letras! Enfim, que o público, satisfeito com nossa docilidade, possa se encarregar por si mesmo de responder a tudo o que se faça, diga ou escreva contra nós! É uma responsabilidade que confiamos a nossos leitores e a nossa obra. Lembremo-nos, diz um dos mais belos gênios que nossa nação já teve, da fábula do Bocalini: "um viajante que estava sendo importunado pelo barulho das cigarras quis matá-las, e desviou-se do caminho; se tivesse seguido tranquilamente, as cigarras teriam morrido, ao cabo de oito dias".*

(Tradução: Maria das Graças de Souza)[1]

---

* Prefácio de Alzira. (N. A.)

1 Doravante MGS.

Advertência dos editores (1765), Diderot [08, i]

Quando começamos a nos ocupar deste empreendimento, talvez o mais vasto jamais concebido na literatura, não esperávamos outras dificuldades além das advindas da extensão e variedade de seu objeto. Mas foi uma ilusão passageira, e não demoramos a ver acrescentar-se, à multidão de obstáculos físicos que havíamos pressentido, uma infinidade de obstáculos morais para os quais simplesmente não estávamos preparados. Por mais que o mundo envelheça, ele não muda. Pode acontecer que o indivíduo se aperfeiçoe, mas a massa da espécie não se torna melhor nem pior. A soma das paixões maléficas permanece a mesma, e hoje, assim como outrora, são inúmeros os inimigos de tudo o que é bom e útil.

De todas as perseguições que, em todos os tempos e em todos os povos, foram sofridas pelos que se dedicaram à sedutora e perigosa emulação de inscrever seus nomes na lista dos benfeitores do gênero humano, não há quase nenhuma que não tenha sido dirigida contra nós. Experimentamos tudo o que a história nos transmitiu sobre a perfídia da inveja, da mentira, da ignorância e do fanatismo. No espaço de vinte anos consecutivos, quase não pudemos contar com alguns instantes de repouso. Após jornadas inteiras consumidas num trabalho ingrato e contínuo, quantas noites passadas na expectativa dos males que a maldade procurava nos causar! Quantas vezes nos levantamos sem saber se, cedendo aos gritos da calúnia, não deveríamos nos separar de nossa família, de nossos concidadãos, e ir para um

Forges, 4e. Section, Forger l'Encrenée.

Forja, 4ª seção, forja com martelo.

Goussier Del

Benard Fecit.

Métallurgie, Calamine, Couler du Cuivre en Tables, Usines ou l'on travaille le Cuivre coulé et Trifilerie

Metalurgia, calamina, peneiragem do cobre, usinas em que se trabalha o cobre peneirado e trifoliado.

céu estrangeiro procurar a tranquilidade da qual tínhamos necessidade e a proteção que nos ofereciam! Mas nossa pátria era-nos cara, e sempre havíamos esperado que a prevenção cederia o lugar para a justiça. Esse é, aliás, o caráter daquele que visa ao bem e que dá ele mesmo o testemunho disto, que se irrita com os obstáculos que se lhe opõem, enquanto sua inocência lhe esconde ou o faz desprezar os perigos que o ameaçam. O homem de bem é suscetível de um entusiasmo que o mau não conhece.

Encontramos em outros o sentimento honesto e generoso que nos sustentou. Nossos colegas prontificaram-se a nos ajudar e, enquanto nossos inimigos se felicitavam por nos ter oprimido, homens de letras e pessoas do mundo, que até aquele momento tinham se contentado em nos encorajar e lamentar nossa sorte, vieram nos auxiliar e se associar ao nosso trabalho. Oxalá nos fosse permitido designar, para o reconhecimento público, todos esses hábeis e corajosos auxiliares! Mas, já que temos a liberdade de nomear um só, tentemos agradecer-lhe dignamente. Trata-se do Sr. Jaucourt.

Se demos o grito de alegria do marinheiro ao perceber a terra após uma noite escura que o manteve perdido entre o céu e as águas, devemos isso ao Sr. Jaucourt. O que ele fez por nós, sobretudo nestes últimos tempos! Com que constância rejeitou as ternas e poderosas solicitações que procuravam tirá-lo de nós! Nunca o sacrifício do repouso, do interesse e da saúde foi mais completo e mais absoluto. Os estudos mais penosos e mais ingratos não o desencorajaram. Ocupou-se deles sem descanso, satisfeito consigo mesmo, quando podia poupar desgosto a outros. Mas cabe a cada página desta obra complementar o que falta ao nosso elogio. Não há nenhuma destas páginas que não ateste a variedade de seus conhecimentos e a extensão de seus recursos.

O público julgou os sete primeiros volumes; pedimos para estes a mesma indulgência. Caso não se queira considerar este dicionário como uma grande e bela obra, estarão de acordo conosco, desde que não cobicem até a nossa prerrogativa de preparar os materiais. É imensa a distância entre o ponto de que partimos e o ponto a que chegamos. Para cumprirmos o objetivo que tivemos a ousadia e a temeridade de nos propor, talvez só nos tenha faltado encontrar a coisa onde a deixamos e ter tido de começar por onde terminamos. Graças a nossos trabalhos, os que vierem depois de nós

poderão ir mais longe. Sem dizer o que terão ainda a fazer, transmitimos a eles pelo menos a mais bela coletânea de instrumentos e máquinas que já existiu, com as pranchas relativas às artes mecânicas,* a descrição mais completa que já foi dada, e sobretudo uma infinidade de textos preciosos sobre todas as ciências. Ó, nossos compatriotas e nossos contemporâneos, não importa com que severidade haveis julgado esta obra, lembrai-vos de que ela foi iniciada, continuada e terminada por um pequeno número de homens isolados, que tiveram suas intenções sabotadas, que foram expostos sob os mais odiosos aspectos, que foram caluniados e ultrajados da maneira mais atroz, que não tiveram outro encorajamento senão o amor do bem, outro apoio a não ser alguns sufrágios, outro recurso senão aquele que encontraram na confiança de três ou quatro comerciantes! [**ii**]

Nosso principal objetivo era reunir as descobertas dos séculos precedentes. Sem ter negligenciado essa finalidade principal, não exageramos de modo algum ao afirmar que em vários volumes *in-fólio* acrescentamos novas riquezas ao patrimônio dos conhecimentos anteriores. Caso uma revolução cujo germe se forma talvez em algum cantão ignorado da Terra, ou é tramada secretamente no centro dos países civilizados, venha a eclodir com o tempo, destruindo as cidades, dispersando novamente os povos e trazendo de volta a ignorância e as trevas, e um só exemplar completo desta obra for preservado, nem tudo estará perdido.

Penso que nos poderia ser contestado, com alguma razão, que nosso trabalho estivesse à altura do século. O homem mais esclarecido encontrará nele ideias que desconhece e fatos que ignora. Mas a instrução geral pode avançar com um passo tão rápido que, dentro de vinte anos, não haverá em mil de nossas páginas uma só linha que não seja popular! Cabe aos

* Prevenimos aqui que completamos muitos detalhes importantes para a maioria dessas artes por meio de explicações bastante extensas e instrutivas que poderão ser encontradas na coletânea de pranchas, à frente daquelas a que correspondam, e, quanto às outras artes, advertimos que, como a celeridade da edição não permitiu dispô-las em ordem alfabética, remetemos, para a descrição completa, ao fim do volume XVII de textos e à própria coletânea de pranchas, de modo que os volumes de textos e os volumes de pranchas se esclarecem, corrigem-se e se completam reciprocamente. (N. A.)

senhores do mundo acelerar essa feliz revolução. São eles que estendem ou restringem a esfera das luzes. Felizes os tempos que tenham compreendido em que medida a sua segurança depende de serem comandados por homens instruídos! Os grandes atentados só foram cometidos por fanáticos perturbados. Ousaríamos murmurar contra nossas dores e lamentar os anos de trabalho se pudéssemos nos vangloriar de ter enfraquecido esse espírito de confusão tão contrário ao repouso das sociedades, e de ter levado nossos semelhantes a se amar, a tolerar-se, e a reconhecer, enfim, a superioridade da moral universal sobre todas as morais particulares que inspiram o ódio e a desordem, e que rompem ou afrouxam o vínculo geral e comum?

Tal foi, em toda parte, o nosso objetivo. Que grande e rara honra nossos inimigos colherão dos obstáculos que nos colocaram! O empreendimento que tentaram impedir foi completado. Se houver nele algo de bom, não são eles que serão louvados, e talvez sejam acusados pelos defeitos. De qualquer modo, convidamo-los a folhear estes últimos volumes. Que gastem sobre estes volumes toda a severidade de sua crítica, que vertam sobre eles toda a amargura de seu fel; estamos prontos a perdoar cem injúrias por uma boa observação. Se reconhecerem que nos viram constantemente prostrados diante da virtude e da verdade, as duas coisas que fazem a felicidade do gênero humano, seremos indiferentes a todas as suas acusações.

Quanto a nossos colegas, suplicamos que considerem que os materiais destes últimos volumes foram reunidos às pressas e organizados em meio à confusão. A impressão foi feita com uma rapidez sem igual; era impossível, para qualquer homem que fosse, conservar numa tão longa revisão toda a lucidez exigida por uma infinidade de matérias diversas, em sua maioria muito abstratas; aconteceu que faltas, até mesmo grosseiras, desfiguraram seus verbetes, e eles não devem ficar ofendidos nem surpresos com isso. Mas, para que a consideração de que gozam e que lhes deve ser preciosa não fique comprometida, concordamos que todos os defeitos desta edição nos sejam imputados sem exceção. Após uma declaração tão ilimitada e tão exata, se alguns esquecerem a necessidade que tivemos de trabalhar longe deles e de seus conselhos, isso só poderia ser efeito de um descontentamento que nunca nos propomos a provocar e que nos era impossível evitar. Ei! O que tínhamos de melhor a fazer do que chamar em nosso auxílio todos

aqueles cuja amizade e luzes nos haviam servido tão bem? Não vos havíamos advertido cem vezes sobre nossa insuficiência? Por acaso nos recusamos a reconhecê-la? Haveria um só de nossos colegas a quem, em tempos mais felizes, não tenhamos dado todos os sinais possíveis de deferência? Poderíamos ser acusados de ignorar o quanto o seu concurso era essencial para a perfeição da obra? Se nos acusam disso, é um último tormento que nos estava reservado, e ao qual devemos nos resignar.

Se somarmos os anos de nossa vida que se passaram desde que projetamos nossa obra aos que consagramos à sua execução, ver-se-á que vivemos mais do que nos resta viver. Mas teremos obtido a recompensa que esperávamos de nossos contemporâneos e de nossos descendentes, se um dia disserem que não vivemos inutilmente.

(**MGS**)

Goussier Del.

Benard Fecit

Métallurgie, Fer Blanc.

Dados gerais sobre a enciclopédia

1. Cronologia da publicação

V.1, A-Azymites, junho de 1751
V.2, B-Cézimbra, janeiro de 1752
V.3, Cha-Consécration, outubro de 1753
V.4, Conseil-Dizier, Saint, outubro de 1754
V.5, Do-Esymnete, novembro de 1755
V.6, Et-Fne, outubro de 1756
V.7, Foang-Gythium, novembro de 1757
V.8, H-Itzehoa, dezembro de 1765
V.9, Ju-Mamira, dezembro de 1765
V.10, Mammelle-Myva, dezembro de 1765
V.11, N-Parkinsone, dezembro de 1765
V.12, Parlement-Potytric, dezembro de 1765
V.13, Pomacies-Reggio, dezembro de 1765
V.14, Reggio-Semyda, dezembro de 1765
V.15, Sem-Tchupriki, dezembro de 1765
V.16, Teanum-Vénerie, dezembro de 1765
V.17, Vénérien-Zzuéné, mais "artigos complementares", dezembro de 1765

Os onze volumes de pranchas foram publicados entre 1765 e 1772.

Em 1776, surgiram quatro volumes de Complementos, elaborados sem a participação ou a anuência de Diderot ou de d'Alembert.

2. Números

17 volumes de verbetes
11 volumes de pranchas
72 mil verbetes
140 colaboradores identificados
Enciclopedistas mais prolíficos:

- Louis, cavaleiro de **Jaucourt**, 17.390 verbetes
- Antoine Gaspar **Boucher d'Argis** (Direito), 5.530 verbetes
- Denis **Diderot**, (cerca de) 5.183 verbetes
- Edme-François **Mallet** (Teologia, Crítica), 2.167 verbetes
- Jean le Rond **d'Alembert**, 1.633 verbetes
- Guilhaume **Le Blond** (Arte Militar), 1.258 verbetes
- Paul-Henry Thiry, barão **d'Holbach** (Mineralogia, Química, História), 1.058 verbetes
- Jacques Nicolas **Bellin** (Geografia), 1.028 verbetes
- Gabriel-François **Venel** (Química, Medicina), 748 verbetes

3. Colaboradores traduzidos

Jean le Rond **d'Alembert** (1717-1783), geômetra e filósofo, membro da Academia de Ciências, da Academia Francesa, da Sociedade Real de Londres e da Academia da Prússia, autor de *Elementos de Filosofia* (1759), coeditor da *Enciclopédia* até 1761, ao lado de Diderot.

Antoine-Joseph Dezallier **d'Argenville** (1680-1765), naturalista, autor de *Théorie et pratique du jardinage* (4ª edição, 1747).

Arnulphe **d'Aumont** (1720-1762), médico, autor de *Mémoire sur une nouvelle manière d'administrer le mercure dans les maladies vénériennes et autres* (1762).

Nicolas **Beauzée** (1717-1789), gramático, membro da Escola Militar e da Academia Francesa, autor de *Grammaire générale, ou Exposition raisonnée des éléments nécessaires pour servir à l'étude de toutes les langues* (1767).

Jacques-François **Blondel** (1707-1774), arquiteto.

Antoine-Gaspard **Boucher d'Argis** (1708-1780), advogado, autor de *Code rural* (1749), entre outras obras de Jurisprudência.

Louis de **Cahusac** (1702-1759), libretista associado a Jean-Phillipe Rameau.

Jean-Baptiste de **la Chapelle** (1710-1792), matemático, autor de *Discours sur l'étude des Mathématiques* (1743).

Louis-Jean-Marie **Daubenton** (1716-1800), naturalista, assistente de Buffon entre 1749 e 1765 na *Histoire Naturelle générale et particulière*, e superintendente, após a morte deste em 1788, do Jardin des Plantes.

Joseph-François-Edouard de Corsembleu **Desmahis** (1722-1761), dramaturgo francês, autor de *L'impertinent, ou le billet perdu* (1751).

Denis **Diderot** (1713-1784), filósofo e escritor, autor, entre outros escritos, de *Carta sobre os cegos* (1749), *Pensamentos sobre a interpretação da natureza* (1754), *O sonho de d'Alembert* (1769), editor principal da *Enciclopédia*.

Charles-Pinot **Duclos** (1704-1772), letrado e historiador, membro da Academia Francesa, autor de *Considérations sur les mœurs de ce siècle* (1751).

César Chesneau **Dumarsais** (1676-1756), gramático e filósofo, autor de *Tropes, ou des différents senses dans lesquels on peut prendre une même mot dans une même langue* (1730).

Étienne-Maurice **Falconet** (1716-1791), escultor francês, membro da Academia Real de Pintura e Escultura.

Johann-Heinrich Samuel **Formey** (1711-1797), literato alemão, membro da Academia da Prússia, autor de *La Belle Wolfienne, ou Abrégé de la philosophie wolfienne* (1741-1753).

Henri **Fouquet** (1727-1806), médico.

Paul-Henri Thiry, barão **d'Holbach** (1723-1789), mineralogista e filósofo alemão radicado em Paris, autor do *Sistema da natureza* (1770), um dos coeditores da *Enciclopédia* após a saída de d'Alembert.

Louis, cavaleiro de **Jaucourt** (1704-1779), literato francês, principal redator da *Enciclopédia*; a partir de 1759, coeditor da obra ao lado de Diderot e d'Holbach.

Paul **Landois** (s./d.), dramaturgo francês, autor de *Sylvie*.

Charles Benjamin de **Lubières** (1714-1790), matemático genebrino, colaborador de Charles Bonnet.

Edme-François **Mallet** (1713-1755), teólogo e crítico.

Jean-François **Marmontel** (1723-1799), dramaturgo, poeta e crítico, autor de extensa obra literária.

Jean-Joseph **Ménuret de Chambaud** (1739-1815), médico.

Charles-Louis de Secondat, barão de la Brède e de **Montesquieu** (1689-1755), filósofo, patrono intelectual do Iluminismo francês, autor de *Grandeza e decadência dos romanos* (1734) e *O espírito das leis* (1748), entre outras obras.

Jacques-André **Naigeon** (1738-1810), literato, autor de *Le Militaire philosophe* (1768).

Charles-Étienne **Pesselier** (1712-1763), literato, autor de *Idée générale des finances* (1759).

Jean **Romilly** (1714-1796), relojoeiro nascido em Genebra e radicado em Paris.

Jean **Romilly** Filho (1740-1779), teólogo.

Jean-Jacques **Rousseau** (1712-1778), filósofo e escritor, autor de *Discurso sobre a origem da desigualdade entre os homens* (1756) e *Do contrato social* (1761), entre outras obras que marcaram o século.

Jean-François de **Saint-Lambert** (1716-1803), poeta e literato.

Antoine de **Seguiran** (s/d), militar, oficial do Exército francês.

Anne Robert Jacques **Tourgot**, erudito e homem de ciência, controlador geral de finanças de Luís XVI (1774-1776), autor de *Tableau philosophique des progrès de l'esprit humain* (1750) e *Discours sur l'Histoire Universelle* (1751), entre outras obras.

François-Vincent **Toussaint** (1715-1772), advogado e literato, autor de *Les Mœurs* (1748).

Gabriel François **Venel** (1723-1775), médico, farmacêutico e químico.

François-Marie Arouet de **Voltaire** (1694-1778), literato e filósofo, maior homem de letras de seu século, autor de vasta obra que inclui *Lettres philosophiques* (1734) e *Tratado sobre a tolerância* (1763).

Claude-Henri **Watelet** (1718-1786), pintor e literato francês, membro da Academia Francesa, autor de uma *Art de peindre* em versos (1760).

Claude Yvon (1714-1791), teólogo, *Liberté de conscience resserrée dans des bornes légitimes* (1753).

4. Referências bibliográficas básicas

Artículos políticos de la "Enciclopedia". Selección, traducción y estudio preliminar de Ramón Soriano y Antonio Portas. Madrid: Tecnos, 1992.

Encyclopédie, ou Dictionnaire raisonnée des arts, des sciences et des métiers. Paris, 1751-1765. 17v.

Encyclopédie, ou Dictionnaire raisonnée des arts, des sciences et des métiers. Paris, 1751-1765. 17v. Edição eletrônica pela Universidade de Chicago, a cargo de Robert Morrissey e Glenn Roe. Disponível em: http://encyclopedie.uchicago.edu/node/176.

Encyclopédie, ou Dictionnaire raisonnée des arts, des sciences et des métiers. Org. Alain Pons. Paris: Flammarion, 1993. 2v.

Planches de l'Encyclopédie. Paris, 1765-1772. Disponível em: http: //planches.eu.

Textes choisies de l'Encyclopédie. Org. Albert Soboul. Paris: Éditions Sociales, 1962.

The Encyclopedia of Diderot and d'Alembert. Selected articles. Org. John Lough. 2.ed. Cambridge: Cambridge University Press, 1968.

D'ALEMBERT. *Discours préliminaire de l'Encyclopédie*. Org. Michel Malherbe. Paris: Vrin, 2000.

______. *Discours préliminaire de l'Encyclopédie et articles de l'Encyclopédie*. Org. Martine Groult. Paris: Honoré Champion, 2011.

DIDEROT. *Œuvres complètes*. Ed. John Lough e Jacques Proust. Paris: Hermann, 1976. Tomes V-VIII.

______. *Choix d'articles de l'Encyclopédie*. Org. Marie Leca-Tsiomis. Paris: CTHS, 2001.

Alguns estudos

AUROUX, S. *La Sémiotique des encyclopédistes*. Paris: Pons, 1979.

BADINTER, E. *Les Passions intellectuelles*. 2.ed. Paris: Le Livre de Poche, 2010-2012. 3v.

BARTHES, R. As pranchas da *Enciclopédia*. In: ______. *O grau zero da escrita*. Tradução Mário Laranjeira. São Paulo: Martins Fontes, 2005.

DARNTON, R. *O Iluminismo como negócio*. História da publicação da *Enciclopédia*. Tradução Laura Teixeira Motta e Maria Lucia Machado. 2.ed. São Paulo: Companhia das Letras, 2008.

DELON, M. *Diderot, le cul par dessus-tête*. Paris: Albin Michel, 2013.

DOBRÁNSZKY, E. A. *No tear de palas*. Gênio e imaginação no século XVIII. Campinas: Unicamp/Perspectiva, 1992.

GORDON, D.; TORREY, N. L. *The censoring of Diderot's Encyclopédie and the re-established text*. Nova York: [s.n.], 1947.

GRANADA, M. A.; RIUS, R.; SCHIAVO, P. (Orgs.). *Filósofos, Filosofía y filosofías en la Encyclopédie de Diderot y d'Alembert*. Barcelona: Universitat de Barcelona, 2009.

GROULT, M. *D'Alembert et la méchanique de la vérité dans l'Encyclopédie*. Paris: Honoré Champion, 1999.

______. *Savoirs et matières*: pensée scientifique et théorie de la connaissance de l'*Encyclopédie* à l'*Encyclopédie* méthodique. Paris: CNRS, 2011.

HAECHLER, J. *L'Encyclopédie de Diderot et de... Jaucourt*. Essai biographique sur le chevalier de Jaucourt. Paris: Honoré Champion, 1995.

HUBERT, René. *Les Sciences sociales dans l'Encyclopédie*. Paris: Felix Alcan, 1923.

KAFKER, F. A. *The Encyclopedists as a Group*: Collective Biography of the Authors of the *Encyclopedie*. Oxford: Studies on Voltaire and the Eighteenth Century, 1996.

LEGRAS, J. *Diderot et l'Encyclopédie*. Amiens: [s.n.], 1938.

LE RU, V. *D'Alembert philosophe*. Paris: Vrin, 2002.

______. *Subversives Lumières, L'Encyclopédie comme machine de guerre*. Paris: CNRS, 2008.

MATOS, F. de. *O filósofo e o comediante*. Belo Horizonte: Ed. UFMG, 2001.

______. *A cadeia secreta*. São Paulo: CosacNaify, 2008.

MORRISEY, R.; ROGER, Ph. (Orgs.). *L'Encyclopédie du réseau au livre et du livre au réseau*. Paris: Honoré Champion, 2001.

NAVES, R. *Voltaire et l'Encyclopédie*. Paris: [s.n.], 1938.

PATY, M. *D'Alembert, ou a razão físico-matemática no século do Iluminismo*. Tradução José Oscar de Almeida Marques. São Paulo: Estação Liberdade, 2005.

PROUST, J. *Diderot et l'Encyclopédie*. 2.ed. Paris: Albin Michel, 1995.

QUINTILLI, P. *Illuminismo ed Enciclopedia*. Roma: Carocci, 2003.

ROMANO, R. *Silêncio e ruído*. A sátira em Denis Diderot. Campinas: Unicamp, 1996.

SOUZA, M. G. *Natureza e Ilustração*. Sobre o materialismo de Diderot. São Paulo: Editora Unesp, 2003.

STAROBINSKI, J. *Diderot, un diable de ramage*. Paris: Gallimard, 2012.

V.A. Conférences faites à l'occasion du deuxième centenaire de l'*Encyclopédie*. *Annales de l'Université de Paris*, n.4, 1952.

VENTURI, F. *Le origini dell'Enciclopedia*. Firenze: Edizione U, 1946.

WILSON, A. *Diderot*. Tradução Bruna Torlay. São Paulo: Perspectiva, 2012.

Revistas

Corpus Revue de Philosophie. http://www.revuecorpus.com/.

Diderot Studies. http://www.cierl.ulaval.ca/publications/diderot-studies/.

Recherches sur Diderot et l'Encyclopédie. http://rde.revues.org/.

Revue Dix-huitième Siècle. http://www.cairn.info/revue-dix-huitieme-siecle.htm.

Índice geral de verbetes traduzidos

O título do verbete traduzido é seguido pelo título original, em itálico e entre parêntese, pelo nome do autor e pelos números do volume original (em caractere arábico) e do volume em que aparece nesta coleção (em caractere romano).

Causas finais (*Causes Finales*), d'Alembert (2, III)
Celibato (*Célibat*), Diderot (2, IV)
Certeza (*Certainté*), Diderot (2, III)
Cidadão (*Citoyen*), Diderot (3, IV)
Cidade (*Cité*), Diderot (3, IV)
Ciências físico-matemáticas (*Physico-Mathématiques*), d'Alembert (12, III)
Civilidade, Polidez, Afabilidade (*Civilité, Politesse, Affabilité*), Jaucourt (3, V)
Classe (*Classe*), Daubenton (3, III)
Colégio (*Colège*), d'Alembert (3, II)
Comédia (*Comédie*), Marmontel (3, V)
Comércio (*Commerce*), Forbonnais (3, IV)
Compaixão (*Compassion*), d'Alembert (3, V)
Composição (*Composition en peinture*), Diderot (3, V)
Composição (*Composition musicale*), Rousseau (3, V)
Conjectura (*Conjecture*), Diderot (3, III)
Conjunto (*Ensemble*), Watelet (5, V)
Conservação (*Conservation*), Diderot (4, V)
Constância (*Constance*), Diderot (4, V)
Contestação, Disputa, Debate, Altercação (*Contestation*), d'Alembert (4, V)
Conveniência (*Convenance*), Diderot (4, V)
Conveniente (*Convenable*), Diderot (4, V)
Conversação, Diálogo (*Conversation*), d'Alembert (4, V)
Cópia – Gramática (*Copie*), Diderot (4, V)
Cópia – Pintura (*Copie*), Diderot (4, V)
Corpo – Física (*Corps*), d'Alembert (4, III)
Corpo – Geometria (*Corps*), d'Alembert (4, III)
Corrupção (*Corruption*), d'Alembert (4, III)
Corte (*Cour*), Diderot (4, IV)
Cortesão (*Courtisan*), d'Alembert (4, IV)
Cosmogonia (*Cosmogonie*), d'Alembert (4, III)
Cosmologia (*Cosmologie*), d'Alembert (4, III)
Costumes (*Moeurs*), Diderot (10, V)
Cristal, Cristais, Cristalizações (*Crystal, Crystaux*), d'Holbach (4, III)

Fisiologia (*Physiologie*), Autor desconhecido (12, III)
Flor (*Fleur*), Jaucourt (6, III)
Forma (*Forme*), Watelet (7, V)
Fórmula (*Formule*), d'Alembert (7, III)
Fornicação (*Fornication*), Voltaire, d'Alembert (7, V)
Fortuna (*Fortune*), d'Alembert (7, V)
Fóssil (*Fossiles*), d'Holbach (7, III)
Função – Economia animal (*Fonction*), d'Aumont (7, III)
Função – Fisiologia (*Fonction*), Autor desconhecido (17, III)
Gabinete de História Natural (*Cabinet d'histoire naturelle*), Daubenton, Diderot (2, III)
Galanteria (*Galanterie*), Diderot (7, V)
Genebra (*Génève*), d'Alembert (7, IV)
Gênero (*Gendre*), Daubenton (7, III)
Gênio (*Génie*), Saint-Lambert (7, V)
Geômetra (*Geomètre*), d'Alembert (7, II)
Geometria (*Geometrie*), d'Alembert (7, III)
Geração – Física (*Génération*), d'Alembert (7, III)
Geração – Fisiologia (*Génération*), d'Aumont (7, III)
Gesto (*Geste*), Cahusac (7, V)
Gosto (*Goût*), Voltaire, Montesquieu, d'Alembert (7, II)
Governo (*Gouvernement*), Jaucourt (7, IV)
Gozo (*Jouissance*), Diderot (7, V)
Graça (*Grace*), Watelet (7, V)
Gramática (*Grammaire*), Beauzée (7, II)
Gramático (*Grammarien*), Dumarsais (7, II)
Gula (*Gourmandise*), Jaucourt (7, V)
Hábito (*Habitus*), Diderot (8, V)
Harmonia – Gramática (*Harmonie*), Diderot (8, V)
Harmonia – Música (*Harmonie*), Rousseau (8, V)
História (*Histoire*), Voltaire (8, II)
História Natural (*Histoire naturelle*), Daubenton (8, III)
Hobbesianismo, ou Filosofia de Hobbes (*Hobbesianisme, ou Philosophie de Hobbes*), Diderot (8, IV)

Homem (*Homme*), Diderot (8, II)
Honestidade (*Honnêtete*), Jaucourt (8, V)
Humanidade (*Hummanité*), Diderot (8, V)
Humanidades (*Humanités*), Mallet (8, II)
Igualdade natural (*Égalité naturelle*), Jaucourt (5, IV)
Imaginação, Imaginar (*Imagination*), Voltaire (8, V)
Imitação – Gramática e Filosofia (*Imitation*), Diderot (8, V)
Imitação – Poesia, Retórica (*Imitation*), Jaucourt (8, V)
Impenetrabilidade (*Impenetrabilité*), Formey (8, III)
Imposto (*Impôt*), Jaucourt (8, IV)
Imprensa (*Presse*), Jaucourt (13, IV)
Inato (*Inné*), Diderot (8, II)
Indecente (*Indecent*), Diderot (8, V)
Indolência (*Indolence*), Diderot (8, V)
Infinito (*Infini*), d'Alembert (8, III)
Inquietude (*Inquiétude*), Diderot (8, V)
Insensibilidade (*Insensibilité*), Diderot (8, V)
Intelecto (*Intellect*), Diderot (8, II)
Intelectual (*Intellectuel*), Diderot (8, II)
Interesse (*Interesse*), Saint-Lambert (8, V)
Intolerância (*Intolérance*), Diderot (8, IV)
Invenção (*Invention*), Jaucourt (8, II)
Jogar (*Jouer*), Diderot (8, V)
Jogo (*Jeu*), Jaucourt, Diderot (8, V)
Lassidão (*Laxité*), Jaucourt (10, V)
Lei natural (*Loi naturelle*), Jaucourt (11, IV)
Letrados (*Gens de Lettres*), Voltaire (7, II)
Letras (*Lettres*), Jaucourt (9, II)
Liberdade civil (*Liberté civile*), Anônimo (9, IV)
Liberdade natural (*Liberté naturelle*), Anônimo (9, IV)
Liberdade política (*Liberté politique*), Jaucourt (9, IV)
Libertinagem (*Libertinage*), Diderot (9, V)
Língua (*Langue*), Beauzée (9, II)
Literatura (*Littérature*), Jaucourt, Marmontel (9, II)

Lógica (*Logique*), Jaucourt (9, II)
Luxo (*Luxe*), Saint-Lambert (9, V)
Maneiras, Modos (*Manieres, Façons*), Diderot (10, V)
Manufatura (*Manufacture*), Anônimo (10, IV)
Maquiavelismo (*Machiavelisme*), Diderot (9, IV)
Marfim Fóssil (*Ivoire Fossile*), d'Holbach (9, III)
Matemática ou Matemáticas (*Matémathiques*), d'Alembert (10, III)
Matéria (*Matière*), d'Alembert (10, III)
Mecânica (*Méchanique*), d'Alembert (10, III)
Melodia (*Mélodie*), Rousseau (10, V)
Metafísica (*Métaphysique*), Diderot (10, II)
Método (*Méthode*), Diderot (10, III)
Método – Matemática (*Méthode*), d'Alembert (10, III)
Minerais (*Minéral*), d'Holbach (10, III)
Moderação (*Modération*), Jaucourt (10, V)
Molusco (*Coquillage*), Daubenton (4, III)
Monarquia (*Monarchie*), Jaucourt (10, IV)
Monstro – Botânica (*Monstre*), Jaucourt (10, III)
Monstro – Zoologia (*Monstre*), Formey (10, III)
Moral (*Morale*), Jaucourt (10, V)
Morte (*Mort*), Ménuret de Chambaud (10, III)
Mulher (*Femme*), Desmahis (6, V)
Música (*Musique*), Rousseau (10, V)
Nascer (*Naître*), Diderot (11, III)
Natureza (*Nature*), d'Alembert (11, III)
Natureza, leis da (*Nature, lois de la*), d'Alembert (11, III)
Nobreza (*Noblesse*), Jaucourt (11, IV)
Orgânico (*Organique, Organisation*), Autor desconhecido (11, III)
Organização (*Organisation*), Autor desconhecido (11, III)
Órgão (*Organe*), Autor desconhecido (11, III)
Pacificação (*Pacification*), Diderot (11, IV)
Paixões (*Passions*), Autor desconhecido (12, V)
Pedras figuradas (*Figurés, Pierres*), d'Holbach (6, III)
Pena (*Peine*), Jaucourt (12, IV)

Piedade (*Pitié*), Jaucourt (12, V)
Poder (*Pouvoir*), Anônimo (13, IV)
Poesia (*Poésie*), Anônimo (12, V)
Potência (*Pouissance*), Anônimo (13, IV)
Povo (*Peuple*), Jaucourt (12, IV)
Povo romano (*Peuple romain*), Jaucourt (12, IV)
Prazer (*Plaisir*), Autor desconhecido (12, V)
Prazer, Delícia, Volúpia (*Plaisir, Délice, Volupté*), Jaucourt (12, V)
Preguiça (*Paresse*), Jaucourt (11, V)
Privilégio (*Privilège*), Anônimo (13, IV)
Probabilidade (*Probabilités*), Lubières (13, III)
Produção (*Production*), Diderot (13, III)
Quadro (*Tableau*), Jaucourt (15, V)
Química (*Chimie*), Venel (3, III)
Reino Mineral (*Régne Minéral*), d'Holbach (10, III)
Representantes (*Représentants*), d'Holbach (14, IV)
República (*République*), Jaucourt (14, IV)
República federativa (*République fédérative*), Jaucourt (14, IV)
Revoluções da Terra (*Terre, Révolutions de la*), d'Holbach (16, III)
Riqueza (*Richesse*), Naigeon (14, IV)
Sabedoria (*Sagesse*), Autor desconhecido (14, V)
Saber viver (*Savoir-Vivre*), Jaucourt (14, V)
Sacerdotes (*Prêtres*), d'Holbach (13, IV)
Sedicioso, Sedição (*Séditieux, Sédition*), Jaucourt (14, IV)
Sedutor (*Séducteur*), Jaucourt (14, V)
Semiótica ou Semiologia (*Semeiotique*, ou *Semeiologie*), Autor desconhecido (14, III)
Sensibilidade (*Sensibilité*), Jaucourt (15, V)
Sensibilidade, Sentimento (*Sensibilité, Sentiment*), Fouquet (15, III)
Signo – Álgebra (*Signe*), d'Alembert (15, II)
Signo – Astronomia (*Signe*), d'Alembert (15, II)
Signo – Medicina Semiótica (*Signe*), Autor desconhecido (15, II)
Signo – Metafísica (*Signe*), Autor desconhecido (15, II)
Signos – Literatura (*Signe*), Jaucourt (15, II)

SOBRE O LIVRO

Formato: 16 x 23 cm
Mancha: 27,8 x 48 paicas
Tipologia: Venetian 301 BT 12,5/16
Papel: Off-withe 80g/m² (miolo)
Couché fosco encartonado 120 g/m² (capa)
1ª edição: 2015

EQUIPE DE REALIZAÇÃO

Capa
Andrea Yanaguita

Edição de texto
Alberto Bononi (Copidesque)
Tomoe Moroizumi (Revisão)

Editoração eletrônica
Eduardo Seiji Seki (Diagramação)

Assistência editorial
Jennifer Rangel de França

Impressão e Acabamento:
Geográfica editora